LES ANNALES
DE SAINT-BERTIN

ET

DE SAINT-VAAST

SUIVIES DE FRAGMENTS D'UNE CHRONIQUE INÉDITE,

PUBLIÉES AVEC DES ANNOTATIONS ET LES VARIANTES DES MANUSCRITS,
POUR LA SOCIÉTÉ DE L'HISTOIRE DE FRANCE,

PAR L'ABBÉ C. DEHAISNES,

ARCHIVISTE DU NORD.

A PARIS
CHEZ Mme Ve JULES RENOUARD
LIBRAIRE DE LA SOCIÉTÉ DE L'HISTOIRE DE FRANCE
RUE DE TOURNON, N° 6
—
M DCCC LXXI.

LES ANNALES

DE SAINT-BERTIN

ET

DE SAINT-VAAST

IMPRIMERIE DE A. GOUVERNEUR

A NOGENT-LE-ROTROU.

EXTRAIT DU RÉGLEMENT.

ART. 14. — Le Conseil désigne les ouvrages à publier, et choisit les personnes les plus capables d'en préparer et d'en suivre la publication.

Il nomme, par chaque ouvrage à publier, un Commissaire responsable, chargé d'en surveiller l'exécution.

Le nom de l'éditeur sera placé en tête de chaque volume.

Aucun volume ne pourra paraitre sous le nom de la Société sans l'autorisation du Conseil, et s'il n'est accompagné d'une déclaration du Commissaire responsable, portant que le travail lui a paru mériter d'être publié.

Le Commissaire responsable soussigné déclare que l'édition des ANNALES DE SAINT-BERTIN ET DE SAINT-VAAST, *préparée par* M. l'abbé C. DEHAISNES, *lui a paru digne d'être publiée par la* SOCIÉTÉ DE L'HISTOIRE DE FRANCE.

Fait à Paris, le 29 novembre 1871.

Signé CHARLES JOURDAIN.

Certifié,
Le Secrétaire de la Société de l'Histoire de France,

J. DESNOYERS.

PRÉFACE.

En publiant une nouvelle édition des Annales de Saint-Bertin et de Saint-Vaast, nous devons faire connaître les manuscrits qui renferment ces Annales, les auteurs qui les ont composées, les éditions et les travaux dont elles ont été l'objet, ainsi que les motifs qui nous ont déterminé à les publier de nouveau. Ne pouvant disposer, pour ces préliminaires, que d'un petit nombre de pages, nous nous sommes fait une loi d'en retrancher tout ce qui n'était pas rigoureusement indispensable.

LES ANNALES DE SAINT-BERTIN.

Les manuscrits. — Le texte le plus ancien des Annales de Saint-Bertin se trouve dans le manuscrit n° 706 de la bibliothèque communale de Saint-Omer. C'est un petit in-folio de 0,30 de hauteur sur 0,22 de largeur ; il renferme 218 feuillets en parchemin, offrant à la page, pour la dernière partie, 24 lignes longues, piquées et tracées à la pointe sèche ; les titres et les majuscules, écrits en rouge, présentent un mélange de capitale et d'onciale ; le texte est une minuscule où l'on retrouve les caractères de la seconde moitié du dixième siècle. Les fautes grossières qui défigurent ce codex prouvent qu'il n'est pas de la main de l'auteur (1). Le copiste ne peut l'avoir écrit avant 961, puisqu'à la fin du récit il a reproduit une sentence d'excommunication prononcée par Odalric, qui fut archevêque de Reims de 961 à 968. Plusieurs indications, tracées sur les feuillets de garde, et des notes marginales de D. Guillaume de Whitte (2) établissent que ce codex provient de la bibliothèque de l'abbaye de Saint-Bertin et qu'il y était catalogué sous le n° 268. Il offre comme *incipit : Martyrum cum paganis ;* et comme *desinit : Quæ abstulerunt huic ecclesiæ reddant.* Dans la première partie, qui s'étend du folio 1 au folio 139, il contient les dix premiers livres de l'*Histoire ecclésiastique des Francs*, de Grégoire de Tours ; dans la seconde, du fol. 139 au fol. 164, les *Annales de Lorsch (Laurissenses)* et celles d'Eginhard ; dans la troisième, du fol. 164 au fol. 218, les *Annales de Saint-Bertin*, qui offrent le récit des événements survenus de 830 à 882.

Un codex de la bibliothèque royale de Bruxelles, dans lequel sont renfermés les numéros 6439 à 6451 du catalogue, contient un autre texte complet des Annales de Saint-Bertin. Ce codex est un grand in-f° en parchemin de 0,47 de hauteur sur 0,32 de largeur ; l'écriture, tracée sur deux colonnes, piquée et réglée à la pointe sèche, offre le caractère du XI° ou du XII° siècle. Compilé par un moine de Lobbes, ce

---

1. On lit, en effet, *jumentis* au lieu de *juramentis*; *obsistente sui*, au lieu de *obsistentes vi*; *Bretotiam*, mot sans signification, au lieu de *fere totam*, etc., etc.

2. Dom Guillaume de Whitte, savant religieux de Saint-Bertin, mort en 1640.

recueil fut longtemps conservé dans la bibliothèque de cette abbaye ; il appartint ensuite au collége des Jésuites de Bruges, d'où il a été transporté à la bibliothèque de Bruxelles. Il renferme : 1° un fragment des Annales de Lorsch commençant par *afflictis magnâ ex parte Saxonibus ;* 2° une généalogie des rois Francs ; 3° l'Histoire romaine d'Eutrope ; 4° la Chronique du comte Marcellin ; 5° les Provinces de la Gaule ; 6° les neuf premiers livres de Grégoire de Tours ; 7° la Chronique de Frédegaire ; 8° fol. 89, les Annales de Saint-Bertin ; 9° la Chronique du V. Bède ; 10° les Petites Annales de Lorsch, et, au fol. 119, les Annales de Saint-Vaast ; 11° la suite des rois de France et des comtes de Flandre ; 12° sur un feuillet ajouté, quelques fragments des Annales qui précèdent.

Le manuscrit n° 753 de la bibliothèque communale de Douai renferme la partie de ces mêmes Annales de Saint-Bertin, qui s'étend de 830 à 844. Les variantes que l'on trouve dans ce codex font regretter vivement que l'incurie ou le vandalisme ait fait disparaître les cahiers qui contenaient la suite de ces Annales. Nous décrirons ce manuscrit en parlant des Annales de Saint-Vaast.

Les auteurs. — Comme l'abbé Le Beuf l'a établi dans plusieurs savantes lettres et dissertations, les Annales de Saint-Bertin ont été écrites par trois auteurs différents. La première partie va de l'année 830 jusque vers la fin de l'année 835 : l'auteur se montre favorable à Louis-le-Débonnaire et blâme ceux qui se sont déclarés ses adversaires (1) ; remarquable par l'unité

---

1. P. 1, 8, 12, 13, etc.

du récit et l'enchaînement des idées, il raconte les faits relatifs à l'empereur et à ses fils, sans s'occuper des nations étrangères et des accidents physiques ; la phrase latine est surchargée d'incidentes qui l'embarrassent et rendent la pensée difficile à saisir ; elle présente des tournures, des solécismes qui accusent l'usage de la langue vulgaire (1). L'on ignore le nom, la nationalité, la vie de cet écrivain ; toutefois, une étude sérieuse de ses Annales porte à croire qu'il habita le nord de la Gaule, entre la Seine, le Rhin et la Forêt-Charbonnière, qu'il fut contemporain des événements, qu'il y prit part comme dignitaire ecclésiastique, et qu'il fut partisan de Louis-le-Débonnaire (2).

S. Prudence, évêque de Troyes, est l'auteur de la seconde partie des Annales de S. Bertin, qui s'étend de la fin de l'année 835 au commencement de l'année 861. Au lieu de tout rattacher à Louis-le-Débonnaire ou à son fils, cet écrivain dans l'histoire voit Dieu et aussi parfois le peuple ; embrassant l'ensemble des faits et en même temps les détails, il parle de l'Espagne et de l'Italie comme de la France et de l'Allemagne ; il rappelle les guerres et les invasions, les traités et les conciles, les voyages et les fêtes des souverains, ainsi que les éclipses, les comètes, les inondations, les pluies et les prodiges de toute nature (3). L'ordre lui fait souvent défaut ; mais il se distingue par l'impartialité et par un ton d'émotion qui nous le montre souffrant

---

1. P. 3, 4, 9, etc.
2. P. 1, 8.
3. Années 833, 839, 841, 843, 845, 848, 850, 853, 858, 860.

des malheurs qui affligeaient ses contemporains. Sa phrase rappelle le siècle d'Auguste ; longue et souple, elle entre souvent en matière par un ablatif absolu, se développe à l'aide d'incidentes heureusement intercalées, et repose sur le verbe qui contient l'idée principale. Peu d'incorrections, point d'expressions qui rappellent la langue vulgaire ; Prudence pousse parfois l'élégance jusqu'à une sorte de pédantisme.

Le célèbre Hincmar, archevêque de Reims, l'auteur de la dernière partie, diffère complètement des deux annalistes qui l'ont précédé. Partisan de Charles-le-Chauve, il s'occupe surtout du règne de ce prince ; mais son récit est en même temps une sorte de journal des actes de l'archevêque de Reims, au sujet desquels il rapporte parfois les détails les plus circonstanciés. Il néglige les accidents physiques ; ce qui attire son attention, ce sont les affaires de l'Eglise, les conciles, et surtout les questions qui concernent le droit canonique (1). Le style d'Hincmar offre un grand nombre de gallicismes et d'incorrections, ainsi que des mots qui rappellent une langue vulgaire à laquelle se trouvaient mêlées des expressions d'origine tudesque.

Les éditions. — Les Annales de Saint-Bertin ont été publiées pour la première fois par Duchesne dans l'ouvrage qui a pour titre *Historiæ Francorum scriptores* (t. III, p. 150-261 ; Paris, Sébastien Cramoisy, 1641), d'après une copie faite, sur un manuscrit de Saint-Bertin, par le P. Herbert van Roswey, religieux de la Compagnie de Jésus (2). Muratori a reproduit

---

1. Années 865, 866, 867, 872, 873, 880.
2. Ce savant religieux est souvent appelé Rosweyde, du nom

cette première édition dans les *Scriptores rerum Italicarum* (t. II, p. 495-570 ; Milan, 1723). La seconde édition des Annales de Saint-Bertin a été publiée par Dom Bouquet, en 1749, dans le *Recueil des Historiens de Gaule et de France* (t. VI, p. 192-203, t. VII, p. 57-124, t. VIII, p. 26-37), avec des corrections envoyées par Dom Cléty, bibliothécaire de l'abbaye de Saint-Bertin. Dans sa *Notice raisonnée d'un manuscrit des Annales de Saint-Bertin*, l'abbé Le Beuf s'est efforcé de prouver que le manuscrit qui a servi pour l'édition de Dom Bouquet n'est pas celui qui avait servi pour l'édition de Duchesne. Cette assertion du savant critique est erronée : une étude attentive du manuscrit n° 706 de la bibliothèque de Saint-Omer nous permet d'établir que les deux éditions ont été publiées d'après ce codex (1). Pertz, dans le tome Ier des *Monumenta*

---

latin *Rosweydus*, forme latine par laquelle il traduisait son nom hollandais : Van Roswey. C'est lui qui est le véritable inspirateur, le premier auteur de la grande collection des *Acta Sanctorum*, dont le premier volume a été publié par le P. Bolland.

1. Le manuscrit n° 706, dont parle l'abbé Le Beuf, a servi pour l'édition de Duchesne. En effet, il contient tous les ouvrages que Duchesne indique comme se trouvant dans le codex dont s'est servi Van Roswey, avec des titres identiquement semblables ; plusieurs fautes grossières et des alinéas qui n'ont pas de raison d'être ont été reproduits par Duchesne ; à l'année 865, pour compléter la dernière phrase du folio, il faut avoir recours à une petite feuille volante qui était attachée au codex, et dans l'édition de Duchesne, pour laquelle l'on n'aura pas consulté cette feuille volante, la phrase est incomplète et s'arrête à *definiant*, dernier mot du folio du codex ; enfin, il y a dans le n° 706 des notes marginales de la première moitié du XVIIe siècle, au sujet de comparaisons avec Aimoin, et on retrouve ces notes reproduites mot pour mot, en vingt endroits différents, sur les marges du texte publié par Duchesne. L'abbé Le Beuf cite cinq passages pour établir

Germaniæ historica, publié à Hanovre en 1826, a réédité les Annales de Saint-Bertin d'après le texte de dom Bouquet, en corrigeant, selon le sens des phrases, quelques-unes des inexactitudes qui s'y trouvent ; le tome second du même ouvrage, indique dans une note les quelques variantes qui se rencontrent dans le codex de Bruxelles, provenant de l'abbaye de Lobbes, dont nous avons parlé plus haut. L'abbé Migne a reproduit l'édition de Pertz dans le tome second des œuvres d'Hincmar.

Ces Annales ont été traduites en français par Louis Cousin, dans l'Histoire de l'Empire d'Occident (Paris, 1683), et par un écrivain anonyme dans la Collection des Mémoires relatifs à l'Histoire de France, publiée sous la direction de M. Guizot (t. IV, Paris, 1824). Elles ont été aussi traduites en allemand par

que le texte dont s'est servi Duchesne n'est pas le n° 706 de la bibliothèque de St-Omer: le premier et le second passage ne prouvent pas, parce qu'ils n'offrent d'autres différences que celles de deux ou trois mots qui semblent avoir été ajoutés au texte pour l'expliquer; l'observation faite sur le troisième passage, qui est très-important, est complètement fausse, puisque ce passage, que l'abbé Le Beuf donne comme manquant dans le manuscrit, s'y trouve sur la marge et de la main d'un annotateur que nous croyons être Van Roswey lui-même. Les additions du quatrième et du cinquième passage, qui se lisent dans Duchesne, sont empruntées à Aimoin, auteur que l'on a eu sous les yeux au xviie siècle, en consultant ou en copiant le manuscrit, comme le prouvent un grand nombre de notes marginales. Quant au sixième passage qui offrirait une différence notable, pour l'expliquer il suffit de se rappeler que Van Roswey a pu facilement négliger de transcrire ce qui se trouvait sur la feuille volante dont nous avons parlé plus haut. A ces remarques, nous pourrions ajouter un grand nombre de preuves de détail qui établissent que l'édition de Duchesne et celle de dom Bouquet ont été publiées d'après le même codex.

J. V. Jasmünd (Geschichtschreib. d. deutschen Vorzeit, Lief, 34, Berlin, 1857, in-8°). Plusieurs savants critiques en ont parlé : l'abbé Le Beuf dans les *Mémoires de l'Académie des Inscriptions et Belles-Lettres* (t. XVIII), dans ses *Dissertations sur l'Histoire de Paris*, et dans le *Mercure de France* (1736, 1737, 1739) ; les allemands Pertz, Waitz et Wattenbach, et l'anglais Pritchard, dans leurs travaux littéraires et historiques sur le neuvième siècle.

LES ANNALES DE SAINT-VAAST.

Les manuscrits. — Le texte le plus ancien des Annales de Saint-Vaast se trouve dans le manuscrit n° 15835 de la bibliothèque royale de Bruxelles. C'est un petit in-folio sur parchemin, offrant à la page environ 24 lignes longues, piquées et tracées à la pointe sèche ; les titres et les majuscules, tracés en rouge, présentent un mélange de capitale et d'onciale ; le texte est une minuscule où l'on retrouve les caractères du dixième siècle. Les fautes qui défigurent ce manuscrit prouvent qu'il n'est pas de la main de l'auteur; en consultant les notes tracées sur les feuillets de garde, l'on voit qu'il provient de la bibliothèque de l'abbaye de Saint-Bertin et qu'il y portait le n° 258. Ce codex commence par: *Incipit ab anno 685: Justinianus minor;* il finit par : *unusquisque in sua*. Dans la première partie, qui s'étend du fol. 1er au fol. 11 se trouvent les *Annales Francorum Lambeciani*, publiées par D. Bouquet, t. II, p. 645 et t. V, p. 63; du fol. 11 au fol. 12, deux pages offrent quelques mentions inédites sur les années comprises entre 806 et 874. Du fol. 12 à la fin du codex, sont les Annales de Saint-Vaast, comprenant le récit des événements survenus de 874 à 899 (1).

Un autre texte de ces mêmes Annales de Saint-Vaast, plus complet mais probablement un peu plus récent, est contenu dans le n° 753 de la bibliothèque communale de Douai. Ce manuscrit est un petit in-4° sur parchemin, de 141 feuillets, offrant à la page 25 lignes longues, piquées et tracées à la pointe sèche; les titres et les majuscules, écrits en rouge, présentent un mélange de capitale et d'onciale; le texte est une minuscule où l'on retrouve les caractères du commencement du onzième siècle. Comme le codex dont nous venons de parler, il offre des fautes grossières qui indiquent la main d'un copiste ; l'auteur ne peut avoir compilé l'ensemble de son recueil avant environ 1024: en effet, au fol. 47, il fait allusion à un échange qu'une charte de cette date nous apprend avoir été opéré, peu de temps auparavant, entre l'abbaye de Saint-Vaast et celle de Jumiéges (2). L'écriture offrant les caractères de la première moitié du onzième siècle, il faut conclure que la Chronique a été compilée et écrite entre 1024 et 1050. Ce codex a primitivement appartenu à l'abbaye de Saint-Vaast d'Arras : on lit, en effet, sur le dernier feuillet, une note écrite à la fin du douzième siècle, qui fait mention de reliques con-

---

1. Ce texte, que l'on croyait perdu, a été retrouvé dans la bibliothèque royale de Bruxelles par M. Guillaume Arndt, l'un des savants collaborateurs de M. Pertz ; nous avons connu cette découverte grâce à l'obligeance de M. Peigné-Delacour. Le gouvernement belge a bien voulu nous confier ce manuscrit.

2. Voy. page 377 de notre édition.

cédées à l'abbé de Saint-Vaast en 1172 (1). Il appartint plus tard à la bibliothèque de l'abbaye de Marchiennes : nous en trouvons la preuve dans les mots *Liber Monasterii Marchianensis* qui se lisent sur les feuillets de garde, dans la reliure qui rappelle exactement celles que dom Jacques Coëne, abbé de ce monastère dans la première moitié du seizième siècle, fit faire pour plusieurs autres manuscrits, et dans les notes marginales tracées par dom Charles Blendecq et dom Raphaël de Beauchamp, deux savants religieux de Marchiennes qui écrivaient vers 1620. Avec les autres manuscrits de cette abbaye, il a été confisqué à la révolution et déposé dans la bibliothèque communale de Douai. Ce codex commence par *Ortodoxi patres*.

Dans la première partie, qui s'étend de la création à l'an 400 de l'ère chrétienne (fol. 1ᵉʳ à fol. 24), après une préface rappelant celle de la Chronique d'Isidore de Séville, le compilateur a fondu ensemble ou ajouté l'une à l'autre les Annales d'Eusèbe, d'Isidore de Séville et du V. Bède. De 400 à 588 (fol. 24 à fol. 53), il continue d'emprunter les faits généraux au V. Bède et à Isidore de Séville, mais il se sert, pour l'histoire des Francs, de Grégoire de Tours qu'il abrège, et parfois d'Ammien Marcellin, de Jornandès et des *Gesta Remensium Pontificum*, livre par lequel il faut sans doute entendre l'*Historia Remensis Ecclesiæ* de Flodoard. De 588 à 742 (fol. 53 à fol. 79), le compilateur a principalement suivi la Chronique de Frédégaire,

---

1. Un ancien nécrologe de la cathédrale d'Arras cite ce codex comme écrit par un moine anonyme et ajoute : *qui liber est nunc deperditus*.

et ses quatre Continuateurs, ainsi que les *Gesta Regum Francorum;* il a aussi emprunté à des ouvrages aujourd'hui perdus, comme le prouvent des détails ignorés jusqu'ici et une citation extraite des *Libri Artenses.* De 742 à 830 (fol. 79 à fol. 101), nous trouvons des rapports marqués entre le récit du codex d'un côté, et de l'autre les Annales de Lorsch (Laurissenses), celles d'Eginhard et celles de Metz. De 830 à 844 (fol. 101 à fol. 118) sont transcrites, ainsi que nous l'avons déjà dit, les Annales de Saint-Bertin. Au folio 117, se lit, d'une écriture postérieure, un passage relatif à la translation des reliques de saint Amé à Douai. Enfin, de 894 à 899 (fol. 120 à fol. 139), les Annales de Saint-Vaast. A la suite, d'une autre main beaucoup plus récente, la généalogie des rois de France ; et, sur un dernier feuillet ajouté, une liste de reliques de Saint-Vaast d'Arras.

Dans le manuscrit de l'abbaye de Lobbes, conservé à Bruxelles, se trouve aussi, comme nous l'avons rappelé en parlant des Annales de Saint-Bertin, un texte des Annales de Saint-Vaast, d'une main de la fin du xie ou du xiie siècle.

L'auteur. — Ces Annales ont été écrites par un religieux de l'abbaye de Saint-Vaast d'Arras. Pour le prouver, nous nous contenterons de rappeler le passage de l'année 892, dans lequel l'annaliste dit, en parlant d'un incendie de l'abbaye de Saint-Vaast, *contigit nobis malum tale*, et un passage de l'année 881, où il applique le mot *nostrum* au monastère de Saint-Vaast, brûlé par les Normands (1).

---

1. P. 307 et 343.

Nous ne connaissons pas le nom de ce religieux (1). En étudiant le récit, en voyant les détails qu'il se plaît à donner sur Saint-Vaast, Arras, et les faits qui s'y passent, l'on est porté à croire qu'il fut contemporain des événements.

Le moine anonyme de Saint-Vaast l'emporte de beaucoup, comme annaliste et comme écrivain, sur les auteurs des siècles précédents ; par l'ensemble de ses qualités, il est plus remarquable que Prudence et Hincmar. Dans son œuvre, le récit des faits historiques se développe d'après l'ordre naturel des idées ; les divers partis, les divers personnages se dessinent avec netteté ; l'on suit facilement les mouvements des armées durant des périodes de plusieurs années. Au-dessus des événements, le religieux de Saint-Vaast voit l'action de Dieu qui mène les hommes ; mais il étudie les causes humaines (2). Il s'intéresse aux souffrances des peuples et blâme les guerres sans cesse renaissantes. Favorable au roi Eudes et à Baudoin-le-Chauve, comte de Flandre, il sait les désapprouver quand ils suivent une politique qui lui paraît mauvaise (3). La phrase, sans être aussi élégante que celle de Prudence, est généralement bien construite. Elle

---

1. Vers la fin du IXe siècle, d'après le *Nécrologe de Saint-Vaast*, vivait dans cette abbaye un religieux très-connu par son érudition et sa piété, qui a écrit le livre sur les Miracles de saint Vaast et un hymne en son honneur, Ulmar. Le style d'Ulmar dans les *Miracles de saint Vaast* offre certaines expressions qui rappellent des expressions de nos Annales ; mais d'un autre côté il y a de notables différences.

2. Ann. 879, p. 299 et 301 ; ann. 880, p. 305, 307, 308 ; ann. 882, p. 313 ; ann. 884, p. 318, etc.

3. Ann. 888, p. 332 et 334 ; ann. 895, p. 350, etc.

commence souvent par un ablatif absolu, offre des incidentes assez bien intercalées, et s'appuie à la fin sur le verbe principal. L'on trouve çà et là des solécismes ; l'ablatif absolu mis au nominatif, et le passif au lieu de l'actif ou réciproquement. Des solécismes et quelques gallicismes (1) font comprendre que l'auteur parlait la langue vulgaire ; mais son latin est généralement assez correct, et l'on trouve dans son style un mouvement que n'offrent pas les chroniqueurs de ce siècle.

Les éditions. — Les Annales de Saint-Vaast ont été publiées pour la première fois par dom Bouquet dans le *Recueil des Historiens de Gaule et de France* (tome VIII, p. 79); Pertz les a reproduites, d'après dom Bouquet, dans le tome Ier des *Monumenta Germaniæ historica* (p. 516), et, de nouveau, d'après le manuscrit de Lobbes, dans le tome II, p. 196. Elles ont été traduites en allemand par Jasmünd (Berlin, 1857). L'abbé Le Beuf a inséré une *Notice raisonnée des Annales Védastines* dans le tome XXIV des *Mémoires de l'Académie des Inscriptions et Belles-Lettres*, p. 687 ; l'allemand Wattenbach en a parlé dans ses *Deutschlands Geschichtsquellen*, p. 156, et Drümler dans son livre *De Arnulfo rege*.

Fragments de la Chronique de Saint-Vaast.

Ainsi que nous l'avons dit plus haut, les Annales de Saint-Vaast, dans le codex de la bibliothèque de Douai, sont précédées d'une Chronique commençant

---

1. P. 296, 298, 334, 335, 351, 354, etc.

à la création et se continuant jusqu'en 874. Cette compilation a été faite par un religieux de Saint-Vaast d'Arras, qui écrivait sans doute vers le milieu du XIe siècle ; son style, incorrect et prétentieux, diffère complètement de celui de l'auteur des Annales de Saint-Vaast. Le texte de cette Chronique est complètement inédit ; aucun auteur n'en avait parlé : les notes nombreuses, dont nous l'avons accompagné en le publiant, nous dispensent d'en parler plus longuement dans cette préface.

Nouvelle édition des Annales de Saint-Bertin et de Saint-Vaast.

L'utilité d'une nouvelle édition des Annales de Saint-Bertin et des Annales de Saint-Vaast peut se démontrer facilement. Ces Annales présentent le récit contemporain le plus exact et le moins incomplet, pour la période importante et peu connue qui s'étend de 830 à 899. Duchesne dit que les Annales de Saint-Bertin sont excellentes ; Muratori les publie parce qu'il les trouve préférables à tout autre récit ; les auteurs de l'*Histoire littéraire de la France* rappellent que de toutes les Annales que le VIIIe et le IXe siècle virent éclore, il n'en est point au-dessus du mérite des Annales de Saint-Bertin et de Saint-Vaast ; pour M. Guizot, les Annales de Saint-Bertin offrent la Chronique la plus détaillée et la plus exacte qui nous reste sur le IXe siècle; l'abbé Le Beuf, dom Bouquet et Pertz, par le soin avec lequel ils ont publié les Annales de Saint-Bertin et de Saint-Vaast, ont montré l'importance qu'elles ont à leurs yeux. Cette importance exige qu'elles soient éditées avec soin. Il n'en avait pas été ainsi jusqu'aujourd'hui.

La première édition des Annales de Saint-Bertin, publiée par Duchesne d'après une copie du P. Van Roswey, offre un nombre considérable d'inexactitudes et de fautes (1) ; en la collationnant sur le texte d'après lequel elle avait été faite, nous avons trouvé, dans les dix premières années seulement, deux à trois cents inexactitudes, dont plusieurs ont une véritable importance. La seconde édition a été donnée, en 1749, par dom Bouquet, avec des corrections que dom Josce Cléty, religieux et bibliothécaire de Saint-Bertin, avait envoyées à l'abbé Le Beuf (2). Cette seconde collation a malheureusement été très-incomplète ; assez souvent dom Cléty a laissé dans le texte des inexactitudes et des fautes de Duchesne qui ne se trouvent pas dans le codex (3). Pertz a donc eu raison de dire, en publiant ces Annales d'après dom Bouquet, que l'édition de ce dernier offre des fautes nombreuses et qu'il eût été facile de corriger (4). D'un autre

---

1. Pertz dit en parlant de cette transcription : *Vitiis multis iisque manifestissimis laborat.*

2. Josce de Cléty, de Saint-Omer, religieux de Saint-Bertin, auteur de savants travaux sur cette abbaye, dont il était le bibliothécaire et le secrétaire, est mort à l'âge de 61 ans, le 3 juillet 1754.

3. En l'année 858, Duchesne et dom Bouquet offrent tous deux *ex aqui* au lieu des mots *et Aquitani* qui se trouvent dans le codex, et *oscium* au lieu de *ossium;* tous deux ils omettent les mots *episcopi et venientem* qui se trouvent dans le codex. Il en est de même pour les autres années.

4. *Et in Bouqueti editione vitia nec pauca nec emendata difficilia remanserunt.* Le savant éditeur des *Monumenta Germaniæ his-*

côté, le manuscrit de Douai n'avait servi pour aucune édition.

Nous avons relevé, en collationnant soigneusement les manuscrits avec les éditions imprimées, toutes les variantes, même les plus légères, ainsi que les corrections faites par dom Bouquet et Pertz, qui pouvaient servir à éclaircir le texte; toutefois, comme le Conseil de la Société de l'Histoire de France a été d'avis de ne point reproduire les variantes qui ne pouvaient avoir aucune importance, nous ne donnons pas dans notre édition les corrections ou différences qui sont sans intérêt, comme *et* au lieu de *ac*, *pyrata* au lieu de *pirata*, *iemem* au lieu de *hiemem*. Pour ne point allonger démesurément le texte des variantes, nous avons adopté des lettres conventionnelles qui désignent les manuscrits et les éditions : B, indique le manuscrit de la bibliothèque de Saint-Omer, autrefois conservé à Saint-Bertin ; V, le manuscrit de la bibliothèque de Douai, autrefois conservé à Saint-Vaast d'Arras; D, l'édition de Duchesne ; H, l'édition de dom Bouquet dans les Historiens des Gaules et de France ; P, l'édition de Pertz; A, le Continuateur d'Aimoin.

Nous avons adopté la même méthode, au sujet des variantes et des inexactitudes, en publiant les Annales de Saint-Vaast. Les signes conventionnels sont : V,

---

torica, regrettait, en 1826, la perte du codex de Saint-Bertin : nous trouvons l'existence de ce manuscrit signalée dans le *Voyage littéraire* de Bethmann, en 1840; M. Michelant en a parlé dans son *Catalogue des Manuscrits de Saint-Omer;* M. Duchet, proviseur du lycée de Saint-Omer, avait relevé les inexactitudes de Duchesne et de dom Bouquet pour les années qui s'étendent de 830 à 844.

pour le manuscrit de la bibliothèque de Douai, qui provient de Saint-Vaast d'Arras ; O, pour le manuscrit de la bibliothèque royale de Bruxelles, qui provient de Saint-Omer ; L, pour le manuscrit de la même bibliothèque de Bruxelles, qui provient de l'abbaye de Lobbes ; H, pour l'édition de dom Bouquet; P, pour l'édition de Pertz. Il n'était pas moins nécessaire de publier une nouvelle édition de ces Annales de Saint-Vaast. En collationnant le texte de dom Bouquet, reproduit par Pertz, avec celui du manuscrit de Bruxelles qui avait servi pour cette première édition, nous avons trouvé 125 inexactitudes ; en le comparant au manuscrit de Douai, qui n'avait pas encore été mis à profit, et à celui de Lobbes, publié par Bethmann dans le second volume des *Monumenta* de Pertz, nous avons rencontré 175 variantes, ainsi que plusieurs omissions d'une grande importance. Il suffit d'indiquer ces chiffres pour établir, quand il s'agit d'Annales qui offrent un grand intérêt, la nécessité d'une nouvelle édition.

Aux variantes nous avons ajouté un grand nombre d'annotations. Nous avons reproduit quelques-unes des observations critiques de dom Bouquet et de Pertz; et nous avons nous-même essayé de compléter le texte par des notes historiques et géographiques. Dans ces notes, nous avons cru devoir exprimer clairement notre avis, même lorsqu'il était en désaccord avec le sentiment d'érudits d'une haute réputation : une opinion nettement exprimée fait naître la discussion, et de la discussion jaillit la lumière.

Puisse le travail auquel nous mettons la dernière main jeter un peu de lumière sur l'époque, si obscure et si confuse, du démembrement de l'empire de Charlemagne ; époque de tristesses, de calamités et de ténèbres, durant laquelle la France, gouvernée par des princes aussi ambitieux qu'impuissants, était livrée, comme à l'heure où nous écrivons ces lignes, à la rapacité et à la barbarie des hommes du nord.

8 janvier 1871.

ANNALES BERTINIANI

PARS PRIMA

AB ANNO 830 USQUE AD ANNUM 835,

ANONYMO AUCTORE.

830.

Anno ab incarnatione Domini D CCC XXX, mense februario (1), conventus ibidem (*a*) factus est in quo statuit (*b*) cum universis Francis hostiliter in partes (2) Britanniæ proficisci, maximeque hoc persuadente Bernhardo (3) camerario. Et non multo post Aquis exivit, id est IV feria (*c*) quæ dicitur caput jejunii, valde pedum ægritudine laboriosus, et statuit per maritima loca illuc properare, domna imperatrice (*d*) in Aquis dimissa. Quod iter omnis populus moleste

(1) V D H P *omettent* mense februario — (2) P in partibus — (3) V D H P Bernardo.

(*a*) Ce plaid eut lieu à Aix-la-Chapelle, comme le rapporte Eginhard dans ses Annales, à la fin de l'année 829.
(*b*) Il est ici question de l'empereur Louis le débonnaire.
(*c*) 2 mars.
(*d*) L'auteur anonyme de cette première partie ne parle jamais de l'empereur ou de l'impératrice sans employer le mot *domnus* ou *domna*. Il diffère en cela des annalistes qui l'ont précédé et suivi, et témoigne ainsi son attachement au parti de l'empereur.

ferens (1), propter difficultatem itineris eum illuc sequi noluerunt. Nam aliqui ex primoribus murmurationem populi cognoscentes, convocaverunt illum ut eum a fide, quam domino imperatori promissam habebant, averterent. Ideoque omnis populus, qui in Britanniam ire debebat, ad Parisium se conjunxit (2); necnon Hlotarium (3) de Italia et Pippinum (4) de Aquitania hostiliter (a) adversum patrem venire, ut illum de regno ejicerent et novercam suam perderent, ac Bernhardum interficerent, compulerunt. Quod præfatus Bernhardus sentiens, fuga lapsus, Barcinonam pervenit. Cumque domno imperatori illorum consilium denunciatum esset, continuo obviam illis ad Compendium (5) perrexit. Ibique veniens Pippinus cum multitudine populi, consensu Hlotarii, omnem potestatem regiam uxoremque ejus tulerunt, ac velantes eam miserunt Pictavis ad monasterium sanctæ Radegundis; cujus etiam fratres, Conradum (6) videlicet atque Rodulfum, tonsorantes (7) per monasteria retruserunt. Post octavas autem Paschæ, Hlotarius, de Italia perveniens, placitum illuc habuit, et Herebertum fratrem Bernhardi excæcari jussit, aliquosque fideles domni imperatoris in custodiam misit. His omnibus ita peractis, alium conventum domnus imperator cum filio suo Hlotario circa kalen-

---

(1) B D H *omettent la virgule après* ferens — (2) V junxit — (3) V Lotharium — (4) V Pipinum — (5) B V Conpendium. — (6) V Conraddum — (7) H P tonsurantes.

(a) *hostiliter* dans le sens de *exercitualiter*, en armes. Nous rencontrerons souvent, dans la première et la troisième partie, les mots *hostis, hostiliter,* employés pour *exercitus, cum exercitu.*

das octobris Noviomago condixit (1), ubi Saxones et Orientales franci (a) convenire potuissent. Nam illuc ex utraque parte, scilicet domni imperatoris et Hlotarii, multorum congregatus est exercitus, ibique imperator, recuperato imperio, jussit auctores illius facti quorum fraus detecta et conspiratio patefacta erat, propter illorum controversiam in custodiam mitti, usque ad aliud placitum quod Aquisgrani erat habiturus. Verum ab omnibus(b) episcopis, abbatibus, comitibus ac cæteris Francis, judicatum est, ut conjux ejus, quæ injuste et sine lege ac judicio ei ablata fuerat, ad memoratum condictum placitum reduceretur, et si quislibet aliquod crimen illi objicere vellet, aut se legibus defenderet aut judicium Francorum subiret. Et inde dom-

(1) B V conduxit.

(a) Les Saxons et les Francs de l'Austrasie étant plus attachés que les Gallo-Romains à Charlemagne et à son fils, le plaid de Nimègue devait être favorable à l'empereur.

(b) Nous empruntons la note suivante à D. Bouquet. : « Petrus de Marca, lib. 3 *Marcæ hispan.* cap. 23, hunc locum explicans, observat ordinem judiciorum quem illa ætate sequebantur episcopi et comites in causis communibus et ad invicem nexis, cujusmodi erat divortium propter adulterium. Primum de crimine quærebatur judicio sæculari et mundano, ut tum loquebantur; tum demum episcopali judicio, si uxor convicta esset, pœna canonum ei indicebatur cum divortio. In hac specie Judith in monasterium detrusa fuerat pœnitentiæ causa, velo quoque imposito, absque capillorum detonsione, quam Ludovicus exoraverat. Attamen quia hæc omnia gesta fuerant per vim et summam injuriam, nullo judiciorum ordine servato, sine lege ac judicio, ut habet annalista, recte, conventus ex episcopis et comitibus mixtus, qui judicium sæculare exercebat, decrevit ut ante omnia more solito de crimine adulterii cognitio haberetur in proximo conventu Aquisgranensi, ut ibi regina se a crimine legitimis probationibus purgaret, aut judicio Francorum, id est monomachia vel sacramentis. »

nus imperator ad hiemandum Aquis properavit. Halitcario Cameracensi episcopo defuncto (a), Theodericus jussu domni imperatoris ordinatur (1).

831.

Anno Domini D CCC XXXI, circa kalendas februarii, Michaele imperatore obeunte, Theophilus filius ejus succedit. Imperator Hludowicus (2), sicut condictum fuerat, generale placitum habuit, eosque qui anno superiori propter seditionem prius in Compendio et postea in Niumago domnum imperatorem offenderant, venire jussit, ut illorum causa discuteretur et dijudicaretur. Primumque a filiis ejus, ac deinde a cuncto qui aderat populo, judicatum est ut capitalem subirent sententiam. Tunc domnus imperator, solita pietate, vitam et membra illis indulsit, ipsosque per diversa loca ad custodiendum commendavit. Hlotarius vero, propter quod magis illis consenserat quam debuisset, genitoris pium commovit animum. Ad quod placitum domna imperatrix, sicut jussum fuerat, veniens, et in conspectu domni imperatoris ac filiorum ejus assistens, de cunctis se objicientibus (b) purificare velle aiebat. Percunctatus que est populus si quislibet in eam aliquod crimen

(1) B D H P *omettent la mention concernant Halitgaire et Thierry.* — (2) B D H P Anno 831, nam circa kalendas februarii sicut....

(a) D'après le *Cameracum Christianum*, Halitgaire mourut le 31 juin 831.

(b) Nous ne noterons pas l'emploi du participe présent pour le passé, du déponent pour le passif, ni les gallicismes qui se rencontrent fréquemment dans l'annaliste, comme *objicientibus* mis ici pour *objectis* et plus bas *percunctatus est* pour *interrogatus est*, *suis* pour *ejus*.

objicere vellet ; cumque nullus inventus esset qui quodlibet illi malum inferret, purificavit se secundum judicium Francorum de omnibus quibus accusata fuerat; peractoque placito Hlotarium in Italiam, Pippinum in Aquitaniam, Hludowicum in Baioariam ire permisit(*a*). Ipse autem circa kalendas maii ad Ingulehem veniens, Hlotarium illic ad se venientem honorifice suscepit. Hi quoque, qui in exilium missi fuerant (*b*), adducti et absoluti, gratiamque domni imperatoris adepti sunt. Tertium vero generale placitum in Theodonis villa habuit, ibique ad eum legati Amyralmumminin de Perside(1) venientes pacem petiverunt : qua mox impetrata reversi sunt. Necnon missi Danorum eadem exorantes venerunt, et fœdere firmato ad propria repedarunt. Multæque legationes Sclavorum ad eum venientes auditæ, dispositæ et absolutæ sunt. Bernhardus comes adveniens, de quibus accusatus fuerat domno imperatori filiisque suis jurejurando satisfecit. Filii quoque ejus qui adfuerant ad sua remearunt. Pippinum ibi diutius expectans, plures ad eum legatos direxit ut veniret; qui se venturum promisit et venire distulit. Ipse vero ad hiemandum post missam sancti Martini Aquis venit; ibi Pippinus paucis diebus ante natalem domini ad eum venit; quem domnus imperator propter inobedientiam illius, non tam benigne suscepit quam antea solitus fuerat.

1. B Amyralmummin inde Perside. V Amiralmummin indè perfide. H... perfide. P... de Perside.

(*a*) Cf. Nithard, l. 1, c. 3.

(*b*) D. Bouquet fait remarquer qu'il ne peut être ici question de tous les exilés, puisque Wala, Mathfred et d'autres ne furent délivrés que plus tard.

832.

Anno ab Incarnatione Domini (1) D CCC XXXII, indignatus Pippinus quod a patre non fuerat honorifice susceptus, inito consilio, in vigilia Innocentium prima noctis hora, cum paucis suorum fuga lapsus est et sub omni festinatione Aquitaniam petiit. At domnus imperator graviter inde commotus est, nunquam æstimans filio suo talia debere contingere aut patris præsentiam fugere. Tunc igitur convocatis (2) undique consiliariis habitoque cum eis consilio quid de his agendum esset, statutum est ut suum generale placitum in Aurelianis civitate habendum denunciaretur, illucque Hlotharium de Italia, Hludovicum vero ad (3) Aquis venire pariterque cum patre ad condictum placitum pergere. Quibus ita consideratis et ubique ad hoc annuntiandum legatis directis, subito perventum est ad aures piissimi imperatoris, Hludovicum cum omnibus Baioariis liberis et servis, et Sclavis quos ad se convocare (4) poterat, Alemanniam (5), quæ fratri suo Karolo a patre jamdudum data fuerat, ingredi velle, eamque vastare et diripere, ac suo regno adunare, cunctumque populum regni illius ei fidelitatem promittere, et his perpetratis in Franciam cum ipso exercitu hostiliter venire et de regno patris sui quanto plurimum potuisset invadere sibique subjicere. Cumque hoc compertum esset, statim domnus imperator, mutato placito, omnes Francos occidentales et Australes necnon et Saxones obviam

---

(1) V *omet à chaque année les mots* ab incarnatione domini. — (2) V vocatis. — (3) B D Aquis; H de Aquis. — (4) H P vocare. — (5) P Alamanniam.

sibi xiiii kal. maii Maguntiam venire præcepit. Hoc audientes omnes alacriter ad domnum imperatorem venire festinaverunt, ei in omnibus auxilium præbere cupientes. Quo etiam tempore eclipsis lunæ xiii (1) kal. maii post solis occasum facta est. Domnus imperator cum Maguntiam (2) venit, ubi et ad placitum, quod eis constituerat, omnis populus occurrit, mox in crastinum, cum valida Francorum et Saxonum manu, Rheno et Moin(3) fluminibus transitis, circa Triburim villam castra metatus est. Hludovicus vero filius ejus juxta Wormatiam, in villa quæ vocatur Langbardheim(4)(a), cum suo exercitu residebat, vanis pollicitationibus spem suam habens intentam, quia hoc illi a suis promissum est necnon et ab aliis qui cum eo erant comitibus (5) et vassallis domni imperatoris et Karoli, ut omnes australes Franci et Saxones ei auxilium ferre deberent. Et hoc maxime Mathfridus(6) dolose meditatus et machinatus (7) est, cui domnus imperator anno priore, cum ad mortem dijudicatus fuerat, vitam et membra et hæreditatem habere concessit. Cumque Hludovicus patrem suum cum tanta fidelium copia Rhenum transisse cognovit, minorata est ejus au-

(1) H, P xiv. — (2) B V Mogantiam. — (3) V Hreno et Moine. — (4) V Lanbardheim.— H *alii in margine* Langhardhim.— (5) V à comitibus *ajoute* australes *pour* australibus. — (6) V Madifridus. — (7) V *omet* et machinatus.

(a) Voici la note que donne Pertz au sujet de ce mot : « In
» dextra Rheni ripa, in pago Lobodunensi, in parrochia Wein-
» heim situm. Anno 1223, Lampertheim apud Schannat. hist.
» Wormat. occurrit. Lameius locum nostrum ignoravit, quum
» Lampertheim Carolingico ævo non occurrere in charta pagi
» Lobodunensis (Commentatt. Academiæ Palatinæ, t. I, p. 217)
» signo sibi solito indicaverit. »

dacia, et expetitæ injustæ potentiæ spes ablata est; nec mora, cum suis hominibus Baioariam per eamdem viam qua venerat festinanter reversus est, plurimique eorum qui cum illo erant ad domnum imperatorem regressi sunt. Audiens domnus imperator subitaneam ejus reversionem, perrexit ad locum de quo ille redierat, ibique plurima devastata invenit; quæ omnia adversa, sicut ei mos est(*a*), patienter tulit, et lento gradu, non filium persequendo, cum omni exercitu in Alemanniam perrexit, pervenitque ad Augustburg super Lech(1) : ibique filium suum, qui taliter seductus fuerat, ad se venire fecit, ac, solita pietate, quæ contra se facta fuerant omnia illi indulsit. Qui tamen jurejurando promisit ne ultra talia perpetraret, neque aliis ad hoc consentiret. Peracto itaque placito filium suum cum pace Baioariam redire permisit, et exercitu dimisso ipse per Austriam ad Salz venit; ibique illi domna imperatrix obviam occurrit. Qui una navali itinere Maguntiam venerunt, ubi et Hlotarius, patri occurrit, ubi etiam denuo annuntiatum est placitum generale kalendas septembris Aurelianis habendum, ibique unumquemque liberum hostiliter advenire(2). Cumque illuc pervenit dona annualia more solito suscipiens, mox inde ad Lemodicas(*b*) festinavit. Tunc filium suum Pippinum ad se vocans inter cætera increpavit eum

---

(1) V Leth. — (2) D H P unumquemque hostem libere venire.

(*a*) Les mots *sicut ei mos est* indiquent que l'annaliste était contemporain des événements. — En le voyant en ce passage comme en plusieurs autres, parler des sentiments éprouvés par l'empereur, on peut croire que souvent il était auprès de lui.

(*b*) *Lemodicæ*,, Limoges, pour *Lemovicæ*.

cur de ejus præsentia sine licentia aufugisset; paterno (1) illum affectu corripere cupiens in Franciam ire præcepit, ut in loco quo eum esse injunxit moram faceret, quousque sua emendatione patris animum mitigaret. Ille (2) se facturum simulans et de incœpto itinere regrediens, paternam jussionem implere contempsit, domno imperatore per alias partes Aquitaniæ in Franciam revertente. Dumque hoc illi renunciatum esset, non tam cito in Franciam venit sicut dispositum habuerat; sed propter hoc aliquantis diebus illis in partibus moram faciens, tandem natale (3) domini Cinomannis (a) pervenit.

833.

Anno incarnationis domini D CCC XXXIII. Nam ibi (4) celebratis sanctis diebus, recto itinere Aquis pervenit; ubi non multis diebus demoranti nuntiatum est illi, quod iterum filii sui adunati pariter in illum insurgere et cum multa copia hostilium (5) irruere vellent. Qui, consilio inito, Wormatiam ante initium quadragesimæ pervenit, ibique peractis illis diebus, sanctæ Paschæ et Pentecostes festivitates (6) celebravit; convocatoque exercitu obviam illis (7) ire disposuit,

(1) D H P paternoque. — (2) D H P Ille vero. — (3) D H P ante natalem. — (4) V omet nam ibi. — (5) D H P hostium. — (6) Mot ajouté par D. Bouquet. — (7) B V ob illis.

(a) Dom Bouquet donne la note suivante d'après Baluze : « Aldricus XI kal. januarii anno D. N. J. C. DCCC XXXII episcopus » consecratus est. Tertio autem die post ordinationem suam » domnus imperator in suam adveniens civitatem gratias agens » dominum laudavit quod jam ordinatus erat episcopus. »

ut si eos verbis pacificis ab hac audacia avertere nequivisset(1), armis ne christianum populum læderent compesceret.

Denique filii ejus cœptum peragere cupientes in pago Helisaicæ (2) in loco qui dicitur Rotfelth (3) (*a*) se conjunxerunt, id est Hlotarius de Italia Gregorium apostolicum secum adducens, Pippinus de Aquitania et Hludovicus de Baioaria, cum plurima hominum multitudine. Quibus cum (4) domnus imperator occurrisset, nullatenus eos ab eadem pertinacia compescere potuit; sed pravis persuasionibus et falsis promissionibus populum, qui cum domno imperatore venerat, deceperunt, ita ut omnes illum dimitterent. Drogo vero

---

(1) B V nequivissent. — (2) D H P Helisaciæ. — (3) B V *ont laissé en blanc l'endroit où doit se trouver* Rothfeld; D H P *ont ajouté* id est rubeus campus juxta Columb (*) qui deinceps campus mentitus vocatur. — (4) B V dum.

* Colmar.

(*a*) Voici les notes de D. Bouquet et de Pertz au sujet de Rothfeld : « Locus ille, qui situs est inter Argentoratum et Illum fluvium, imo inter Brisacum et Illum, est satis amplus et diversorum territorium, et ter mutavit nomen. Primum enim dictus Rotfelth, id est campus rubeus, postea *Lugenfeld* id est campus mentitus, hodie Rotleube, hoc est Rubeum lobium seu umbraculum in foresto Ita J. Schilterus ». D. Bouquet. — « Schilterus in tractu *die Rotleube* sesquileuca a Colmaria distante, Schæpflinus in campo Ochsenfeld ponit, quod hic et ex terræ rubore appellata loca et aquæ Rotbach, Rotenburg, Rotlend, Rodern et campus centum jugera excedens *der Lugner* (mendax) antiquæ denominationis et rei gestæ vestigia retineant. Adjicit idem plane alium esse locum, si vicus Sigolsheim, bihorio a Colmaria distans, pro monte Sigwaldi haberi possit, quem Nithardus castris vicinum fuisse indicet, et Grandidier (*Hist. de l'église de Strasbourg*, t. II, p. 144) ita a Lothario et Carolo III imperatoribus vocari asserit. » Pertz.

frater imperatoris et Modoinus (1) (*a*) ac Wiliricus (*b*) atque præfatus Aldricus (*c*) episcopi, cum nonnullis episcopis aliis, abbatibus, comitibus ac reliquis suis fidelibus cum illo remanserunt(2) : nam aliqui ex illis, in quos eorum ira maxime sæviebat, abscesserunt, et in locis amicorum ac fidelium se contulerunt. Ablataque illi conjuge et in Italiam apud civitatem Tartonam (3) in exilium directa, Hlotarius arrepta potestate regia, Apostolicum Romam, Pippinum in Aquitaniam, et Hludovicum in Baioariam redire permisit. Ipse vero patrem secum sub custodia per Mettis usque ad Suessionis civitatem perducens, illic eum in (4) monasterio sancti Medardi in eadem custodia reliquit, et filium ejus Karolum illi auferens, ad monasterium Promiæ(5) transmisit, unde patrem nimium contristavit. Deinde condictum placitum kal. octobris Hlotarius in Compendio habuit; ibique episcopi, abbates, comites et universus populus convenientes dona annualia ei præsentaverunt fidelitatemque promiserunt. Nam illuc quoque legati ex Constantinopoli venientes qui ad patrem fuerant destinati, ad Hlotarium pervenerunt eique

(1) B Niodoinus. — (2) V *omet la phrase commençant* à Drogo. — (3) B V Cartonam. — (4) H P *omettent* in. — (5) B V Pronee.

(*a*) Evêque d'Autun.
(*b*) Evêque de Brême.
(*c*) Dans le ms. de Saint-Bertin, au-dessus du mot *Aldricus*, se trouve la note suivante écrite par une main un peu plus récente que le copiste : « qui primo fuit abbas sancti Amandi. » L'on trouve parmi les abbés de Saint-Amand *Aldricus* de 810 à 819; Rothfrid le remplaça à cette dernière date, qui est sans doute, non pas celle de sa mort, comme le dit le *Gallia Christiana*, mais celle de son ordination épiscopale. Pertz dit qu'il était évêque de Sens et qu'à la même époque vivait un autre Aldricus, évêque du Mans.

epistolas et munera detulerunt. In quo conventu multa in domnum (a) imperatorem crimina confinxerunt, inter quos Ebo Remorum episcopus falsarum objectionum incentor extiterat; et tamdiu illum vexaverunt quousque arma deponere habitumque mutare cogentes liminibus ecclesiæ pepulerunt, ita ut nullus cum eo loqui auderet, nisi illi qui ad hoc fuerant deputati. Postea vero, metuentes ne ab ipso loco a quibusdam suis fidelibus eriperetur, ipse (1) Hlotarius ad idem monasterium veniens, patrem, illo nolente, secum adduxit, atque in Compendio sub eadem excommunicatione retinuit. Tunc peracto placito, Hlotarius ad hiemandum Aquis properavit, et patrem suum secum ire sub prædicta custodia fecit, ac vigilia sancti Andreæ Aquis pervenit. Post paucos autem dies accidit ut ob quasdam causas Hlotarius et Hludovicus Maguntia colloquium haberent, ubi Hludovicus fratrem suum Hlotarium obnixe deprecatus est, ut patri illorum mitior fieret, nec tam stricta custodia illum teneret. Quod illo renuente, Hludovicus tristis abscessit, deinde meditans cum suis qualiter patrem suum ab eadem custodia eriperet. Hlotarius autem paucis diebus ante natalem domini Aquis pervenit.

834.

Anno D CCC XXXIIII, domnus imperator in Aquis servabatur, nihilque humanius (2) erga illum fie-

(1) V vero. — (2) D H P humanum.

(a) La chronique de Réginon ajoute : « Fuit autem hæc dejectio pro maxima parte facta propter multimodam fornicationem uxoris ejus. »

bat (*a*); sed multo crudelius adversarii ejus in illum insaniebant (1), die noctuque satagentes tantis afflictionibus ejus animum emollire, ut sponte sæculum reliquisset et se in monasterium contulisset. At ille nunquam se facturum aiebat, quamdiu de se nullam potestatem haberet, aliquod votum. Verum cum Hludovicus comperisset quod nihil ejus petitio apud germanum prævaleret ut mitius apud patrem egisset, misit legatos ad fratrem suum Pippinum, eique innotuit omnia quæ erga patrem gesta fuerant, deprecans illum ut, reminiscens paterni amoris ac reverentiæ, una cum illo patrem de illa tribulatione eriperet. At ille statim convocavit exercitum Aquitanorum et Ultra-Sequanensium, Hludovicus Baioarios, Austrasios, Saxones, Alemannos, necnon et Francos qui citra Carbonariam (*b*) consistebant; cum quibus etiam ad Aquis properare cœperunt. Cumque hoc Hlotarius cognovisset, de Aquis abscessit, et patrem suum usque ad Parisius sub memorata custodia deduxit, ibique jam Pippinum cum exercitu reperit Sequanæ insolita exuberatione transire prohibitum; nam nimia (2) cæterorum quoque fluminum inundatio et ultra alveos insueta progressio multis non parvum intulit impedimentum. Verum cum firmiter cognovisset Hludovicum

(1) B saniebant; D H P sæviebant. — (2) H P nimium.

(*a*) L'auteur anonyme se montre ici, comme en plusieurs autres passages de son récit, favorable à l'empereur.

(*b*) L'expression *Ultrasequanensium* appliquée à ceux qui habitaient au sud de la Seine, et celle de *citra Carbonariam* employée pour désigner les Francs qui habitaient en-deçà des Ardennes, semblent indiquer que l'auteur anonyme résidait entre la Seine et les Ardennes.

etiam cum tanta (1) populi multitudine in easdem partes properare, inde perterritus, in eodem loco patre dimisso, primo kalendarum martiarum die (a) cum suis aufugit. Illo abscedente, venerunt episcopi qui præsentes aderant, et in ecclesia sancti Dionysii domnum imperatorem reconciliaverunt et regalibus vestibus armisque induerunt. Deinde filii ejus Pippinus et Hludovicus cum cæteris fidelibus ad eum venientes, paterno animo gaudenter suscepti sunt : et plurimas illis ac cuncto populo gratias egit, quod tam alacriter illi auxilium præbere studuissent. Habitoque cum illis placito, Pippinum et reliquum populum redire permisit, Hludovicum autem secum usque ad Aquis venire fecit (2). Et peractis festis diebus, convocavit suos consiliarios atque optimates qui in circuitu erant, et cum eis tractare studuit qualiter filium suum Hlotarium ad se vocare potuisset. Et missis legatis in unamquamque partem regni sui, jussit(3) ut de sua liberatione populo annuntiarent et admonerent ut fidelitatem quam ei promiserant adimplere studerent, et quidquid contra illum deliquerant ob amorem Dei illis indulsisset. Hlotarius vero cum de Parisio proficisceretur, in Provinciæ urbem Viennam pervenit; ibique commorans multa incommoda hominibus illarum partium intulit. Domnus autem imperator ut eum illic esse comperit, misit legatos qui ei nuntiarent quod omnia quæcumque

(1) V cuncta. — (2) V secum redire fecit. — (3) B D H P *omettent* jussit.

(a) Dom Bouquet rappelle qu'un passage de l'auteur de la Vie de Louis le débonnaire indique qu'il faut substituer à *primo kalendarum* les mots *pridie kalendas Martias*.

contra patrem egerat illi concessisset, et ut cum pace ad eum reverteretur. Quod spernens, venire distulit; sed in eadem pertinacia perduravit. Factum est autem cum sentirent qui fideles erant domni imperatoris (1) in Italia, Ratholdus videlicet episcopus (*a*), Bonifacius comes (*b*), Pippinus (*c*) consanguineus imperatoris, aliique quamplures, quod conjugem ejus quidam inimicorum morti tradere vellent, miserunt sub omni celeritate qui illam eriperent, ereptamque usque ad præsentiam domini imperatoris in Aquis incolumem perducerent. Eo etiam tempore in expeditione quæ contra Lantbertum et Matfridum aliosque Hlotarii complices directa fuerat, interfecti sunt Odo et Wilhelmus (*d*) frater ejus ac Fulbertus comites, et Theoto monasterii Sancti Martini abbas et alii quamplures. Interim etiam classis de Danis veniens in Frisiam aliquam partem ex illa devastavit, et inde, per vetus Trejectum (2) (*e*) ad emporium quod vocatur Dorestadus (*f*) venientes, omnia diripuerunt, homines autem quosdam occiderunt, quosdam captivos abduxerunt, partemque ejus igni cremaverunt. Hlotarius vero cum suis Cavellonem (3) veniens eam expugnavit ignique succendit; et comites qui ibi ade-

---

(1) B D H P domno imperatori. — (2) D H P Trajectum. — (3) D A P Cavillonem.

(*a*) Evêque de Vérône.
(*b*) Comte de Toscane.
(*c*) Fils de Bernhard, roi d'Italie.
(*d*) Eudes, comte d'Orléans, et Guillaume, comte de Blois.
(*e*) Utrecht.
(*f*) Duerstede ou Dorestadt, près de Nimègue.

rant comprehendit, ex quibus tres interfecit, alios autem secum inde sub custodia duxit; ac sororem (*a*) Bernhardi sanctimonialem in cupa positam in Ararim fluvium demergi fecit; et deinde Aurelianis venit. Quibus domnus imperator auditis, convocavit exercitum Lingonis medio mense augusto, ibique annualia dona suscipiens, continuo ad liberandum populum contra invasores regni iter per Tricassinorum (1) et Carnotum atque Dunensium regiones(*b*)juxta Blisum(*c*) castellum una cum filio suo Hludovico pervenit, ibique castra metatus est; ubi etiam Pippinus filius ejus cum exercitu in auxilium patri occurrit. Nam Hlotarius haud procul in castris residens cum suis prælium (2) minitabatur : quod tamen minime efficere potuit. Tunc domnus imperator, solita clementia motus, misit ad illum ut pacifice ad se veniret, quia universa quæ contra illum dicta habuerat ei suisque omnibus concederet; et Hlotario quidem Italiam, sicut tempore domni Karoli Pippinus, germanus domni imperatoris, habuerat, concessit, ceteris vero vitam, membra, hereditatem, et multis beneficia, perdonavit. Quem pater ad se cum suis venientem fortiter juramento constrinxit, ne talia facere aut alicui sentire (3) in postmodum tam ipse quam sui deberent. Quibus confirmatis, eum in Italiam regredi fecit cum his qui eum sequi maluerunt; ipse vero circa Aurelianis perveniens, Pippino et Hlu-

---

(1) V Trecassinorum.— (2) B D H P *omettent* prælium. — (3) P consentire.

(*a*) Gerberge, fille du comte S. Guillaume.
(*b*) Le pays de Troyes, le pays de Chartres et le Dunois.
(*c*) Blois.

dowico cunctoque exercitui redeundi licentiam tribuit, et per Parisius ad Attiniacum veniens, ibi placitum cum suis consiliariis circa missam sancti Martini habuit; ibique negociis regni dispositis, ad Theodonis villam ad hiemandum profectus est.

835.

Anno ab incarnatione Domini D CCC XXXV, dominicæ nativitatis festum hilariter, a Drogone fratre suo et Metensis urbis episcopo decentissime susceptus, in eadem civitate celebravit. Ibique festis peractis diebus, ad suum palatium in Theodonis villam reversus est; in quo etiam circa sanctæ Mariæ purificationem conventum generalem habuit omnium pene totius imperii sui episcoporum et abbatum, tam canonicorum quam regularium. In quo inter cetera ecclesiasticæ instituta disciplinæ illud (1) summopere ventilatum est, quod annis prioribus idem religiosissimus imperator malivolorum Deoque adversantium tergiversatione immerito depositus paterno hereditarioque regno et honore et regio nomine fuerat; tandemque ab omnibus concorditer atque unanimiter inventum atque firmatum est (2), ut illorum factionibus divino auxilio cassatis, ipse avito restitutus honori, decorique regio merito reformatus, deinceps fidelissima firmissimaque obedientia et subjectione imperator et dominus ab omnibus haberetur; quam inventionis suæque confirmationis seriem et unusquisque proprio scripto comprehendit, propriæque manus scriptione roboravit; et

---

(1) D H P *omettent* illud. — (2) D H P *omettent* est.

plenius (1) atque copiosius communi cunctorum descriptione in unum corpus in modum libelli comprehensa totius rei patratio, qualiter acta, ventilata, inventa, et omnium subscriptione denuo digne fuerit roborata, devotissima, sincerissimaque benevolentia et tantis patribus auctoritate dignissima, cunctorum notitiæ manifestissimum facere non distulerunt (a). Nam venientes in memoratam urbem in basilica beati Stephani protomartyris, missarumque celebratione peracta, et universis qui aderant rei ordine publice patefacto, coronam, insigne imperii, a sacrosancto altario sublevatam sacri ac reverendi antistites ejus capiti, cum maximo omnium gaudio, propriis manibus restituerunt. Sed et Ebo, Remorum pridem archiepiscopus, qui ejusdem factionis velut signifer fuerat, conscenso eminentiori loco in eadem ecclesia, libera voce coram omnibus professus est, eumdem Augustum injuste depositum, et omnia quæ adversus eum patrata fuerant, inique et contra totius tramitem æquitatis fuisse machinata, et tunc merito juste digneque proprio imperii solio reformatum. Quibus solemniter transactis, ad sæpedictum palatium regressi sunt; ibique Ebo in plenaria synodo capitale crimen confessus, seque tanto, id est episcopali, ministerio indignum proclamans propriaque scriptione confirmans, sese omnium consensu atque judicio ab eodem ministerio reddidit alienum.

(1) D H P Plenius autem atque.

(a) Les détails particuliers que donne l'auteur anonyme sur ce qui s'est fait dans ce concile semblent indiquer, comme divers autres passages de son récit, qu'il était ecclésiastique, et probablement l'un des membres de l'assemblée de Thionville.

PARS SECUNDA

AB ANNO 835 USQUE AD ANNUM 861,

AUCTORE PRUDENTIO, TRECENSI EPISCOPO(a).

His et aliis regni utilitatibus jure dispositis, omnibusque ad propria absolutis, ipse imperator sanctum quadragesimæ tempus in eodem palatio, sacrosanctam festivitatem paschæ in sæpedicta urbe apud memoratum Drogonem archiepiscopum celebravit, ac deinde ad placitum suum generale, quod in Stremiaco (b) prope Lugdunum civitatem se habiturum indixerat, profectus est. Quo in mense junio habito, et donis annualibus receptis, dispositisque markis (1) Hispaniæ, Septimaniæ sive Provinciæ, ad Aquisgrani reversus est. Verum dum in eodem placito moratur (2), Nordmanni secunda irruptione Dorestadum (3) irruentes,

(1) V marchis. — (2) P moraretur. — (3) B Derastadum. V Dorostadum.

(a) Rien n'indique dans les manuscrits qu'en cet endroit commencent des Annales écrites par un autre auteur. Mais en étudiant le latin qui est plus pur, en voyant qu'à cette phrase commence l'emploi du mot imperator sans *domnus*, l'on comprend que le récit doit être d'un autre annaliste.

(b) Crémieux sur le Rhône. Cf. Valois *Notit. Gall.* p. 534. Crémieux, chef-lieu de cant. (Isère).

vastaverunt atque hostiliter deprædati sunt. Imperator autem graviter ferens, Aquis perveniens, disposita omni maritima custodia, Arduenna autumnalem venationem exercuit, ac deinde Aquisgrani ad hiemandum rediit.

836.

Anno ab incarnatione Domini D CCC XXXVI, inchoat XVII Dionysii circulus (1). Imperator Aquisgrani natalis Domini (2) festivitate celebrata, missos (a) iterum ad Hlotarium direxit, monentes (3) eum reverentiæ ac obedientiæ paternæ, pacisque illi concordiam multipliciter inculcantes; ad quod manifestius agnoscendum, jussum est, ut suos quibus maxime fidebat legatos ad patrem dirigeret, cum quibus tractari de suo honore atque salute posset, et qui paternam erga illum voluntatem audire sibique fideliter nunciare valerent. Qui patris jussionibus non usquequaque refragans, mense maio in villa Theodonis ad imperatoris præsentiam

(1) B D H P *omettent la mention du cycle de Denys le Petit.*
— (2) B D H P *offrent au commencement de* 836: Ubi natalis Domini.
— (3) V paterna reverentia monens inflectere et ut de episcopis... *Le passage qui va de* monentes à de episcopis *manque dans le ms. de Saint-Vaast.*

(a) D. Bouquet dit au sujet de cette ambassade : Ad hanc legationem pertinent verba Liudolphi auctoris coætanei in Vita S. Severi episcopi (*Acta SS.* 1 febr.): « Ludovicus imper. Otgarium Moguntiensem episcopum et Hilduinum Virdunensem antistitem, duosque comites quorum alter Warinus, alter Adalgisus vocabatur qui eo tempore Ticini morabatur, destinavit pro pace et amicitiis inter eos reparandis ». Prospera fuit hæc legatio : « Lotharius enim rationum, quas attulere, vi persuasus, legatos ad patrem pro sancianda pace statim direxit. »

direxit Walonem abbatem Bobbionis (1)(a), cum quibus de adventu ejus tractatum est, ac nostra ex parte firmatum, ut incolumis una cum suis ad patris veniret præsentiam, et deinceps redire potuisset; sed et a suis similiter sacramento promissum est, eum ad genitoris sui præsentiam statuto placito absque dilatione venturum. Quibus absolutis, ipse circa Rumerici montem(b) diebus aliquot venatione patrata, tandem mense septembri ad indictum placitum Wormatiam venit. In quo cum dona annualia more solito reciperet, ac Hlotarium operiretur, nunciatus est febri correptus nullatenus advenire posse. Ad quem directis denuo Hugone abbate (c) et Adalgario comite, de infirmitate ac recuperatione ejus et voluntate in posterum veniendi quæsitum est, nec non de restitutione rerum ecclesiis Dei in Francia constitutis, quæ in Italia sitæ, a suis pro libitu fuerant usurpatæ; verum et de episcopis, atque comitibus, qui dudum cum Augusta fideli devotione de Italia venerant, ut eis sedes propriæ (2) redderentur. Ad hæc Hlotarius per missos suos, oppositis quibusdam conditionibus, non in omnibus se assentiri posse mandavit. Eodem tempore Nordmanni Dorestadum et Frisiam rursum depopulati sunt, sed et Horich (3), rex Danorum, per legatos suos in eodem

(1) *Ce mot a été laissé en blanc dans les mss. et dans les textes imprimés.* — (2) B H et sedes proprie; D P et sedes propriæ et comitatus ac beneficia seu res propriæ. — (3) V Horic.

(a) Walonem est probablement mis pour *Walam*, Wala, abbé de Bobbio en Italie.
(b) Remiremont, chef-lieu d'arr. (Vosges).
(c) Hugues était le frère de l'empereur, comme nous l'apprend l'auteur de la vie de Louis le Débonnaire.

placito amicitiæ atque obedientiæ conditiones mandans, se nullatenus eorum importunitatibus assensum præbuisse testatus(1), de suorum ad imperatorem missorum interfectione conquestus est, qui dudum circa Coloniam Agrippinam quorumdam præsumptione necati fuerant; quorum necem etiam imperator, missis ad hoc solum legatis, justissime ultus est. Peracta autumnali venatione in Franconofurd palatio, ad Aquisgrani reversus est, ubi etiam missi ejusdem Horich venerunt, quærentes summam eorum, quos ipse captos ex his interfici fecerat, qui in nostros fines talia jamdudum moliti sunt. Azenarius quoque (*a*) citerioris Wasconiæ comes, qui ante aliquot annos a Pippino desciverat, horribili morte interiit; fraterque illius Sancio-Sanci eamdem regionem, negante Pippino, occupavit. Tunc etiam Walo abbas(2), cujus consiliis Hlotharius plurimum utebatur, in Italia obiit.

837.

Imperator autem post natalitiæ celebritatis (3) solemnia, purificatione beatæ semper Virginis Mariæ, episcoporum conventum in Aquis habuit (*b*), in quo

(1) V Testatus est. *Le même ms. omet la fin de l'année* 836. — (2) B V P abba. — (3) V natalis domini.

(*a*) Dom Bouquet dit au sujet d'Aznar : Hic est Azenarius ille qui anno 824 in transitu montis Pyrenæi a Wasconibus cæsus est. Vide vitam Ludovici, cap. 3.

(*b*) Dom Bouquet établit, en citant un passage du synode, que cette assemblée eut lieu l'année précédente, et non le jour de la Purification, mais le 6 février.

de statu (1) sanctæ Dei ecclesiæ plurimum tractatum est, et quid cuique ordini proprie (2) conveniret, patefactum atque descriptum est. Epistola etiam ab eodem venerabilium episcoporum conventu ad Pippinum directa est, in qua eum salutis suæ magnopere monuerunt, et insuper, ut memor moris progenitorum suorum, præcipue piissimi genitoris sui, res ecclesiarum Dei pridem a suis invasas atque direptas integritati earum restitueret, ne tali etiam occasione divinam contra se iracundiam ardentius incitaret. Qui tantorum patrum assensus consilio, cuncta restituit, ac singulis ecclesiis, eisdem rescriptionibus (3) annulo suo roboratis, proprie resignavit (4). Igitur imperator, disposita Frisiæ Maritimæque (5) custodia (a), mense maio ad Theodonis villam veniens et annualia dona recipiens, iter suum Romam defensionis sanctæ Romanæ Ecclesiæ atque orationis gratia indixit, directis interim ad Hlotarium legatis, monentibus ut eum paterna reverentia susciperet, atque itineris adparatum decenter opportuneque procuraret. Ea tempestate Nordmanni(b) irruptione solita Frisiam inruentes, in insula (c) quæ Walacria(6) dicitur nostros imparatos aggressi, multos

(1) B *omet* statu; D H P *substituent aux mots* de sanctæ *les mots* de sanctis. — (2) B ordine proprie; D H P *ont corrigé* ordine proprio. — (3) D easdem rescriptionibus; H P easdem res scriptionibus. — (4) B V designavit. — (5) V Frisia maritimaque; D Frisiæ maritimaque. — (6) B V Walacra.

(a) Comme le fait remarquer Pertz, *Frisiæ Maritimæque* sont mis pour *Frisiæ et Seelandiæ*, deux provinces d'une même contrée, désignée sous le nom de Frise.
(b) Cf. *Chronicon de Gestis Normannorum*.
(c) L'île de Walcheren dans la Zélande.

trucidaverunt, pluresque depraedati sunt : et aliquamdiu inibi commorantes, censu prout libuit exacto, ad Dorestadum eadem furia pervenerunt, et tributa similiter exegerunt. Quibus imperator auditis, praetermisso memorato itinere, ad Noviomagum castrum, vicinum Dorestado, properare non distulit; cujus adventu Nordmanni audito, continuo recesserunt. Imperator vero generali conventu habito, publice cum his quaestionem habuit quos principes ad eamdem custodiam delegaverat. Qua discussione patuit, partim impossibilitate, partim quorumdam inobedientia eos inimicis non potuisse resistere, unde et ad comprimendam Frisionum inobedientiam strenui abbates ac comites directi sunt, et ut deinceps illorum incursionibus facilius obsisti queat (1) classis quaquaversus diligentius parari jussa est. Hlotarius autem clusas in Alpibus muris firmisissimis artari (2) praecepit. Et Landbertus fautorum Hlotarii maximus, et Hugo (3), socer illius, defunctus est. Interea Brittones quadam insolentia moti, rebellare conati sunt; quorum motus imperator directa expeditione cito compressit, redditaque nostris terra et datis obsidibus, fideles sese polliciti sunt permansuros. Post haec adveniente atque annuente Hludowico et missis Pippini, omnique populo qui praesentes in Aquis palatio adesse jussi fuerant, dedit filio suo Karolo maximam Belgarum partem, id est a mari per fines Saxoniae usque ad fines Ribuariorum totam Frisiam, et per fines Ribuariorum comitatus (*a*) Moilla

(1) V Verum et deinceps illorum incursionibus obsistere. — (2) B V arceri. — (3) V Lantbertus.

(*a*) Les comtés dont il est question en ce passage sont situés

Batua (1), Hammelant, Mosagao; deinde vero quidquid inter Mosam et Sequanam usque ad Burgundiam una cum Viridunense consistit (*a*), et de Burgundia Tullensem, Odornensem, Bedensem, Blesinsem, Pertensem (2), utrosque Barrenses (3), Brionensem, Tricassinum, Altiodrensem (4), Senonicum, Wastinensem, Melidunensem, Stampensen, Castrinsem, Parisiacum et deinde per Sequanam usque in mare (5)

(1) *Au lieu de* Batua, Hammolant, B et V *portent* Ettra, Hammolant; D et H Ettraham melant. *Nous avons adopté la leçon de Pertz.* — (2) V *au lieu des deux mots précédents porte* Bles in sempertensem. — (3) B V Barnenses. — (4) V Altiodorensem. — (5) V *omet* in mare.

entre la Frise et le pays des Ripuaires. Celui de *Moilla* se trouvait près de l'embouchure du Wahal, dans le pays où sont aujourd'hui *Tiel* et *Millegen.* Par *Batua*, il faut entendre *Batavia*, par *Hammolant* la Hollande, et par *Mosagao* le *pagus Mosanus*, ou pays de la Meuse.

(*a*) Voici, d'après l'abbé Lebeuf, D. Bouquet, Pertz, Wastelain, et d'autres auteurs, les contrées que désignent les comtés près de la Bourgogne et de la Seine : *Tullensem*, le pays de Toul; *Odornensem*, le pays d'Ornois, contrée arrosée par l'Orne, petite rivière qui prend sa source à Orne (Meuse) et se jette dans la Marne près de Vitry-le-François (Marne); *Bedensem*, comté qui devait être situé dans le Bassigny, entre le pays de Toul et le pays Blésois; *Blesensem*, le Blésois, situé entre le Barrois et l'Ornois, arrosé par la Blaise, rivière qui se jette dans la Marne, et dont le nom se retrouve dans Blezy, Blaize le château, Blezy au bois (Haute-Marne); *Pertensem*, le pays de Pertes, près de la Marne, où se trouve aujourd'hui Perthes, arr. de Vassy (Haute-Marne); *Barrenses*, les pays de Barrois, où se trouvent Bar sur Seine et Bar sur Aube; *Brionensem*, le pays de Brienne; *Tricassinum*, le pays de Troyes; *Altiodorensem*, le pays d'Auxerre; *Senonicum*, le pays de Sens; *Wastinensem*, le Gatinais, près de Melun; *Stampensem*, le pays d'Etampes; *Castrinsem*, le pays de Chartres, *Parisiacum*, pays de Paris.

Oceanum, et per idem mare usque ad Frisiam; omnes videlicet episcopatus, abbatias, comitatus, fiscos, et omnia intra prædictos fines consistentia cum omnibus ad se pertinentibus, in quacumque regione consistant; sicque jubente imperatore, in sui præsentia episcopi, abbates, comites et vassalli dominici in memoratis locis beneficia habentes, Karolo se commendaverunt, et fidelitatem sacramento firmaverunt.

838.

Anno D CCC XXXVIII, post hæc (1) peractis sacræ nativitatis, apparitionis atque oblationis dominicæ solemnitatibus, inchoatisque quadragesimæ jejuniis, imperatori sermo innotuit, Hludowicum fratris Hlotharii intra Alpium septa colloquium expetiisse; quod, quia se inscio inconsultoque præsumpserat, ægre tulit, directisque quam celerrime quaquaversum cursoribus, generaliter fideles accersit, propereque undique adcurrentibus filiorum suspectum colloquium patefacit, et si ita necessitas postulet, ad resistendum paratissimos monet. Quo Hludowicus cognito, octavarum sanctæ paschæ hebdomada jubente patre advenit, subtiliterque discussus, tandem sacramento cum sibi maxime credulis, nihil fidelitati patris atque honori adversum illo colloquio meditatum, firmavit; sicque remisso ad propria, ut mense maio imperatori in Noviomago occurreret injunctum est. Nam illo juxta condictum imperator progredi disponebat, quatenus sua præsentia damnum quod annis præteritis piratarum importuni-

---

(1) V *omet* post hæc.

tate nostrorumque desidia contigerat vitaretur; habitoque conventu fidelium, copiosus circa maritima apparatus distributus est. Inter quæ Danorum piratæ patria egressi, ortoque subito maritimorum fluctuum turbine, vix paucissimis evadentibus submersi sunt(1). Hludowicus autem patris præsentiæ, secundum quod jussum fuerat, sese offerre non distulit, habitaque secus quam oportuerat conflictatione verborum, quidquid ultra citraque Rhenum paterni juris usurpaverat, recipiente patre, amisit, Helisatiam(2) videlicet, Saxoniam, Thoringiam (3), Austriam atque Alemanniam. Interim Sarracenorum piraticæ classes Massiliam Provinciæ irruentes, abductis sanctimonialibus, quarum illic non modica congregatio degebat, omnibus, et cunctis masculini sexus clericis et laicis, vastataque urbe, thesauros quoque ecclesiarum Christi secum universaliter asportarunt. (4) Igitur imperator ad placitum suum generale, sicut condixerat, mediante augusto in Carisiaco pervenit; quo Pippino paternis obsequiis assistente atque favente, fratri Karolo, tunc cingulo insignito, pars Niustriæ ad præsens data est, ducatus videlicet Cenomannicus, omnisque occiduæ Galliæ ora intra Ligerim (5) et Sequanam constituta. Absolutoque conventu, ipse orationis gratia Parisius sanctorumque martyrum basilicas curavit invisere. Directoque Karolo in partes Cenomannicas, ipse in

---

(1) V *omet la phrase commençant à* nam illo *et finissant à* submersi sunt. — (2) V Helissatiam. — (3) V Toringiam. — (4) V *omet la phrase commençant à* interim Sarracenorum *et finissant à* universaliter asportarunt. — (5) B V Legerim.

Verno (a), Compendio ceterisque circumjacentibus locis venationi congruis stativa habuit, atque invitante Hugone (1) fratre et beati Quintini martyris monasterii abbate, ejusdem martyrii festivitate honorifice alacriterque celebrata, Attiniacum (b) perveniens, Karolum redeuntem suscepit. Ubi etiam missi Horich venientes, piratarum in nostros fines dudum irruentium maximos a se ob imperatoris fidelitatem captos atque interfici jussos retulerunt, petentes insuper sibi dari Frisianos atque Abodritos (2). Cujus petitio, quanto imperatori indecens sive incongrua visa est, tanto vilius spreta et pro nihilo ducta est. Verum pridem imperatore in Verno venationem exercente, Adalgarius et Egilo comites (3), ad Abodritos (4) et Wilzos a fide deficientes dudum directi, reversi sunt, adductis secum obsidibus imperatori deinceps subditos fore nunciantes. Imperator vero cœptum peragens iter, ad Franconofurd hiemandi gratia profectus est. Eclipsim luna quintadecima medio noctis nonas decembris passa est. Pippinus filius imperatoris, rex Aquitaniæ, idus decembris defunctus est, relictis duobus filiis Pippino et Karolo. Proficiscenti igitur imperatori nunciatus est Hludowicus, filius ejus, Franconofurd hostilibus vallatus agminibus insedisse, sibique non solum ejusdem palatii sessionem ad hiemandum, verum etiam Rheni fluminis moliri transitum inhibere; quo imperator nuncio haud mediocriter motus, quaquaversum fide-

---

(1) B Hogone. — (2) V Frisiam atque Obodritus. — (3) B D H P comes. — (4) B V Obodritos.

(a) *Vernum*, aujourd'hui Ver, commune de l'arr. de Senlis (Oise).
(b) Attigny, chef-lieu de cant. de l'arr. de Vouziers (Ardennes).

les acciri decernit; at ipse, ut cœperat, Maguntiam pervenit.

839.

Anno ab incarnatione Domini D CCC XXXVIIII, Adalongus monasterii sancti Vedasti abbas humanis exemptus est(*a*). Hludowicus imperator (1) nativitatis atque apparitionis dominicæ festivitatibus emensis, directis creberrime (2) fidelibus, ad pacis concordiam Hludowicum hortatus est. Sed nequaquam valuit revocare; quin insuper consistenti Maguntiæ imperatori, ipse ex adverso in Castella (*b*) ultra Rhenum posita pertinaciter atque hostiliter immorans, transitu fluminis cohibebat. Imperator autem, sanguinem communis populi fundi admodum metuens, ad loca alia transpositioni opportuna divertere nullatenus dedignatus est; in quibus omnibus econtra ripis insistentem et transfretare conantibus obsistentem filium conspicatus; eratque videre miseriam, hac pio patre, illac impio filio digredientibus. Qua necessitate imperator compulsus, Maguntiam repedat, fideliumque hinc inde propere confluentium ob asperitatem hiemis incommoditatem diutius non ferens, tribus ferme infra memoratam urbem milibus Rheno transposito, Saxones obvios suscipit; Hludowicus vero, comperto patris

---

(1) B D H P *omettent la mention sur* Adalongus *et* Hludowicus noster. — (2) D H P celerrime.

(*a*) Le *Gallia Christiana* et Ferry de Locres placent la mort de cet abbé en 850, le P. Lecointe en 844, la chronique de Saint-Amand en 837.

(*b*) Cassel, situé près de Mayence.

eatenus sibi inopinato transpositu, deficientibus quos ex Austrasiis, Thoringiis atque Alemannis illexerat secumque adduxerat, concitus aufugit, Noreiamque, quæ nunc Baioaria dicitur, regnum videlicet sibi olim a patre traditum, revertitur. Imperator paternæ pietatis non immemor filium persequi supersedit, receptisque qui ab illo ad imperatoris clementiam fugerant, ac sacramento firmatis, et insuper discordiarum incentoribus fautoribusque pro merito criminum partim rebus (1) partim exilio damnatis, Franconofurd pervenit; ubi aliquot diebus permanens (2) markas populosque Germanicos disponere suæque fidei arctius subjugare non distulit, ac deinde in partes Alemanniæ tempore quadragesimæ ad villam regiam quæ Bodoma (a) dicitur properavit. Interea lacrimabile nimiumque cunctis catholicæ ecclesiæ filiis ingemiscendum, fama perferente, innotuit. Bodo (3) diaconus (b),

---

(1) V *omet* partim rebus. — (2) B perendinens. — (3) B Bodonem; *les autres mots qui se rapportent à ce nom sont à l'accusatif.*

(a) Bodoma, près de Bregentz, sur le lac de Constance.

(b) D. Bouquet reproduit la note suivante : « In chronico monasterii S. Galli apud Chesnium, t. 3, p. 469, *Puoto* vocatur, et in Augiensi chronico apud Baluzium, t. 1 Miscell, p. 469, *Puato* dicitur et utrobique ejus lapsus ad annum 838 refertur. De eodem sic habet Rhabanus in libro adversus judæos cap. 42 : quod nunquam antea gestum meminimus, seductus est ab eis (Judæis) Diaconus Palatinus, nobiliter natus, nobiliter nutritus et in Ecclesiæ officiis exercitatus, et apud Principem bene habitus; ita ut eorum diabolicis persuasionibus abstractus et inlectus, desereret palatium, desereret patriam et parentes; et nunc apud Hispaniam inter Saracenos Judæis sociatus, persuasus sit ab impiis Christum Dei filium negare, baptismi gratiam profanare, circumsionem carnalem accipere, nomen sibi mutare, ut qui antea

Alemannica gente progenitus, et ab ipsis pene cunabulis in christiana religione palatinis eruditionibus divinis humanisque litteris aliquatenus imbutus, qui anno præcedente Romam orationis gratia properandi licentiam ab Augustis poposcerat, multisque donariis muneratus impetraverat, humani generis hoste pellectus, relicta christianitate ad judaismum sese convertit. Et primum quidem consilio proditionis atque perditionis suæ cum Judæis inito, quos secum adduxerat paganis vendendos callide machinari non timuit; quibus distractis, uno tantummodo secum, qui nepos ejus ferebatur, retento, abnegata, quod lacrimabiliter dicimus, Christi fide, sese Judæum professus est. Sicque circumcisus capillisque ac barba crescentibus, et mutato potiusque usurpato Eleazari nomine, accinctus etiam cingulo militari, cujusdam Judæi filiam sibi in matrimonium (1) copulavit, coacto memorato nepote suo similiter ad Judaismum translato, tandemque cum Judæis, miserrima cupiditate devinctus, Cæsaraugustam, urbem Hispaniæ, mediante augusto mense ingressus est. Quod quantum Augustis cunctisque christianæ fidei gratia redemptis luctuosum extiterit, difficultas qua imperatori id facile credendum persuaderi non potuit, patenter omnibus indicavit (2). Præterea die septimo kalendas januarii, die videlicet passionis beati Stephani protomartyris, tanta inun-

---

(1) D H P matrimonio. — (2) V *omet le passage relatif à Bodo*.

Bodo, nunc Eliezer appelletur; ita ut et superstitione et habitu totus Judæus effectus, quotidie in synagogis satanæ, barbatus et conjugatus, cum ceteris blasphemet Christum et ecclesiam ejus. »

datio contra morem marinorum æstuum (1) per totam pene Frisiam occupavit, ut aggeribus arenarum illic copiosis, quos dunos vocitant, fere coæquaretur, et omnia quæcumque involverat, tam homines quam animalia cetera et domos, absumpserit; quorum numerus diligentissime comprehensus, duorum milium quadringentorum triginta septem relatus est. Acies quoque in cœlo igneas colorumque aliorum mense februarii, sed et stellas igneos (2) crines emittentes crebro videri contigit (a). Verum post sanctum pascha imperatori in Francia repedanti rex Anglorum legatos misit, postulans per Franciam pergendi Romam orationis gratia transitum sibi ab imperatore tribui, monens etiam curam subjectorum sibi ergo animarum salutem sollicitius impendendam (3), quoniam visio cuidam apud illos ostensa non minimum animos eorum terruerat; cujus seriem visionis imperatori mittere studuit, habentem hunc modum :

Visio cujusdam religiosi presbyteri de terra Anglorum quæ post natalem Domini ei rapto corpore ostensa est. Quadam nocte cum idem religiosus presbyter dormiret, quidam homo ad eum venit, præcipiens illi ut eum sequeretur. Tunc ille surgens, secutus est eum; ductor vero illius duxit eum ad terram sibi

(1) B maritiorum æstivum; V marinorum æstivum; D H P maritimorum æstuum. — (2) D H P igneas. — (3) V *omet le passage qui va de* quoniam visio *à* imperator urbem Vangionum.

(a) L'on peut remarquer, comme nous l'avons fait observer dans la préface, que l'auteur de la seconde partie des Annales de Saint-Bertin, se plaît à rappeler les accidents physiques, les faits miraculeux, les visions.

ignotam, ubi varia et mira ædificia constructa vidit, inter quæ ecclesia facta erat, in quam ille et ductor ejus introivit, ibidemque plurimos pueros legentes vidit. Cumque ductorem suum interrogaret, an inquirere auderet, quinam pueri essent, respondit ei : « interroga quod vis, et libenter tibi indicabo ». Et cum ad illos appropinquaret, ut videret quod legerent, perspexit libros eorum non solum nigris litteris, verum etiam sanguineis esse descriptos, ita videlicet, ut una linea nigris esset litteris descripta et altera sanguineis. Cumque interrogassem, cur libri illi sanguineis lineis descripti essent, respondit ductor meus : « Lineæ sanguineæ, quas in istis libris conspicis,
» diversa hominum christianorum peccata sunt, quia
» ea quæ in libris divinis illis præcepta et jussa sunt,
» minime facere et adimplere volunt. Pueri vero isti,
» qui hic quasi legendo discurrunt, animæ sunt sanc-
» torum, quæ quotidie pro Christianorum peccatis et
» facinoribus deplorant, et pro illis intercedunt, ut
» tandem aliquando ad pœnitentiam convertantur; et
» nisi istæ animæ sanctorum tam incessanter cum
» fletu ad Deum clamarent, jam aliquatenus finis tan-
» torum malorum in christiano populo esset. Recor-
» daris quia anno presenti fruges non solum in terra,
» verum etiam in arboribus et vitibus, abundanter os-
» tensæ sunt, sed propter peccata hominum maxima
» pars illarum periit, quæ ad usum atque utilitatem
» humanam non pervenit; quod si cito homines chris-
» tiani de variis vitiis et facinoribus eorum non egerint
» pœnitentiam, et diem dominicum melius et honorabi-
» lius non observaverint, cito super eos maximum et
» intolerabile periculum veniet; videlicet tribus diebus

» et noctibus super terram illorum nebula spississima
» expandetur, et statim homines pagani cum immensa
» multitudine navium super illos venient, et maximam
» partem populi et terræ christianorum cum omnibus
» quæ possident igni ferroque devastabunt. Sed tamen,
» si adhuc veram pœnitentiam agere volunt, et pec-
» cata illorum juxta præceptum Domini jejunio et ora-
» tione atque eleemosynis emendare studuerint, tunc
» has pœnas et pericula per intercessionem sanctorum
» evadere poterunt. »

Venerunt etiam legati Græcorum a Theophilo imperatore directi, Theodosius videlicet, Calcedonensis metropolitanus episcopus (a), et Theophanius spatharius, ferentes cum donis imperatore dignis epistolam; quos imperator quinto decimo kalendas junii in Ingulenheim (b) honorifice suscepit. Quorum legatio super confirmatione pacti et pacis atque perpetuæ inter utrumque imperatorem eique subditos amicitiæ et caritatis agebat, necnon de victoriis, quas adversus exteras bellando gentes cœlitus fuerat assecutus, gratificatio et in Domino exultatio ferebatur; in quibus imperatorem sibique subjectos amicabiliter datori victoriarum omnium gratias referre poposcit. Misit etiam cum eis quosdam, qui se, id est gentem suam, Rhos (c) vocari dicebant, quos rex illorum, Chacanus vocabulo, ad se amicitiæ, sicut asserebant, causa

---

(a) Dom Bouquet prouve, en citant l'autorité de la chronique éditée par ordre de Constantin Porphyrogénète et celles de Curopalata et de Cedrenus, que Théodose était patrice et non évêque.

(b) Ingelheim, près Mayence, palais où résidèrent souvent les Carlovingiens.

(c) Pour *Russi*, les Russes.

direxerat, petens per memoratam epistolam, quatenus benignitate imperatoris redeundi facultatem atque auxilium per imperium suum totum habere possent, quoniam itinera per quæ ad illum Constantinopolim venerant, inter barbaras et nimiæ feritatis gentes immanissimas habuerant, quibus eos, ne forte periculum inciderent, redire noluit. Quorum adventus causam imperator diligentius investigans, comperit eos gentis esse Sueonom exploratores potiùs regni illius nostrique quam amicitiæ petitores ratus, penes se eo usque retinendos judicavit, quoad veraciter invenire (1) posset, utrum fideliter eo necne pervenerint; idque Theophilo per memoratos legatos suos atque epistolam intimare non distulit, et quod eos illius amore libenter susceperit, ac si fideles invenirentur, et facultas absque illorum periculo in patriam remeandi daretur, cum auxilio remittendos; sin alias, una cum missis nostris ad ejus præsentiam dirigendos, ut quid de talibus fieri deberet, ipse decernendo efficeret. Quibus peractis (2), imperator urbem Vangionum (a) juxta condictum tertio kalendas junii pervenit; ibi susceptis quibusdam, quos ad hoc specialiter properare jusserat, fidelibus. Hlotharium filium suum ab Italia venientem paterno suscipere affectu minime renuit. Quo palam omnibus ad genitoris vestigia suppliciter procidente et præteritorum excessuum veniam humiliter postulante, imperator, misericordia qua incorpo-

---

(1) P quod veraciter invenire posset. — (2) *à ce mot reprend le récit du ms.* V.

(a) *Vangionum* urbs, *sive Wormatia*, Worms.

raliter (1) semper viguit flexus, quidquid in eum præcedentibus annis ipse suique deliquerant (2), paterna benignitate concessit, ita tamen, si deinceps nihil adversus eum pravis machinationibus molirentur. Suorum quoque complures non solum proprietatibus, verum etiam beneficiariis donavit honoribus, insuperque descriptione regni sui æqualibus pene partibus discreta, optionem illi, quam earum mallet, offerre non dedignatus est. Cujus divisionis formula ita se habuit; quarum altera regnum Italiæ partemque Burgundiæ (*a*) id est vallem Augustanam, comitatum Vallisiorum (3), comitatum Waldensem usque (4) mare Rhodani, ac deinde orientalem atque aquilonalem Rhodani partem usque ad comitatum Lugdunensem(*b*), comitatum Scudingium (5), comitatum Wirascorum, comitatum Portisiorum, comitatum Suentisiorum, comitatum Calmontensium, ducatum Mosellicorum, comitatum Arduennensium, comitatum (6) Condorusto (7),

---

(1) P *propose de substituer* incomparabiliter. — (2) P delinquerant. — (3) P Valissorum. — (4) D H P usque ad. — (5) B V D H Sucdingium. — (6) V cum *au lieu de* comitatum. — (7) V Condorosto.

(*a*) Voici les noms de ces premiers comtés : *Vallis Augustana,* le val d'Aoste en Piémont; *comitatus Vallisiorum,* le Valais, canton Suisse; *Waldensis,* le pays de Vaud.
(*b*) *Lugdunensis,* Lyon; *Scudingius, Wirascorum,* partie de l'ancienne Franche-Comté, près de Salins; *Portitiorum,* le Portois, près des sources de la Saône et non le Pertois; *Suentisiorum,* le Saintois, au sud de Toul et au nord du Portois, selon d'autres le Sundgaw en Alsace; *Calmontensium,* le pays de Chaumont; *Mosellicorum,* le pays de la Moselle; *Arduennensium,* le pays des Ardennes; *Condorusto* pour *Condrasorum,* entre la Meuse et l'Ourthe, près de Huy en Belgique.

inde per cursum Mosæ usque in mare (*a*) ducatum Ribuariorum, Wormazfelda (1), Sperohgouwi, ducatum Helisatiæ, ducatum Alamanniæ, Curiam, ducatum Austrasiorum cum (2) Swalafelda et Nortgowi (3) et Hessi, ducatum Toringiæ (4) cum marchis (5) suis, regnum Saxoniæ cum marchis suis, ducatum Fresiæ usque Mosam, comitatum Hamarlant, comitatum Batavorum, comitatum Testrabenticum (6), Dorestado. Alteram partem Burgundiæ(*b*), id est comitatum Genevensem, comitatum Lugdunensem, comitatum Cavallonensem, comitatum Amaus, comitatum Hatoariorum (*c*), comitatum Lingonicum (7) (*d*), comitatum

(1) V Wormarfeldasperohowi, B Wor marfelda sperohgowi. — (2) B Suwala felda, V Swalafelda, D H Sunalafelda. — (3) B et Nordgo wiethessi, V et Nortgowi et hessi, D H et Norogo wiechessi. — (4) D H P Toringabæ. — (5) B D H archis. — (6) V comentestra benticum. — (7) V Linguonicum.

(*a*) *Ribuariorum seu Ripariorum,* les Ripuaires, sur les bords du Rhin, ou pays de Cologne; *Wormaz felda,* le pays de Worms; *Sperohgowi,* le pays de Spire; *Helisatia,* l'Alsace; *Alamannia,* l'Allemagne; *Curia,* le pays de Coire, dans le canton des Grisons, en Suisse; *Austrasiorum,* le pays des Austrasiens; *Swalafelda,* pays situé près des sources de l'Althmul (*Alcmona*); *Nortgowi,* le Nortgaw où se trouve Nuremberg, Ingolstadt; *Hessi,* le pays des Hessois; *Toringia,* la Turinge; *Hamarlant et comitatus Batavorum,* parties de la Hollande; *Testrabenticum,* le comté de Testerbant, voisin de la Hollande.

(*b*) *Genevensis,* Genève; *Lugdunensis,* Lyon; *Cavallonensis,* Châlon.

(*c*) Voici sur *Amaus* et le *comitatus Hatoarioum,* les notes de D. Bouquet et de Pertz : « Valesius, *Notit. Gall.* p. 481, corrigendum censet *Amans* : pagi Amansensis meminit Erricus monachus in libro de miraculis S. Germani, ex cujus verbis patet eum non longe ab Arari, Oscara, Vincenna et Tila fluviis abesse. *Hatoarii* isti ad flumen Ararim jacebant. In chronico S. Benigni Hugo Attoariorum comes memoratur. In chronico Besuensi pagi et comi-

Tullensium (*a*), et sic per decursum Mosæ usque in mare, et inter Mosam et Sequanam, et inter Sequanam et Ligerim cum marchâ Britannicâ, Aquitaniam et Wasconiam cum marchis ad se pertinentibus, Septimaniam cum marchis suis, et Provinciam habuit. Quo superiorem potius eligente, imperator Karolo filio suo inferiorem contulit, eâ conditione, ut viventi fideliter obsequentes, eo decedente memoratis portionibus potirentur. Sacramentisque multifariam a Hlothario susceptis, eum in Italiam redire permisit.

Imperator autem, indicto generali placito kalendas septembris, ergà Cavallonem(1) (*b*) legatos ad Hludowicum direxit, præcipiens ut fines Baioariæ nullatenus egredi nisi sese jubente præsumeret, idque sacramento firmare (2) juberet; sin aliàs, circa initia septembris ad Augustburg, hostiliter sibi occursurum minimè dubitaret. Descriptis itaque atque destinatis qui secum Baioariam, si necessitas compelleret, quique cum filio suo Karolo Cavallonem contrà motus Aquitanicos, quibus cum Pippino, Pippini filio, quidam Aquitanorum nuper ab imperatore defecerant, compescen-

---

(1) V Cavillonem. — (2) D H P firmare.

---

tatus Atoariensis frequens fit mentio. Existimat Valesius Attuarios, Francicam gentem, captos et translatos a Constantio Chloro Cæsare nomen ei pago dedisse. D. Bouquet. Ex ipsa divisionis tabula apparet, pagos Amans et Hatoariorum a meridie usque ad septentrionem inter pagos Cavallonensem et Lingonicum, et ab occidente pagorum Scudingii, Wirascorum et Portisiorum sitos fuisse; immo Hattuarii Lingonibus adcensebantur. Vales., *Not. Gall.*, p. 281. — (*d*) Langres.

(*a*) Toul.

(*b*) Châlon-sur-Saône.

dos, etiam cum Saxonibus adversus Danorum Sclavorumque, qui ferebantur, incursus occurrerent, ipse in Cruciniaco castro (a) sese venationibus alacriter exercendo, missorum in Baioariam directorum statuit reditum opperiri (1). Qui reversi, missis Hludowici ad imperatoris usque præsentiam comitantibus, nuntiaverunt, paternis eum jussionibus non admodum obviasse, sed eâ se pariturum conditione spopondisse, si sacramenti firmitas quam quærebat, ab imperatoris fidelibus sibi etiam fieret. Verum quia tunc contigit defuisse primates, per quos eamdem firmitatem fieri deposcebat, illius fidei imperator atque supplicibus promissionibus potius committendum delegit, quousque a partibus Aquitanicis adepta divinitus victoria rediens, mandatis perseverantem benigne susciperet, secus vero molientem pro viribus insequi non tardaret. Sed et ipso (2) petente concessit (3) quibusdam propter motus illius nuper in sese patratos rerum (4) proprietate multatis, ut sua cuique restituerentur, eo dumtaxat pacto, si fidem inviolabiliter imperatori servare studerent, et nullam penitus regni fideliumque sollicitationem quoquo (5) modo aut tergiversationem machinarentur. Directis interim ad hoc specialiter missis, qui ab eis (6) hujusmodi firmitatem sacramento susciperent, dispositis quoque Saxonum adversus Sorabo-

(1) D H P *substituent* reditum statuit operiri *à* statum opperiri. — (2) V *omet le passage commençant à* sed et ipso petente *et finissant à* justitiam adimplerent. — (3) B necessit; H *propose* necesse fuit; P concessit. — (4) D in se separatis, verum; H, P a se separatis et rerum. — (5) P quoque. — (6) D H P his.

(a) Kreuznach, près de Bingen, sur le Rhin.

rum (1) atque Wiltzorum (2) incursiones, qui nuper quasdam ipsius marchæ Saxoniæ (3) villas incendio cremaverant, et Austrasiorum Toringorumque contra Abroditorum et qui dicuntur Linones (4) defectiones expeditionibus, ipse per Arduennam venatu sese delectabiliter exercens, ceteros totius regni sui fideles, circa kalendas septembris Cavallonem (5) (*a*), ut condixerat, sibi obvios adesse præcepit. Quidam etiam (*b*) piratæ in quamdam Frisiæ partem irruentes, non parum incommodi nostris finibus intulerunt. Direxit et Oricus missos ad imperatorem, quemdam videlicet, cujus consiliis præ cunctis fidere et omnia agere videbatur et cum eo nepotem suum munera gentilitia deferentes, pacis amicitiæque arctius stabiliusque gratia confirmandæ; quibus hilariter susceptis atque muneratis, quia propter quædam incommoda super Frisionibus querebantur, duces strenui destinati sunt qui tempore constituto illis de omnibus justitiam adimplerent (6). Imperator autem Cavallone receptis fidelibus, in Aquitaniam exercitum omnem convertit, pariterque tertio ferme ab urbe Arvernorum (*c*) miliario castra ponens Aquitanos obvios habuit, quos filio suo Karolo more patrio coram commendatos sibi eidemque filio suo (7) sacramenti interpositione firmavit (*d*). Et

---

(1) B Saraborum. — (2) B D H Wltzorum. — (3) P *pour* Saxonicæ. — (4) B D Lino. — (5) B Scavallonem. — (6) V *Le récit reprend au mot* imperator. — (7) B D H P *omettent le membre de phrase commençant à* Karolo *et finissant à* filio suo.

(*a* Châlon-sur-Saône.
(*b*) Cf. *Chronicon de gestis Normannorum ann.* 840.
(*c*) Clermont en Auvergne.
(*d*) L'importance que l'annaliste attache à ce serment solennel

Augustam quidem cum filio ad Pictavos sese præcedere decrevit, ipse vero ad castrum quod vulgo Cartilatum (a) dicitur contendit, quoniam eo quidam complicum Pippini consistere ferebantur; quod castrum nihil quidem manu artifici additum, naturali tantum rupe editum, hinc inde præcipitio vallium muniebatur, præter orientalem dumtaxat partem qua parvo admodum intervallo continenti dirimitur. In quo tamen consistentes obsidione ad deditionem coegit, eisque consuetissima pietate vitam, membra et hereditatem concessit. Inde in partes Torennæ (1) (b) quo infideles ejus delitescere frustraque resistere moliebantur, abitum divertit; verum his in diversa vagantibus, sparsimque quaqua versum fugitantibus, imperatoris exercitus continua autumni (2) serenitate, solisque inclementia non parum incommoditatis expertus est. Nam febre maxima ex parte correptus, partim occubuit, partim difficillima regressione reversus est. Qua imperator necessitate compulsus, et asperitate hiemis imminentis detentus, absoluto reliquo exercitu, ad

(1) V Thorennæ. — (2) B aut verni.

et à la cérémonie de la recommandation dont il fut précédé *suivant la coutume nationale*, se conçoit, lorsque l'on sait qu'à dater de cette époque une partie des seigneurs du royaume d'Aquitaine restèrent fidèles à Charles-le-Chauve. Dans les montagnes, et surtout près des Pyrenées, le parti national lutta longtemps encore contre la domination des Francs et des Carlovingiens.

(a) Carlat, aujourd'hui village de l'arr. d'Aurillac (Cantal), dans un pays autrefois appelé le Carladez.

(b) Turenne, petite ville du canton de Meyssac, arr. de Brives (Corrèze).

Pictavos in hiberna concessit. Saxones (1) interea contra Sorabos qui Colodici (*a*) vocantur, apud Kesigesburch (2) dimicantes, cœlestibus auxiliis fulti, victoriam adepti sunt, regeque ipsorum Cimusclo interfecto, eamdem urbem et undecim castella ceperunt; receptis etiam sacramentis a rege inter eosdem tumultus repente creato, insuperque obsidibus, multam terræ indixerunt; sed et legati imperatoris ad Horic(3), pacis gratia directi, receptis sacramentis, indissolubilem pepigerunt. Fulcho abbas monasterio sancti Vedasti statuitur (4) (*b*).

840.

Anno D CCC XL. Imperator autem nativitatis, atque apparitionis dominicæ festum, sed et beatæ Mariæ semper Virginis purificationem in urbe Pictavorum celebrans, motus Aquitanicos componere satagebat,

(1) V *omet la fin de l'année 839 jusqu'à* pepigerunt. — (2) V Kesigesburg. — (3) B D H Corich. — (4) B D H P *omettent la mention sur l'abbé Foulques.*

(*a*) Pertz donne la note suivante au sujet de ce nom de peuple et de la ville de Kesisburg : « Pagus principatus Anhaltini, in quo oppidum Kœthen situm est, quod sub voce Kesigesburch latere posset. Certe quod primo in mentem venire poterat Nienburch, monasterium antiquum ad confluentes Budæ et Salæ, antea Thangmaresfeld audiebat. Cf. Beckmann, *Hist. serenissimæ domus Anhaltenæ*, p. 428. Chronici Gottwicensis auctor, loco Kesigesburg. legit *Resigeburg*, et Rosenburg, in dextra Salæ ripa, interpretatur. Qua de re codex ipse consulendus erit.

(*b*) Le nom de l'abbé Foulques ne se trouve ni dans le *Gallia Christiana*, ni dans Ferry de Locres, ni dans M. Tailliar : les auteurs de l'*Abbaye Saint-Vaast*, ouvrage publié en 1865, parlent de cet abbé qui, selon eux, n'aurait administré le monastère qu'en 851.

cum interim, propinquante quadragesimali observatione, sinistrum quippiam illi nunciatum est, Hludowicum videlicet filium suum, consueta jamdudum insolentia, usque ad Rhenum regni gubernaculum usurpare. Quo admodum nuncio motus, relictis Augusta et filio Karolo cum non pauca parte exercitus in urbe memorata, ipse ad Aquis palatium veniens, resurrectione dominica inibi celebrata, Germaniam transposito Rheno ingreditur, fugatoque filio et paganorum exterarumque gentium adminicula etiam sui præsentia, compluribus datis muneribus, expetente, eum ulterius persequi destitit. Eclypsis solis 3 nonas maii ante nonam diei horam (*a*) multis in locis a plurimis visa est. Imperator vero a persequendo filio rediens, correptus morbo, in insula Rheni infra Maguntiam ad prospectum Ingulenheim palatii sita, 12 kalendas julii defunctus est (*b*).

Hlotarius (*c*), comperto genitoris obitu, ab Italia Gallias ingressus, jura naturæ transgressus, imperatorio elatus nomine, in utrumque fratrem Hludowicum videlicet et Karolum, hostiliter armatur, et nunc hunc nunc illum prælio impetit. Sed utrimque (1) minus

---

(1) D H *donnent une ponctuation différente* : *un point après* insolentiam; P *un point après* prospere.

(*a*) Dom Bouquet rappelle que l'allemand Calvisius place cette éclipse à midi et demi; les auteurs de l'*Art de vérifier les dates* la placent vers midi.

(*b*) Voy. le récit de cette mort dans la Vie de Louis le Débonnaire par l'Astronome.

(*c*) C'est à ce passage que commence la traduction des *Annales de Saint-Bertin* publiée dans la *Collection des Mémoires relatifs à l'histoire de France*. Nous avons dit, dans

prospere, secundum suam dumtaxat insolentiam, patrato negotio, quibusdam conditionibus usque ad tempus ab utroque discessit; nec tamen contra eos, seu clam, seu manifeste, pravitatem suæ cupiditatis atque crudelitatis destitit machinari (*a*).

841.

Anno D CCC XLI. Hludowicus autem et Karolus, alter ultra, alter citra Rhenum, partim vi, partim minis, partim honoribus, partim quibusdam conditionibus, omnes partium suarum sibi vel subdunt vel conciliant. Et Hlotarius quidem diebus quadragesimæ Moguntiam usque adversus Hludowicum procinctum ducit; sed obsistente ipso a transitu fluminis diu abstinetur; verum astu quodam atque perfidia populi Hludowico inhærentis (1) Lothario transeunte, Hludowicus Baioariam petivit. Karolum quoque a Sequanæ transitu Hlotharii multiplex populus nititur inhibere; qui, tamen, virili prudentia prudentique virtute transposito flumine, omnes in fugam bis terque coegit. Hlotarius, audita suorum fuga Karolique adventu, iterum Rhenum transponit, dispositisque adversus Hludowicum custodiis obviam Karolo proficiscitur. Hludowicus in Lotharii adversus se dispositas turmas irruens, magnaque ex parte

(1) D inhærentes.

l'introduction, que l'on ne doit se servir qu'avec précaution de cette traduction française qui offre un grand nombre de contresens et d'erreurs.

(*a*) L'annaliste dépeint, en ces lignes, l'ambition, l'avidité et la perfidie de Lothaire.

internecioni donans, ceteros in fugam egit; ac deinde fratri Karolo opem laturus properare festinat. Interea piratæ Danorum (a) ab Oceano Euripo (b) devecti, Rotumam (1) (c) irruentes, rapinis, ferro, ignique bacchantes, urbem, monachos, reliquumque vulgum vel cædibus vel captivitate (2) pessumdederunt, et omnia monasteria seu quæcumque loca flumini Sequanæ adhærentia aut depopulati sunt, aut multis acceptis pecuniis territa reliquerunt (3). Hludowico denique propinquanti Karolus frater summo desiderio atque amore obvius venit, pariterque conjuncti sicut fraterna caritate, ita etiam castrorum metatione, convivii etiam consiliorumque unitate, apud fratrem Hlotarium super pacis et unanimitatis, totiusque populi et regni gubernatione, creberrimis (4) legationibus satis agunt; qui tamen sæpissimis eos legatis et juramentis ludens, tandem recepto ab Aquitania Pippino, Pippini dudum defuncti fratris filio, in pago Altiodorensi, in loco qui dicitur Fontanidus (d) utrumque fratrem regni portionibus hostili apparatu privare

(1) V Rotomam. — (2) D H P et cædibus et captivitate. — (3) B requirunt; D H P relinquunt. — (4) D celeberrimis.

(a) Cf. *Chronicon de gestis Normannorum.*
(b) Il est ici question du détroit du *Pas-de-Calais.*
(c) L'on remarquera que *Rotomum* ou *Rotuma* se rapproche beaucoup plus du français *Rouen* que l'ancienne forme latine *Rotomagum,* Voy. au sujet de cette invasion des Normands la Chronique de Fontenelle, ann. 841.
(d) Fontenoy-en-Puisaye, arr. d'Auxerre (Yonne).— La bataille eut lieu le 25 juin; l'abbé Lebeuf a très-bien déterminé en quels lieux elle fut livrée dans son *Recueil de divers écrits pour servir d'éclaircissements à l'histoire de France.* T. I. 6e dissertation.

contendit. Cumque ad pacis fraternitatisque concordiam minime revocari posset, obviis fratribus septimo kalendas julii, die sabbato, mane interceptus, multis utrinque cadentibus, compluribus profligatis, turpiter victus aufugit (*a*). Palantium autem cædes passim agitabatur, donec Hludowicus et Karolus pietate ferventes ab eorum interfectione cessandum decreverunt; quin etiam longius a castris, obtentu christianitatis, fugientes persequi desierunt, episcopisque mandatum, ut die crastina, qua ejusdem rei gratia in loco eodem stativa habuerunt, mortuorum cadavera, prout temporis (1) opportunitas sineret, sepulturæ mandarent. In quo prælio Georgius, Ravennates Episcopus, a Gregorio Romano pontifice ad Hlotarium fratresque ejus pacis gratia directus, sed a Hlotario detentus

(1) B D H *corporis*. *C'est avec raison que* P *substitue* temporis *à* corporis. *Les deux textes offrent la première de ces deux leçons.*

(*a*) Nous devons à l'historien Nithard la plupart des détails que nous connaissons sur cette guerre. Le poète Angilbert a écrit des strophes dans lesquelles il retrace l'horreur de cette journée, qui vit périr et la puissance matérielle et la puissance morale des Franks. En voici quelques-unes :

. . . .
Fontaneto fontem dicunt
Villam quoque rustici,
In qua strages et ruinæ,
Francorum de sanguine
Horrent campi, horrent silvæ,
Horrent ipsæ paludes.

Gramen illud ros et imber
Nec humèctet pluvia,
In quo fortes ceciderunt
Prœlio doctissimi :
Plangent illos qui fuerunt
Illo casu mortui.

. . . .
Maledicta dies illa,
Nec in anni circulis
Numeretur; sed radatur
Ab omni memoria,
Jubar solis illi desit,
Aurora crepusculo.

Noxque illa mox amara
Noxque dura nimium
In qua fortes ceciderunt
Prœlio doctissimi
Pater, mater, soror, frater,
Quos amici fleverant.

neque ad fratres venire permissus, captus est, et cum honore ad propria remissus. Hlotarius, terga vertens et Aquasgrani perveniens, Saxones ceterosque confines restaurandi prælia (1) gratia sibi conciliare studet, in tantum, ut Saxonibus qui Stellinga (2) (*a*) appellantur, quorum multiplicior numerus in eorum gente habetur optionem cujuscumque legis vel antiquorum Saxonum consuetudinis, utram earum mallent, concesserit; qui semper ad mala proclives, magis ritum paganorum imitari quam christianæ fidei sacramenta tenere elegerunt(3). Herioldo, qui cum ceteris Danorum pyratis (4) incommoda tanta sui causa ad patris injuriam invexerat, Gualacras (*b*) aliaque vicina loca (5) hujus meriti gratia in beneficium contulit. Dignum sane omni detestatione facinus, ut qui mala christianis intulerant, iidem christianorum terris et populis christique ecclesiis præferrentur, ut persecutores fidei christianæ domini christianorum existerent, et dæmonum cultoribus christiani populi deservirent (*c*). Hludowicus partim terroribus, partim gratia, Saxonum

(1) D H P prælii. — (2) Stellingi. — (3) B D H P delegerunt.— (4) B D H P maritimis. — (5) B Gaulacras alia quæ vicina loco...

(*a*) Nithard dit en parlant de ces Saxons : *qui se Stellinga nominaverant.* Les Saxons, qui s'étaient donné ce nom dont la signification est *les enfants des anciens,* étaient les partisans de la religion païenne et des coutumes antiques; ils se soulevèrent contre les nobles et les colons.

(*b*) L'île de Walcheren, en Hollande.

(*c*) Ce mouvement dans la pensée et le style, si rare chez les annalistes, nous montre l'attachement de l'auteur à la religion catholique. Les chroniqueurs des siècles précédents n'auraient point marqué, dans leur récit, ce sentiment d'indignation.

quidem complures, Austrasiorum, Toringorum atque Alamannorum suæ omnes subjugat ditioni. Karolus, dispositis, quantum opportunitas rerum sivit Aquitanicis partibus, per Cenomannos (*a*), Parisios atque Bellovagos (*b*), Franciam permeans, Hasbanienses (*c*) adit, sibique plus amore quam timore conciliat.

Hlotarius, Rheni amne transposito, Hludowicum bello impetere moliens, cogitatuum suorum conatibus (1) frustratus, in Karolum subito vertitur, ratus eum longius a fratre Hludowico separatim aggressum facilius evincendum. Karolus Lotitiam Parisiorum regressus, transito Sequanæ(2) flumine, Hlotarii molitionibus diu obsistit. Hlotarius transpositione fluvii prohibitus, superiores ipsius expetens partes, per Mauripensem (*d*) pagum Senones penetrat, unde et Cenomannos nullo negotio adiens, cuncta rapinis, incendiis,

---

(1) D *omet* conatibus. — (2) D H P Sequana.

(*a*) Le Mans.
(*b*) Beauvais.
(*c*) Habitants du pays de Hesbaye, ancien *pagus* qui s'étendait de la Dyle à la Meuse. Il est parlé de ce *pagus* dans un diplôme par lequel le roi Thierry donne des biens à l'abbaye d'Arras (environ 680), et dans celui par lequel le comte Robert donne à l'église de Saint-Trond des biens dans le comté de Hesbaye (8 avril 741).
(*d*) Adrien Valois dans sa *Notice des Gaules* croit qu'il faut entendre par ce mot le *pagus Hurepensis* ou le Hurepoix, situé sur la rive gauche de la Seine. L'abbé Lebeuf a prouvé qu'il s'agit ici d'un *Mauripensis pagus*, situé sur la droite de la Seine et de l'Yonne, qui est appelé *Morivensis pagus* dans les actes du synode de Soissons en 862, et *Morvisus* dans les capitulaires de Charles-le-Chauve en 853; plus tard il fut nommé le Morvois ou le Montois.

stupris, sacrilegiis, sacramentisque adeo injuriat, ut ne ab ipsis adytis temperaret. Nam quoscumque salvandi gratia repositos vel in ecclesiis vel in earum gazophylaciis thesauros, etiam sacerdotibus et ceterorum ordinum clericis juramento devinctis, reperire potuit, auferre non distulit; ipsas quoque sanctimoniales divinis cultibus deditas feminas in sui sacramenta coegit. Karolus, apud Parisius diutius diversatus, urbem Catalaunis(*a*), dominicæ nativitatis festum ibi celebraturus, advenit.

842.

Inde Trecas (1) (*b*) adiens, per Alsensem (*c*) pagum et Tullum civitatem, Vosegi saltu transposito, penes Argentoratum(*d*) urbem fratri Hludowico conjungitur. Hlotarius, nulla penitus sua suorumve utilitate inferiores Galliæ partes tantopere populatus, erga Parisiorum Lotetiam fluvium Sequanæ transiens, Aquasgrani rediit fratrumque conjunctionem audiens, ægre tulit. Hludowicus et Karolus, quo sibi firmius populos utrique subditos necterent, sacramento sese alterutro devin-

(1) V Threcas.

(*a*) Il s'agit ici de Châlons-sur-Marne, comme l'indique la route suivie par le roi Charles.
(*b*) Troyes.
(*c*) Valois, au lieu d'*Alsensem* propose *Albensem*. L'abbé Lebeuf établit qu'*Alsensem* est la vraie leçon, et qu'il faut entendre par ce mot l'*Azois*, petite contrée située près de l'Aube, entre Troyes et Bar.
(*d*) Strasbourg.

xerunt; fideles (1) quoque populi partis utriusque pari se juramento constrinxerunt, ut uter eorumdem fratrum adversus alterum sinistri quippiam moliretur, relicto prorsus auctore dissidii, omnes sese ad servatorem fraternitatis amicitiæque converterent (*a*). Quibus patratis, ad Hlotarium pacis gratia dirigunt; qui legatis eorum a sui præsentia atque conloquio inhibitis, ad obsistendum fratribus se suosque hostiliter præparat. Quo in Sentiaco (*b*) (2) palatio, a Mosella flumine octo ferme milibus constituto (3), et ejusdem (4) transeundi facultatem dispositis custodiis denegante, Hludowicus navali Karolus equestri apparatu castrum Confluentes (*c*) perveniunt, ibique Mosellam viriliter (5) transire inchoantibus, omnes Hlotharii excubiæ velociter aufugerunt. Hlotarius, inopinato fratrum adventu territus, cessit, sublatisque cunctis ab Aquisgrani palatio tam sanctæ Mariæ quam regalibus thesauris, disco etiam miræ magnitudinis ac pulchritudinis argenteo (*d*) in quo et orbis totius descriptio et astrorum consideratio et varius planetarum discursus,

(1) V *omet le membre de phrase commençant à* fideles. — (2) V B D Hisentiaco. — (3) D H P constructo. — (4) D H P *omettent* et. — (5) V D *omettent* viriliter.

(*a*) L'on a souvent fait remarquer l'importance du serment que Louis et Charles prononcèrent en présence de leurs hommes d'armes.
(*b*) Nos annales donnent le vrai nom de ce palais, lorsqu'en 876 elles l'appellent *Sentiacum;* Nithard le désigne aussi de cette dernière manière. Cette localité est située sur le Rhin, non loin d'Andernach, et porte aujourd'hui le nom de *Sinzig*.
(*c*) Coblentz.
(*d*) Eginhard a parlé de cette sphère en argent dans sa *Vie de Charlemagne*, au chap. 33.

divisis ab invicem spatiis, signis eminentioribus sculpta radiabant, particulatim præciso(1) suisque distributo, a quibus tamen, quamvis tali (2) mercede conductis, per contubernia turmatim deserebatur, per Catalaunis fugiens, apud Trecas paschali solemnitate peracta, Lugdunum petiit. Hludowicus penes Coloniam Agrippinam, Karolus in Heristallio (3) palatio eamdem festivitatem celebrantes, homines ipsarum partium ad sese refugientes suscipiunt, fratrem (4) persequi desistentes. Quibus multipliciter receptis, fratris habito (5) gradu, tardiusculo insequuntur, quia (6) apud fratres super pacis fœdere licet invitus satagens, legatos quibus plurimum nitebatur dirigit. Electo ad hoc negotium Matasconis urbis (*a*) vicinio, illuc utrimque coitur, et, utriusque partis castra Arare fluvio dirimente, in quamdam insulam ejusdem fluminis ad commune colloquium aspectumque coeunt. Ubi venia de præteritis perperam gestis vicissim postulata atque accepta, sacramentum quoque alter alteri veræ pacis fraternitatisque juraverunt, et de regni totius æquis portionibus diligentius faciendis kalendis octobribus in urbe Mediomatricorum, Metis vocabulo (7), decreverunt. Ea tempestate Normannorum classis in emporio quod Quantovicus (8) dicitur (*b*), repentino sub lucem

(1) D H P præsciso. — (2) P tale. — (3) Heristalio. — (4) H P fratremque. — (5) B abitu, D H P abitum. — (6) P qui? — (7) B V Mettis. P *croit qu'il faut ajouter* iterum convenire. — (8) D Quentovicus.

(*a*) Mâcon.
(*b*) *Quentowic*. La situation de Quentowic a donné lieu à plusieurs dissertations : des auteurs ont placé cet *emporium* à Saint-

adventu deprædationibus, captivitate et nece sexus utriusque hominum adeo debacchati sunt, ut nihil in eo præter ædificia pretio redempta relinquerent. Maurorum etiam piratæ per Rhodanum prope Arelatum delati, cuncta passim deprædati, impune oneratis navibus regressi sunt. Karolus autem a Matascone Aquitaniam ingressus atque pervagatus, ad memoratum placiti locum et tempus venire non destulit. Hlotarius apud Augustam Treverorum, legatos Græcorum suscipit, eisque absolutis, ejusdem placiti tempore palatio quod Theodonis villa dicitur resedit.

Hludowicus, peragrata omni Saxonia, cunctos sibi eatenus obsistentes vi(1) atque terrore ita perdomuit, ut comprehensis omnibus auctoribus tantæ impietatis, qui et christianam fidem pene reliquerant, et sibi suisque fidelibus tantopere obstiterant, CXL capitis amputatione plecteret, XIV patibulo penderet, innumeros membrorum præcisione debiles redderet, nullumque sibi ullatenus refragantem relinqueret (a). Interea Beneventanis inter se dissidentibus, Sarraceni ab Africa ab eis invitati, primo quidem auxiliatores, postmodum vero violenti insecutores, plurimas civitatum vi obtinent. Karolus mense octobri ab urbe

---

(1) B obsistente sui; D obsistentes sui; H obsistentes suisque.

Josse, dans le diocèse d'Amiens, sur la rive gauche de la Canche, près de son embouchure; d'autres sur la rive droite, aussi près de l'embouchure, sur le territoire d'Etaples. M. L. Cousin paraît avoir solidement établi cette seconde opinion par les *Derniers éclaircissements sur l'emplacement de Quentowic*, publiés dans le 14ᵉ vol. des Mémoires de la Société Dunkerquoise, 1869.

(a) Le paganisme saxon et la confédération des *Stellings* furent complètement détruits en cette année 842.

842.

Mediomatricorum Vangium profectus, Hludowico fratri conjungitur. Quibus inibi diutiùs immorantibus, et missis alternatim ad Hlotarium intercurrentibus ac de regni portionibus multum·diuque consultantibus, tandem inventum est, ut missi strenui (1) (a) per universum suæ ditionis regnum delegarentur (2), quorum industria diligentior descriptio fieret, cujus serie trium fratrum æquissima regnorum divisio irrefragabiliter statuto tempore patraretur; quibus destinatis, Hludowicus Germaniam repedat, Hlotarius medioximis regni Francorum immoratur; Karolus Carisiacum palatium veniens, Ermendrud, neptem Adalardi (3) comitis, uxorem ducit, atque Augustam Viromandorum, ad memoriam videlicet Beati Quintini Martyris (b) nativitatis dominicæ (4) festum celebraturus, proficiscitur. Inter hæc terræ motus in inferioribus Galliæ factus est. Ratholdus abbas fit monasterii S. Vedasti (5) (c).

(1) B strennui; D trecetini; H P triceni. — (2) B diligerentur; D H P deligerentur. — (3) V. Adelardi. — (4) D H P nativitatis domini et apparitionis. — (5) B D H P *ne donnent pas la mention sur l'abbé Rathold.*

(*a*) En étudiant sur le manuscrit de Saint-Bertin le mot *strennui*, l'on comprend comment Van Roswey a pu lire *trecetini*. Cette faute de copiste, reproduite par D. Bouquet et Pertz, a fait dire par tous les auteurs que l'on avait délégué 300 commissaires pour préparer le partage de l'empire entre les trois frères. L'annaliste avait écrit des *commissaires diligents*.

(*b*) Saint-Quentin (Aisne).

(*c*) Le *Gallia Christiana* n'offre point le nom de Ratholde : Ferry de Locres et les auteurs de l'*Abbaye de Saint-Vaast* le placent en 853-855.

843.

Anno D CCC XLIII, Theophilo imperatore defuncto, Michael cum Theodora matre imperat(1). Hlotarius et Hludowicus intra fines regnorum suorum sese cohibentes, pacifice degunt. Karolus Aquitaniam pervagatur. Quo illic constituto, Nomenogius Britto et Landbertus (2) (*a*) qui nuper ab ejus fidelitate defecerant, Rainaldum, Namnetorum ducem, interficiunt, complures capiunt. Emergentibus igitur hinc inde tot tantisque incessabiliter malis, vastante passim cuncta raptore, coacti sunt per multa totius Galliæ loca homines terram, mixta paucitate (3) farinæ, atque in panis speciem redactam comedere, eratque lacrymabile, imo execrabile nimium facinus, cum jumenta raptorum pabulis abundarent, et homines ipsius terrenæ admixtionis crustulis indigerent (*b*). Piratæ (*c*) Nordmannorum urbem Namnetum (*d*) adgressi, interfectis episcopo et multis clericorum atque laicorum sexusque

(1) B D H P *ne donnent pas la mention sur l'empereur Michel.* — (2) V Lambertus. — (3) D H P terræ mixtam paucitatem farinæ.

(*a*) Ce Lantbert, fils du comte Lantbert, par son alliance avec le chef Breton Noménoé, devait contribuer considérablement à l'affaiblissement de la puissance de Charles-le-Chauve, et être cause des maux dont souffrit alors l'ouest de la France.

(*b*) Nous voyons encore, en ce passage, l'auteur montrer plus de sensibilité que l'on n'en trouve ordinairement dans les annalistes de l'époque. Nous ferons aussi remarquer le gallicisme *erat lacrymabile.*

(*c*) Cf. *Chronicon de gestis Normannorum.*

(*d*) Nantes.

promiscui, deprædata civitate, inferioris Aquitaniæ partes depopulari (1) adoriuntur; ad postremum insulam (*a*) quamdam ingressi, convectis a continenti domibus, hiemare vclut perpetuis sedibus statuerunt. Karolus ad condictum fratribus obvians penes Virodunum conjungitur, ubi distributis portionibus, Hludowicus ultra Rhenum omnia, citra Rhenum vero Nemetum, Vangium et Moguntiam (*b*) civitates pagosque sortitus est; Hlotarius intra (2) Rhenum et Scaldem in mare decurrentem, et rursus per Cameracensem (3) (*c*), Hainaum (4) (*d*), Lomensem (5) (*e*), Castritium (*f*), et eos comitatus qui Mosæ citra contigui habentur usque

(1) B depopulaturi. — (2) D H P inter. — (3) B Caramacensem. — (4) D Hainnaum; H B Hainaum. — (5) D Loemsem.

(*a*) Il s'agit ici de l'île de Noirmoutier (Vendée), et selon d'autres de l'île de Ré (Charente-Inférieure). Cf. Depping, p. 102 et 511.

(*b*) Spire, Worms et Mayence.

(*c*) Le *Cambrésis*; ce pays était situé entre l'Artois et le Hainaut au nord et à l'est, l'Artois à l'ouest, la Thiérache et le Vermandois au sud.

(*d*) Le *Hainaut*, qui tire son nom de la rivière de la Haine, était situé entre le Brabant et le pays de Liége au N.; le pays de Liége, de Namur et la Thiérache à l'E.; la Thiérache et le Cambrésis au S.; le Cambrésis, l'Artois et la Flandre à l'O.

(*e*) Le pays de *Lomme*, situé entre la Sambre et la Meuse, faisait partie du comté de Namur : il est parlé de ce pays dans un diplôme de Louis le débonnaire, daté du 1er nov. 816, et dans une instruction pastorale de l'évêque de Tongres, qui remonte à environ l'an 804.

(*f*) Voici la note que donne Pertz au sujet de *Castritium*: « Ad fluvios Mosam et Barum, in quo Donchery. Valesii *Notit. Gall.*, p. 133; versus septentrionem igitur usque ad pagi Lomensis confinia pertinuisse videtur. » *Donchery* est situé sur la Meuse, dans l'arr. de Sedan (Ardennes).

ad Ararem Rhodano (1) influentem, et per deflexum Rhodani in mare, cum comitatibus similiter sibi utrimque (2) adhærentibus; extra hos autem terminos Athrebate tantum Karoli fratris humanitate indeptus est (3) (*a*); cætera usque ad Hispaniam Karolo cesserunt; factisque sacramentis, tandem altrinsecus est discessum. Ea tempestate, concordantibus ad invicem Beneventanis, Dei auxilio de illis partibus Sarraceni expulsi sunt. Defuncto Ratholdo abbate, Matfrido laico abbatia committitur (*b*).

844.

Anno D CCC XLIV, hiems mollissima usque ad kalendas februarii quadam temperie modificata : Bernhardus comes marcæ Hispanicæ(*c*) jamdudum grandia

---

(1) B Rodono. — (2) V utrique. — (3) D H P *ne donnent pas la phrase commençant à* extra *et finissant à* usque. *Cette mention, effacée dans le texte de Saint-Bertin, peut encore être suivie par les principaux linéaments des lettres.*

(*a*) La cause qui a fait effacer cette phrase dans le manuscrit de S. Bertin ne peut être l'inexactitude du fait qu'elle rapporte : ce fait est confirmé par une charte d'Hincmar, datée de 870, qui dit aussi que le roi Charles avait donné l'abbaye de St-Vaast d'Arras à l'empereur Lothaire.

(*b*) Tous les auteurs qui se sont occupés de Saint-Vaast donnent Madfried, comme ayant administré l'abbaye de 852 à 853 et comme prédécesseur de l'abbé Rathold.

(*c*) Contrairement à nos annales qui montrent Bernhard, subissant la peine capitale, par ordre du roi, d'après le jugement des Francs, la chronique Toulousaine d'Eudes Aribert dit que le roi Charles, après avoir fait la paix avec Bernhard, l'assassina de sa main au moment où celui-ci s'agenouillait pour lui rendre hommage; elle ajoute que le roi ne fut point exempt du soupçon de

moliens (*a*) summisque inhians, majestatis reus, Francorum judicio, jussu Karoli in Aquitania capitalem sententiam subiit. Gregorius, romanæ ecclesiæ pontifex, decessit, cui Sergius succedens in eadem sede substituitur. Quo in sede apostolica ordinato, Hlotarius filium suum Hludowicum Romam, cum Drogone Mediomatricorum episcopo, dirigit, acturos ne deinceps, decedente apostolico, quisquam illic præter sui jussionem missorumque suorum præsentiam ordinetur antistes (*b*). Qui Romam venientes, honorifice suscepti sunt; peractoque negotio, Hludowicum pontifex romanus unctione in regem consecratum cingulo decoravit; Drogonem vero episcopum sui vicarium Galliarum Germaniarumque partibus designavit. Siginulfus, Beneventanorum dux, ad Hlotarium cum suis omnibus sui deditionem faciens centum milium aureorum mulcta, sese ipsi fecit obnoxium; quibus

parricide, parce qu'il passait pour être né de Bernhard et de Judith. Peut-être ce dernier chroniqueur a-t-il parlé sous l'impression de ses sentiments d'homme du midi, et de partialité envers Guillaume, fils de Bernhard, qui défendit la marche de Toulouse contre le roi Charles.

(*a*) C'est au mot *moliens* que s'arrêtent, dans le manuscrit de Saint-Vaast, les Annales de Saint-Bertin. Ainsi que nous l'avons dit dans la préface, plusieurs cahiers manquent entre le folio 118, où cessent ces annales, et le folio 119, où commencent d'autres annales.

(*b*) Pour empêcher les désordres et les cabales qui avaient accompagné l'élection de plusieurs papes, Eugène III avait réglé qu'à l'avenir le pape ne serait consacré qu'après avoir fait serment, en présence de l'ambassadeur impérial, de conserver les droits de tous. L'empereur Lothaire, qui n'avait point été représenté au sacre de Sergius, fit rappeler le droit dont il jouissait par ses ambassadeurs. Il s'agit ici de la consécration et non de l'élection.

Beneventani, qui pridem alias versi fuerant, compertis, ad eundem Siginulfum sese convertentes, Saracenorum reliquias a suis finibus expellere moliuntur. Landbertus cum Britonibus quosdam Karoli markionum Meduanæ(*a*) ponte interceptos perimit. Pippinus, Pippini quondam regis (1) filius, exercitui ex Francia ad Karolum Tolosam civitatem obsidione vallantem properanti in pago Ecolesimo (*b*) occurrens, ita brevi et absque suorum casu eum (2) profligavit, ut, primoribus interfectis, ceteros fugam etiam ante congressum ineuntes, vix paucis evadentibus, aut caperet, aut spoliatos sacramentoque adstrictos ad propria redire (3) permitteret. Qua inopinata congressione Hugo (*c*) presbyter et abbas, filius Karoli magni quondam imperatoris et frater Hludowici itidem imperatoris, patruusque Hlotarii, Hludowici et Karoli regum, necnon Richbote(4) abbas et ipse consobrinus regum, nepos videlicet Karoli imperatoris ex filia, Eckardus(5) quoque et Ravanus comites cum aliis pluribus in-

---

(1) B *omet* regis. — (2) D H P *omettent* eum. — (3) D H P *ajoutent* redire. — (4) D H P Richboto. — (5) D H P Eckardi.

(*a*) C'est à Mayenne, chef-lieu d'arrondissement du département qui porte le même nom, que furent défaits les *Markiones*, ou chefs des marches de Bretagne, commandant au nom du roi Charles.

(*b*) Cette défaite des partisans de Charles eut lieu auprès d'Angoulême. Voy. à ce sujet la chronique d'Eudes Aribert, qui rapporte que l'évêque d'Albi s'était placé à la tête des populations de l'Aquitaine, soulevées par les dévastations des Francs.

(*c*) Hughes était abbé de Saint-Quentin et de Saint-Bertin, et Rikbod abbé de Saint-Riquier. Ce passage nous montre que les prélats, comme à l'époque de Charles-Martel, se mettaient à la tête des armées. Les fils de Louis le débonnaire donnaient les abbayes, comme fiefs, à ceux qui pouvaient leur rendre des services, parfois même à des laïques.

terfecti sunt(1); capti vero Ebroinus, Pictavorum episcopus, Ragenarius, Samorobrivæ(2) Ambianorum(*a*) episcopus et Lupus abbas ac filii Eckardi comitis duo, item Lokardius(3), Guntardus et Richuinus comites, Engilwinus etiam, aliique non pauci nobilium. Nomenogius Brito eadem tempestate fines sibi suisque antecessoribus distributos insolenter egrediens, Cenomannos usque longe lateque populando, ignibus etiam plurima cremando, pervenit; ubi audita Nordmannorum (4) in fines ejus irruptione redire compulsus est. Hludowicus, rex Germanorum, populos Sclavorum et terras aggressus, quosdam in deditionem cepit, quosdam interfecit(5), omnes pene illarum partium regulos sibi aut vi aut gratia subegit. Nortmanni (*b*) Britanniam insulam, ea quam maxime parte, quam Angli Saxones incolunt, bello impetentes, triduo pugnando victores effecti, prædas, rapinas, neces passim facientes, terra pro libitu potiuntur. Interea fratrum id est Hlotarii, Hludowici et Karoli alternatim fraterno affectu legatis multifariam discurrentibus, mense octobri, iidem pene Theodonis villam conveniunt, habitoque diebus aliquot amicabili pernecessarioque conloquio, inter se fraternitatis et caritatis jura in posterum non violanda confirmant, omnes quoque discordiarum satores cauturos sollicitius exsecraturosque (6), et statum ecclesiarum, imminentibus necessitatibus, fœdissime rebus

---

(1) D H P *omettent* sunt.—(2) B D Samarobricæ.—(3) B Eokardus; D *en marge* Leutharius.—(4) B Nordomannorum.—(5) *Les mots* quosdam interfecit *sont en marge dans le ms.* D.—(6) B exsacraturos.

(*a*) Amiens.
(*b*) Cf. *Chronicon de gestis Normannorum.*

dilaceratum, ac personis minus congruis id est laicis vulgo contraditum, redintegraturos sese promittunt(*a*), Unde et ad Pippinum, Landbertum atque Nomenogium pacis gratia missos pariter destinant, ut fratri Karolo obedientes (1), fideles de cætero permansuri, occurrere non differant, sin alias, eis tempore opportuno viriliter conglobati, eorum infidelitatibus ulciscendis, se interminando profecturos pronuntiant (*b*).

Nortmanni per Garrondam Tolosam usque proficiscentes, prædas passim impuneque perficiunt. Unde regressi quidam Galliciamque adgressi partim balistariorum (2) occursu, partim tempestate maris intercepti dispereunt; sed et quidam eorum ulterioris Hispaniæ partes adorsi diu acriterque cum Sarracenis dimicantes, tandem victi resiliunt.

845.

Anno DCCCXLV, hiems asperrima. Northmannorum naves centum viginti(*c*) mense martio per Sequanam(3)

---

(1) D H P ut obedientes. — (2) B ballistariorum. — (3) B Sequenam.

(*a*) Cf. Labbe, *Concil.* t. VII, p. 1806. Ce concile se tint à Jutz, près de Thionville. C'est avec raison que l'annaliste rappelle ici les décrets qui furent portés pour empêcher les laïcs de posséder plus longtemps les abbayes, et pour maintenir ou restaurer la discipline ecclésiastique.

(*b*) Les menaces inutiles des trois frères montrent leur impuissance vis-à-vis la situation et l'esprit de nationalité. L'empereur Lothaire et Louis le Germanique avaient trop à faire dans leurs états, pour pouvoir secourir le roi Charles-le-Chauve.

(*c*) Cette flotte était commandée par Ragnar Lodbrog, dont le chant est devenu si célèbre. Sur les ravages qui furent commis

hinc et abinde cuncta vastantes, Loticiam (1) Parisiorum nullo penitus obsistente pervadunt (2). Quibus cum Karolus occurrere moliretur, sed prævalere suos nullatenus posse prospiceret, quibusdam pactionibus et munere septem milium librarum eis exhibito, a progrediendo compescuit ac redire persuasit. Fulcradus comes et cæteri (a) Provinciales ab Hlotario deficiunt sibique potestatem totius Provinciæ usurpant. Northmannorum rex Oricus sexcentas naves per Albim fluvium in Germanniam adversus Hludowicum dirigit; quibus Saxones occurrentes, commisso prælio, domini nostri Jesu Christi auxilio, victores efficiuntur; unde digressi, Sclavorum quamdam impetunt et capiunt civitatem(b). Fames valida Galliæ inferiora (3) consumit, adeo ut multa hominum millia, eadem invalescente, absumpta sint. Karolus agrum Floriacum in quo sancti Benedicti monasterium (c) consistit, duodecim ab Aurelianorum urbe leugis, veniens, Pippinum Pippini filium suscipit, et receptis ab eo sacramentis fidelitatis quatenus ita deinceps ei fidelis sicut nepos patruo existeret, et in quibuscumque necessitatibus ipsi pro viribus auxilium ferret, totius Aquitaniæ

---

(1) B Loticium. — (2) B pervaduntur. — (3) D H P interiora.

dans cette invasion, voy. *Histor. des Gaules et de France*, t. VII, p. 348 à 352.

(a) Il ne s'agit pas ici, comme le dit la traduction de la *Collection des Mémoires relatifs à l'histoire de France*, de gouverneurs de provinces qui s'emparent du pays dont l'administration leur a été confiée, mais de la Provence et de comtes Provençaux.

(b) Pertz dit que cette ville est *Hambourg*.

(c) L'abbaye de *Saint-Benoit de Fleury*.

dominatum ei (1) permisit, præter Pictavos, Sanctonas et Ecolimenses (2) (a); unde et omnes Aquitanici, qui eatenus cum Karolo fuerant, ad eumdem Pippinum continuo sui conversionem efficere studuerunt.

Beneventani cum Sarracenis, veteri discordia recrudescente, denuo dissident. Northmanni alveo Sequanæ remenso, maria repetunt, cuncta maris loca finitima diripiunt, vastant atque incendiis concremant. Sed licet peccatis nostris divinæ bonitatis æquitas nimium offensa, taliter christianorum terras et regna attriverit, ne tamen etiam pagani improvidentiæ aut certe impotentiæ Dominum omnipotentissimum ac providentissimum(3)impune diutius insimularent, cum à quodam monasterio, Sithdiu nomine (4), direpto incensoque, oneratis navibus repedarent, ita divino judicio vel tenebris cæcati, vel (5) insania sunt perculsi, ut vix perpauci evaderent qui Dei omnipotentis iter (b) cæteris nuntiarent. Undè, ut fertur, commotus animo rex eorum Oricus, ad Hludowicum, regem Germanorum, legatos pacis gratia destinat, captivitatem (c) absolvere, thesaurosque paratus pro viribus restituere. Hlotarius, Provinciam ingressus, fere

---

(1) D H P sibi. — (2) B Santorias et Elinensis. — (3) B H P *omettent ces deux mots*. — (4) B *Ces deux mots sont écrits en marge*. — (5) D H P et.

(a) Poitiers, Saintes et Angoulême.
(b) Nous inclinons à croire avec Pertz qu'il y a ici une faute de copiste pour *viam*.
(c) Ces mots, comme le dit Pertz, sont employés pour *captivos universos*.

totam (1) suæ potestati recuperat. Dani, qui anno præterito Aquitaniam vastaverant, remeantes, Sanctonas (2) invadunt, confligentes superant, quietisque sedibus immorantur. Karolus Britanniam Galliæ cum paucis minus caute adgressus, deficientibus suis rebus sinistra fortuna universis, Cinomannos festinato revertitur, reparatoque exercitu eamdem parat impetere.

846.

Anno D CCC XLVI, piratæ Danorum Fresiam adeuntes, recepto pro libitu censu, pugnando quoque victores effecti, tota pene provincia potiuntur. Ventus aquilo per totam hiemem usque ad ipsa fere maii mensis initia acerrime segetibus et vineis incumbit. Luporum incursio inferiorum Galliæ partium homines audentissime devorat, sed et in partibus Aquitaniæ in modum exercitus usque ad trecentos ferme conglobati et per viam facto agmine gradientes, volentibusque resistere fortiter unanimiterque constrastare feruntur. Karolus apud villam sancti Remigii, Sparnacum (*a*) nomine, contra morem conventum populi sui generalem mense junio habuit, in quo episcoporum regni sui pernecessaria admonitio de causis ecclesiasticis ita flocci pensa est, ut vix umquam reverentia pontificialis, christianorum duntaxat temporibus, sic posthabita legatur (*b*). Quadam die juniorum (3) qui-

(1) B D Bretotiam; H P *corrigent* fere totam. — (2) B Santonas. — (3) D H P junior.

(*a*) Epernai, chef-lieu d'arr. du départ. de la Marne.
(*b*) Voici le fait auquel l'annaliste fait ici allusion. Lorsqu'il fut

dam cum equa coiens repertus, judicio Francorum vivus incendio crematur. Inde partes Britanniæ Karolus cum exercitu petens, pacem cum Nomenogio, duce Britonum, intervenientibus hinc et abinde sacramentis, paciscitur. Hujus anni mense maio tanta apud Altiodorum civitatem inundatio pluviarum fluxit, ut parietes penetrans, ipsas etiam cupas plenas vini in fluvium (*a*) Icaunam detulerit (1), sed et, quod est mirabilius, quandam vineam cum terra vitibus et arboribus omnibus in nullo disruptam ita ut erat solidam, a parte Icaunæ fluminis in alteram ejusdem fluvii partem transposuerit, ac si in eodem agro naturaliter fuerit.

Mense augusto Sarraceni Maurique Tiberi Romam adgressi, basilicam beati Petri apostolorum principis devastantes, ablatis cum ipso altari, quod tumbæ memorati apostolorum principis superpositum fuerat, omnibus ornamentis atque thesauris, quemdam montem centum ab urbe milibus munitissimum occupant. Quos quidam ducum (2) Hlotarii minus religiosè adorsi

---

(1) D H P retulerit. — (2) B D H dudum; *avec Pertz nous remplaçons ce mot par* ducum.

---

question, à l'assemblée d'Epernai, de recevoir les canons du concile de Meaux, les seigneurs, qui craignaient d'être obligés de restituer les biens ecclésiastiques et les abbayes dont ils s'étaient emparés, obtinrent du roi que l'on ferait sortir les évêques de l'assemblée. Ensuite, ils délibérèrent entre eux, firent choix de certaines prescriptions et les envoyèrent aux évêques, en déclarant qu'ils ne voulaient observer que ces canons. La puissance morale de l'épiscopat s'affaiblissait aussi; le roi rendait la féodalité de plus en plus puissante.

(*a*) Yonne.

atque deleti sunt; pars autem hostium ecclesiam beati Pauli adiens a Campaniensibus oppressa, prorsus interfecta est. Hludowicus rex Germanorum adversus Sclavos profectus, tam intestino suorum conflictu quam hostium victoria contritus(1), reversus est. Hludowicus, Hlotarii filius, rex Italiæ, cum Sarracenis pugnans, victus vix Romam pervenit.

847.

Anno D CCC XLVII, legati Abdirhaman, regis Sarracenorum (*a*), a Corduba Hispaniæ ad Karolum pacis petendæ fœderisque firmandi gratia veniunt; quos apud Remorum Durocortorum (*b*) decenter suscepit et absolvit. Bodo, qui ante annos aliquot christiana veritate derelicta ad Judæorum perfidiam concesserat, in tantum mali profecit, ut in omnes christianos Hispaniæ degentes tam regis quam gentis Sarracenorum animos concitare studuerit (2), quatenus aut relicta christianæ fidei religione ad Judæorum insaniam Sarracenorumve dementiam se converterent, aut certe omnes interficerentur. Super quo omnium illius regni christianorum petitio ad Karolum regem regnique sui episcopos cæterosque nostræ fidei ordines lacrymabiliter missa est, ut memoratus apostata reposceretur, ne diutius chris-

---

(1) D H P conterritus. — (2) D H statuerit.

(*a*) D. Bouquet résume dans une note, d'après Pierre de Marca, les causes qui déterminèrent le kalife à envoyer cette ambassade.

(*b*) Reims. Nous avons déjà fait remarquer que l'annaliste emploie, pour plusieurs villes, les noms usités par César et l'auteur de l'Itinéraire d'Antonin.

tianis illic versantibus aut impedimento aut neci foret (*a*). Dani partem inferioris Galliæ quam Britones incolunt adeuntes, ter cum eisdem bellantes superant; Nomenogiusque victus cum suis fuit; dein per(1) legatos muneribus a suis eos sedibus amovit (*b*).

Sergius, romanus pontifex, vi kal. februarii defungitur, et Leo in ejus locum eligitur. Sarraceni, oneratis thesaurorum multitudine, quos ex basilica beati Petri apostoli asportarant, navibus redire conati, cum inter navigandum Deo et domino nostro Jesu Christo ejusque apostolis ore pestifero derogarent, orto repente inevitabili turbine, conlisis in sese navibus, omnes pereunt; quædam thesaurorum in sinibus defunctorum, quos mare littoribus rejecerat, inventa ad beati Petri memoriam revertuntur. Scotti(*c*) a Northmannis

---

(1) B D *omettent* per.

(*a*) Les longs détails que donne l'annaliste sur l'histoire de l'Espagne indiquent qu'il était d'origine espagnole.

(*b*) Cette défaite du chef des Bretons, qui était à la tête de troupes aguerries, montre combien il était difficile de résister aux Normands, et prouve qu'il ne faut point regarder Charles-le-Chauve comme un prince lâche et faible, parce qu'il a été vaincu par les pirates et forcé de racheter son royaume à prix d'argent.

(*c*) Dans une note lue aux réunions de la Sorbonne en avril 1869, M. Morin, professeur à la Faculté de Rennes, a démontré, en se servant de documents gaéliques réunis par O' Conor (*Rerum hibernicarum scriptores veteres*, Buckingamiæ, 1814-1826, 4 v. in-4º), que dans ce passage des Annales de Saint-Bertin et dans un autre passage de l'année 848, il est question de l'Irlande et non de l'Ecosse, qui fut appelée Albanie jusqu'au xie siècle, et que cette invasion, l'une des plus désastreuses dont l'Irlande ait eu à souffrir, fut conduite par le Normand Turgès, pirate redouté qui fut plus tard pris et noyé dans le lac Utair par Maelsechlan I, trente-cinquième roi d'Irlande.

per annos plurimos impetiti, tributarii efficiuntur, insulis circumquaque positis nullo resistente potiti immorantes (*a*).

Hlotarius, Hludowicus et Karolus legatos ad Oric, Danorum regem, destinant, mandantes ut suos a (1) christianorum infestationibus cohiberet; sin alias bello se impetendum nullatenus dubitaret. Ea tempestate Mauri et Sarraceni Beneventum invadunt, et usque ad Romana confinia populantur. Dani Aquitaniæ maritima (2) impetunt et prædantur, urbemque Burdegalam diu oppugnant. Alii quoque Danorum emporium quod Dorestadum dicitur et insulam Batavium (3) occupant atque obtinent. Hludowici, Germanorum regis, exercitus adversus Sclavos prospere dimicant, ita ut quod ante annum ex eis (4) amiserat receperit (5).

848.

Anno D CCC XLVIII, Sclavi, in regnum Hludowici hostiliter irruentes, ab eo in Christi nomine superantur. Karolus, Nortmannorum Burdegalam oppugnantium partem aggressus, viriliter superat. Exercitus Hlotharii contra Sarracenos Beneventum obtinentes dimicans, victor efficitur. Dani Burdegalam Aquitaniæ, Judæis prodentibus, captam depopulatamque incen-

---

(1) B D *omettent* a. — (2) D H P Aquitaniam maritimam. — (3) Id. Batavam.— (4) Id. *omettent* ex eis.— (5) B reciperit; D H P reciperet.

(*a*) Ce passage a été sans doute altéré. Il faudrait placer un point et virgule après *efficiuntur*, et substituer *immorantur* à *immorantes*, en lui donnant pour sujet *Normanni* sous-entendu.

dunt (*a*). Aquitani desidia inertiaque Pippini coacti, Karolum petunt, atque in urbe Aurelianorum pene omnes nobiliores cum episcopis et abbatibus in regem eligunt, sacroque chrismate delibutum et benedictione episcopali solemniter consecrant. Piratæ Græcorum, Massiliam Provinciæ, nullo obsistente, vastantes, impune recedunt. Nortmanni Metullum (1) (*b*) vicum populantes, incendio tradunt. Scotti super Nortmannos irruentes, auxilio domini nostri Jesu Christi victores, eos a suis finibus propellunt; unde et rex Scottorum ad Karolum pacis et amicitiæ gratia legatos cum muneribus mittit, viam sibi petendi Romam concedi deposcens (*c*). Mauri denuo Beneventum invadunt. Guilhelmus, filius Bernardi, Impurium et Barcinonam (*d*) dolo magis quam vi capit.

849.

Anno D CCC XLIX, Hlotarius et Karolus, sanioribus

(1) B D H Metallum.

(*a*) A l'occasion de ces passages nous attirerons l'attention sur deux faits : d'abord le courage et la victoire de Charles-le-Chauve, en qui l'on voit trop souvent un prince sans bravoure et sans talent; ensuite la trahison des Juifs, ces éternels ennemis de la chrétienté, comme les appelle M. Henri Martin, toujours opprimés et toujours altérés de vengeance.

(*b*) Melle, aujourd'hui chef-lieu d'arrondissement dans les Deux-Sèvres.

(*c*) Au sujet de ce passage et de celui de l'année 847 où il est question de l'invasion des Normands en Irlande, voy. le *Chronicon de gestis Normannorum in Francia*, ann. 846, et l'écrit de M. Morin, *Note sur deux passages des Annales de Saint-Bertin, expliquée à l'aide des chroniques de l'Irlande,* dont nous avons parlé.

(*d*) Ampurias et Barcelone.

usi consiliis, in pacem germanamque concordiam redeunt. Apud Galliam XIII kal. martii, nocte sequenti clericis nocturnas preces Domino solventibus, terræ motus valide sed nulla quorumlibet ædificiorum ruina factus est. Godescalcus (1) gallus quidam, monasterii Orbacensis paroeciæ Suessionicæ monachus et presbyter, scientia tumidus, quibusdam superstitionibus deditus, Italiam specie religionis aggressus; inde turpiter ejectus, Dalmatiam, Pannoniam Noreiamque adorsus, quædam nostræ saluti valde contraria præcipue sub nomine prædestinationis, pestiferis dictis et scriptis adstruens, in præsentia Hludowici, Germanorum regis, episcopali concilio detectus atque convictus, tandem ad dioceseos suæ urbem metropolim, Remorum Durocortorum nomine, cui Ingmarus vir venerabilis præsidet, redire compellitur, quatenus illic dignum suæ perfidiæ (2) judicium subiret (a). Quem sanctæ Dei ecclesiæ strenuissimus cultor Karolus, advocato sanctorum memoratæ dioceseos episcoporum con-

---

(1) B Godesscalcus. — (2) B *omet les mots commençant à* judicium *et finissant à* ecclesiæ. *Le copiste avait sans doute passé une ligne. Le texte intercalé est de D. Bouquet.*

(a) Dom Bouquet ayant soutenu, à l'occasion de ce passage, que Prudence de Troyes, favorable à Gottschalk, ne pouvait être l'auteur d'annales où l'on appelle les écrits de Gottschalk pestilentiels (*pestiferis*), l'abbé Lebœuf a soupçonné Hincmar d'avoir ajouté ce mot au texte de Prudence. Nous avons prouvé dans l'introduction qu'il n'est pas nécessaire de supposer qu'il y a eu interpolation, puisque Prudence soutenait une doctrine opposée à celle de Gottschalk sur la prédestination, et qu'il a plusieurs fois condamné le système de cet hérétique. Prudence était l'adversaire de Scot Érigène, qui, en voulant combattre Gottschalk, tomba dans des erreurs non moins pernicieuses.

ventu (*a*), suis aspectibus præsentari decrevit, quo perductus, publice flagellatus librosque suarum adsertionum igni cremare compulsus est. Hludowicus et Karolus germana caritate convenientes, tanto fraterni amoris vinculo devincti patuerunt, ut alter alteri baculos publice tribuendo, regnum, uxorem (1) et liberos superstiti commendaret.

Karolus Aquitaniam aggreditur. Nomenogius Brito consueta perfidia Andegavis et vicina eis circumquaque loca invadit. Nortmanni (*b*) Petrocorium (*c*), Aquitaniæ civitatem, populantes incendunt (*d*), atque

(1) D H P regum uxores.

(*a*) Les actes de ce concile de Kiersy-sur-Oise, où fut condamné Gottschalk, n'ont pas été conservés. L'on ne possède sur cette assemblée que le passage des Annales de Saint-Bertin, et quelques lignes d'Hincmar dans son ouvrage sur la prédestination, où il s'exprime ainsi : « In synodali conventu in Carisiaco palatio iterum auditus Gothescalus ab episcopis et cæteris quamplurimis viris ecclesiasticis atque religiosis, qui eidem synodo interfuerunt, videlicet, Wenilone Senonensium archiepiscopo, Hincmaro, Remorum episcopo, aliisque duodecim ibidem nominatis. »

(*b*) Cf. *Chronicon de gestis Normannorum*, ann. 848.

(*c*) Périgueux.

(*d*) Au sujet des ravages des Normands, on lit dans D. Bouquet la note suivante : « De hac clade insignis est epistola Agii Vabrensis abbatis, quam ineunte sæculo decimo scripsit de origine monasterii Vabrensis : cujus epistolæ fragmentum retulit Catellus in *Historia comitum Tolosanorum*, p. 69. Tempore, inquit Agius, quo ex partibus Europæ ab aquilonis cardine diffusa gens Marchomanorum sævissima atque barbarorum immanior, Galliamque introgressa, fortissimis ictibus sancta patiebatur ecclesia : nam nullo ferente barbarorum vesaniam, erat non modica tribulatio, quia per omnes penè pagos juxta Gallicum Oceanum dispersæ sunt ecclesiæ urbesque depopulatæ atque monasteria abjecta. Tanta namque fuerat rabies persequentium, ut quos capere christianos

impune ad naves remeant. Mauri et Sarraceni Lunam, Italiæ civitatem, adprædantes, nullo obsistente, maritima omnia usque ad Provinciam devastant. Karolus filius Pippini, relicto Hlothario, fratrem suum Pippinum in Aquitania vagantem adire cupiens, a fidelibus Karoli regis comprehensus est, et ad ejus præsentiam perductus; qui, merito perfidiæ in eumdem patruum suum et patrem ex fonte sacro, sententiam quidem capitalem meruerat, sed clementiæ respectu servatus est.

Unde et mense junio apud urbem Carnutum (*a*) Karolo rege conventum habente, post missarum solemnia, ambone (1) ecclesiæ conscendens, innotuit omnibus voce propria se ob divinæ servitutis amorem clericum, nullo cogente, velle fieri; ibique ab episcopis qui præsentes aderant benedictus et ad clericum ton-

(1) D H P ambonem.

quivissent, aut mucrone necarent, aut etiam quos horror necis innocentum invaserat, propter redemptionem servare nitebantur. Nonnulli equidem christianorum torvissimam experti persecutionem, relinquentes prædia et paternos abjicientes fundos, partes Orientis se incolatus dedere. Multi denique elegerant magis cuspidibus occumbere potius quam incolumes paternos linquere lares. Alii nempe plures, quorum in cordibus fides radices minime ceperat, lavacrum sanctæ regenerationis negligentes, sed paganorum diligentes astutias, illorum se fœderi et vitiis (sociabant)......... Erat igitur eo tempore monasterium in provincia Galliæ in Petracorio pago, nomine Palnatus, in quo jugiter deicolæ Christo famulabantur, nihil habentes proprium præter quod norma sancti Benedicti cedebat. Alia namque monasteria in eadem provincia opido ditiora, in quibus, jam fata ingruente peste, famis periculo multi monachorum sancti Benedicti normam negligere cœperant, » etc.

(*a*) Chartres.

sus est. Hludowicus rex Germanorum ægrotans, exercitum suum in Sclavos dirigit; qui turpiter profligatus, quid dispendii sibi absentia ducis intulerit, cadendo fugiendoque expertus est. Karolus Aquitaniam ingressus, pene omnes Christo sibi propitio conciliando subjugat; marcam quoque Hispanicam pro libitu disponit. Nomenogius Brito consueta sibi insolentia bacchatus est.

850.

Anno D CCC L, Guilhelmus, Bernardi filius, in marca Hispanica Aledramnum et Isembardum comites dolo capit, sed ipse dolosius captus, et apud Barcinonem interfectus est (a). Mauri usque ad Arelatum, nullo obsistente, cuncta devastant; sed cum redirent, vento contrario rejecti et interfecti sunt. Hlotarius filium suum Hludowicum Romam mittit, qui a Leone papa honorifice susceptus, et in imperatorem unctus est. Orich rex Nortmannorum, impugnantibus sese duobus nepotibus suis, bello impetitur; quibus partitione regni pacatis, Rorich nepos Herioldi, qui nuper a Hlotario defecerat, assumptis Nortmannorum exercitibus, cum multidudine navium Frisiam et Batavum insulam aliaque vicina loca per Rhenum et Vahalem devastat. Quem Hlotarius cum comprimere nequiret, in fidem recepit, eique Dorestadum et alios comitatus largitur;

(a) D. Bouquet fait remarquer que Barcelone resta ensuite soumise à la France et revint à la religion catholique qu'elle avait embrassée à l'époque de Charlemagne. — Voyez la chronique de Fontenelle en 850, et l'ouvrage de Pierre de Marca, *Marca hispanica*, l. 3, cap. 17, n°s 5 et 6.

cæterorum vero pars Menapios (*a*), Tarvisios (*b*), aliosque maritimos deprædantur, pars Britanniam insulam Anglosque impetentes, ab eis auxilio Domini nostri Jesu Christi superantur.

851.

Anno DCCCLI, Nomenogius (*c*) Britto moritur. Hlotarius Hludowicus et Karolus apud Marsnam (*d*) palatium conveniunt, ubi etiam fraterne paucis diebus morati, hæc communi procerum suorum consilio atque consensu decernunt, propriorumque nominum monogrammatibus confirmant.

Cap. I. — Ut omnium præteritorum malorum et

(*a*) Le territoire des Ménapiens paraît avoir compris tout l'ancien diocèse de Tournai; il était borné au N. par la mer, à l'E. par l'Escaut et le diocèse de Cambrai, au S. par le diocèse d'Arras, à l'O. par le diocèse de Térouane depuis Nieuport jusqu'à Warneton sur la Lys. La ville principale du pays des Ménapiens était Tournai. Il se confondit avec le *pagus Mempiscus*, dont il est parlé dans le partage des Etats de Louis-le-Débonnaire et dans plusieurs chartes de Charles-le-Chauve, ainsi que le fait connaître un diplôme en faveur de l'abbaye de S. Amand, où il est dit : « In territorio Menapiorum, quod nunc Mempiscum appellant. »

(*b*) Les *Tarvisii* ou, pour employer l'expression usitée, les *Taruennenses*, habitaient le *Taruennensis pagus*, pays de Térouane, contrée bornée par la Manche et la mer du Nord, les Ménapiens, dont ils étaient séparés par la Lys, les Atrébates et la Canche. Leurs principales villes étaient Térouane et Sithiu qui prit le nom de Saint-Omer.

(*c*) Mabillon a publié un diplôme qui établit que Noménoé, le fondateur de la nationalité Bretonne, avait été d'abord l'un des *missi* de Louis le débonnaire. *Ann. S. Bened.*, Sæc. P. 2. p. 185.

(*d*) Il s'agit ici de Mersen, palais situé sur les bords de la Meuse, non loin de Maestricht. Baluze donne les conventions qui suivent dans ses *Capitulaires*, t. II, col, 45.

contrarietatum et supplantationum ac malarum machinationum seu nocimentorum in invicem actorum abolitio ita inter nos fiat et a nostris cordibus penitus avellatur, cum omni malitia et rancore, ut nec in memoriam ad retributionem mali vel contrarietatis vel improperii de cetero exinde quiddam fiat.

Cap. II. — Ut tanta inter nos, Domino cooperante, veræ caritatis benignitas abhinc simper maneat, de corde puro et conscientia bona et fide non ficta, sine dolo et simulatione, ut nemo suo pari suum regnum aut suos fideles, vel quod ad salutem et prosperitatem ac honorem regium pertinet, discupiat aut forconsiliet (1), aut per occultos susurrones libenter composita mendacia seu detractiones acceptet.

Cap. III. — Unusquisque fideliter suum parem, ubicumque necessitas ei fuerit et ipse potuerit, aut per se aut per filium aut per fideles suos et consilio et auxilio adjuvet, ut regnum, fideles, prosperitatem atque honorem regium debite valeat obtinere, et veraciter unusquisque erga alterum certatim demonstret, quia in fratris sui adversitate, si evenerit, fraterno modo contristatur, et in prosperitate illius lætatur. Et talem fidem sicut inter nos modo abhinc in ante conservaturos (2) confirmatum habemus, sic unusquisque infantibus fratris sui, si obierit, qui superfuerit conservabit.

Cap. IV. — Et quia per vagos et inreverentes homines pax et tranquillitas regni perturbari solet, volumus ut ad quemcumque nostrum talis venerit, et de his quæ egit rationem et justitiam subterfugere velit,

---

(1) B forsconsiliet. — (2) D H P conversaturos.

nemo ex nobis illum ad aliud recipiat vel retineat, nisi ut ad rectam rationem et debitam emendationem perducatur; et si rationem rectam subterfugerit, omnes in commune, in cujus regnum venerit, illum persequamur, donec aut ad rationem perducatur, aut de regno deleatur.

Cap. V.— Similiter et de eo agendum est, qui pro aliquo capitali et publico crimine a quolibet episcopo corripitur, vel excommunicationis crimen faciens (*a*) regnum et regis regimen mutat, ne debitam pœnitentiam suscipiat, aut susceptam legitime peragat; interdum etiam incestam propinquam suam aut sanctimonialem, vel raptam sive adulteram, quam illic ei non licebat habere, fugiens secum duxit. Hic talis, cum episcopus, ad cujus curam pertinebat, nobis notum fecerit, diligenter perquiratur, ne morandi vel latendi locum in regno alicujus nostrum inveniat, et Dei ac nostros fideles suo morbo inficiat : sed a nobis vel a ministris reipublicæ constringatur, ut et simul cum diabolica præda, quam secum duxit, ad episcopum suum redeat et de commisso crimine publico debitam pœnitentiam suscipiat, aut susceptam legitime peragat (1).

Cap. VI. — Ut nostri fideles, unusquisque in suo (2) ordine et statu veraciter sint de nobis securi, quia nullum abhinc in ante contra legem et justitiam, auctoritatem ac justam rationem, aut damnabimus aut dehonorabimus aut opprimemus, vel indebitis machi-

---

(1) D H P peragere compellatur. — (2) B D *manque* suo.

(*a*) La vraie leçon est celle de Baluze : vel excommunicatur aut ante excommunicationem crimen faciens.

nationibus affligemus, et illorum, scilicet veraciter nobis fidelium, communi consilio, secundum Dei voluntatem et commune salvamentum, ad restitutionem sanctæ Dei ecclesiæ et statum regni, et ad honorem regium atque pacem populi commissi nobis pertinenti, assensum præbebimus in hoc, ut illi non solum non sint nobis contradicentes et resistentes ad ista exequenda, verum etiam sic sint nobis fideles et obedientes ac veri adjutores et cooperatores, vero consilio et sincero auxilio, ad ista peragenda quæ præmisimus, sicut per rectum unusquisque in suo ordine et statu suo principi et seniori esse debet.

Cap. VII. — Ut sic simul conjuncti, et nos fratres ad invicem et nos cum fidelibus nostris et fideles nostri nobiscum et omnes simul cum Deo nos reconjungamus, et, ut nobis sit propitius, illi pro devoto munere offeramus, ut unusquisque omnium nostrum absque sua propria excusatione aut justificatione recognoscamus, in quibus aut singulatim aut communiter contra illius mandata et decreta suorum sanctorum (1) fecimus aut consensimus in ordine ecclesiastico et statu regni, et per singula in medium illa producamus et nemo nostrum suo aut amico aut propinquo vel confœderato, imo nec sibi ipsi, seculariter parcat, ut spiritualiter et salubriter parcere possit; quin, sicut præmisimus in præcedenti capitulo, vero consilio et sincero auxilio, illa in commune certatim emendare totis viribus procuremus, quanto citius (2) rationabiliter poterimus.

Cap. VIII. — Et si aliquis ex subditis in quocumque ordine et statu de hac convenientia exierit, aut se

---

(1) B D H P *omettent* sanctorum. — (2) D H P quantocius.

retraxerit, vel huic communi decreto contradixerit, seniores cum veraciter fidelibus suis hæc secundum Dei voluntatem et legem ac justam rationem, velit nolit ille qui divino consilio et decreto et huic convenientiæ resistens et contradicens fuerit, exequantur. Et si aliquis de senioribus de hac convenientia exierit aut se retraxerit, cum plures seniorum nostrorum fideles et regnorum primores convenerint in unum, eorum qui hæc observaverint seniorum consilio et episcoporum judicio ac communi consensu, qualiter de eo, qui debite admonitus incorrigibilis perseveraverit, agendum sit, favente Domino, decernemus, et ut obnixius supradicta capitula a nobis, auxiliante Domino, inviolabiliter observentur, et nos illa observaturos certius credatis, manibus propriis subterfirmavimus.

Post hæc piratæ Danorum (*a*) Fresiam et Batavos populantur, sed et usque ad monasterium sancti Bavonis quod Gant dicunt debacchantes, idem monasterium incendunt(*b*), venientesque urbem Rotumum(*c*), usque ad Belvacum pedestri gradu perveniunt. Qua incensa cum redirent, a nostris intercepti, et aliqua ex parte profligati sunt. Respogius, filius Nomenogii, ad Karolum veniens, in urbe Andegavorum datis manibus suscipitur, et tam regalibus indumentis quam paternæ

(*a*) Cf. *Chronicon de gestis Normannorum*, ann. 850.
(*b*) Cf. *Chronicon sancti Bavonis gandensis*, ann. 850 et 851.
(*c*) Dom Bouquet offre la note suivante au sujet des ravages commis à Rouen par les Normands : « In chronico Fontanellensi eo tempore scripto Nortmannorum classis non ex Frisia, sed ex Novempopulania Sequanam ingressa fuisse dicitur iii idus octobris, duce Oscheri, qui ante annos decem Rotomagos depopulatus fuerat, et in progressu Fontanellum diripuisse, et ad extremum vidus januarii in favillas redegisse. »

potestatis ditione donatur, additis insuper ei Redonibus, Namnetis (*a*) et Ratense (*b*).

Sarraceni Beneventum et alias civitates quieta statione possident(*c*). Hludowicus rex Sclavos pene omnes populatur et suæ subjugat ditioni. Leo apostolicus, Sarracenorum inruptiones metuens, ecclesiam beati, Petri hinc inde muro communiens, eumdemque murum usque ad civitatem perducit, Romanæque urbi contiguum efficit.

852.

Anno D CCC XLII, Nortmanni CCLII navibus Fresiam adeunt, acceptisque multis prout ipsi statuerunt ad alia divertunt. Mauri Barcinonam, Judæis prodentibus, capiunt (*d*), interfectisque pene omnibus Christianis et urbe vastata, impune redeunt. Karolus fratrem Lotharium ad sui conloquium invitans apud Augustam

(*a*) Rennes et Nantes.

(*b*) Le *pagus Ratensis* ou *Ratiatensis* était situé au sud de la Loire, dans l'angle formé entre ce fleuve et la mer. Sa capitale était Machecoul, qui est aujourd'hui un chef-lieu de canton de l'arrond. de Nantes. — L'abbé Belley, dans une dissertation insérée au t. XIX des *Mémoires de l'Académie des Inscriptions et Belles-Lettres*, a déterminé la position de ce pays.

(*c*) Voici la note que Pertz présente au sujet de cette phrase : « Pagius, ad annum 851 num. 1, corrigendum censet *non possident*; crediderim potius auctorem quæ de civitatibus Beneventanis, præcipue Bari, ferri audierit, de ipsa Benevento urbe perperam intellexisse. Eam jam ab anno 848, Ludovicus II Sarracenis eripuerat. Cf. Erchemperti, *Hist. Langobard.*, c. 20; Murator., *Script. Ital.*, I. 242.

(*d*) Dom Bouquet dit au sujet de la prise de Barcelone : « Cum Barcino post hæc tempora in potestatem Francorum fuerit, vel Franci illam receperunt, vel annalista his verbis non ejus expugnationem sed Sarracenorum in eam irruptionem designat. »

Viromandorum (*a*), quæ beati Quintini martyris corpore insignitur, fraterne suscipit, honorifice afficit, germane tractat, regaliter munerat, redeuntemque benigne deducit.

Landbertus et Guarnarius fratres, pars vel maxima discordiarum, alter dolo alter judicio interficiuntur. Salomon Brito Karolo fidelis efficitur, tertiaque Britanniæ parte donatur. Sancius, comes Vasconiæ, Pippinum Pippini filium capit(*b*), et usque ad præsentiam Karoli servat; quem Karolus captum in Franciam ducit, ac post conloquium Hlotharii in monasterio sancti Medardi apud Suessiones tonderi jubet. Hludowicus, Hlotharii filius, Beneventum adiens, Bairam civitatem(*c*) oppugnat, interruptoque muro, pessimis usus consiliis a coepto resilit; nam dicentibus consilariis suis, magnam illic partem esse thesaurorum, qua penitus fraudaretur, si passim omnibus intrandi copia daretur, in castra sese recipit, prohibitis omnibus ab irruptione urbis. Quibus recedentibus, Mauri ita noctu muri interrupta trabibus muniunt, ut venientem in crastinum hostem nullatenus formident; proinde incassum tanto labore deducto, Hludowicus cum exercitu suo ad

---

(*a*) Dans un ouvrage qu'il vient de publier sous le titre *Les Véromanduens et l'Auguste du Vermandois*, M. Ch. Gomart établit de la manière la plus certaine que l'*Augusta Viromandorum*, dont il est question dans nos annales en 842 et en 852, est la ville de *Saint-Quentin* et non, comme l'avaient prétendu plusieurs historiens et érudits, le village de *Vermand*.

(*b*) Nous empruntons à Dom Bouquet la note qui suit : « Sirmondus in notis ad capitularia Caroli ait in chronico Memmiano ad ann. 852 legi : Mense septembri Karolus nepotem suum Pippinum adquisivit. »

(*c*) Bari, ville du royaume de Naples, sur l'Adriatique.

propria remeat. Abdirhaman (1), rex Sarracenorum in Hispania consistentium, Cordubæ moritur, regnumque ejus filius ipsius adsequitur. Godefridus, Herioldi Dani filius, qui quondam sub imperatore Hludowico Maguntiaci fuerat baptizatus, a Hlothario deficiens ad suos se confert; unde conrogata manu valida, Fresiam cum multitudine navium adgreditur; deinde vicina (2) Scaldis fluminis, ad postremum Sequanam (3) ingreditur (a). Quo occurrentibus Hlothario et Karolo cum omni suo exercitu, utramque ripam ejusdem fluminis obsident.

853.

In qua obsidione dominicæ nativitatis festivitatem celebrant. Sed nolentibus qui ex parte Karoli erant inire bellum, absque utilitate recessum est. Karolus eumdem Godefridum quibusdam pactionibus sibi conciliat; ceteri Danorum usque ad mensem martium inibi absque ulla formidine resident, cuncta eo furiosius quo liberius diripiunt, cremant atque captivant, Hlothariusque filiam Karoli a sacro fonte suscipit, et paucos post dies ad sua remeare contendit. Dani (b) mense julio, relicta Sequana, Ligerim adeuntes, Namnetum urbem

---

(1) B D H Abdirham. — (2) B vicinia. — (3) B D H *omettent* Sequanam.

(a) Le mot *Sequanam*, sans doute oublié par le copiste, a été ajouté par Pertz. On lit en effet dans les Annales de Fulde à l'année 850 : « Nordmanni, Godefrido duce, per Sequanam ascendentes, regnum Karli prædantur. Ad quorum expulsionem Hlotarius in auxilium vocatus.... : » Cf. Folcuin, *De gestis abbat. Lobiensium*, cap. 16.

(b) Cf. *Chronicon de gestis Normannorum*.

et monasterium sancti Florentii ac vicina loca populantur. Karolus mense aprili synodum episcoporum juxta urbem Suessionum in monasterium sancti Medardi adgregans, duos presbysteros, monachos ejusdem monasterii, ipse synodo præsidens, episcopis judicantibus, degradari fecit, eo quod Pippinum furari et cum eo in Aquitaniam fugere disposuissent. Ingmarus, Remorum episcopus, omnes ecclesiæ suæ presbyteros, diaconos et subdiaconos, quoscumque Ebo post depositionem suam ordinaverat, synodo judicante deposuit (*a*). Pippinus Karolo sacramentum fidelitatis jurat, et insuper habitum monachi suscipit, regulæque observationem more monachi solito promittit (*b*).

(*a*) Il s'agit ici de la première des grandes luttes auxquelles se mêla Hincmar, de l'affaire des clercs ordonnés par Ebbon en 840. Déposés en 853 au concile de Soissons, en vertu d'une décision approuvée par Benoît III en 855 et par Nicolas I en 863, les clercs furent réintégrés, non par droit, mais par grâce, dans un autre concile de Soissons que le pape fit réunir en 866. Le concile de Troyes, en 867, remit l'affaire au pape Nicolas I. Celui-ci étant mort, Adrien II termina l'affaire en lavant Hincmar de toute accusation, et en reconnaissant comme archevêque de Bourges l'un de ces clercs, Vulfade. C'est à tort que M. Ampère dit dans son *Histoire littéraire* (t. III, p. 195), qu'en cette affaire Hincmar chercha à échapper à l'autorité pontificale : il l'a reconnue, comme le prouve sa lettre à Egilon (Labbe, *Concilia*, ad ann. 866 in app.). M. Guizot le montre comme essuyant *une défaite éclatante* (*Hist. de la Civilis. en France*, t. II, p. 337): Hincmar sortit pourtant de cette lutte justifié par le pape et comblé d'honneurs dans le dernier concile. L'abbé Rohrbacher, dans son *Histoire de l'Eglise*, est trop sévère à l'égard d'Hincmar. Voy. Gorini, *Défense de l'Eglise*, t. II, p. 130 et suiv.

(*b*) Au sujet de cette entrée de Pépin dans un monastère, D. Bouquet donne la note suivante : « Pippinus, qui anno præcedenti jussu Caroli patrui sui attonsus fuerat, hoc tantum anno monachi habitum suscepit. Undè colligit Mabillonius in *Actis SS.*

Karolus inde ad Karisiacum veniens, cum quibusdam episcopis et abbatibus monasticis quatuor capitula edidit et propria subscriptione roboravit. Quorum primum est : a Deo neminem prædestinatum ad pœnam, unamque esse Dei prædestinationem, quæ aut ad donum pertinet gratiæ, aut ad retributionem justitiæ. Secundum : liberum arbitrium, quod in primo ordine perdidimus, nobis præveniente et adjuvante Christi gratia, redditum. Tertium : velle Deum generaliter omnes homines salvos fieri, licet non omnes salventur. Quartum : Christi sanguinem pro omnibus fusum, licet non omnes passionis mysterio redimantur (*a*). — Aquitani pene omnes a Karolo recedunt, atque ad

ord. S. Bened., sæcul. 4, part. 2, pag. 587, eos qui sic retrudebantur in monasterio, non statim monachorum albo accensitos fuisse, sed post annuam probationem. Rem tamen paulo aliter narrant Acta synodi Suessionensis anni 853 in cap. 5, ubi *Pippinus consilio reverentissimorum Pontificum et procerum attonsus, et in habitu monachico ad monasterium S. Medardi custodiendus et docendus deductus* perhibetur, quem posteà duo monachi exinde abducere conati sunt; nisi dicas Pippinum quidem monasticum habitum novitiis concedi solitum cum tonsura accepisse anno 852, atque in sequente habitum professorum (ut vocant), cum videlicet solemnem servandæ regulæ promissionem emisit. »

(*a*) Mabillon a prouvé que ces quatre propositions ont été arrêtées, non dans le concile de Quierzy en 849, comme l'a cru Sirmond, mais dans le second concile tenu au même palais royal en 853. L'on ignore le nom de la plupart de ceux qui y assistaient. Mabillon, *Annal. Ord. S. Bened.* l. 34, n. 52. — Nous rappelons que certaines parties de ces quatre propositions rédigées sous l'influence d'Hincmar, furent combattues par Remi, archevêque de Lyon, et aussi par Prudence, évêque de Troyes. C'est surtout à cette occasion que se manifesta la division qui a séparé les auteurs de la seconde et de la troisième partie des Annales de Saint-Bertin. Voy. au sujet de l'opposition de l'archevêque de Lyon, Rohrbacher, *Histoire universelle de l'église catholique*.

Hludowicum, regem Germaniæ, legatos suæ deditionis cum obsidibus mittunt. Idem Hludowicus, pro quibusdam conditionibus, tempore pertubationum inter se et Karolum factis, adversus Karolum acriter permovetur. Gunedes (1) contra Hludowicum solitis sibi perfidiis mentiuntur. Hlotarius imperator, defuncta ante biennium Ermengarda christianissima regina, duas sibi ancillas ex villa regia copulavit, ex quarum altera, Doda vocabulo, filium genuerat, quem Karolomannum vocari jubet; aliique filii ejus similiter adulteriis inserviunt. Piratæ Danorum (a) a Namnetibus superiora petentes, mense novembri, VI videlicet idus, urbem Turonum impune adeunt atque incendunt cum ecclesia sancti Martini et ceteris adjacentibus locis; sed quia evidenti certitudine hoc præscitum fuerat, corpus beati Martini ad Cormaricum (b), monasterium ejus ecclesiæ, ac inde (2) ad civitatem Aurelianorum transportatum est (3).

Bulgari, sociatis sibi Sclavis, et, ut fertur, a nostris muneribus invitati, adversus Hludowicum, Germaniæ regem, acriter promoventur, sed, Domino pugnante, vincuntur. Græci vero non minus contra Hludowicum filium Hlotarii, regem Italiæ, concitantur propter filiam imperatoris Constantinopolitani ab eo desponsatam, sed ad ejus nuptias venire differentem. Romani quoque,

---

(1) B Guinedas. — (2) B *omet* ac inde. — (3) B transportati sunt; D H P transportaverunt. *Une note de Pertz propose* transportatum est.

(a) Cf. *Chronicon de gestis Normannorum*.
(b) Cormery, commune du canton de Montbazon, arrond. de Tours (Indre-et-Loire).

artati Sarracenorum Maurorumque incursionibus, ob sui defensionem omnino neglectam apud imperatorem Hlotarium conqueruntur.

854.

Anno DCCCLIV, Karolus super fratris sui Hludowici fide suspectus, ad Hlotarium in vico Leutico (*a*) venit, ubi diu de communi amicitia atque indissolubili (1) tractantes, tandem coram omnibus qui aderant, identidem super sancta jurando vicissim firmaverunt, commendatis alternatim filiis, proceribus et regnis. Interea Hludowicus adolescens, filius Hludowici regis Germanorum, ab Aquitanis a patre expetitur, Ligerim transit, et ab eis, a quibus fuerat postulatus, suscipitur. Karolus profectionem in Aquitaniam tempore quadragesimæ celerat (2), in qua usque paschalem festivitatem demoratur, ejusque populus prædiis, incendiis, hominumque captivitatibus totum suum laborem impendit, nec ab ipsis ecclesiis et altaribus Dei suam cupiditatem et audaciam cohibet.

Hlotarius fratrem suum Hludowicum super Rhenum de fraternitate erga Karolum alloquitur; sed prius acriter sese mordentes, tandem ad concordiam redeunt, pacisque nomine fœderantur. Unde non modice Karolus sollicitus, ab Aquitania nullo peracto negotio repedans, fratrem Hlotarium ad palatium suum Atti-

---

(1) P *ajoute* pace. — (2) B D H P celebrat. *C'est sans doute une faute de copiste pour* celerat.

(*a*) Liége, en Belgique.

niacum invitat; quo convenientes quod dudum pepigerant firmaverunt. Dani in Ligere consistentes, usque ad Blisum (*a*) castrum veniunt, ipsumque incendunt, volentes inde Aurelianis pervenire, eadem patraturi. Præparantibus vero adversus eos navigia et bellatores episcopo Aurelianensium Agio et Carnutum Burchardo (1), ab intentione desistunt et inferiora Ligeris repetunt. Alii quoque piratæ Danorum Fresiam Saxoniæ adjacentem populantur. Hlotarius et Karolus legatos ad fratrem Hludowicum pro pacis concordia, et ut filium suum ab Aquitania revocet, mittunt. Karolus iterum Aquitaniam adit. Pippinus, Pippini filius, qui in monasterio sancti Medardi tonsus habitum monachi susceperat et juramentum permansionis fecerat, Aquitaniam ingreditur, parsque maxima populi terræ ad eum convolat. Karolus rex, Pippini causa posthabita, Hludowicum nepotem ab Aquitania fugatum ad patrem in Germaniam redire compellit. Karlus(*b*), Pippini frater, jam diaconus ordinatus, a Corbeiensi monasterio recedit. Karlus rex Karlomannum, filium suum, tonsura ecclesiastica dedicat. Dani (*c*) intestino

---

(1) B D Burdiardo.

(*a*) Blois.
(*b*) Dom Bouquet donne la note suivante au sujet de l'évasion de Charles : « Carolus fugit ad Ludovicum Germaniæ regem, ut ex annalibus mss. probat Henschenius in commentario prævio ad vitam Rabani archiepisc. Moguntini, *cui Karolus, Pippini regis filius, qui de custodia Corbeiensi monasterii lapsus, ad Hludowicum regem patruum suum defecerat, in episcopatum successit* VIII *idus martias, non solum ex voluntate regis, sed etiam ex consensu et electione populi.* »
(*c*) Cf. *Chronicon de gestis Normannorum*, ann. 853.

inter se prælio dimicantes, adeo tridui concertatione obstinatissima bacchati sunt, ut Orico rege et ceteris cum eo interfectis regibus, pene omnis nobilitas interierit. Piratæ Nortmannorum Ligere insistentes, denuo civitatem Andegavorum incendio concremant.

855.

Anno D CCC LV, Hlotarius totam Frisiam filio suo Hlotario donat; unde Roric et Godefridus (1) patriam, id est Daniam, repedant spe potestatis regiæ nanciscendæ. Hlotarius infirmatur, qua de re occasio data est Hludowico et Karolo fratribus ad concordiam redeundi.

Nortmanni (a) Burdegalam, Aquitaniæ civitatem, invadunt, et hac illacque pro libitu pervagantur. Karlus Aquitanis petentibus Karlum, filium suum, regem designatum attribuit. Karlus etiam Edilvulfum, regem Anglorum-Saxonum, Romam properantem honorifice suscipit, omni regio habitu donat et usque ad regni sui terminos cum obsequiis rege dignis deduci facit. Hlotarius adversus Karlum occasione suspectæ fidei queritur. Multa catholicæ fidei contraria in regno Karli, ipso quoque non nescio, concitantur (b). Mense augusto Leo, apostolicæ sedis antistes, defunctus est, eique Benedictus successit. Eodem mense duæ

---

(1) B Godofridus.

(a) Cf. *Chronicon de gestis Normannorum*.

(b) Il est ici question, non pas de la prédestination au mal de Gottschalk, doctrine que tous condamnaient, mais de divergences qui existaient entre Hincmar, d'un côté, et Prudence et Remi de

stellæ majoris et minoris quantitatis visæ sunt a parte occidentis orientem versus incedere, et hoc per decem vices adeo alternatim, ut majori permanente, minor aliquoties nullatenus appareret. Hlotarius imperator, morbo correptus vitamque desperans monasterium Promeæ (1) (*a*) in Arduenna constitutum adiit, sæculoque et regno penitus abrenuncians, tonsus est, vitam habitumque monachi humiliter sumens. Dispositoque inter filios, qui secum morabantur, regno, ita ut Hlotarius cognominem (2) ejus Franciam, Karlus vero Provinciam obtineret, intra sex dies vita decessit. quarto kalendarum octobrium, atque in eodem monasterio sepulturam, ut desideraverat, consecutus est (*b*).

Aquitani urbem Lemovicum (3), mediante octobri mense, convenientes, Karlum puerum, filium Karli, regem generaliter constituunt, unctoque per pontifi-

---

(1) B Proneæ. — (2) B H D cognomen; P *substitue* cognominem. — (3) B Lemoficum.

Lyon, de l'autre. Charles-le-Chauve était sans doute favorable à Hincmar. La condamnation portée en 855 au concile de Valence contre les propositions d'Hincmar adoptées par le synode de Quierzy, semblait autoriser Prudence à se servir des expressions *multa catholicæ fidei contraria*; il faut ajouter que le synode de Langres en 859 annula cette condamnation.

(*a*) Prum ou Pruym, sur la rivière du même nom, à 50 kilomètres de Trèves, dans les provinces rhénanes.

(*b*) Au sujet de la date à laquelle l'on place la mort de Lothaire, Dom Bouquet donne la note suivante : « Alii (e. g. necrologium Sangallense). habent III kal. oct. Forte Lotharius mortuus fuerit 4 kal. oct. ac postridiè sepultus, et alii ad diem mortis, alii ad diem sepulturæ respexerint. Lotharius etiam nocte inter 4 et. 3 k. oct. vita fungi potuit. »

cem coronam regni imponunt sceptrumque attribuunt. Nortmanni Ligerim ingressi, relictis navibus, pedestri itinere urbem Pictavorum adire moliuntur; sed occurrentibus Aquitanis adeo profligati sunt, ut ultra trecentos pauci evaserint. Horich et Godefridus, nequaquam arridentibus sibi successibus, Dorestado se continent, et parte maxima Fresiæ potiuntur. Hludowicus, rex Germanorum, crebris Sclavorum defectionibus agitatur.

856.

Anno D CCC LVI, hiems asperrima et sicca, pestilentia valida, qua magna pars hominum absumitur. Hludowicus rex Italiæ, filius Hlotarii, super portione regni paterni in Francia apud patruos suos Hludowicum et Karlum conqueritur, Italiam largitate avi Hludowici imperatoris se asserens assecutum. Aquitani Karlum puerum, quem nuper regem constituerant, spernentes, Pippinum ex monacho, qui de monasterio sancti Medardi aufugerat, eductum custodia regem simulant. Karlus rex, cum Respogio (a) Britonum paciscens, filiam ejus filio suo Hludowico despondet, dato illi ducatu Cenomannico usque ad viam quæ a Lotitia Parisiorum Cæsaredunum Turonum ducit. Proceres quondam Hlotharii filium ejus Hlotarium regem Franciæ (b), etiam sacra unctione (1), constituunt.

---

(1) B D ratione; H P *substituent* unctione.

(a) Hérispoé (Herispogius, Erespogius), successeur de Noménoé.
(b) La contrée que l'annaliste appelle ici France est l'Austrasie,

Piratæ Danorum (*a*) xɪv kalend. maii civitatem Aurelianis adeunt, prædantur, et impune revertuntur. Comites pene omnes ex regno Karoli regis cum Aquitanis adversus eum conjurant, invitantes Hludowicum, regem Germanorum, ad suum consilium perficiendum; quo diutius in expeditione Sclavorum detento, ubi et magnam partem sui exercitus amisit, isti moras illius non ferentes, Karlo regi reconciliantur. Et Aquitani (1), spreto Pippino, Karlum puerum, filium Karli regis quem antea pepulerant, recipiunt, et in Aquitaniam reducunt. Iterum piratæ Danorum alii mediante augusto Sequanam ingrediuntur, et vastatis direptisque ex utraque fluminis parte civitatibus, etiam procul positis monasteriis atque villis, locum qui dicitur Fossa-Givaldi (*b*) Sequanæ contiguum stationique munitissimum deligunt, ubi hiemem quieti transigunt. Edilvulf, rex occidentalium Anglorum, Roma rediens, Judith, filiam Karli regis, mense julio desponsatam, kalendis octobribus in Vermeria (2)(*c*) palatio in matrimonium accipit, et eam, Ingmaro Durocortori Remorum episcopo benedicente, imposito capiti ejus diademate, reginæ nomine insignit, quod sibi suæque

---

(1) B D Exaqui; H *substitue* exinde Aquitani; P Et Aquitani.
— (2) B D Vermaria.

---

contrée qui, à dater de cette époque, s'appela le royaume de Lothaire.

(*a*). Cf. *Chronicon de gestis Normannorum*, ann. 855.

(*b*) Jeufosse, sur la rive gauche de la Seine, commune de l'arr. de Mantes (Seine-et-Oise).

(*c*) Verberie, sur la rive gauche de l'Oise, canton de Sainte-Maxence (Oise). La résidence royale, créée par Charlemagne, se trouvait près de cette localité, au *Bois des Ajeux*.

genti eatenus fuerat insuetum : patratoque regiis apparitibus utrimque atque muneribus matrimonio, cum ea Britanniam, regni sui ditionem, navigio repetit. Hludowicus imperator Italiæ, et Hlotarius frater ejus, rex Franciæ, cum Karlo puero germano suo apud Urbam (a) conveniunt; ubi adeo pro regni paterni portionibus dissident, ut pene armis inter sese decernant. Karlo tamen fratri suo Provinciam et ducatum Lugdunensem juxta paternam dispositionem distribuunt, eripientibus eum a fratre Hlotario optimatibus, qui illum moliebatur in clericum tonsurare. Sarraceni de Benevento, Neapolim fraude adeuntes, vastant, diripiunt et funditus evertunt.

857.

Anno D CCC LVII, piratæ (b) Danorum v kalendas januarias Loticiam Parisiorum invadunt atque incendio tradunt. Hi vero qui apud inferiora Ligeris morabantur, Turones et omnia circumquaque loca usque ad Blisum castrum deprædantur. Aquitanorum aliqui, persuasione occulte conspirantium Francorum quorumdam in Karlum, a Karlo admodum puero deficientes, Pippino sociantur. Karlus rex et Hlotarius nepos ejus, sacramentis vicissim exhibitis fœderantur, similiter Hludowicus rex Germaniæ et Hludowicus imperator Italiæ. Pippinus Danorum piratis sociatur, Pictavorum civitatem devastat et multa alia Aquitaniæ loca depopulat. Hlotarius concubinis abutens, uxorem suam reginam abjicit.

(a) Orbe, ville de la Suisse, chef-lieu de district dans le canton de Vaud.
(b) Cf. *Chronicon de gestis Normannorum*. ann. 857.

In urbe Colonia Agrippina, Gunthario episcopo adstante, in ecclesia beati Petri nubes densissima desuper crebris fulminibus incubat, cum subito fulgor in modum ignis per subgrundia (*a*) ejusdem ecclesiæ intrans, unum sacerdotem et unum diaconum, unumque ex laicis interficit, ac terræ abditis reconditur. In Augusta etiam Trevirorum, Teotgaudo episcopo cum clero et populo celebrante, nubes teterrima superincumbens, tonitruis fulminibusque ecclesiam territans, turrem campanarum sonantium comminuit, tantaque tenebrositate ecclesiam implevit ut vix alterutrum sese cognoscere valerent, visusque est canis nimiæ enormitatis in circuitu altaris discurrere, subito terræ hiatu.

Dani Sequanæ insistentes cuncta libere vastant, Lutetiamque Parisiorum (*b*) adgressi, basilicam beati Petri et sanctæ Genovefæ (*c*) incendunt et ceteras

---

(*a*) *Subgrundium*, avancée du toit qui jette les eaux pluviales loin du mur. De là sans doute le vieux mot français *scuvronne*, encore usité pour signifier une gouttière.

(*b*) Au sujet de cette attaque de Paris, Dom Bouquet donne la note suivante: «Funestam hanc cladem luget Paschasius Radbertus libr. 4 in lamentationes Jeremiæ: « *Quis unquam*, ait, *credere vel quis unquam cogitare potuisset, quod accideret tale aliquid in nostris partibus potuisset,... ut piratæ, diversis admodum collecti ex familiis, Parisiorum attingerent fines, ecclesiasque Christi hinc inde cremarent circa littus..... Fateor enim quod nullus ex regibus terræ ista cogitaret,... quod Parisium nostrum hostis intraret.* »

(*c*) Le même érudit reproduit le passage qui suit: « Auctor anonymus Miraculorum S. Genovefæ qui hoc tempore vivebat, hæc habet: *Beatissima virgo Genovefa per quinque annorum curricula mansit extra propriam sedem, populantibus Normannis omnem regionem Sequanæ adjacentem. Quibus ad sua revertentibus, reduximus ad locum sanctum dominam nostram.* Loquitur etiam de lugubri ædis S. Genovefæ per Normannos combustione Stephanus Tornacensis in epistola 164 ad episcopum Londinensem data. »

omnes, præter domum sancti Stephani, et ecclesiam sancti Vincentii atque Germani, præterque ecclesiam sancti Dionysii, pro quibus tantummodo, ne incenderentur, multa solidorum summa soluta est. Alii Danorum emporium quod Dorestadum dicitur vi capiunt, totam Batavorum insulam et cetera loca contermina diripiunt. Respogius, dux Britonum, a Salomone et Almaro Britonibus, diu contra se dissidentibus, interimitur. Quidam procerum Karli regis Aquitanis sociati, multas prædas pluraque incommoda perpetrant. Frotbaldus, episcopus Carnotum, insistentibus sibi Danis in eadem civitate, pedibus fugiens fluviumque Auduram(*a*) natatu petens, aquis interceptus moritur (*b*).

858.

Anno D CCC LVIII, quando ipse Karlus intravit in insulam Sequanæ dictam Oscellum (*c*), ubi magnum

---

(*a*) L'Eure.

(*b*) Voici encore une note de D. Bouquet: «In necrologio Carnutenæ ecclesiæ, hæc cædes in annum sequentem rejicitur et Frotbaldus cæsus dicitur : *Anno incarnationis Domini* 858, *indict.* 6 *a paganis Sequanensibus facta est magna cædes Carnotis, in qua interempti sunt Frotbaldus episcopus, Stephanus presbyter*, etc. In chartario monasterii S. Petri Carnutensis episcopum cum canonicis et monachis cruentis gladiis mactatum fuisse legitur, nempè pridiè Idus Junii.»

(*c*) L'abbé Lebeuf et M. Bonamy ont échangé plusieurs dissertations au sujet de la situation d'*Oscellum*. Dans les *Mémoires de la Société des Antiquaires de la Normandie* (t. IX, p. 185), M. Auguste le Prévost le place à *Oscel*, près Bougival (Seine-et-Oise); dans son *Histoire des expéditions des Normands* (p. 509), Depping adopte l'île d'*Oissel*, arr. de Rouen.

sustinuit periculum, sicut a multis tunc fuit cognitum, et quando frater suus Hludowicus super illum venit cum omni hostili apparatu; sed, largiente misericordia Dei, cum honore non recessit. Dominæ nativitatis festo noctu et interdiu, Moguntiæ validus et creberrimus terræ motus efficitur, quem etiam valida hominum mortalitas insequitur.

In territorio (1)..... mare quamdam arborem radicitus evulsam et gallicanis provinciis ante ignotam ejecit, carentem foliis, sed loco frondium habentem ramusculos, similitudine herbæ partim latæ sed longioris, loco vero foliorum quædam triangula specie, colore autem unguium humanorum vel ossium piscium, quæ in eis tenui sunt; et hæc ita summitati earumdem herbarum inhærentia, ac si extrinsecus adposita viderentur, more eorum qui ex diversis metallis in ornamentis cingulorum vel hominum vel equestrium falerarum extrinsecus adfigi solent.

In pago Senonico in ecclesia sanctæ Porcariæ (a) die dominico, celebrante missas presbytero, lupus subito introiens plebemque assistentem discurrendo perturbans, tandem inter feminas identidem faciens, disparuit.

Edilvulf, rex occidentalium Saxonum moritur; relictam ejus, Judith reginam, Edelboldus (2) filius ejus uxorem ducit. Berno, dux partis piratarum Sequanæ

---

(1) *Manque un nom propre laissé en blanc dans le manuscrit.* — (2) B D Adalboldus.

(a) *Sainte-Procaire,* situé à cinq kilomètres environ de Pontigny (Yonne).

insistensium, ad Karlum regem in Vermeria palatio venit, ejusque se manibus dedens, fidelitatem suetam(1)jurat(*a*). Pars altera eorumdem piratarum Hludowicum, abbatem monasterii sancti Dionysii, cum fratre ipsius Gauzleno (2) capiunt(*b*), eisque redemptionis suæ gravissimam multam imponunt, ob quam multi thesaurorum ecclesiarum Dei ex regno Karli ipso jubente exhausti sunt (*c*); sed his minime sufficientibus, ab eodem rege et omnibus episcopis, abbatibus, comitibus, ceterisque viris petentibus, multa ad suppletionem prædictæ summæ certatim conlata sunt. Comites vero Karli regis cum Britonibus juncti, deficientes a Karlo, filium ejus Hludowicum ejusque sequaces, a partibus Cenomannicis deterritum, Sequanam transire atque ad patrem refugere compellunt. Hlotarius rex cum fratre suo Karlo, Provinciæ rege, amici-

(1) B suatim; D H P statim; suatim, *faute de copiste pour* suetam. — (2) B D Guazleno.

(*a*) Après cette entrevue avec le roi, Bioern et ses Normands quittèrent la France.
(*b*) Dom Bouquet dit au sujet de Louis et de Gozlin : « Ludovicus et Gauzlenus eumdem patrem habuere, Roriconem, comitem Cenomanensem, sed non eamdem matrem. Ludovicus filius erat Rotrudis, Caroli magni filiæ, Gauzlenus filius Blichildis. »
(*c*) Le même auteur emprunte à Mabillon une note intéressante sur les sommes que fournit l'abbaye de Saint-Denis : « Ex parte monasterii S. Dionysii datæ sunt ex auro sexcentæ octoginta quinque libræ, ex argento tria millia ducenta quinquaginta, præter vassallos eorumque uxores et liberos. Ita in codice sancti Nicasii Remensis. » — Un contemporain, Hildegher, évêque de Meaux, dit en parlant de cette invasion : «. La Seine roule à la mer d'innombrables cadavres chrétiens; les îles du fleuve sont toutes blanches des os des captifs morts entre les mains des Normands. »

tiam firmat, datis ei duobus episcopalibus(1) ex regno suo portionibus, id est Bilisio et Tarantasia (*a*), similiter Karlus eidem fratri suo Hlotario regnum suum ea conditione tradidit, ut si, antequam uxorem acciperet et filios generaret, ab hac vita decederet, ei Hlotarius jure hereditario succederet.

Mense maio in vico Leudico, in quo corpus sancti Landberti episcopi (2) quiescit, tanta subito pluviarum inundatio effusa est, ut domos et muros lapideos seu quæcumque ædificia cum hominibus et omnibus quæcumque illic invenit, usque ad ipsam ecclesiam memoriæ sancti Landberti violenta irruptione in Mosam fluvium præcipitaverit. Dani (*b*) Saxoniam adgrediuntur, sed repelluntur. Benedictus Romanus pontifex moritur; Nicolaus præsentia magis ac favore Hludowici regis et procerum ejus quam cleri electione substituitur. Hlotarius rex, cogentibus suis (*c*), uxorem quam abjecerat recipit, nec tamen ad thorum admittit, sed custodiæ tradit. Karlus rex insulam Sequanæ vocabulo Oscellum, Danos in ea commorantes obsessurus, mense julio adgreditur, ubi ad eum Karolus puer, filius ejus, ab Aquitania pervenit. Cum quo Pippinum jam laicum venientem (3) suscipit, et ei comitatus ac

---

(1) B D H episcopatibus. — (2) D H P *omettent* episcopi. — (3) D H P *omettent* venientem.

(*a*) Belley, chef-lieu d'arrond. (Ain); Tarentaise, évêché qui comprend le val de Tarentaise, dép. de la Savoie.

(*b*) Cf. *Chronicon de Gestis Normann.*, ann. 857.

(*c*) Cette phrase de l'annaliste montre que les populations gouvernées par le roi Lothaire étaient d'accord avec le pape, et avec Hincmar, pour condamner le divorce de ce roi et de la malheureuse Theuthberge.

monasteria in Aquitania tribuit. Hlotarius etiam rex ad eamdem insulam mense augusto properat avunculo adjutorium conlaturus; ubi usque nono kalendis octobris absque profectu obsidionis demorantes, tandem ad propria remeant. Interim comites ex regno Karli regis Hludowicum, Germanorum regem, quem per quinque annos invitaverant, adducunt; qui kalendas septembris Ponteonem regiam villam adveniens, per Catalaunos (*a*) et Cupedenses Agedincum Senonum (1) (*b*) pervenit; inde Aurelianensem pagum adiens, receptis ab Aquitania et Neustria atque Britonibus qui ad eum se venturos spoponderant, eadem pene via usque ad Cupedenses (*c*) remeat. Quibus Karolus rex compertis, per Catalaunos usque ad Breonam (2) (*d*) villam festinus graditur, ubi concurrentibus ad eum Burgundiæ primoribus, Hludowicum insequentem præstolatur; sed intercurrentibus nunciis, cum nulla pacis compositio fieret, tertio tandem die, id est pridie idus novembris, præparatis hinc inde aciebus, videns Karlus se a suis deseri, recessit et partes Burgundiæ petiit. Hludowicus vero, receptis his qui a Karlo defecerant, Augustam Tricorum (*e*) adit, ibique distribuens invitatoribus suis

(1) B Senonium. — (2) Breonem.

(*a*) Châlons-sur-Marne.
(*b*) Sens.
(*c*) L'abbé Lebeuf, dans une savante dissertation, a prouvé qu'il faut entendre par le mot *Cupedenses*, Queudes, aujourd'hui canton de Sézanne (Marne). Voy. *Mémoires de l'Académie des Inscriptions et Belles-Lettres*, t. XVIII, p. 282 et suiv.
(*d*) Brienne-le-Château, chef-lieu de canton (Aube).
(*e*) Troyes.

comitatus, monasteria, villas regias atque proprietates, ad Attiniacum palatium revertitur. Quo Hlotarius rex ei occurrit, et confirmatis inter se pactionibus, ad sua repedat. Hludowicus vero per Durocortorum Remorum et Laudunensem pagum ad Augustam Veromandorum, in cœnobio(*a*) videlicet sancti Quintini martyris dominicæ nativitatis festum celebraturus, ingreditur (1). Interea quidam monachus (*b*) ex monasterio sancti Vincentii martyris vel sancti Germani confessoris, a Corduba, civitate Hispaniæ, rediens, corpora beatorum martyrum Georgii diaconi et Aurelii caputque Nathaliæ secum detulit, atque in villa Acmanto in loculis servanda collocavit.

859.

Dani loca ultra Scaldem populantur. Vulgus promiscuum inter Sequanam et Ligerim (2) inter se conjurans adversus Danos in Sequana consistentes, fortiter resistit; sed quia incaute sumpta (3) est eorum conju-

---

(1) P regreditur? — (2) B Ligeram. — (3) D H P suscepta.

(*a*) Il n'est point ici question de la célèbre abbaye de Saint-Quentin en l'Isle, qui n'était alors qu'une chapelle sans importance; mais du monastère situé dans l'*Augusta Veromanduorum*, près de la collégiale de Saint-Quentin, dans lequel se trouvait une *domus regalis*. Voy. Ch. Gomart, ouv. cit.

(*b*) Une note de D. Bouquet rappelle que ce moine est Usuard, l'auteur du martyrologe, et qu'Aimoin a laissé la relation de la translation des reliques dont il est ici question. Le récit de ce dernier fait connaître que les religieux de Saint-Germain de Paris s'étaient réfugiés dans leur domaine d'Aimant avec les reliques de leur patron, par crainte des Normands. — Aimant se trouvait près du confluent de la Seine et de l'Yonne.

ratio(*a*), a potentioribus nostris(1) facile interficiuntur. Karlus rex recuperatis viribus fratrem suum Hludowicum nec opinantem adgreditur, et de regni sui finibus pellit. Hlotarius rex ad Karlum patruum suum festinat, et die dominico initii quadragesimæ in Arcas (*b*) palatio, publice sacramentis vicissim per se ipsos datis, sese iterum confirmant. Karlus quædam monasteria, quæ antea clerici habere solebant, laicis distribuit. Piratæ Danorum longo maris circuitu, inter Hispanias videlicet et Africam navigantes, Rhodanum ingrediuntur, depopulatisque quibusdam civitatibus ac monasteriis in insula quæ Camaria (2) (*c*) dicitur sedes ponunt. Karlus rex per diversa loca conventus episcoporum agit; sed quarto a Tullo Leucorum miliario in villa Saponarias (*d*) cum Hlotario et Karlo, nepotibus suis regibus, synodo episcoporum adsistens, libellum accusationis adversus Guanilonem, Agedinci Senonum metropolitanum episcopum, porrigit quæ tamen

(1) B D H P nostris; *nous croyons que* nostris *est pour* nostri. —
(2) B D Camarias.

(*a*) Il est intéressant de voir cette première association des hommes du peuple se former pour repousser les barbares ennemis de la foi et de la nationalité.

(*b*) Arches, sur la Meuse, près de Mézières, ancienne ville royale près de laquelle Charles de Gonzague a fait construire, au commencement du xviiie siècle, la cité de *Charleville*, chef-lieu de canton (Ardennes).

(*c*) La Camargue, dans le delta du Rhône.

(*d*) Savonnières, autrefois villa royale, aujourd'hui simple ferme, située sur la commune de Fouy, à six kilomètres de Toul, dép. de la Meurthe. Dom Bouquet fait remarquer qu'il existait encore des ruines de ce palais au siècle dernier. Depuis 1829 l'on y a trouvé à plusieurs reprises des vestiges d'un cimetière franc, des tombes en pierre, des armes, des poteries, des médailles romaines.

actio propter absentiam ejusdem Guanilonis episcopi dilata est. Inde ad conloquium fratris sui Hludowici regis in insula Rheni inter Antunnacum et Confluentes properat. Cujus colloquii effectus differtur usque ad kalendas novembris apud Basiliam civitatem. Quo Hludowico adveniente, Karlus propter Hlotarii absentiam ab itinere cœpto revertitur. Aquitani ad Karlum puerum omnes pene convertuntur. Pippinus Rotberto comiti et Britonibus sociatur.

Acies in cœlo mense augusto, septembri et octobri nocturno tempore visuntur, ita ut diurna claritas ab oriente usque in septentrionem continue fulserit, et columnæ sanguineæ ex ea discurrentes processerint. Dani (*a*) noviter advenientes monasterium sancti Walarici(*b*) et Samarobrivam(1), Ambianorum civitatem, aliaque circumquaque loca rapinis et incendiis vastant; alii quoque eorum insulam Rheni Batavum (*c*) simili furore invadunt; hi vero qui in Sequana morantur, Noviomum (*d*) civitatem noctu adgressi, Immonem episcopum cum aliis nobilibus tam clericis quam laicis capiunt, vastataque civitate secum adducunt (2), atque in itinere interficiunt. Qui etiam ante duos

---

(1) B D Samarobricam. — (2) D H P abducunt.

(*a*) Cf. *Chronicon de Gestis Normann.*
(*b*) Saint-Valery-sur-Somme, près de l'embouchure de la Somme.
(*c*) Nos annales désignent ce pays sous le nom de *Batavam, Batavum, Batuam*; en langue vulgaire on l'appelait *Bétau* ou *Bétuwe*. Il comprenait la partie de l'ancienne île des Bataves, située entre le Rhin et le Wahal, depuis le fort de Schenk jusqu'auprès de Buren, entre Thiel et Duerstede.
(*d*) Noyon. Au sujet de cette invasion, voy. *les Normands dans le Noyonnais*, par M. Peigné-Delacourt, p. 1 à 6.

menses Ermenfridum Belvagorum (*a*) in quadam villa interfecerant, sed et anno præterito Baltfridum (1), Bajocassium (*b*) episcopum, necaverant. Ossa beatorum martyrum Dionysii, Rustici et Eleuthcrii metu eorumdem Danorum in pagum Mauripensem in villam sui juris Novientum (*c*) (2) devecta sunt, atque XI kalendas octobris in loculis diligenter conlocata.

Hlotarius fratri suo Hludowico, Italorum regi, quamdam regni sui portionem attribuit, ea videlicet quæ ultra Juram montem habebat, id est Genuvam(3) Lausonnam et Sedunum (*d*) civitates, cum episcopatibus, monasteriis et comitatibus, præter hospitale quod est in monte Jovis et Pipincensem comitatum (*e*).

(1) B D H Lelatfridum. — (2) B Novientem. — (3) D H P Genuam.

(*a*) Beauvais. Dom Bouquet donne la note suivante sur les évêques dont il est ici question : « Immonem tamen Noviomensem episcopum et Ermenfridum Bellovacensem ad mensem octobrem anni subsequentis superstites fuisse manifestum est ex actis concilii Tullensis apud Tusiacum, cui ambo subscripsere. Rainelmus quidem, Immonis successor, ibidem etiam inter subscribentium nomina invenitur; at post synodum ejus actis, quod non raro fiebat, subscribere potuit, uti certe iisdem subscripsere Autissiodorenses duo, Abbo scilicet et Christianus. Ita *Mabillon, l.* 35, *Ann. Bened. num.* 50. »

(*b*) Bayeux (Calvados).
(*c*) Nogent-sur-Seine (Aube).
(*d*) Genève, Lausanne et Sion.
(*e*) Au sujet de ces noms, Pertz présente la note qui suit : « Hospitale in monte sancti Bernardi, in quod et ego Kalendis Augusti a. 1823, ex Italia redux diverti et pro more Patrum optimorum humanissime exceptus, grates iis hoc loco post privatas publicas solvo. — Sine dubio comitatus Pipinensis, a castro *Bipp* nomen sortitus, in occidentali Juræ montis latere ad fontes Birsæ fluminis, cujus mappam videsis in Schœpflini Alsat. Illustr. I, p. 619.

860.

Guanilo, episcopus Senonum, absque audientia episcoporum Karlo regi reconciliatur. Nicolaus, pontifex Romanus, de gratia Dei et libero arbitrio, de veritate geminæ prædestinationis et sanguine Christi, ut pro credentibus omnibus fusus sit, fideliter confirmat et catholice decernit (*a*).

860.

Hiems diutina et continuis nivibus ac gelu dira, a mense videlicet novembri usque ad aprilem. Hlotarius reginam suam Teutbergem, irrevocabili odio habitam (1), ut ipsa coram episcopis confiteretur, fratrem suum Hucbertum sibi sodomitico scelere commixtum(*b*); unde et pœnitentiæ continuo addicta est atque

(1) P *propose d'ajouter* coegit *ou un autre mot analogue.*

(*a*) Nous avons parlé dans l'introduction de l'importance de ce passage qui prouve que Prudence est l'auteur de ces Annales. — Il établit aussi que l'évêque de Troyes n'était point partisan des erreurs de Gottschalk, comme l'ont cru à tort un grand nombre d'auteurs.

(*b*) Certains auteurs, entre autres M. Ampère (*Hist. Littér. de la France*, t. III, p. 199), semblent regarder Theuthberge comme coupable du crime qu'elle avoua publiquement. Il est bon de rappeler que, quand Lothaire, en 857, fit peser cette accusation, pour la première fois, sur l'épouse dont il voulait se séparer, Theuthberge en appela au jugement de Dieu et fut réhabilitée. Deux ans après, en 859, lorsque l'on parla de renouveler contre elle cette procédure en prononçant des menaces de mort, elle écrivit au pape que si on la pressait davantage, elle avouerait tout ce que l'on voudrait, non pour dire la vérité, mais par crainte de la mort. Elle se déclara en effet coupable dans le concile d'Aix-la-Chapelle et dans plusieurs autres. Mais de tels aveux ne peu-

in monasterium retrusa. Karlus rex, inani Danorum in Somna consistentium pollicitatione pellectus, exactionem de thesauris ecclesiarum et omnibus mansis ac negociatoribus etiam paupertinis, ita ut etiam domus eorum et omnia utensilia adpreciarentur, et inde statutus census exigeretur, fieri jubet; nam eidem Dani promiserant, si eis tria milia librarum argenti pondere examinato tribueret, se adversus eos Danos qui in Sequana versabantur ituros, eosque inde aut expulsuros aut interfecturos (*a*).

Pridie nonas aprilis nocte sequenti, nova videlicet luna jam inchoata, fertur quædam obscuritas corniculata, eodem schemate quo luna splendebat, per medium ejusdem lunæ apparuisse, ita ut hinc inde luceret, sed in medio obscuraretur. Similiter dicitur VIII idus aprilis sol ortus, quamdam in medio sui orbe tenebrositatem passus, qua ad inferiora ejus delabente, mox alia a superioribus ei ingruerit, ejusque orbem usque ad infima similiter percurrerit, et hoc luna decima.

Dani in Somna consistentes, cum eis non daretur supradictus census, receptis obsidibus, ad Anglo-Saxones navigant; a quibus profligati atque repulsi, alias partes petunt. Hi vero Dani qui in Rhodano morabantur, usque ad Valentiam (*b*) civitatem vastando perveniunt; unde, direptis quæ circa erant omnibus,

---

vent servir de preuves, comme on le verra dans la suite de ces Annales, et comme Hincmar l'a établi dans son *Liber de divortio Lotharii.*

(*a*) Ne pouvant réussir à vaincre par lui-même les Normands, Charles-le-Chauve essayait de les détruire les uns par les autres.

(*b*) Valence (Drôme).

revertentes ad insulam in qua sedes posuerant redeunt (*a*).

Hludowicus, Karlus et Hlotarius reges kalendas junias apud castrum quod Confluentes(*b*) vocatur conveniunt, ibique de pace inter se diu tractantes, tandem concordiam atque amicitiam ipsi per se juramento firmant. Hludowicus, imperator Italiæ, suorum factione impetitur, et ipse contra eos ac contra Beneventanos rapinis atque incendiis desævit. Dani qui in Rhodano fuerant, Italiam petunt et Pisas civitatem aliasque deprædantur atque devastant. Hlotarius rex, metuens avunculum suum Karlum, Hludowico regi Germaniæ sociatus, atque ob eamdem societatem partem regni sui, id est Helizatiam, tradit. Uxor Hlotarii, timens odium viri sui atque insidias, ad fratrem suum Hucbertum in regno Karli aufugit. Karlus rex monasterium sancti Martini filio suo Hludowico largitur.

861.

Dani mense januario (*c*) Lutetiam Parisiorum et ecclesiam sancti Vincentii martyris et sancti Germani confessoris incendio tradunt; negotiatores quoque per Sequanam navigio sursum versus fugientes inse-

---

(*a*) L'île de la Camargue.

(*b*) Coblentz.

(*c*) Dom Bouquet, au sujet de la date du mois, offre la note qui suit : « Potior fides habenda Aimoino, monacho sancti Germani, qui hoc tempore florebat. Is enim in *Historia miraculorum sancti Germani Paris.*, libr. 2, num. 10, hoc excidium accidisse tradit die sancto Paschæ. »

quuntur et capiunt. Alii quoque Danorum piratæ Taruanensem pagum (*a*) adeunt et devastant.

Quarto kalendas aprilis luna xiiii (1) post horam noctis octavam tota in nigredinem vertitur. Karlus rex filium suum Hlotarium claudum in monasterio sancti Johannis clericum fieri jubet (*b*).

(1) D H P *omettent* xiiii.

(*a*) *Taruanensis* ou *Tarvanensis pagus* désigne, comme *Teruanensis*, le pays de Térouane, dont nous avons déjà parlé.
(*b*) Dom Bouquet donne la note qui suit : « Id est in monasterio Reomaensi. Id de monachatu interpretandum Rouverius negat, tametsi passim, ubi quis in monasterio clericus factus dicitur, id de monastica tonsura, deque monastici habitus susceptione intelligitur. Lotharius etiam ejusdem loci abbas fuit, itidemque monasterii S. Germani Autissiodorensis. » — Ce monastère est celui de Moûtiers-Saint-Jean, à Réôme, diocèse de Langres, auj. dans l'arr. de Semur (Côte-d'Or).

PARS TERTIA

AB ANNO 861 USQUE AD ANNUM 882,

AUCTORE HINCMARO, REMENSI ARCHIEPISCOPO

Galindo, cognomento Prudentius, Tricassinæ(1) civitatis episcopus, natione Hispanus, adprime litteris eruditus, qui ante aliquot annos Gotescalco prædestinatiano restiterat, post felle commotus contra quosdam episcopos secum hæretico resistentes, ipsius hæresis defensor acerrimus, indeque non modica inter se diversa et fidei adversa scriptitans, moritur; sicque, licet diutino languore fatigaretur, ut vivendi ita et scribendi finem fecit (a).

Karlomannus, Hludowici Germaniæ regis filius cum Resticio Winidorum regulo fœderatur, a patre deficit, et Resticii auxilio magnam sibi partem usque ad Hin(2) fluvium paterni regni præsumit. Hludowicus

(1) B Trecasinæ. — (2) P Hin *pour* In.

(a) C'est à tort qu'Hincmar fait de Prudence un défenseur des erreurs de Gottschalk. Prudence refusa d'admettre certaines expressions des quatre propositions arrêtées dans le concile de Quierzy, telles que les entendait Hincmar; mais il ne soutint pas Gottschalk. Ses écrits ne méritent point les reproches que leur adresse ici l'archevêque de Reims.

socerum Karlomanni filii sui, Arnustum, honoribus privat, et nepotes ipsius a regno suo expellit; qui cum Adalardo, Irmintrudis reginæ avunculo, suo autem propinquo, quem Hlotarius patrui sui Hludowici factione insequebatur, Karolum adeunt; a quo benigne suscipiuntur et honoribus consolantur. Sed et pene omnes qui nuper a Karolo ad Hludowicum defecerant, ad Karolum revertuntur, et ab eo familiaritate et honoribus redonantur.

Dani qui pridem Morinum (a) civitatem incenderant, de Anglis revertentes, duce Welando cum ducentis et eo amplius navibus per Sequanam ascendunt, et castellum in insula quæ Oscellus dicitur, a Nortmannis constructum, et eosdem Nortmannos obsident. Ad quorum obsidentium videlicet locarium quinque millia libras argenti, cum animalium atque annonæ summa non modica, de regno suo, ne deprædaretur, exigi Karolus præcepit, et Sequanam transiens, Meidunum (b) super Ligerim adit; Rodbertum (c) cum placitis honoribus recipit. Qua occasione Guntfridus et Gozfridus, quorum consilio Karolus præfatum Rodbertum receperat, cum suis complicibus, gentilitia mobilitate et inolita consuetudine, a Karolo ad Salomonem, Britonum ducem, deficiunt. Interea Danorum

---

(a) Dom Bouquet donne la note suivante : Hunfridus, Morinensis seu Tarvannensis episcopus, e sua urbe a Nortmannis fugatus, abdicandi in perpetuum episcopatus consilium suscepit, eamque in rem consuluit Nicolaum papam, qui ei sic respondit : *Scias, charissime frater, quod si perniciosum est proretam in tranquillitate navem deserere, qnanto magis in fluctibus.*

(b) Meung (Loiret), près de la rive droite de la Loire.

(c) Il s'agit ici du célèbre Robert-le-Fort.

pars altera cum sexaginta navibus per Sequanam in fluvium Tellas (*a*) ascendunt, indeque ad obsidentes castellum perveniunt, et eorum societate junguntur. Obsessi autem famis inedia, et miseriæ omnis squallore compulsi, sex millia libras inter aurum et argentum obsidentibus donant eisque sociantur, et sic per Sequanam usque ad mare descendunt. Quos imminens hiems ingredi mare prohibuit, unde se per singulos portus ab ipso loco Parisius usque secundum suas sodalitates dividunt. Welandus autem per Sequanam usque ad castrum Milidunum cum sociis suis ascendit. Castellani vero cum Welandi filio Fossatis (*b*) monasterium occupant. Hincmarus, Durocortori Remorum archiepiscopus, synodo comprovinciali apud monasterium sanctorum Crispini et Crispiniani secus civitatem Suessionis Rothadum(1), ipsius urbis episcopum, regulis ecclesiasticis obedire nolentem, episcopali privat communione secundum decreta canonum, donec obediat (*c*).

(1) D Rothardum.

(*a*) Ce petit fleuve est l'*Yères*, dans l'ancien pays de *Tellau* ou *Talou*, depuis le comté d'Arques, auj. Seine-Inférieure.
(*b*) Saint-Maur-les-Fossés (Seine), près de la Marne.
(*c*) C'est le commencement des différends qui éclatèrent entre Hincmar et Rothade, évêque de Soissons. Celui-ci ne fut point déposé uniquement parce qu'il s'était plaint au synode de Soissons de la réintégration d'un curé destitué par lui, mais à cause de plusieurs fautes graves qui lui étaient personnellement reprochées. Hincmar n'agit point seul; tous les pères du synode de Soissons, et plus tard un autre concile de cinq provinces, et probablement une troisième assemblée réunie près de Senlis, condamnèrent Rothade. Sans doute, il est nécessaire d'étudier les documents qui proviennent de ce dernier, comme ceux qui proviennent d'Hincmar et les

Karolus, dimisso filio suo Hludowico sub Adalardi, Irmintrudis reginæ avunculi, bajulatione, ad custodiam regni contra Nortmannos, a quibusdam invitatus quasi regnum Provinciæ adepturus, quoniam Karolus, Lotharii quondam imperatoris filius, inutilis atque inconveniens regio honori et nomini ferebatur, cum uxore Burgundiam usque ad civitatem Matescensium (*a*) peragrat. Ubi rebus parum prospere gestis, et deprædationibus plurimis populo terræ ingestis, Pontigonem palatium redit, ibique missaticum ex parte Hludowici fratris sui, et Lotharii nepotis sui, ab Adventio, Mettensium civitatis episcopo, et Leutardo comite delatum audit, eosque absolvit, et diem natalis dominici festive, ut moris est, celebrat.

862.

Karolus per Remis (1) civitatem Suessionis venit, ubi non incerto nuncio comperit (*b*), quia filia ejus Judith, relicta scilicet Edelboldi regis Anglorum, quæ possessionibus venditis quas in Anglorum regno obtinuerat, ad patrem rediit, et in Silvanectis (*c*) civitatem debito reginæ honore sub tuitione paterna et

(1) B D Remi.

Annales qu'il a composées : mais l'on serait exposé à s'écarter de la vérité, si dans cette affaire l'on adoptait complètement, comme l'ont fait MM. Ampère et Guizot, le récit de Rothade.

(*a*) Mâcon.

(*b*) Charles-le-Chauve vit en ce moment ses deux fils se révolter contre lui, et sa fille Judith se donner malgré son père au comte de Flandre.

(*c*) Senlis.

regia atque episcopali custodia servabatur, donec, si, se continere non posset, secundum apostolum, scilicet competenter ac legaliter, nuberet, Balduinum comitem, ipso lenocinante, et fratre suo Hludowico consentiente, mutato habitu est secuta; sed et quia Hludowicus, filius ejus, a præfatis Guntfrido et Gozfrido (1) sollicitatus, relictis fidelibus patris, cum paucis noctu aufugit, et transfuga ad se sollicitantes pervenit. Unde rex Karolus, episcopos et cæteros regni sui primores consulens, post mundanæ legis judicium canonicam in jamdictum Balduinum et Judith, quæ cum fure cucurrit et adulteri portionem se fecit, secundum edicta beati Gregorii « ut si quis viduam in uxorem furatus fuerit, et consentientes ei, anathema sint, » depromi sententiam ab episcopis petiit. Abbatiam quoque sancti Martini, quam inconsulte præscripto filio suo Hludowico donaverat, non satis consulte Hucberto, clerico conjugato, donavit. Indeque Silvanectum perrexit, ubi dum moraretur (2), exspectans ut ad eum populus conveniret, quatenus aciebus dispositis ex utrisque suis ripis singulæ aquæ, Isara scilicet, Matrona et Sequana (a) custodirentur, ne Nortmanni in prædam ire valerent, nuncium accepit, quia Danorum electi de his qui in Fossatis resederant, cum parvis navibus Meldensium (b) civitatem adirent. Ipse autem cum eis quos secum habuit illo pergere maturavit; et quoniam, pontibus a Nortman-

---

(1) B *omet* et Gozfrido. — (2) B immoraretur.

(a) L'Oise, la Marne et la Seine.
(b) Meaux, sur la Marne (Seine-et-Marne).

nis destructis et navibus occupatis, eos adire non poterat, necessario usus consilio, pontem ad insulam secus Trejectum (a) reficit, et Nortmannis descendendi aditum intercludit; scaras nihilominus ex utraque ripa Matronæ ad custodiam deputat. Qua de re Nortmanni valde constricti, obsides electos et Karolo missos ea conditione donant, ut omnes captivos quos ceperant postquam Matronam intraverant, sine mora aliqua redderent, et aut cum aliis Nortmannis constituto die placiti a Sequana recedentes mare peterent, aut si alii cum eis redire non vellent, una cum exercitu Karoli retractantes ire bello appeterent; sicque, datis decem obsidibus, sunt ad suos redire permissi. Et post viginti circiter dies ipse Welandus ad Karolum veniens, illi se commendavit, et sacramenta cum eis quos secum habuit statim præbuit. Indeque ad naves regressus, cum omni Danorum navigio usque ad Gemeticum (1) (b), ubi illorum naves statuerunt reficere et vernale æquinoctium exspectare, descendit. Refectis navibus, Dani mare petentes per plures classes se dividunt, et prout cuique visum est, in diversa velificant, major autem pars Britannos, qui Salomone duce habitant in Niustria, petit; quibus et illi jungun-

(1) B Gemeacum.

(a) *Trejectum* est pour *Trejectum Baldulfi*, en français *Tribaldou*. Cette localité est aujourd'hui une petite commune du canton de Claye et de l'arr. de Meaux. Charles-le-Chauve se montra, en ces circonstances, très-actif et très-habile contre les Normands. Il put faire exécuter le traité avantageux qu'il conclut avec eux.

(b) Jumièges, sur la Seine, canton de Duclair, arr. de Rouen (Seine-Inférieure).

tur, qui in Hispania fuerant. De quibus Rodbertus duodecim naves, quas Salomon in contrarietatem ejus locario jure conduxerat, in fluvio Ligeri capit, omnesque qui in illo fuere navigio interfecit, præter paucos, qui fuga lapsi delituerunt. Rodbertus autem Salomonem sustinere non valens, cum præfatis Nortmannis qui de Sequana exierunt, antequam illos Salomon sibi adversus eum adsciceret, datis (1) utrimque obsidibus, in sex millibus argenti contra eumdem Salomonem convenit. Welandus cum uxore et filiis ad Karolum venit et christianus cum suis efficitur.

Karlomannus, Hludowici regis Germaniæ filius, concessa sibi a patre regni portione quam pridem invaserat, et dato sacramento, ne amplius inde sine patris voluntate invaderet (2), cum patre pacificatur. Hludowicus denique, filius Karoli regis, consilio Guntfridi atque Gozfridi Salomonem adit, validam Brittonum manum obtinet, et cum eis Rotbertum patris fidelem impetit. Andegavum et alios quos adire potuit pagos cæde, igni, deprædatione devastat. Rotbertus siquidem Britones redeuntes cum maxima deprædatione aggreditur, et plusquam ducentos Britonum primores occidit, et prædam excutit. Quem iterum Hludowicus bello quærit, in fugam ab eo vertitur, et dispersis sociis vix evasit. Karolus rex Aquitanorum, Karoli regis filius, necdum quindecim annos complens, persuasione Stephani (a) relictam Humberti comitis sine voluntate et conscientia patris in conjugem ducit.

---

(1) B *omet* datis. — (2) H evaderet.

(*a*) Etienne, comte d'Auvergne.

Sed et sæpefatus Hludowicus, frater ipsius Karoli, e vestigio in ipso quadragesimæ sanctæ initio filiam Harduini quondam comitis, sororem scilicet Odonis sui multum complaciti, sibi conjugem copulat. Karolus, horum pater omnes primores regni sui ad locum qui Pistis (*a*) dicitur, ubi ex una parte Andella et ex altera Audura Sequanam influunt, circa junii kalendas cum multis operariis et carris convenire facit, et in (1) Sequana munitiones construens, ascendendi vel descendendi navibus propter Nortmannos aditum intercludit. Ipse cum uxore super Ligerim, in loco qui Maidunus (*b*) dicitur, datis per suos sacramentis, cum Karolo filio loquitur, et eo quasi subito sed voce submissa, et animo contumaci erecto in Aquitaniam remeante, ipse ad Pistis, quo placitum simul et synodum ante condixerat (*c*), redit, et inter operandum de sanctæ ecclesiæ ac regni negotiis cum fidelibus suis tractat. Ubi Rothadus, Suessorum episcopus, homo singularis amentiæ, in synodo provinciali regulariter episcoporum communione privatus cum sua se contumacia quatuor provinciarum concilio præsentavit; quem fraternus conventus, ne deponeretur, penitus sub appellatione sedis apostolicæ servare disposuit (*d*).

(1) B D *omettent* in.

(*a*) Pitres était situé près des confluents de l'*Andelle* et de l'*Eure* avec la Seine, à peu de distance de l'endroit où se trouve aujourd'hui Pont de l'Arche. chef-lieu de canton de l'Eure.
(*b*) Meung (Loiret).
(*c*) Cf. Capitulaires de Baluze, T. II, p. 153.
(*d*) Dom Bouquet donne la note suivante, qui offre le résumé du récit de Rothade : « Hincmarus tres episcopos misit ad Rothadum

Sed isdem post ejusdem concilii judicium unde appellaverat expetens, constitutis xii ab eadem synodo judicii exequendi judicibus, novus Pharao propter sui cordis duritiam, et vetera sæcula repræsentans homo mutatus in bellam(*a*), propter designatos excessus qui in (1) gestorum serie continentur, quoniam corrigi noluit, in suburbio Suessorum civitatis deponitur.

Interea contigit miraculum in civitate Morinensi (*b*).

(1) B D *omettent* in.

qui eum ad synodum juridice vocarent; quibus ille respondit, integrum sibi non esse judicium subire synodi, pendente appellatione ad Romanam sedem. Secundo et tertio citatus Rothadus idem respondit. Tum qui stabant a partibus Hincmari, data ipsi fide, persuasere ut ad locum synodo proximum regi occurreret, cum ejus majestate collocuturus : quod etiam innuerunt Suessionenses clerici. Progresso itaque Rothado rex benigne occurrit, ipsumque audivit supplicantem ut antea concessam Romam eundi facultatem non tolleret. Respondit rex id negotii spectare synodum, et archiepiscopum Remensem, ejus metropolitam ; se vero episcoporum decreta executioni mandaturum. Rege ad synodum regresso, tres episcopi rursus Rothadum convenere, urgentes ut se synodo sisteret. Quem ubi in appellatione sua constantem compererunt, in cella recludi jussere, donec synodi judicium excepisset. Hincmarus Rothadum velut contumacem deposuit. Denuntiata fuit Rothado a tribus episcopis exauctorationis sententia, moxque in carcerem conjectus est, spe ipsi facta abbatiæ ab Hincmaro, si ab appellatione desisteret : ordinatusque est episcopus in ejus locum. Hæc discimus ex libello proclamationis ipsius Rothaldi ad Nicolaum papam. »

(*a*) Cette expression et plusieurs autres nous montrent dans Hincmar un caractère bien différent de celui du précédent annaliste.

(*b*) Cette cité principale de l'ancienne contrée des Morins est Térouane. C'était autrefois une ville importante; elle fut prise et détruite par Charles-Quint en 1553. C'est aujourd'hui une petite commune du Pas-de-Calais, arrond. de Saint-Omer, à 14 kil. de cette ville.

Nam cujusdam civis ipsius urbis mancipium mane in die assumptionis sanctæ Mariæ vestitum lineum, quod camisium vulgo vocatur, levigare incipiens, ut illud dominus suus ad missam procedens paratum portare quivisset, ad primum initium quo levigam imprimens traxit, vestimentum sanguineum est effectum ; sicque quotiens idem mancipium levigam traxit, sanguis est subsecutus, usque quo vestimentum illud totum rejacenti sanguine est infectum. Quod vestimentum Hunfridus venerabilis (1), ipsius civitatis episcopus, ad se fecit deferri, et in eadem ecclesia ad testimonium reservari. Et quoniam eadem festivitas ab incolis parochi illius non feriabatur(2), et celebrari et feriari debito honore ab omnibus eamdem solemnitatem præcepit.

Hludowicus, qui a patre dudum defecerat, ad eum redit, et veniam ab eo, sed et ab episcopis, pro suis excessibus postulans, patri de cetero fore fidelem districtissimis sacramentis se obligat ; cui pater comitatum Meldensem et abbatiam sancti Crispini donans, cum uxore de Niustria ad se venire præcepit. Hunfrido, super quem Warengaudus infidelitatem miserat (*a*), petentibus suis fidelibus, ne confligat bello, concessit, ipsumque et Warengaudum pacificat.

Hludowicus, rex Germaniæ, Lotharium nepotem suum apud Moguntiam accersiens, petit ut cum eo contra Winidos (3), qui appellantur Abodriti (4), adversus eorum(5) regulum Tabomiuzlem(6) cum appa-

---

(1) D H P *omettent* venerabilis. — (2) B feriebatur. — (3) D Winedos. — (4) B D H *omettent* Abodriti. — (5) B D *omettent* eorum. — (6) B D H *omettent* Tabomiuzlem.

(*a*) Pertz : « id est, quem infidelitatis accusaverat. »

ratu hostili pergat ; qui se primum iturum promisit, post vero a promissione sua defecit. Hludowicus autem, relicto in patria filio Karolo, quoniam nuper uxorem Ercangarii comitis filiam duxerat, Huldowicum filium suum secum ducens, aggreditur Winidos ; unde amissis quibusdam primoribus et nihil prospere gestis, sub obtentu obsidum ad Francofurd (1) palatium super Mœnum fluvium revertitur (2). Dani magnam regni ejus partem cæde et igni vastantes prædantur; sed et hostes antea illis populis inexperti, qui Ungri (a) vocantur, regnum ejusdem populantur.

Hlotarius Waldradam concubinam, maleficis, ut ferebatur, artibus dementatus, et ipsius pellicis, pro qua uxorem suam Theotbergam abjecerat, cæco amore illectus, faventibus sibi Liutfrido, avunculo suo, et Vultario (3), qui vel ob hoc maxime illi erant familiares, quod nefas est dictu, quibusdam etiam regni sui episcopis consentientibus, coronat, et quasi in conjugem et reginam sibi, amicis dolentibus atque contradicentibus, copulat (b).

Hincmarus, Remorum episcopus, veniente Karolo rege in eamdem civitatem, accitis comprovincialibus

---

(1) B Franconofurth. — (2) B D *omettent* revertitur. — (3) B Wultario.

(a) Pertz dit à ce sujet : « Memoratu dignum, hoc jam anno 862, Ungros Germaniam invasisse. »

(b) C'était pour la troisième fois que Theutberge était condamnée dans un synode d'Aix-la-Chapelle : en celui-ci le roi Lothaire fut autorisé à contracter un autre mariage. A la tête des évêques qui permirent à Lothaire de violer la sainte loi du mariage se trouvaient Gunther, archevêque de Cologne, et Theutgaud, archevêque de Trèves.

suis episcopis, matrem ecclesiam ipsius provinciæ in honore sanctæ Mariæ, sicut et antiqua fuerat sacrata, venerabiliter dedicat.

Hludowicus, rex Germaniæ, directis missis blandiloquis ad fratrem suum Karolum, obviam sibi in territorium Tullense venire petit; et quia Karolus cum Hlotario ante colloqui noluit, quam fratri suo causas diceret quæ ei in Hlotario displicebant, non mediocri querela inde sermonibus est conflictum. Tandem Karolus, cum episcopis qui secum erant, Hludowico et episcopis qui erant cum eo, scripto capitulatim ostendit, pro quibus Hlotario communicare nolebat, nisi profiteretur, quod inde aut certam redderet rationem, aut secundum auctoritatem dignam ostenderet emendationem. Post quam professionem sub hac convenientia Karolus et episcopi qui cum eo erant, in communionem Hlotarium receperunt, et scriptas ac consiliariis recitatas adnunciationes, quas de illorum conventu debuerunt populo nunciare, usi consilio præcipue Hludowicus et Hlotarius Chuonradi, sui consiliari, Karoli autem avunculi, qui superciliosa, sed frivola et nec sibi adeo nec pluribus proficua, more sueto, scientia nitebatur, ne innotescerentur populo causæ, quas Karolus Hlotario reputabat, penitus rejecerunt. Verum Karolus contra eorum vota omnibus pleniter notum fecit, quia pro uxore, contra evangelicam et apostolicam auctoritatem, relicta et altera ducta est; et quia uxori Bosonis (*a*) et Balduino, qui filiam ejus furatus fuerat in uxorem, excommunicatis communicaverunt, Hlotario ante prædictam professionem

---

(*a*) Ingeldrude.

communicare nolebat; sicque condicentes placitum sui conventus in futuro mense octobrio in confinio Mosomagensis (*a*) et Vonzensis (*b*) comitatus, ab invicem secesserunt. Hludowicus ad reconciliandum vel ad resistendum filio suo Karlomanno, qui auxiliante Resticio (1), Winidorum regulo, contra patrem rebellaverat, Bajoariam petiit. Karolus de Tullensi territorio per Pontigonem, inde secus littora Matronæ fluminis Carisiacum revertitur, ibique Dominici natalis diem reverentissime celebrat.

863.

Dani (*c*) mense januario per Rhenum versus Coloniam navigio ascendunt, et depopulato emporio quod Dorestatus dicitur, sed et villam non modicam (2) (*d*) ad quam Frisii confugerant, occisis multis Frisiorum negotiatoribus et capta non modica populi multitudine, usque ad quamdam insulam secus castellum Novesium (*e*) perveniunt. Quibus Hlotarius ex una parte

---

(1) D Refeccio. — (2) B D H non modocam.

(*a*) Le *pagus Mosomagensis* comprenait les environs de Mouzon, des deux côtés de la Meuse. Mouzon est aujourd'hui un chef-lieu de canton de l'arr. de Sedan (Ardennes).
(*b*) Ce *pagus* comprenait les environs de Vouziers, aujourd'hui chef-lieu d'arr. du départ. des Ardennes.
(*c*) Cf. *Chronicon de gestis Normannorum*, ann. 864.
(*d*) Le traducteur de la collection des *Mémoires relatifs à l'histoire* a rendu ces mots par la ville de *Nomnodoque*; et il ajoute que l'on ne peut retrouver l'endroit où se trouvait cette ville. Il faut traduire *une ville assez grande, non modicam*.
(*e*) Neuss, sur les bords du Rhin.

Rheni cum suis, et Saxones ex alia parte aggrediuntur, et usque circa kalendas aprilis consident; unde iidem Dani, consilio Rorici, sicut accesserant, et recedunt.

Karolus, Hlotarii imperatoris filius et rex Provinciæ, diu epelevtica infirmitate vexatus moritur. Hludovicus, frater ejus, Italiæ vocatus imperator, Provinciam venit, et quos potuit ipsius regni primores sibi conciliavit. Hoc audito Hlotarius illuc pergit, et mediantibus inter eos domesticis et amicis illorum placitum, quo simul redeant et de ipso regno apud se tractent, Hludowicus Italiam, Hlotarius in regnum suum revertitur.

Karolus rex Cenomannis civitatem adit, indeque usque ad monasterium quod Interamnis (a) dicitur procedit; ubi Salomon, dux Britonum, cum primoribus suæ gentis illi obviam venit, seque illi commendat et fidelitatem jurat, omnesque primores Britanniæ jurare facit, et censum illius terræ secundum antiquam consuetudinem illi exsolvit. Cui Karolus ob fidelitatis suæ meritum partem terræ quæ Inter-duas-aquas dicitur, et abbatiam sancti Albini (b) in beneficium donat. Gozfridum et Roricum atque Heriveum, cæterosque qui ab eo nuper sicut et sæpe defecerant, recipit, et cum indulgentia honoribus donat : indeque Cenomannis revertitur, et pascha Domini celebrat.

(a) Le monastère d'*Entrammes*, était situé, comme l'indique son nom, entre deux cours d'eau, qui sont la Mayenne et la Sarthe. Entrammes est aujourd'hui une commune de l'arr. de Laval (Mayenne), où se trouve un couvent de Trappistines établi dans l'abbaye qui existait en 863.

(b) L'abbaye de Saint-Aubin à Angers. Malgré les succès de Robert-le-Fort, Charles-le-Chauve se vit forcé de faire des concessions au chef des Bretons.

863.

Hunfridus (*a*), Gothiæ marchio, sine conscientia Karoli regis, factione, solito more Tolosanorum, qui comitibus suis eamdem civitatem supplantare sunt soliti, Tolosam Reimundo subripit, et sibi usurpat. Karolus rex de partibus trans-Sequanis regrediens, Lutardum (1), Papiæ episcopum, de parte Hludowici imperatoris Italiæ, et Gebahardum, Spirensem episcopum, de parte Hludowici fratris sui, regis Germaniæ, et Nantharium comitem de parte Hlotarii, nepotis sui, accipit pro pace petentes ; quam idem Karolus semper servare voluit, quantum infestatio contrariorum sibi permisit. Sed et alium missum fratris sui Hludowici, nomine Blitgarium, accipit, petentem ut Karlomannum, filium ejus, a Restitio Winido desertum et a se fugatum, si ad illum venerit, non recipiat : quem non longo post tempore deceptum atque desertum a suis, sub conditione sacramenti pater suus Hludowicus recepit, et secum in libera custodia tenuit.

Karolus missos domni apostolici Nicolai, Rodoaldum (2) scilicet, Portuensem episcopum, et Johannem, Ficodensem (3) (*b*) episcopum, satis honorifice Sues-

---

(1) B Liutardum. — (2) B D Raduoldum. — (3) B D P Fricoclensem.

(*a*) Nous reproduisons la note suivante qui se trouve dans l'édition de D. Bouquet : « Mabillonius, lib. xxxv. *Annal. Bened.*, num. 105, putat Hunfridum istum non alium esse ab Anafredo, comite pagi Narbonensis, cujus missi Imbertus et Adaulfus an. 862 placitum Narbone habuerunt pro monasterio Montis-Olivi, sito in pago Carcassonensi ad fluvium Duranum. Dato et confirmato judicio xiv Kalendas Decembris, anno 23 regnante Karolo rege.

(*b*) Pertz dit en note : « id est Cerviensem. » Cervia, ville d'Italie, à 19 kil. de Ravennes.

sionis in monasterio sancti Medardi recipit. Quos aliquandiu secum retinuit, et concessa Balduino (a) qui ad limina apostolorum confugium fecerat, indulgentia, pro cujus obtentu venerant, cum epistolis ad apostolicam sedem redire muneratos absolvit. Iidem autem apostolicæ sedis legati Mettis adeunt, synodum habituri ex delegatione apostolica circa medium mensem junium pro divortio, quod inter Hlotarium et uxorem suam Theothergam acciderat, et pro superinductione concubinæ Waldradæ, quam contra leges ecclesiasticas et mundanas in uxorem sibi asciverat. In qua synodo præfati missi corrupti muneribus, epistolas domni apostolici occultantes(b), nihil de his quæ sibi commendata fuerunt, secundum sacram auctoritatem egerunt. Ut autem aliquid viderentur egisse, Guntharium, Coloniensem (1) archiepiscopum, cum næniis (2) quas in eadem synodo subscripserunt episcopi regni Hlotarii, factione Haganonis, versuti et cupidissimi Italicæ regionis episcopi, Romam ire jusserunt, ut judicio domni apostolici ipsa causa diffiniretur. Domnus apostolicus quæ acta fuerant plene cognoscens, et Rodoaldum similiter cupiditate in Constantinopoli cum Zacharia, socio suo, episcopo nuper corruptum damnare volens, synodum convocavit; quod sentiens Rodoal-

---

(1) B Colonensem. — (2) B D H veniis. P *propose* gestis. *La vraie leçon doit être* næniis.

(a) Pertz suppose que tout ce passage de nos annales était sous les yeux de l'auteur de la *Généalogie des Comtes de Flandre*, publiée par Martene au tome III de son *Thesaurus Anecdotorum*.

(b) Le récit d'Hincmar est exact : les légats du pape s'étaient laissé corrompre à prix d'argent.

dus, noctu fuga lapsus disparuit. Guntharius vero et Theutgaudus Romam pervenientes, primum in synodo et postea in ecclesia sancti Petri, sicut habetur in subditis, ab apostolico sunt damnati (a).

« Nicolaus episcopus, servus servorum Dei, reverentissimis et sanctissimis confratribus nostris, Hincmaro Remensi, et Waniloni Rothomagensi, seu omnibus confratibus nostris, archiepiscopis et episcopis in regno Karoli gloriosi regis, consistentibus.

« Scelus quod Hlotarius rex, si tamen rex veraciter dici possit, qui nullo salubri regimine corporis appetitus refrenat, sed lubrica enervatione magis ipsius illicitis motibus cedit, in duabus feminis, Theotberga scilicet et Waldrada, commisit, omnibus manifestum est. Sed et dudum episcopos Theotgaudum et Guntharium in tali facto eum habuisse auctores atque factores, pene totus nobis orbis undique ad limina seu sedem confluens apostolicam referebat, absentibus quoque id ipsum nostro scribentibus apostolatui. Quod nos tanto credere renuimus, quanto de episcopis tale quid audire nullatenus sperabamus ; donec ipsi Romam tempore concilii venientes, coram nobis et sancta synodo tales inventi sunt, quales fuerant a multis sæpissime prædicati ; ita ut scriptura, quam suis stipulaverant manibus, quamque volebant ut nostro robora-

---

(a) Voy. les Annales de Fulde et celles de Metz. Ces dernières annales surtout admirent l'inébranlable fermeté du pape Nicolas I; elles ajoutent en parlant de la déposition des archevêques Gunther et Theutgaud : « C'est ainsi que ces prélats méritent d'être traités d'hommes de folle mémoire pour avoir cru tromper, par quelque faux enseignement, la chaire de Saint-Pierre, qui n'a jamais trompé personne et qu'aucune personne n'a jamais pu tromper. »

remus chirographo, caperentur, et dum muscipulam innocentibus opponere satagerent, insidiis suis illaqueati sint. Sicque completum est Deo auctore, quod in Proverbiis legitur : *Frustra jacitur rete ante oculos pennatorum (Prov. 1, 17)*. Siquidem ipsi obligati sunt et ceciderunt; nos vero qui in hoc flagitium falso cecidisse dicebamur, faciente Domino cum justitiæ propugnatoribus resurreximus et erecti sumus. Igitur decernente nobiscum sancta synodo, in præsentia depositi et ab officio sacerdotali excommunicati atque a regimine episcopatus alienati indubitanter existunt. Unde vestra fraternitas canonum normam custodiens et decretorum sanctiones observans, caveat ne hos quos nos abjecimus, recipere in sacerdotum catalogo præsumat. Depositionis autem sententia, quam in prædictos Theotgaudum et Guntharium protulimus, cum cæteris capitulis quæ sancto concilio nobiscum sanciente promulgavimus, inferius annexa monstrabitur.

« CAP. I. *De synodo in Mettensium urbe a Theotgaudo et Gunthario archiepiscopis congregata, penitus abolenda.*

« Synodum quæ nuper, id est sub piissimo imperatore Hludowico, per indictionem undecimam mense junio in Mettensium urbe ab episcopis qui nostrum prævenerant judicium collecta est, quique apostolicæ sedis instituta temere violarunt, ex tunc et nunc et in æternum judicamus esse cassatam, et cum Ephesino latrocinio reputatam, apostolica auctoritate in perpetuum sancimus esse damnandam, nec vocari synodum, sed tanquam adulteris faventem, prostibulum appellari decernimus.

« Cap. II. *Depositio Theotgaudi et Guntharii archiepiscoporum.*

« Theotgaudum Trevirensem, primatem Belgicæ provinciæ, et Guntharium, Agripinæ Coloniæ episcopos, nunc coram nobis et sancta synodo sub gestorum insinuatione, qualiter causam Hlotarii regis et duarum mulierum ejus, Theotbergæ scilicet et Waldradæ, recognoverint et judicaverint, scriptum super hoc propriis roboratum manibus offerentes, nihilque se plus vel minus aut aliter egisse, ore proprio multis coram positis affirmantes, et sententiam, quam a sede apostolica in Ingildrudem, uxorem Bozonis, sanctissimus frater noster, Mediolanensis archiepiscopus, Tado et cæteri coepiscopi nostri petiverant emittendam, et nos divino succensi zelo sub anathematis obtestatione canonice protuleramus, publice viva voce se violasse confitentes; in quibus omnibus invenimus eos apostolicas atque canonicas sanctiones in pluribus excessisse, et æquitatis normam nequiter temerasse; omni judicamus sacerdotii officio manere penitus alienos, Spiritus sancti judicio et beati Petri per nos auctoritate omni episcopatus exutos regimine consistere diffinientes. Quod si juxta præcedentem consuetudinem tanquam episcopi ausi fuerint aliquid de sacro ministerio contingere, nullo modo liceat eis, nec in alia synodo restitutionis spem aut locum habere satisfactionis, sed et communicantes eis omnes abjici de ecclesia, et maxime, si postea quam didicerint (1) adversus memoratos prolatam fuisse sententiam, eisdem communicare tentaverint (2).

« Cap. III. *De cæteris episcopis* (3).

« Cæteri autem episcopi, qui complices horum, Theotgaudi scilicet et Guntharii, vel sectatores esse feruntur, si cum his conjuncti seditiones, conjurationes, vel conspirationes fecerint, vel si a capite, id est a sede Petri (4), illis hærendo dissenserint, pari cum eis damnatione teneantur obstricti. Quod si cum sede apostolica, unde eos principium episcopatus sumpsisse manifestum est, sapere de cætero per semetipsos, vel missis ad nos legatis cum scriptis suis, se professi extiterint, noverint sibi à nobis veniam non negandam, nec amissionem honorum suorum pro retroactis præsumptionibus aut subscriptionibus, quas in profanis fecerunt gestis, per nos ullo modo formidandam.

« Cap. IV. *De Ingildrude.*

« Ingildrudem, filiam quondam Mactifredi comitis, quæ, Bozone proprio viro relicto, ecce jam per septem circiter annos hac atque illac vagabunda discurrit, nuper cum fautoribus suis regulariter anathematizavimus, sed propter contumaciam iterato anathematis duximus vinculis innodandam. Sit igitur a Patre et Filio et Spiritu sancto, uno et vero Deo, et ab omnibus

(1) B D didicerant. — (2) B D tentaverant. — (3) D *omet le titre.* — (4) H P *beati* Petri. —

sanctis Patribus, et ab universa sancta Dei catholica et apostolica Ecclesia, et a nobis penitus anathema, cum omnibus complicibus, communicatoribus atque auxiliatoribus suis, ita ut, sicut jam decrevimus, si quis ei communicare vel favere in aliquo præsumpserit, siquidem clericus fuerit, eodem vinculo constrictus, officium clericatus amittat, monachi vero et laici, si inobedientes decreto præsenti fuerint, similiter anathematizentur. Sane si eadem mulier ad virum suum reversa fuerit, vel apostolicam beati Petri sedem Romam properans accesserit, veniam ei post dignam satisfactionem procul dubio non denegabimus; verum tamen sub priori vinculo anathematis, quo illam prius et nunc obligavimus, interim constricta permaneat. Si quis autem eidem Ingildrudi (1) ad apostolicam beati Petri sedem Romam specialiter properanti vel occurrenti nescius communicaverit, aut sciens opem in veniendo præstiterit, nullo pro hoc vinculo teneatur annexus.

Cap. V. *De sententiis atque interdictis sedis apostolicæ.*

« Si quis dogmata, mandata, interdicta, sanctiones vel decreta pro catholica fide, pro ecclesiastica disciplina, pro correctione fidelium, pro emendatione sceleratorum vel interdictione imminentium vel futurorum malorum a sedis apostolicæ præsule salubriter promulgata contempserit, anathema sit.

« Optamus sanctitatem vestram in Christo bene valere. »

Karolus viii kalend. novembris synodum in Verme-

---

(1) D Ingeldrudi.

ria palatio habuit, ibique abbatiam sancti Carilephi (*a*) super Rotbertum, episcopum Cinnomannicæ urbis, qui eam per apostolicam commendationem juri sui episcopatus mancipatam tenere volebat, legaliter evindicavit, et Rothadum nuper depositum, sicut domnus papa ei mandaverat, cum suis et episcoporum litteris atque vicariis Romam misit (*b*). Judith, filiam suam, per deprecationem domni apostolici ad pacem, et legatum Mahomet, regis Sarracenorum, cum magnis et multis muneribus ac litteris de pace et fœdere amicali loquentibus solemni more suscepit; quem cum honore et debito salvamento ac subsidio necessario in Silvanectis civitate opportunum tempus, quo remitti honorifice ad regem suum posset, opperiri disposuit. Indeque cum valida manu ad recipiendum virtute filium suum Karolum, si aliter nollet venire, hostiliter versus Aquitaniam pergit, et ad Autisiodorum civitatem usque pervenit; ibique filiam suam Judith, sicut domnus apostolicus eum petierat, consilio fidelium suorum Balduino, quem secuta fuerat, legaliter conjugio sociari

---

(*a*) Saint-Calais, chef-lieu d'arrond. de la Sarthe; dans les constructions de l'ancienne abbaye ont été établis l'hôtel-de-ville, la gendarmerie et la prison.

(*b*) Le pape Nicolas I, qui montra dans toute cette affaire la plus grande énergie, écrivit plusieurs lettres à Hincmar et à Charles-le-Chauve pour que, l'évêque déposé, Rothade pût se rendre auprès du Saint-Siége, auquel il en avait appelé de la décision des synodes d'Aix-la-Chapelle. Malgré l'opposition blâmable d'Hincmar, Charles-le-Chauve accorda à Rothade l'autorisation de se rendre à Rome. Les lettres du pape Nicolas I se trouvent dans la *Collection des Conciles* de Labbe. Epist. 28, 29, 30, 32. — Voy. Gorini, *Défense de l'Eglise*, t. II, p. 138. Tout ce qui se rattache à l'affaire de Rothade a été étudié avec le plus grand soin dans cet excellent ouvrage.

permisit (*a*). Inde Nivernum civitatem perrexit, ubi filium suum Karolum ad se venientem recepit, et sibi fidelitatem et debitam subjectionem promitti sacramento præcepit, et omnes primores Aquitaniæ iterum sibi jurare fecit. Duo quoque Nortmanni, qui nuper cum Welando christianitatem dolo, ut tunc dicebatur et post claruit, postulantes de navibus exierunt, super eum (*b*) infidelitatem miserunt; quorum unus secundum gentis suæ morem cum eo negante armis coram rege contendens, illum in certamine interfecit. Interea tristi nuntio comperit, quod Normanni Pictavis venerant, et sub redemptione civitate servata, ecclesiam sancti Hilarii, magni confessoris, incenderint (1). Natale autem, Domini in eodem loco secus Nivernum civitatem, ubi filium suum receperat, celebravit.

864.

Karolus Aquitanos hostiliter contra Nortmannos, qui ecclesiam sancti Hilarii incenderant disposito exercitu ire præcipiens, filium et æquivocum suum Karolum secum ducens, Compendium rediit, missos suos ad recipiendas civitates et castella in Gothiam misit.

(1) H P incenderant.

(*a*) Voy. dans les Œuvres d'Hincmar et dans Miræus (*opera diplomatica*, t. I, p. 25), une lettre d'Hincmar au pape Nicolas touchant le mariage de Bauduin et de Judith. Non-seulement le roi Charles-le-Chauve autorisa cette union; mais il agrandit le comté de Bauduin, qui posséda toute la contrée située entre la Somme et l'Escaut. Le comte de Flandre lutta courageusement contre les Normands.

(*b*) Il est ici question de Weeland.

Nortmanni Arvernum civitatem petunt, ubi Stephanum, Hugonis filium, cum paucis suorum interfectum, impune ad suas naves redeunt. Pippinus, Pippini filius, ex monacho laicus et apostata factus, se Nortmannis conjungit, et ritum eorum servat. Karolus juvenis, quem pater nuper ab Aquitania receptum Compendium secum duxerat, noctu rediens de venatione in silva Cotia (*a*) jocari cum aliis juvenibus et coævis suis putans, operante diabolo ab Albuino juvene in capite spatha percutitur pene usque ad cerebrum ; quæ plaga a tempore sinistro usque ad malam (2) dextræ maxillæ pervenit.

Hlotarius, Hlotarii filius, de omni regno suo quatuor denarios ex omni manso colligens, summam denariorum cum multa pensione farinæ atque pecorum necnon vini ac siceræ Rodulfo Nortmanno, Herioldi filio, ac suis locarii nomine tribuit.

Hludowicus, imperator Italiæ nominatus, incentore Gunthario ad suam injuriam referens, quoniam legatos sui fratris Hlotarii per ipsius fiduciam et interventionem Romam directos apostolicus, ut supra monstravimus, degradavit, seque ipsum furore non capiens, comitantibus secum eisdem legatis Theutgaudo atque Gunthario, cum conjuge Romam ea intentione pergit, quatenus aut papa Romano iidem restituerentur episcopi (3) aut hoc facere non volenti noxie quodammodo

---

(1) B D malum. — (2) D H P papa romanus eosdem restituerat episcopos.

(*a*) La forêt de Cuise. Cuise-la-Motte est une commune de l'arr. de Compiègne (Oise). M. Peigné-Delacourt soutient que cette forêt s'étendait depuis l'Ardenne jusqu'aux confins du Parisis (*Supplément aux recherches sur Noviodunum*, p. 20).

manum mitteret (a). Quod audiens apostolicus, cum litaniis generale jejunium sibi et Romanis indixit, ut Deus apostolorum suffragiis præfato imperatori mentem bonam et reverentiam erga divinum cultum et apostolicæ sedis auctoritatem donaret. Imperatore autem perveniente Romam et secus basilicam beati Petri degente, clerus et populus Romanus cum crucibus et litaniis, jejunium celebrantes, beati Petri memoriam adeunt, et ab hominibus imperatoris, cum gradus ante basilicam beati Petri cœperunt ascendere, in terram prostrati, et variis ictibus flagellati, et crucibus ac vexillis confractis, qui evadere potuerunt fugati sunt; in quo tumultu et crux mirabilis et veneranda a sanctæ memoriæ Helena decentissime fabricata, in qua lignum vivificæ (1) crucis posuit et sancto Petro munere maximo contulit, confracta et in lutum projecta est, unde a quibusdam, ut fertur, Anglorum gentis hominibus, collecta et custodibus reddita est. Quæ flagitia ut apostolicus in Lateranensi palatio degens comperit, et paulo post illum capiendum non incerto nuntio didicit, latenter navem intravit, et per Tiberim ad ecclesiam sancti Petri se contulit, ubi duobus diebus ac noctibus sine cibo ac potu mansit. Interea homo cujus præsumptione præfata crux veneranda confracta fuerat, moritur, et imperator febre corripitur. Quapropter conjugem ad apostolicum mittit, cujus fidei jussione apostolicus ad imperatorem venit,

(1) D H P mirificæ.

(a) Pertz dit à ce sujet : Orationem anonymi cujusdam episcopi hac occasione in synodo Romana habitam videsis apud Muratorium SS. Ital. T. II, p. ii, p. 135.

et habita mutua sermocinatione, sicut inter eos convenit, apostolicus Romam ad Lateranense palatium rediit. Tunc imperator Guntharium et Theutgaudum degradatos, ut secum venerant, Franciam redire præcepit. Tunc Guntharius hæc diabolica capitula et hactenus inaudita, quæ cum hac præfatione, quando Romam, ut præmisimus, in Hludowici obsequio rediit, episcopis regni Lotharii misit, per Hilduinum fratrem suum clericum (a), adjunctis ei suis hominibus, apostolico misit, dans illi in mandatis ut si apostolicus illa nollet recipere, super corpus beati Petri ea jactaret :

« Sanctis et venerandis fratribus et coepiscopis Guntharius atque Theotgaudus salutem. Rogamus suppliciter carissimam fraternitatem vestram ut nobis pro vobis assidue orantibus sanctarum precum solatia impendatis, et ne turbemini et terreamini pro his, quæ fama forte de nobis ac vobis sinistrius nuntiat. Confidimus de Domini nostri clementissima bonitate, quia neque in regem nostrum neque in nos, opitulante Deo, inimicorum prævalebunt insidiæ, neque gaudebunt de nobis adversarii nostri. Nam quamvis domnus apostolicus qui dicitur papa, et qui se apostolum inter apostolos adnumerat totiusque mundi imperatorem se facit, ad illorum instinctum et votum quibus conspiratus favere dinoscitur, nos damnare voluisset, tamen modis omnibus Christo propitio suæ insaniæ reni-

---

(a) L'Hilduin dont il est ici question ne doit pas être confondu, comme l'a fait Ampère (*Hist. Litter.*, t. III, p. 194), avec l'évêque du même nom qui fut déposé du siége de Cambrai. Celui-ci se trouvait dans cette dernière ville lorsque Hilduin, frère de Gunther, se rendit à Rome. Cf. Frodoard. l. III. c. XII. *epist. Hincmari ad Nicolaum.*

tentes invenit, et quidquid inde fecit non mediocriter illum posmodum pœnituit. Misimus vobis hæc subscripta capitula, quibus cognoscatis nostram adversus præfatum pontificem querimoniam. Nos autem egressi à Roma longiusque recedentes, iterum ad Romam revocati sumus. Quo nos incipientes reverti, has vobis litterulas scripsimus, ut non miremini quod longiores agimus moras. Dominum regem nostrum tam per vos ipsos quam per missos vestros et litteras sæpius visitate et confortate, eique quoscumque potestis amicos et fideles conciliate, maxime Hludowicum regem admonendo semper invitate, et cum illo de communi utilitate diligenter inquirite, quoniam in pace eorum regum erit pax nostra. Æquo animo estote et tranquillo corde, domini fratres, quia Deo volente talia vobis nuntiare speramus in quibus absque errore poteritis advertere spiritum Domini docentem quid et quomodo agere debeatis. Tantum omnimodis præfatum regem commonere curate, ut inter varias suggestiones ita maneat immobilis, donec et ipse rerum causas cognoscat. Ceterum, desiderantissimi fratres, necessarium vobis est et laude dignum, ut promissam regi nostro fidem coram Deo et hominibus inviolabiliter conservemus. Deus omnipotens vos in suo servitio conservare dignetur.

Cap. I. Audi, domne papa Nicolae; patres et fratres coepiscopi nostri ad te nos direxerunt et nos sponte venimus, consulere videlicet tuum magisterium super his quæ pariter, prout nobis visum fuit, et adjicientibus et approbantibus notum esse potuit, judicavimus, auctoritates rationesque, quas secuti fuimus, scriptis ostendentes, ut tua sapientia, perscrutatis omnibus quid inde sentiret et quid vellet, nobis demonstraret. Et si illud melius tua sanctitas inveniret, ut nos instrueres et doceres hoc humiliter postulamus, parati quidquid rectius et probabiliter insinuares, una cum confratribus nostris sanis acquiescere documentis.

Cap. ii. Sed nos per tres hebdomadas tuum exspectantes responsum, nihil certitudinis nihilque doctrinæ nobis expressisti, sed tantum quodam die in publico dixisti nos excusabiles apparere et innocentes juxta nostri adsertionem libelli.

Cap. iii. Ad ultimum nos evocati ad tuam præsentiam deducti sumus, nihil adversitatis suspicantes. Ibique obseratis ostiis, conspiratione more latrocinali facta, et ex clericis et laicis turba collecta et permixta, nos opprimere inter tantos violenter studuisti, atque sine synodo et canonico examine, nullo accusante, nullo testificante, nullaque disputationis districtione(1) dirimente, vel auctoritatum probatione convincente, absque nostri oris confessione, absentibus aliis metropolitanis et diocesanis (2) coepiscopis et confratribus nostris, extra omnium omnino consensum, tuo solius arbitrio et tyrannico furore damnare nosmet voluisti.

Cap. iv. Sed tuam maledictam sententiam, a paterna benignitate alienam, a fraterna karitate extraneam, adversum nos injuste et irrationabiliter contra leges canonicas prolatam nequaquam recipimus, immo cum (3) omni cœtu fraterno quasi maledictum frustra prolatum contemnimus atque abjicimus. Te ipsum quoque damnatis et anathematizatis sacramque reli-

---

(1) B discretione. — (2) B diocesaneis. — (3) B D *omettent* cum.

gionem abjicientibus ac contemnentibus faventem et communicantem, in nostram communionem nostrumque consortium recipere nolumus, contenti totius ecclesiæ communione et fraterna societate, quam tu arroganter te superexaltans despicis, teque ab ea elationis tumore indignum faciens sequestras.

Cap. v. Igitur ex tuæ levitatis temeritate propria tibimet sententia anathematis pestem inflixisti, exclamans : *Qui apostolica præcepta non servat anathema sit*, quæ tu multipliciter violare et violasse dinosceris, divinas simul leges et sacros canones quantum in te est evacuans, prædecessorum tuorum, pontificum Romanorum, vestigia sequi nolens.

Cap. vi. Nunc ergo quia fraudulentiam et calliditatem tuam experti sumus, non quasi ad illatam nobis contumeliam provocati sumus, sed contra tuam iniquitatem zelo accensi nec nostræ vilitatis personam attendentes, sed omnem nostri ordinis universitatem cui vim inferre conaris præ oculis habentes.

Cap. vii. Quid nostræ specialis propositionis summa fuerit, in paucis replicamus. Lex divina et canonica aptissime probat, etiam venerandæ sæculi leges adstipulantur, quod nulli licet ingenuam alicui viro tradere in concubinatum, maxime si illa puella nunquam illicitæ adsentire voluit copulæ, et quia suo viro parentum consensu, fide, affectu ac dilectione conjugali sociata est, uxor profecto, non concubina, habenda sit. »

Apostolicus autem præcognitus hæc recipere noluit. Suprascriptus autem Hilduinus armatus cum hominibus Guntharii ecclesiam beati Petri apostoli sine ulla reverentia intrans, diabolicum scriptum, sicut suus frater Guntharius ei præceperat, si apostolicus illud nollet recipere, super corpus beati Petri jactare voluit, et a custodibus prohibitus, eosdem custodes cum fustibus tam ipse quam et sui complices verberare cœperunt, adeo ut unus ibidem occisus fuerit. Tunc ipsum scriptum super corpus beati Petri jactavit, seque isdem et qui cum eo venerunt evaginatis gladiis protegentes, de ecclesia exierunt, et ad Guntharium peracto lugendo negotio redierunt. Imperator autem (1) post paucos dies, patratis a comitatu suo multis deprædationibus et mansionum destructionibus ac sanctimonialium cæterarumque feminarum constuprationibus atque hominum cædibus necnon et ecclesiarum infractionibus, Roma exiens, Ravennam venit, ibique pascha Dominicum cum tali sicut meruit Dei et apostolorum gratia celebravit. Guntharius autem in ipsa cœna Domini Coloniam veniens, missas celebrare et sacrum chrisma conficere, ut homo sine Deo, præsumpsit; Theutgaudus vero a ministerio, sicut ei fuerat præceptum, se reverenter abstinuit. Cæteris denique episcopis apud Hlotarium id satagentibus, episcopatum a Gunthario Hlotarius tulit, et suo tantum consilio Hugoni, Conradi (2), Caroli regis avunculi, et materteræ suæ filio, tonsura clerico et ordinatione tantummodo subdiacono, moribus autem et vita a fideli laico discrepanti, donavit; unde motus Guntharius, quidquid de thesauro ecclesiastico in eadem civitate fuit residuum auferens, Romam iterum, ut omnia Hlotarii et sua figmenta de Theutberga et Waldrada apostolico ex ordine pandat, regreditur. Sed et episcopi regni Hlo-

---

(1) D H P *omettent* autem. — (2) B et Chuonrado.... avunculo.

tarii legatos suos cum libellis pœnitentiæ et professionibus canonicis, quoniam ab evangelica veritate et apostolica auctoritate sacrisque regulis in causa Theutbergæ ac Waldradæ non mediocriter deviaverant, ad apostolicum dirigunt(*a*). Hlotarius vero, Ratoldo, Argentoratensis urbis episcopo, cum scriptis falsa more suo de sua excusatione et voluntaria correctione loquentibus præmisso, ad apostolicum ipse per Gundulphi villam (*b*) et Romerici montem (*c*) obviam fratri suo ad locum qui Urba dicitur vadit. Karolus cum epistolis per Rodbertum, Cinnomannicæ urbis episcopum, Romam, sicut apostolicus jusserat, Rothadum dirigit; sed et episcopi regni ejus vicarios suos cum synodicis litteris de causa ipsius Rothadi ad apostolicam sedem mittunt; quibus Hludowicus transitum denegat. Ipsi autem legati tam regis quam episcoporum impossibilitatis suæ causas Romam veniendi clanculo papæ cognitas faciunt. Rothadus simulata infirmitate Vesontio (1), cæteris patriam repedantibus, remanet, et post aliorum regressum, per Curiam, suffragantibus sibi Hlotarii et Hludowici, Germaniæ regis, fautoribus,

(1). B Vesoncio.

(*a*) Tous les évêques du royaume de Lothaire, à l'exception de ceux qui avaient été les fauteurs du divorce de ce prince, acceptèrent la décision et les décrets de déposition du pape Nicolas I. Quand même ce pape se serait appuyé sur le recueil des fausses décrétales dans cette affaire et dans celle de Rothade, il n'est pas moins vrai que l'acceptation de ses décrets prouve que les idées sur lesquelles il s'appuyait, étaient reçues au ixe siècle.

(*b*) Gondreville, chef-lieu de canton de l'arr. de Commercy (Meuse).

(*c*) Remiremont, chef-lieu d'arr. du dép. des Vosges.

Hludowicum (*a*) imperatorem Italiæ adiit, quatenus ipsius solatio Romam valeat pervenire. Missi regis Karoli parum pro quibus missi fuerant utilitatis agentes, a negotio revertuntur, et Huntfrido, dimissa (1) Tolosa (2) ac Gotia, per Provinciam in partes Italiæ transeunte, iterum alios missos ad recipiendas civitates et castella Karolus ad Tolosam et in Gotiam mittit.

Hludowicus, rex Germaniæ, hostiliter obviam Bulgarum regi (3), Cagano nomine, qui christianum se fieri velle promiserat, pergit; inde ad componendam Winidorum marcam, si se prosperari viderit, perrecturus. Nortmanni qui cum plurimo navigio in Flandris appulerunt, resistentibus sibi pagensibus per Rhenum ascendunt, et vicina regnorum Hlotarii ac Hludowici ex utraque ripa ipsius fluminis vastant. Karolus (*b*) kalendas junii in loco qui Pistis dicitur generale placitum habet, in quo annua dona sed et censum de Britannia a Salomone, Britannorum duce, sibi directum more prædecessorum suorum, quinquaginta scilicet libras argenti, recipit, et firmitates in Sequana, ne Nortmanni per eumdem fluvium possint ascendere, ibidem fieri jubet. Capitula etiam ad triginta et septem consilio fidelium suorum more prædecessorum ac progenitorum suorum regum constituit, et ut legalia per omne regnum suum observari præcepit.

---

(1) B D H dimisso. — (2) B Tholosa. — (3) B D H P *omettent* regi.

(*a*) Nous trouvons la note suivante dans l'édition de D. Bouquet : « Rothadus a Ludovico imperatore liberum transitum impetravit, et mense Junio hujus anni 864 solus Romam pervenit. »

(*b*) L'édit de Pistres a été publié par Baluze. Capitul. t. II.

Pippinus (*a*) apostata a Nortmannorum collegio ab Aquitanis ingenio capitur, et in eodem placito præsentatur, et primum a regni primoribus, ut patriæ et christianitatis proditor, et demum generaliter ab om-

---

(*a*) Dom Bouquet cite à ce propos le passage suivant d'Hincmar : « Hincmarus Rhemorum archiepiscopus in Consilio de Pippini pœnitentia sic habet : « Unde, quantum mihi videtur, non præjudicans synodali sententiæ de Pippino decretæ, sed confisus de Dei misericordia, qui per apostolum suum dicit, ut superexaltet misericordia judicium, et de charitate confratrum nostrorum, exhortandus est Pippinus, ut puram confessionem de omnibus peccatis suis, quæ ab ineunte ætate perpetravit, secrete faciat : quia forte talia fecit, quæ turpe est etiam in publicum dicere : et de hoc quod suum habitum dimisit, et se perjuravit, et quia cum paganis se junxit (de qua sua conjunctione multa mala sunt perpetrata), coram ecclesia inter publice pœnitentes se lacrymabiliter accuset, et pœnitentiam et reconciliationem humiliter petat : et de omnibus, quæ vel secrete confessus fuerit, vel publice se accusaverit, per manus impositionem episcopalis auctoritatis publice reconcilietur, et reconciliatus tonsuram clericalem accipiat, et habitum monasticum recipiat, et profiteatur de cætero servare quæ expetit et expedit; et sic communionem sacri altaris recipiat. Reconciliatus autem bene tractetur, ut tali loco sub libera custodia misericorditer custodiatur, et custodes monachos ac bonos canonicos, qui eum exhortentur, et quorum doctrina et exemplo bene de cætero vivere, et præterita peccata plangere discat; et quorum providentia et loci convenientia ita custodiatur, ut ad pristinum vomitum redire nequeat, etiamsi diabolo suadente voluerit; et redivivum scandalum per eum in sancta Ecclesia et in ista Christianitate oriri non possit. Accipe, pater et fili, istam rotulam, sed et illam de cognatione non conjungenda, et porta illas domno regi, et relege coram illo : et de ista fac secundum ejus consilium et commendationem; et de illa de cognatione non conjugenda, per ejus consilium et auxilium sequere sacras auctoritates tibi directas. Providentia de Pippino non est negligenda; et ut certi ac fideles custodes illi adhibeantur, satis est procurandum : nec obliviscendum quod de eo in monasterio sancti Medardi accidit, et quod de Karlomanno in Corbeia evenit. Nam quod factum est, adhuc fieri potest. »

nibus ad mortem dijudicatur, et in Silvanectis arctissima custodia religatur. Bernardus, Bernardi quondam tyranni carne et moribus filius, licentia regis accepta de eodem placito quasi ad honores suos perrecturus, super noctem armata manu regreditur, et in silva se occulens, ut quidem dicebant, regem qui patrem suum Francorum judicio occidi jusserat, et ut quidam dicebant, Rodbertum et Ramnulfum (1), regis fideles, malitiis occidere locum et horam exspectat. Quod regi innotuit, et mittens qui eum caperent et ad præsentiam illius adducerent, fuga sibi consuluit; unde judicio suorum fidelium honores quos ei dederat rex recepit, et Rodberto fideli suo donavit.

Egfridus(a) qui transactis temporibus cum Stephano filium et æquivocum regis ab obedientia paterna subtraxerat, a Rodberto capitur, et regi in eodem placito præsentatur; cui rex deprecatione ipsius Rodberti cæterorumque suorum fidelium quod in eum commiserat perdonavit (b), et sacramento firmatum ac sua gratia muneratum illæsum abire permisit. Karolus a loco qui Pistis dicitur revertens, intrat Compendium circa kalendas julii, missum Mahometh (2) regis Sarracenorum, qui ante hyemen ad se venerat, muneratum cum plurimis et maximis donis per suos missos ad eumdem regem satis honorifice remittit. Karolo-

(1) B Rainulfum. — (2) B Mohometh.

(a) L'édition de Dom Bouquet offre la note suivante : « Ecfridus idem videtur esse ac Acfridus, cui jam abbatiam sancti Hilarii habenti dedit Carolus Calvus comitatum Bituricensem a. 867. »

(b) Pertz fait remarquer que *perdonavit* est usité par l'annaliste dans le sens du mot *il pardonna*.

mannus, filius Hludowici regis Germaniæ, qui in libera custodia cum patre suo morabatur, simulans se venatum ire, a patre fuga labitur, et marcas sibi a genitore ablatas cum consensu marchionum qui eum tradiderant reoccupat. Quem pater e vestigio insequens, sub firmitatum conditione ad se venire facit, et ei honores donat. Indeque revertens versus palatium Franconoford, in quodam broilo (a) cervum venans de caballo cadit, et costis læsus in vicino monasterio jacet, filiumque suum Hludowicum ad prædictum palatium, ubi uxor ejus erat, præmittit, ipseque in brevi convalescens subsequitur.

Nicolaus papa denuo epistolas per omnes archiepiscopos et episcopos Galliarum, Germaniarum et Belgicæ provinciæ mittit pro confirmatione depositionis Theutgaudi Treverorum, et Guntharii Coloniensis archiepiscoporum. Sed et aliis episcopis, qui ex regno Hlotarii in divortio Theutbergæ et superinductione concubinæ Waldradæ consenserunt, et ad eum cum professione sua miserunt epistolas suas, indulgentiam largiendo, sicut in scripto superius continente promiserat, dedit. Synodum Romæ convocat circa kalendas novembris, indicans se in ea eorumdem olim archiepiscoporum depositionem denuo confirmaturum, et tractaturum de causa Hlotarii et Ignatii, Constantinopolitani episcopi præcedenti (b) anno depositi, in cujus loco qui-

---

(a) *Broil* (en allemand brühl, comme le fait encore remarquer Pertz), signifie lieu sauvage, rempli de marécages ou de forêts.

(b) Nous empruntons la note suivante à D. Bouquet : « Ignatius anno 861 exauctoratus fuit in pseudo-synodo Constantinopolitana. Photius episcopus ordinatus 25 die Decembris an. 857, anno 858 in Ignatii locum jam intrusus fuerat. »

dam laicus attonsus et mox episcopus est ordinatus. Ad quam synodum prædicti Theutgaudus et Guntharius sponte perrexerunt, putantes Hludowici imperatoris interventu ab apostolico posse restitui.

Hludowicus, Italiæ imperator nominatus a cervo quem in rugitu (a) positum sagittare voluit, gravissime vulneratur. A Nicolao, Romanæ sedis pontifice, per Arsenium apocrisiarium petitur, ut eidem papæ legatos suos liceat pro quibusdam causis ecclesiasticis ad Karolum mittere; sed credens, quia non sincera intentione adversus eum velit in Franciam missos suos dirigere, contradicit.

Hugbertus, clericus conjugatus et abbas monasterii sancti Martini, qui sancti Mauricii abbatiam et alios honores Hludowici, imperatoris Italiæ, contra voluntatem ipsius tenebat, ab hominibus ejus occiditur, et Theotberga soror ejus, abjecta Hlotarii, ad fidem Karoli venit, cui Karolus Avenniacum (1) (b) monasterium donat, et abbatiam sancti Martini Ingelwino, diacono palatii sui, committit. Rodbertus, comes Andegavensis, aggrediens duos cuneos de Nortmannis qui in Ligeri fluvio residebant, unum quidem exceptis paucis evadentibus interfecit, et altero majore retro superveniente vulneratur, unde paucis suorum amissis, sibi secessu consuluit, et post paucos dies convaluit.

(1) B Avennacum.

(a) En français *rut*.
(b) Avenay, aujourd'hui commune de l'arr. de Reims (Marne). L'église de l'ancienne abbaye, qui subsiste encore aujourd'hui, est un monument très-curieux.

865.

Karolus rex nativitatem Domini in Carisiaco palatio celebrat. Vernum villam veniens et circa (1) medium februarium mensem, fratrem suum Hludowicum in villa Tusiaco (a) cum filiis venientem satis honorifice suscepit, ibique omnibus cum communibus (2) illorum fidelibus consideratis, missaticum per episcopos, Altfridum (b) videlicet et Erchanratum (3), Hlotario nepoti suo transmittunt, mandantes ut quia sæpe dicebat se Romam iturum, prius secundum domni apostolici et eorum hortamentum emendaret, quod contra leges divinas et humanas commiserat in ecclesia, quam sua temeritate scandalizaverat, et tunc ordinato regno suo, si vellet, pro indulgentia petenda et obtinenda ad apostolorum limina properaret. Hlotarius vero putans, quod sibi regnum subripere et inter se vellent dividere, Liultfridum, avunculum suum, ad fratrem et Italiæ imperatorem transmittit, petens illum apud apostolicum obtinere, quatenus pro eo patruis suis (4) epistolas mitteret, ut pacem servantes de regno suo nullum ei impedimentum facerent ; quod et Hludowicus imperator obtinuit.

(1) D H P *omettent* et. — (2) D omnibus; H P *omettent* communibus. — (3) B Erchanraum. — (4) D patruus suus.

(a) *Tousy*, villa royale où s'était réuni un synode en 860. C'est aujourd'hui Thusey, près de Vaucouleurs, arr. de Commercy (Meuse).
(b) Altfrid était évêque d'Hildesheim et *Erchanraus* probablement évêque de Châlons.

Interea (*a*) Nortmanni residentes in Ligeri, cum maximo impetu, faciente divino judicio, secundo vento per eumdem fluvium usque ad monasterium sancti Benedicti quod Floriacus dicitur navigant, et idem monasterium incendunt, et in redeundo Aurelianis civitatem et monasteria ibidem et circumcirca consistentia igne cremant, præter ecclesiam sanctæ Crucis, quam flamma, cum inde multum laboratum a Nortmannis fuerit, vorare non potuit. Sicque per amnis alveum descendentes et vicina quæque depopulantes, ad stationem suam reversi sunt. De Tusiaco Hludowicus Bajoariam pergens, Karolomanno filio sibi familiariter reconciliato, marcas quas ab eo tulerat reddidit, et ad Franconoford palatium rediit. Karolus autem per Attiniacum ad Silviacum (*b*) veniens, ibidem sacram quadragesimam (1) et pascha Domini celebrat, et Bernardum ex quodam Bernardo (*c*) et filia Rorigonis comitis na-

(1) B D sacrum quadragesima.

(*a*) Cf. *Chronicon de gestis Normannorum.*

(*b*) Cette résidence royale est aussi appelée *Sylvacum, Sylvagium;* Charles-le-Chauve a daté plusieurs diplômes de cette villa. Quelques auteurs ont cru pouvoir placer cette résidence à Villeselve, entre Noyon et Ham dans le Vermandois; mais *Silvacum* étant situé dans le Laonnais, il est certain, comme l'avait déjà dit Mabillon, que c'est Servais. Servais est aujourd'hui une petite commune du canton de la Fère (Aisne).

(*c*) L'édition de D. Bouquet offre la note suivante : « Bernardus iste, pater Bernardi Gothiæ marchionis, non alius est a Bernardo, qui, teste Ademaro Chabannensi, cum fratre suo Emenone comite Pictavensi anno 839 in Ludovici Pii offensionem incurrit, et qui anno 844 contra Lambertum Namnetensem comitem dimicans occisus est. Uxor ejus Blichildis nomine, filia erat Roriconis Cenomanensis comitis, qui anno 824 monasterium Fossatense ins-

tum, in Gothiam mittens, partem ipsius marchiæ illi committit; et sic demum Vernum villam veniens, episcopos ac ceteros Aquitaniæ primores ibidem obvios (1) suscepit. Ad quorum multam petitionem filium suum Karolum necdum bene spassatum (*a*) in Aquitaniam cum regio nomine ac potestate redire permittit.

Nicolaus papa Arsenium, Ortensem episcopum et consiliarium suum, cum epistolis ad Hludowicum et Karolum fratres, sed et ad episcopos ac primores regnorum illorum, ea quæ Hlotarius per fratrem petierat continentibus non cum apostolica mansuetudine et solita honorabilitate, sicut episcopi Romani reges consueverant in suis epistolis honorare, sed cum malitiosa interminatione transmittit (*b*). Isdem autem Arsenius per Curiam et Alamanniam ad Hludowicum, Germaniæ regem, in Franconofurd (2) palatium veniens, epis-

(1) D H P obvius. — (2) B Franconoford.

tauravit. Exstat apud Bessium in *Historia episcoporum Pictav.* charta Roriconis comitis, in qua memorat suum patrem Gauzlinum, matrem Aldetrudem, fratrem Gauzbertum monachum Fossatensem, et filium Gauzlinum monachum Glannafoliensem. Gauzbertus fuit abbas Fossatensis, et mortuus est circa a. 845. Gauzlinus fuit abbas Glannafoliensis. Bernardus Gothiæ marchio honoribus privatus est an. 878 in concilio Trecensi. »

(*a*) Pertz dit au sujet du mot *spassatum :* Id est castigatum; cf. Italum *spazzare*, et Gallicum *espousseter*, *épousseter*.

(*b*) Voici une note de Dom Bouquet relative à ces expressions d'Hincmar : « Hæc calumnia refellitur, ut notat Pagius ad ann. 865 num. 8, non tantum ex epistola Nicolai Papæ ad Karolum Calvum data, sed etiam ex annalista Fuldensi, qui Arsenium Nicolai legatum a Ludovico et Carolo regibus honorifice susceptum et muneribus magnificis honestatum testatur; quod argumento est Nicolai legationem et litteras ad utrumque regem non inurbanas fuisse. »

tolas apostolici ei tradidit, et inde in Gundulfi villam ad Hlotarium venit. Cui et episcopis ac primoribus regni sui epistolas papæ dedit, continentes, quia; nisi uxorem suam Theotbergam (1) reciperet et Waldradam abjiceret, renuntiante sibi Arsenio illum ab omni christianorum societate debuisset rejicere, quem in pluribus epistolis has præcedentibus excommunicatum et a consortio christianarum ejectum multoties prædicaverat. Et sic de Hlotario ad Karolum circa medium julium mensem in Attiniacum palatium Arsenius veniens, uniformes sicuti Hludowico et Hlotario regibus epistolas suas satis honorifice tradidit, et Rothadum, canonice a quinque provinciarum episcopis dejectum, et a Nicolao papa (a) non regulariter sed potentialiter restitutum, secum reducens, Karolo præsentavit. Et cum sacri canones dicant, ut si episcopus a gradu dejectus ab episcopis provinciæ, ad episcopum Romanum confugerit, scribat Romanus episcopus finitimæ et propinquæ provinciæ episcopis, ut ipsi omnino diligenter causam inquirant, et juxta fidem veritatis diffiniant, et (2) si is qui dejectus est iterum ab eis, moverit Romanum episcopum, aut mittat a latere suo,

(1) Theodbergam. — (2) D *omet le passage qui s'étend depuis* et *jusqu'à* per omnia non valuimus hinc inferre.

(a) Dom Bouquet emprunte le passage suivant à Natalis Alexander: « Nonne, canonice restitutus est, quem summus Christianorum omnium et ipsorum episcoporum judex appellantem, causa cognita, citatis adversariis, nullo quicquam criminis ipsi objiciente, ipsumque ad reddendam rationem semper paratissimum restituit? Sane Pontifici Nicolao major fides debetur, quam Annalium Bertinianorum auctori, qui Rothado infensior erat, quique in ditionibus Caroli Calvi ipsi Rothado parum æqui vixit. »

qui auctoritatem ejus a quo destinati sunt habentes, cum episcopis judicent, aut credat episcopos sufficere, ut negotio terminum imponant : nihil horum idem apostolicus agere voluit, sed posthabito episcoporum judicio, qui juxta sacras regulas post judicium sub gestorum specie omnia judicata ad sedem apostolicam retulerunt, ipse sua potestate illum restituit. Restitutum ergo Karolo misit cum epistolis, in quibus continebatur, ut sine ulla exceptione, si quis eidem Rothado quiddam aut de gradu aut de rebus episcopii contradiceret, anathema foret. Sicque sine interrogatione vel consensu episcoporum qui eum deposuerunt, per missum Arsenium Rothadus est in sede sua remissus.

Post hæc Arsenius ad Duciacum obviam Hlotario pergit, ducens Theotbergam quæ aliquandiu honorabiliter in regno Karoli deguit; et accepto sacramento (a) a duodecim hominibus ex parte Hlotarii, eamdem Theotbergam, nulla ecclesiastica satisfactione pro adulterio publico ab eo secundum canones sacros patrata, illi in matrimonium reddidit. Sacramentum autem pro Theotberga præstitum ex parte Hlotarii ita se habet, veluti dictatum et Roma delatum ab ipso Arsenio : « Jurans promitto ego talis per hæc quatuor sancta

(a) La citation qui suit est empruntée par D. Bouquet à la *Collection des Conciles* de Labbe : « Nicolaus papa in Epist. 58 (t. VIII Concil. p. 453) ad Episcopos in regno Ludovici constitutos. « Quando, inquit, Lotharius rex uxorem sibi debitam, sæpe fatam scilicet Theutbergam, in præsentia missi nostri resumpsit, duodecim, sicut audistis, illustres comites juramenta sua vice repromittere jussit, se de cetero ita Theutbergam fore retenturum et tractaturum, quemadmodum regem legitimam conjugem suam reginam retinere convenit et tractare. »

Christi Evangelia, quæ manibus meis tango, atque istas sanctorum reliquias, quia senior meus Hlotarius rex, filius quondam piæ recordationis Hlotarii serenissimi imperatoris, amodo et deinceps accipiet Theotbergam uxorem suam pro legitima matrona, et eam sic habebit in omnibus, sicut decet regem habere reginam uxorem. Et propter jam fatas dissensiones neque in vita, neque in membris, neque a prædicto seniore meo Hlotario, neque a nullo hominum, ipso instigante aut auxiliante vel etiam consentiente, aliquod malum habebit ; sed eam sic habebit, sicut regem decet habere uxorem legitimam : ea tamen ratione, ut sic se amodo custodiat, sicut decet uxorem suo seniori in omnibus observare honorem. Hæc sunt nomina eorum qui hoc juraverunt : De comitibus Milo Ratharius, Erlandus, Theutmarus, Weremboldus, Rocolfus comes. De vassallis Erleboldus, Vulfridus, Eidulfus, Bertmundus, Nithardus, Arnostus. Hoc juratum est super quatuor Dei Evangelia atque pretiosissimum lignum sanctæ Dominicæ crucis et alias sanctorum reliquias in loco qui dicitur Vindonissa (a) die tertia mensis augusti, indictione 13. Hoc factum est temporibus domni ter beatissimi et coangelici Nicolai apostolici, mediante et constituente Arsenio venerabili episcopo, misso et apocrisiario summæ sanctæ catholicæ atque apostolicæ sedis, apostolicam habente auctoritatem et legato ejusdem domni Nicolai apostolici. Nomina episcoporum in quorum præsentia et qui

---

(a) Vendresse, aujourd'hui commune de l'arr. de Mézières (Ardennes). D. Bouquet rappelle que Flodoard a souvent parlé de cette localité qui dépendait de l'Eglise de Reims.

interfuerunt, hæc sunt : Harduicus archiepiscopus Besintionensis (*a*), Remedius archiepiscopus Laudunensis (*b*), Ado archiepiscopus Biennensis (*c*), Rodlandus archiepiscopus Arelatensis, Adventius episcopus Mettensis, Atto episcopus Bardunensis (*d*), Franco episcopus sancti Landberti (*e*), Rotaldus episcopus Stratiburgensis, Fulcricus capellanus et missus imperialis. De regno autem Karoli Isaac episcopus Linguinensis (*f*), Erkanraus episcopus Catalaunensis, de quorum manibus ex parte Karoli regis suscepta est Theodberga regina ab Arsenio, venerabili episcopo et legato apostolicæ sedis, una cum prænominatis archiepiscopis et episcopis; adstantibus vero in eodem loco de diversis regnis nobilibus viris cum multitudine populi publice hæc videntibus et audientibus, quorum nomina per omnia non valuimus huic inferre (1) paginæ. »

Eodem die ipsam Theotbergam reginam Arsenius, episcopus et legatus apostolicæ sedis, cum prænominatis omnibus archiepiscopis, in manibus Hlotarii regis reddiderunt atque dederunt, non solum sub eadam obtestatione ut supra, verum (2) etiam sub adjuratione et excommunicatione, ut si in omnibus ut superius

---

(1) P inserere? — (2) B sed verum.

(*a*) Pour *Vesontiensis*, de Besançon.
(*b*) Pour *Lugdunensis*, de Lyon.
(*c*) Pour *Viennensis*, de Vienne.
(*d*) Pour *Virdunensis*, de Verdun.
(*e*) Il s'agit ici de l'évêque de Liége. Saint Lambert est le patron de la cathédrale de cette ville.
(*f*) Pour *Lingonensis*, de Langres.

legitur non observaverit atque impleverit, non solum in præsenti vita, sed etiam in æterno Dei terribili judicio cum beato Petro principe apostolorum redditurum (1) rationem, et ab ipso æternaliter in eodem judicio damnandum, et igne perpetuo concremandum (a).

Interea Hlotarius missos suos ad Karolum dirigit, volens et petens, ut mutua firmitate inter eos amicitia fœderarentur. Quod, et Irmentrude regina interveniente, obtinuit, et veniens in Attiniacum, amicabiliter et honorifice a Karolo est susceptus et in fœdere postulato receptus. Quo et Arsenius rediens, epistolam Nicolai papæ plenam terribilibus et a modestia sedis apostolicæ antea inauditis maledictionibus detulit super eos, qui ante hos annos eidem Arsenio multam thesauri summam prædantes abstulerant, nisi satisfaciendo quæ tulerant ei reddere procurarent. Et relecta eadem epistola, sed et altera de Ingiltrudis excommunicatione, quæ virum suum Bozonem reliquerat et cum quodam adultero in Hlotarii regnum aufugerat, ac recepta sub defensione Karoli villa quæ Vendopera (b) dicebatur, quam piæ memoriæ Hludowicus imperator sancto Petro tradiderat, et Wido quidam comes per plures annos

(1) B erit redditurus.

(a) L'on sait que malgré les promesses solennelles et les anathèmes dont il est ici question, Lothaire ne reprit Theotberge que pour peu de temps, et que, durant les quelques mois qu'elle passa avec son époux, cette infortunée vécut au milieu de menaces de mort.

(b) Vendeuvre, aujourd'hui chef-lieu de cant. de l'arr. de Bar-sur-Aube (Aube).

tenuerat, Arsenius episcopus, impetratis apud Karolum pro quibus ad eum venerat, ad Gundulfi villam cum Hlotario, quo Theotberga eum præcesserat, pergit. Ibi quoque per aliquot dies morans propter Waldradam, quæ illuc ad eum adduci (1) et ab eo in Italiam deduci debebat, Hlotario et Theotberga regio cultu paratis et coronatis, in die assumptionis sanctæ Mariæ missas celebrat, et inde cum præfata Waldrada versus Urbam, quo dicebatur Hludowicus, Italiæ imperator, obviam Hlotario venturus, pergit; inde per Alamanniam et Bajoariam pro recipiendis patrimoniis ecclesiæ sancti Petri in eisdem regionibus conjacentibus Romam redit.

Karolus ab Attiniaco contra Nortmannos, qui cum navibus quinquaginta in Sequanam venerant, hostiliter pergit; in quo itinere custodum negligentia tres coronas optimas et armillas nobilissimas, et quæque alia pretiosa perdidit (2); et post non paucos dies omnia reinvenit, exceptis paucis gemmis, quæ tumultuaria direptione amissæ fuerunt. Nortmanni (a) vero residentes in Ligeri, libere Pictavum civitatem pedestri ordine pergunt, eamdemque civitatem incendunt, et impune ad naves suas reveniunt. Rodbertus autem de eisdem Nortmannis qui sedebant in Ligeri, amplius quam quingentos sine damno suorum occidens, vexilla et arma Nortmannica Karolo mittit. Karolus autem perveniens usque ad locum qui dicitur Pistis, ubi immorabantur Nortmanni, fidelium suorum con-

---

(1) B D deduci. — (2) B perdens.

(a) Cf. *Chronicon de gestis Normannorum.*

silio pontes super Isaram et Matronam refici curat (1), in locis quæ dicuntur Alvernis (*a*) et Carenton (2), quoniam ab incolis qui ex antiquo ipsos pontes fecerant, propter infestationem Nortmannorum refici non valebant. Ab eis ergo, qui ex longinquioribus partibus ad operandum deputati erant, ut perficerent firmitates in Sequana, ea conditione refici jubet propter imminentem necessitatem ipsos pontes, ne unquam per ventura tempora inde, qui nunc eosdem pontes refecerint, in operando ad hoc opus dispendium patiantur: et deputatis custodibus qui utrasque ripas custodirent, ad Odriacam villam (*b*), medio mense septembrio, venandi gratia pergit. Ipsi autem Nortmanni, quoniam adhuc citra Sequanam custodes non venerant, ex se circiter ducentos Parisius mittunt, ubi quod quæsierant vinum non invenientes, ad suos qui eos miserant sine indemnitate sui reveniunt; indeque amplius quam quingenti ultra Sequanam usque ad Carnotum prædatum ire disponentes, a custodibus ripæ ipsius

---

(1) B *omet* refici curat. — (2) B Carentom.

(*a*) Auvers-sur-Oise, commune de l'arr. de Pontoise, sur la rive droite de la rivière (Oise). — Charenton-le-Pont, chef-lieu de cant. de l'arr. de Sceaux (Seine), près du confluent de la Marne et de la Seine.

(*b*) Orville, aujourd'hui commune du cant. de Pas et de l'arr. d'Arras (Pas-de-Calais), sur l'Authie. L'annaliste parle plusieurs fois de cette villa en 867, 871, 873; le contexte indique qu'il est ici question d'Orville, et non d'Autreville, près de Chauny (Aisne). Voy. à ce sujet un travail de M. l'abbé Bourlon, t. IX des *Mémoires de la Société des Antiquaires de Picardie*, et M. Peigné Delacourt, *Supplément aux Recherches sur Noviodunum*, p. 66, t. XVII des mêmes *Mémoires*.

fluminis impetuntur, et quibusdam suorum amissis, quibusdam etiam vulneratis, ad naves regrediuntur.

Karolus Hludowicum, filium suum, in Neustriam dirigit, nec reddito nec interdicto sibi nomine regio, sed tantum comitatum Andegavensem et abbatiam Majoris-Monasterii (*a*) et quasdam villas illi donavit. Rodberto autem (1), qui marchio in Andegavo fuerat, cum aliis honoribus quos habebat comitatum Autissiodorensem (2) et comitatum Nivernensem donavit. Hludowicus, Germanorum rex, hostem suam contra Winidos (3) directam et prospere agentem recepit; cujus filius et æquivocus contra patris voluntatem filiam Adalardi despondit, unde satis animum patris offendit. Karolus obviam fratri suo Hludowico, ejus conloquio fruiturus, Coloniam pergit, et inter alia (4) conlocutionum suarum verba patrem et filium de jam dicta præsumptione pacificat, ea conditione, ut jam ultra Adalardi filiæ non copuletur. Hludowicus ad Wormatiam et Karolus ad Carisiacum revertitur ; cui nuntiatur in via, quia Nortmanni 13 kalendas novembris monasterium sancti Dionysii intraverunt, ubi viginti circiter diebus immorantes, et quotidie prædam exinde ad suas naves ducentes, post multam deprædationem sine contradictione cujusquam ad castra sua non longe ab eodem monasterio sunt reversi. Interea Nortmanni residentes in Ligeri, com-

---

(1) B H P *omettent* autem. — (2) B Autisiodorem. — (3) B H Winedos. — (4) B D H in talia.

(*a*) Marmoutiers, aujourd'hui hameau de la commune de Sainte-Radegonde, arr. de Tours (Indre-et-Loire). Le portail de l'ancienne abbaye existe encore, à l'état de ruine, sur les bord de la Loire.

mixti cum Britonibus Cinomannis civitatem petunt, et impune deprædantes eam, ad suas naves revertuntur. Aquitani confligentes cum Nortmannis qui in Carento (*a*), Sigefrido duce, resident, quadringentos circiter ex eis occiderunt; cæteri autem fugientes ad naves suas redierunt.

Karolus missos suos, quos præcedenti anno Cordubam ad Mahomet (1) direxerat, cum multis donis, camelis videlicet, lecta et papiliones gestantibus, cum diversi generis pannis et multis odoramentis in Compendio recipit; inde ad Rofiacum (*b*) villam veniens, Adalardo, cui custodiam contra Nortmannos commiserat, sed et suis propinquis Hugoni et Berengario, quia nihil utilitatis contra Nortmannos egerant, collatos honores tollit, et per diversos eosdem honores disponit. Nortmanni qui præfatum monasterium deprædati sunt, vario modo infirmantur, et quidam in rabiem versi, quidam autem scabie correpti, quidam intestina cum aqualiculo per anum emittentes, moriuntur. Karolus, dimissis custodibus contra eosdem Nortmannos, Silvanectis revertitur, nativitatis dominicæ solemnia celebraturus; ubi ei Hlotarius, filius suus et abbas monasterii sancti Germani, mortuus nuntiatur.

(1) B Mohomet.

(*a*) Dom Bouquet fait remarquer que *Carento* est pour *Carantano*, la Charente.

(*b*) Rouy, hameau dépendant d'Amigny-Rouy, commune du cant. de Chauny (Aisne), sur la gauche de la vallée de l'Oise. Il est question de cette localité dans plusieurs diplômes de Charles-le-Chauve. Voy. à ce sujet le t. XVII des *Mémoires de la Société des Antiquaires de Picardie*, Peigné-Delacourt, ouv. cit. p. 82.

866.

Quarto kalendas januarias de Nortmannis in Ligeri residentibus quædam pars prædatum exiens in Neustriam, Gauzfridum, et Heriveum atque Rorigum (*a*) comites congredientes offendit; in qua congressione Rorigus, frater Gauzfridi, occubuit, et quamplurimis Nortmanni suorum amissis, fugiendo ad naves reveniunt. Rodulfus, Karoli regis avunculus, passione colerica (1) moritur. Nortmanni per alveum Sequanæ ascendentes usque ad castrum Milidunum, et scaræ Karoli ex utraque parte ipsius fluminis pergunt, et egressis eisdem Nortmannis a navibus super scaram quæ major et fortior videbatur, cujus præfecti erant Rodbertus et Odo, sine conflictu eam in fugam mittunt, et onustis præda navibus ad suos redeunt. Karolus (*b*) cum eisdem Nortmannis in quatuor millium libris argenti ad pensam eorum paciscitur, et indicta per regnum suum conlatione ad idem exsolvendum tributum (*c*), de unoquoque manso ingenuili exiguntur sex

(1) D H P colica.

(*a*) Voici la note que Dom Bouquet donne au sujet de Roric : Rorigus seu Rorico patrem habuit Roriconem comitem Cenomannensem, fratrem Gozfridum comitem Cenomannensem, Gozlinum abbatem, sororem Blichildem, quæ fuit mater Bernardi Gothiæ comitis. Gozlini abbatis ejusque fratris Gozfridi, in quorum tutela Cenomannica civitas posita erat, mentionem faciunt veteres membranæ cœnobii Juviniacensis, ut testatur Mabillonius lib. xxxvii. *Annal. Bened.*, num. 55.

(*b*) Cf. *Chronicon de gestis Normannorum*, ann. 869.

(*c*) Nous trouvons dans Pertz la note suivante au sujet de cet

denarii, et de servili tres, et de accola unus, et de duobus hospitiis unus denarius, et decima de omnibus quæ negotiatores videbantur habere, sed et a presbyteris secundum quod unusquisque habuit vectigal exigitur, et heribanni de omnibus Francis accipiuntur. Inde de unoquoque manso, tam ingenuili quam et servili, unus denarius sumitur, et demum per duas vices, juxta quod unusquisque regni primorum de honoribus habuit, conjectum, tam in argento quam et in vino, ad pensum quod ipsis Nortmannis pactum fuerat persolvendum contulit. Præterea quoque et mancipia a Nortmannis prædata, quæ post pactum ab eis fugerant, aut reddita aut secundum eorum placitum redempta fuerunt; et si aliquis de Nortmannis occisus fuit, quæsitum pretium pro eo est exsolutum (*a*). Hludowicus, Italiæ imperator, una cum uxore sua Ingelberga in Beneventum contra Sarracenos movit. Hlotarius, interventu, ut quidam autumant, Hludowici imperatoris et fratris sui, episcopium Coloniense ab Hugone receptum (1) Hilduino, fratri (2) Guntharii, sub provisionis obtentu committit; sed revera dispositio illius, excepto episcopali ministerio,

---

(1) B recepto. — (2) B fratre.

impôt de guerre : « Hospitium, domus a mansionariis sub annuo censu inhabitata. Tributum igitur impositum erat Alodibus, Mercatorum bonis, Clero, Francis, id est leudibus regis, tam minoribus quam proceribus. »

(*a*) Ce traité était honteux pour le roi et désastreux pour la France; mais il ne faut pas oublier que le plus courageux défenseur du pays venait d'être défait par les Normands, sans même avoir essayé de résister, bien qu'il eût des troupes nombreuses.

penes Guntharium manet, ipsaque metropolis, sed et ecclesia Treverensis, diutino tempore, contra sacras regulas, cum magno et multorum periculo, pastore vacant. Karolus Rodberto comiti abbatiam sancti Martini ab Engilwino ablatam donat, et ejus consilio honores qui ultra Sequanam erant, per illius complices dividit ; comitatum quoque Augustidunensem, a Bernardo filio Bernardi super Rodbertum occupatum, Hludowico, filio suo, ipsius Rodberti consilio ad eum ditandum (1) committit.

Nortmanni mense julio ab insula secus monasterium sancti Dionysii movent, et descendentes per Sequanam usque ad locum sibi aptum ad reficiendas suas et novas faciendas naves perveniunt, ibique (2) quod eis persolvendum erat' exspectant. Karolus hostiliter ad locum qui dicitur Pistis cum operariis et carris ad perficienda opera, ne iterum Nortmanni sursum ascendere valeant, pergit. Hludowicus, Germaniæ rex, contra quosdam suorum in marca adversus Winidos, rebellionem molientes, hostem movit, quam præcedens, in brevi rebellantes sine conflictu domat, et hostem nondum pene promotum domi residere mandavit.

Nortmanni mense julio mare intrant, et pars quædam ex ipsis aliquandiu in pago Isalgæ (*a*) (3) resedit,

---

(1) B dicandum. — (2) P tributum? — (3) B D H P Italiæ; P *propose* Isaliæ aut Isaliæ (id est Isal-gæ).

(*a*) La version de Pertz, *Isalgæ*, est la seule admissible. Il faut entendre par ce nom, comme il nous l'indique, l'*Islegau*, pagus qui se trouvait à l'embouchure de l'Issel, dans une province du nord-ouest de la Hollande, en partie envahie par la mer au xiiie siècle.

et libitibus suis, excepta publica Lotharii conjunctione, perfruitur. Karolus ad villam abbatiæ sancti Quintini, quæ Orti-vineas(*a*)dicitur, cum uxore obviam Hlotario pergit, et pro quibusdam convenientiis, ut dicebatur, firmitatibus inter se factis, abbatiam sancti Vedasti(*b*) donante sibi Hlotario suscipit. Karolus mense augusto Suessionis (*c*) civitatem adit, et synodo a papa Nicolao convocatæ considet; ubi secundum prædicti apostolici commendationem quæstione dirempta de Vulfado et collegis ejus, ab Ebone, quondam Remorum archiepiscopo, post depositionem suam ordinatis, quoniam regulæ sacræ non poterant aperte convelli pro sui reverentia et quorumdam respectu, et rege ac quibusdam pro Vulfado nimium satagentibus, schisma et scandalum aliter vitari non potuit, inventum est, ut quia synodi episcoporum quinque provinciarum regularis definitio de præfatorum dejectione Benedicti papæ et Nicolai subscriptionibus fuerat confirmata, secundum indulgentiam Nicenæ synodi de his quos damnatus ordinavit Meletius, et juxta traditionem Africani concilii de Donatistis, in gradibus reciperentur, si tamen Nicolao papæ placeret suam immutare, quam confirmavit, sententiam. Indeque synodus congregata per Egilonem, Senensem (1) archiepiscopum, cum aliis pro

---

(1) B Sennensem.

(*a*) *Orti-vineæ* ne serait-il point la Vignole, dépendance de Flavy-le-Martel (Aisne)?

(*b*) Charles-le-Chauve recouvrait ainsi l'abbaye de Saint-Vaast d'Arras, qu'il avait cédée à son frère Lothaire.

(*c*) Au sujet de ce synode D. Bouquet donne la note suivante :
« Nicolaus papa synodum Suessione celebrandam indixit xv Kal.

quibus perrexerat præscripta conditione Nicolao papæ litteras mittens (*a*), sine sacerdotum discordia est soluta; et licet juxta Innocentii decreta, quod de hujusmodi necessitas temporis quondam reperit, cessante necessitate debuisset utique cessare pariter quod urgebat, quia alius est ordo legitimus, alia usurpatio quam ad præsens fieri tempus impellit: quoniam nil aliud, sed hoc summopere quærebatur, ut quocumque modo Vulfadus fieri posset episcopus, tolerabilius quibusdam est visum, propter vitandam seditionem, hanc necessitatem, quæ nunc sicut et tunc urgebat, iterum in medium devocare, ac consilio (1) Jacobi et seniorum Hierusalem, etiam post legis abolitionem circumciso Timotheo, cum Paulo legis cerimonias exercere, quam tumultus in ecclesia et in potestate regia concitare (*b*). His ita dispositis, Karolus jam dicto Vulfado Bituricensem metropolim, nuper defuncto Rodulpho (2) archiepiscopo, ante causæ diffinitionem arbitratu suo committit; sed antequam iidem episcopi ab ipsa rece-

---

(1) B D devocaret ac si consilio. — (2) D Rhodulfo.

Septembris hujus anni, ut patet ex ejusdem epistola ad Hincmarum a Labbeo vulgata tomo VIII Concil., pag. 808. »

(*a*) Nous lisons encore dans une note de D. Bouquet: « Synodicam concilii Suessionis epistolam ad Nicolaum papam edidit idem Labbeus loco citato, pag. 833. »

(*b*) Hincmar s'attache en ce passage à expliquer l'obstination qu'il montra pour empêcher la réintégration de Vulfade et des autres clercs déposés par Ebbon. L'on ne trouve point dans son récit la netteté, la sagesse et la hauteur de vues qui caractérisent les lettres que le pape Nicolas écrivait à ce sujet aux évêques de France. Voy. ces lettres, dans Labbe, *Collection des Conciles*, t. VIII, p. 851 epist. 12 et sqq.

derent urbe, Karolus eos petit, ut uxorem suam Hirmintrudem in reginam sacrarent; quod et ipso attestante in basilica sancti Medardi fecerunt, et una cum eo illi coronam imposuerunt. De quo loco idem rex cum regina Attiniacum palatium obviam Hlotario adit. Quo Teotbergam, nomine tantum reginam Hlotarii, quæ Romam pergendi licentiam habuit, revocant, et missaticum communiter ordinantes, Karolus per Egilonem, Senensem archiepiscopum, et Hlotarius per Adonem, Viennensem archiepiscopum, ac per Waltarium, suum a secretis domesticum, papæ Nicolao quæ sibi visa sunt secretius mandant.

Post hæc Karolus ad consignandam Bituricensem metropolim Vulfado filium suum Karlomannum, abbatem monasterii (1) sancti Medardi, transmittit. Quo pervenientes post solutam, ut præmissum est, synodum, atque post litteras ex eadem synodo per Egilonem archiepiscopum Nicolao papæ directas, statim in mense septembrio a quibusdam episcopis, legibus ecclesiasticis minus necessario peritis, factione prædicti Vulfadi emendicatis, et minis a Karlomanno ex auctoritate patris sui flexis, contra omnes leges ecclesiasticas sæpe fatus Vulfadus pro ordinatione episcopali maledictione indutus est sicut vestimento; cujus exordinator potius quam ordinator Aldo, Lemovicensis episcopus, in ipsa ordinatione febre correptus, in brevi moritur (a).

(1) D H P *omettent* monasterii.

(a) Loin de juger cette ordination avec les sentiments qui inspirent à Hincmar des paroles si amères, le pape Nicolas I écrivit

Karoli filius, nomine Karolus et Aquitanorum rex, plaga quam in capite ante aliquot annos acceperat cerebro commoto, diutius epelemtica passione vexatus, 3 kalendas octobris in quadam villa secus Bosentiacas (*a*) moritur, et a Karlomanno, fratre suo, atque a Vulfado in ecclesia sancti Sulpitii apud Biturigum sepelitur.

Karolus Wilhelmum sobrinum suum, Odonis quondam comitis Aurelianensis filium, a quibusdam suorum in Burgundia captum, quasi contra rem publicam agentem secus Silvanectum civitatem decollari fecit.

Nortmanni commixti Britonibus, circiter quadringenti de Ligeri cum caballis egressi, Cinomannis civitatem adeunt. Qua deprædata, in regressu suo usque ad locum qui dicitur Brieserta (*b*) veniunt, ubi Rotbertum et Ramnulfum, Godtfridum (1) quoque et Heriveum comites, cum valida manu armatorum, si Deus cum eis esset, offendunt. Et conserto prælio, Rotbertus occiditur; Ramnulfus plagatus, cujus vulnere postea mortuus est, fugatur; et Heriveo vulnerato et aliis quibusdam occisis, cæteri ad sua quique discedunt. Et quoniam Ramnulfus et Rodbertus de præcedentium sese vindicta, qui contra suum ordinem 'alter abbatiam sancti Hilarii, alter abbatiam sancti Martini

---

(1) B Gotfridum.

à Vulfade pour le féliciter de son rétablissement et lui recommander la modération. V. Labbe, *Conc.*, epist. 14.

(*a*) Buzançais, chef-lieu de cant. de l'arr. de Châteauroux (Indre).

(*b*) Brissarthe, commune de l'arr. de Segré (Maine-et-Loire). L'église, au pied de laquelle périt Robert-le-Fort, subsiste encore.

præsumpserat, castigari noluerunt, in se ultionem experiri meruerunt (*a*).

Hludowicus, Hludowici Germaniæ regis filius, consilio Warnarii ac cæterorum, a quibus pater ejus propter infidelitatem suam honores tulit, rixam contra patrem suum movit, concitato Resticio (1) Winido, ut usque ad Bajowariam prædatum veniat, quatenus in illis partibus occupato patre vel ejus fidelibus, ipse liberius quod cœpit prosequi posset. Sed Karlomanno, cui pater ipsam marcham dederat, satagente, Resticius intra sua se cohibet. Hludowicus autem senior in talibus experientia prudens, concite ad palatium quod Franconofurd (2) dicitur properat, et datis mutuo dextris, eumdem filium suum ad se venire facit, ipsæque dexteræ usque 5 kalendas novembris manere invicem promittunt; sicque Hludowicus ad confirmandam marcham suam contra Resticium velociter repedat, reversurus octavo die ante missam sancti Martini obviam fratri suo Karolo et nepoti suo Hlotario secus civitatem Metensium. Quo Karolus hostiliter, cum tali hoste, confecta maxime de episcopis, sicut tunc conjectare potuit, se perrecturum suis denuncians, Hugoni clerico, avunculi sui Chonradi filio, comitatum Turonicum et comitatum (3) Andegavensem cum abbatia

(1) B D Restitio. — (2) B Frangonofurth. — (3) D *omet* Turonicum et comitatem.

(*a*) Voy. les *Annales de Fulde* et les *Annales de Metz*, qui appellent Robert-le-Fort *alter nostrorum temporum Machabæus*, et donnent d'intéressants détails sur sa glorieuse fin. Hincmar, toujours occupé de l'observation des lois et de la discipline, regarde sa mort comme un châtiment du ciel qui le punit de porter, quoique laïc, le titre d'abbé de Saint-Martin de Tours.

sancti Martini et cum aliis etiam abbatiis donat, eumque in Neustriam loco Rotberti dirigit; de abbatia sancti Vedasti (a), sicut et pridem de abbatia sancti Quintini fecerat, caput cum electioribus villis sibi retinens, cætera quæque per quoscumque suos non cum tanto illorum profectu, quam cum animæ suæ detrimento dividit; sicque hostile iter (1) quod denuntiaverat conficiens, per Remorum civitatem Metensium partes una (2) cum sua uxore aggreditur, et usque ad Viridunum pervenit. Ibique obvios fratris sui Hludowici missos habuit, nuntiantes quia non erat ei necesse ad fratrem suum pro quacumque necessitate cum hoste ire, quoniam suum filium, sicut ipse disposuit, receptum habebat, et seditionem quæ contra eum commota fuit usquequaque sedatam : et illi tunc non erat commodum obviam illi usque ad Mettis venire, quoniam pro quibusdam regni sui necessitatibus in Bajowariam festinabat. Karolus autem residens in Viriduno per viginti circiter dies et eamdem civitatem atque illius vicina (3) hostili more deprædans, præstolatus est adventum Hlotarii, qui apud Treverim cum sui regni episcopis satagebat, ut iterum Theotberga se

(1) D H P hostiliter. — (2) D H P *omettent* una. —(3) B vicinia.

(*a*) Ce passage montre que les auteurs de l'*Abbaye de Saint-Vaast* ont eu tort de dire que l'administration de ce monastère par Charles-le-Chauve, *n'a point laissé d'impressions fâcheuses pour la mémoire de ce roi*. La charte qu'ils ont publiée et qui date du 30 octobre 867 (et non 866), prouve seulement qu'il *confirma* certaines des possessions dont jouissait l'abbaye en 867; il l'avait dépouillée d'une partie de ses biens l'année précédente. Le même Hincmar, qui blâme ici Charles-le-Chauve avec tant d'énergie, sut rendre justice à sa meilleure administration en 870.

falso crimine insimularet, et velamentum reciperet; quod obtinere non potuit. Tandem Karolus per viam qua perrexerat, deprædantibus suis loca per quæ redierunt, iterum Remanam (*a*) civitatem adit, indeque Compendium venit, ubi nativitatem Domini celebravit.

Rex Bulgarorum (*b*), qui præcedente anno, Deo inspirante et signis atque afflictionibus in populo regni sui monente, christianus fieri meditatus fuerat, sacrum baptisma suscepit; quod proceres sui moleste ferentes, concitaverunt populum adversus eum, ut illum interficerent. Quotquot igitur fuerunt intra decem comitatus, adunaverunt se circa palatium ejus; ille vero, invocato Christi nomine, cum quadraginta tantum octo hominibus, qui erga christianam devotionem ferventes sibi remanserant, profectus est contra omnem illam multitudinem; et mox ut portas civitatis exiit, apparuerunt eis et his qui cum eo erant septem clerici, et unusquisque eorum tenebat cereum ardentem in manu sua, sicque præcedebant regem et illos qui cum eo erant. Eis vero qui contra eum insurrexerant (1), visum

---

(1) D H P surrexerant.

(*a*) Pour *Remensem*, de Reims.
(*b*) Nous empruntons à D. Bouquet les remarques de Pagi : « Pagius ad an. 866, num. 1 et sqq. pluribus, probat Bogoris Bulgarorum regis baptisma et Bulgarorum adversus eum rebellionem contigisse an. 861, erroremque annalistæ Bertiniani processisse ex eo, quod accepisset, Bulgarorum regem anno 866 legatos suos Romam misse. At illi ab eodem rege Romam directi quinquennio post suam conversionem, ut peteret a pontifice Romano, quid se facere salubrius oporteret, et quid erga reliquum Bulgarorum adhuc baptismo carentem populum, ut fidei sacramenta percipe-

erat, quod magna villa ardens super eos caderet, et equi eorum qui cum rege erant, sicut contrariis videbatur, erecti incedebant, et cum anterioribus pedibus eos percutiebant; tantusque timor eos apprehendit, ut nec ad fugiendum nec ad defendendum se præpararent, sed prostrati solo se movere nequibant. Rex autem ex proceribus, qui populum maxime adversus eum incitaverunt, interfecit numero quinquaginta duos, reliquum autem populum inlæsum abire permisit; et mittens ad Hludowicum, regem Germaniæ, qui ei fœdere pacis conjunctus erat, episcopum et presbyteros postulavit, et ab eo missos cum debita veneratione suscepit. Hludowicus autem ad Karolum fratrem suum mittens, in ministerium clericorum apud fratrem suum vasa sacrata sacrasque vestes ac libros petiit, unde Karolus ab episcopis regni sui non parvam summam accipiens, ei ad dirigendum regi. Bulgarorum (1) rex filium suum et plures ex proceribus regni sui Romam direxit, et arma quibus indutus fuerat, quando in Christi nomine de suis adversariis triumphavit, cum aliis donis sancto Petro transmisit, et plures quæstiones de sacramentis fidei consulendo Nicolao papæ direxit, et episcopos atque presbyteros mitti ab eo sibi poposcit, quod et obtinuit. Hludowicus vero, Italiæ imperator, hoc audiens, ad Nicolaum papam misit, jubens ut arma et alia quæ rex Bulgarorum sancto Petro miserat, ei dirigeret; de quibus quædam Nicolaus

---

(1) D H *omettent* Bulgarorum.

ret, agi deberet; uti narrat Baronius ex Anastasio tum Romæ versante.

papa per Arsenium ei consistenti in partibus Beneventanis transmisit, et de quibusdam excusationem mandavit.

867.

Anno Domini 867, Hludowicus, abbas monasterii sancti Dionysii (1) et nepos Karoli imperatoris ex filia majore (2) natu Rotrude (3), 5 idus januarii obiit, et Karolus rex abbatiam ipsius monasterii sibi retinuit, causas monasterii et conlaborationem (*a*) per præpositum et decanum atque thesaurarium, militiæ quoque curam per majorem domus sua commendatione geri disponens. Et circa mediam quadragesimam super Ligerim fluvium ad villam quæ Bellus-Pauliacus (*b*)

---

(1) B *omet* sancti Dionysii. — (2) B majoris. — (3) B Rohtrude.

(*a*) Mabillon dit : « Conlaboratio est œconomia, administratio. »
(*b*) *Bellus-Pauliacus* est peut-être Polignac, commune de l'arr. du Puy (Haute-Loire), située dans le voisinage de la Loire. En cet endroit se trouvait un temple consacré par les Gaulois à leur dieu *Bel*, qui prit plus tard, sous la domination romaine le nom d'Apollon; *Bellus* rappellerait le nom gaulois, et l'on s'accorde à dire que Polignac vient d'*Apollon*. C'est de cette localité que Sidoine a pris son nom d'*Apollinaire*; et une ancienne tradition fait descendre de ce célèbre auteur l'ancienne famille des Polignac (*Apolliniacenses, Polliniacenses, Pauliniacenses*). Les vestiges que l'on a trouvés et le château qui subsiste encore aujourd'hui permettent d'y placer une villa; le point où elle est située est, sur la Loire, l'un des plus rapprochés des Aquitains. Si l'on objectait que Polignac est éloigné de la Loire de quelques kilomètres, nous ferions remarquer que le territoire de cette localité renferme un hameau appelé Voulte-Polignac, qui est sur le fleuve même. — Le *Cartulaire de S. Julien de Brioude*, publié en 1863, cite une *Villa de Pauliaco*, qui est aujourd'hui Paulhaguet. — Dans *Bellus-Pauliacus* il faut peut-être voir, avec certains auteurs, Pouilly-sur-Loire, ville de l'arr. de Cosne (Nièvre).

dicitur perrexit, ubi primores Aquitanorum sibi obviam accersivit, et filium suum Hludowicum (*a*), ordinatis illi ministerialibus de palatio suo, eisdem Aquitanis regem præfecit. Inde reversus, pascha Domini in monasterio sancti Dionysii celebravit; deinde pergens Mettis ad conloquium fratris sui Hludowici regis Germaniæ, 13 kalendas junii obvium habuit in palatio Salmuntiaco (*b*) Egilonem, Senensem archiepiscopum, cum epistolis Nicolai papæ de restitutione clericorum Remensis ecclesiæ, Vulfadi scilicet et collegarum ejus. Pro quibus valde satagens, ut in suis habeantur gradibus restituti, multa Hincmaro, Remorum archiepiscopo, imposuit in eisdem epistolis, quæ non esse vera manifesta ratione constabant (*c*). Attulit etiam præfatus archiepiscopus eidem domno Karolo epistolas prædicti papæ ad Hlotarium et episcopos regni ejus de causa uxorum illius, Theotbergæ videlicet atque Waldradæ, eamdem Waldra-

(*a*) D. Bouquet donne la note suivante : « Ludovicum, Caroli filium, qui postea Balbus cognominatus est, an. 866 Carolo fratri in Aquitaniæ regno successisse, probat charta Bellilocensis, in qua Godofredus comes quasdam res proprietatis suæ confert monasterio Bellilocensi. Facta hæc cessio mense Octobri, anno 27 Caroli regis, et anno 1 Ludovici filii ejus, Aquitaniæ regionis regis. »

(*b*) Samoussy ou Samoucy, aujourd'hui petite commune de l'arr. de Laon (Aisne). Pépin-le-Bref et Carloman avaient résidé dans ce palais, situé au milieu d'une forêt qui se nommait la *Selve-Manoise*; sa position est encore aujourd'hui très-bien marquée. Voy. t. XVII des *Mém. de la Soc. des Antiquaires de Picardie*, Peigné Delacourt, ouv. cit., p. 86.

(*c*) Nous avons déjà fait remarquer la partialité évidente d'Hincmar en cette question. L'histoire n'a pas ratifié ses appréciations.

dam mitti Romam præcipiens; quas Karolus Hlotario obviam sibi ad Attiniacum palatium venienti ex parte ipsius apostolici dedit. Indeque ad conloquium fratris sui perrexit, et ab eo revertens, per Hlotarium in saltu Arduennæ consistentem rediit. Et generaliter per omne regnum suum hoste denuntiata, placitum suum kalendis augusti in Carnutum civitate condixit, in Britanniam super Salomonem, ducem Britonum, perrecturus. Interea missis intercurrentibus, eo usque pasciscendæ pacis est perducta conditio, ut a Karolo datis obsidibus, Paswithen gener Salomonis, cujus consilio plurimum utitur, ad Karolum in Compendium circa præfatas kalendas augusti veniat, et quod tunc ibi inventum et confirmatum utrimque fuerit teneatur; populus autem in hostem denuntiatam (1), interim paratus domi resideat, usque quo, si necesse fuerit et rex demandaverit, 8 kalendas septembris Carnutum hostiliter veniat. Hludowicus, rex Germaniæ, Hludowicum filium suum cum Saxonibus et Toringis adversus (2) Abodritos hostiliter dirigit, et reliquum populum regni sui paratum esse præcipit, quatenus mox, ut ipse jusserit, præparati movere hostiliter possint.

Hlotarius, suspectum habens Karolum a Hludowico revertentem, a Mettis civitate versus Franconofurd (3) pergit, et cum eo pridem sibi satis adverso se pacificat, filioque suo de Waldrada Hugoni ducatum Elizatium (4) donat, cumque Hludowico commendat, ac cæterum regnum suum, quasi Romam perrecturus et Waldradam præmissurus, committit. Inde revertens,

---

(1) B D denunciatur. — (2) B et *au lieu de* adversus. — (3) B Franconofurth. — (4) B Elisatium.

hostem ad patriæ defensionem per regnum suum indicit quasi contra Nortmannos, putans Rorigum, quem incolæ qui Conkingi (1) novo nomine dicuntur, a Fresia (2) expulerant, cum auxiliatoribus Danis reverti. Karolus, datis obsidibus, Paswithen, Salomonis legatum, kalendis augusti in Compendio suscipit, et ei, vicario scilicet Salomonis, comitatum Constantinum(3)(*a*)cum omnibus fiscis et villis regiis et abbatiis in eodem comitatu consistentibus ac rebus ubicumque ad se pertinentibus excepto episcopatu donat, et sacramento primorum suorum confirmat, et ex parte Salomonis a præfato ipsius vicario fidelitatis et pacis atque præstandi adjutorium contra inimicos suos sacramentum ea conditione suscipit, ut Salomon et filius ejus cum his quæ antea habebat, hoc donum etiam habeant et Karolo ac filio ejus fideles existant. Quo patrato negotio, Karolus synodum apud Trecas, 8 kalend. novembris, auctoritate Nicolai papæ indicit; et causa venandi ac expendendi, autumnale tempus in abbatia sancti Vedasti et in Audriaca villa ac circumcirca morari (4) disponit.

Synodus (*b*) provinciarum Remensis, Rothomagensis, Turonensis, Senonum (5), Burdegalensium atque Brituricensium apud Trecas 8 kalend. novembris convenit. Ubi quidam episcopi, ut assolet, gratia regis Karoli Wulfado faventes, quædam contra veritatem

(1) B Cokingi.— (2) B Frasia. — (3) B D Constantini. — (4) D morandi. — (5) B D Sennonum.

(*a*) Coutances, chef-lieu d'arr. de la Manche.
(*b*) Le passage suivant a été reproduit par Flodoard dans son *Histoire de Reims*, t. III, ch. 17.

ac canonum sacram auctoritatem adversus Hincmarum moliri cœperunt ; sed isdem Hincmarus eorum molitionibus ratione et auctoritate obvians, plurimorum sententia prævalente, rerum gestarum ordinem, de quibus agebatur, communi consensu epistola scriptum (1), per Actardum, venerabilem Namnetensem episcopum, papæ Nicolao episcopi qui convenerant transmiserunt; cujus epistolæ tenor idem extitit, qui fuit in epistola Hincmari, Remorum episcopi, quam per clericos suos sub peregrinorum habitu, propter contrariorum vitandas insidias, præcedente julio mense Romam miserat. Epistolam autem in præscripta synodo factam et archiepiscoporum qui convenerant sigillis signatam Actardus perferendam suscipiens, cum quibusdam episcopis ad Karolum, sicut ipse præceperat, rediit. Karolus autem immemor fidelitatis atque laborum, quos pro ejus honore et regni obtentu sæpe fatus Hincmarus per plures annos subierat, eamdem epistolam sibi ab Actardo (2) dari exegit, et archiepiscoporum sigilla confringens, gesta synodi relegit. Et quia, sicut voluerat, in eadem synodo Hincmarus non extitit confutatus, epistolam suo nomine ad Nicolaum papam dictari in contrarietatem Hincmari fecit, quam et bulla sui nominis sigillavit, et cum epistola synodali per ipsum Actardum Romam direxit. Præfati autem Hincmari clerici in mense augusto Romam venientes, Nicolaum papam jam valde infirmatum et in contentione quam contra Græcorum imperatores Michaelem (3) et Basilium, sed et contra

---

(1) B epistolam scriptam. — (2) B F ab Actardo sibi. — (3) B Michahelem.

orientales episcopos habebat, magnopere laborantem invenerunt; quapropter usque ad mensem octobrium ibidem sunt immorati. Nicolaus vero papa gratanter suscipiens quæ Hincmarus scripserat, ei (1) de omnibus sibi satisfactum esse rescripsit; sed et alteram epistolam (2) eidem et cæteris archiepiscopis et episcopis in regno Karoli constitutis transmisit, innotescens præfatos Græcorum imperatores, sed et orientales episcopos, calumniari sanctam Romanam ecclesiam, immo omnem ecclesiam quæ latina utitur lingua, quia jejunamus in sabbatis, quod Spiritum sanctum ex Patre Filioque procedere dicimus, quia presbyteros sortiri conjuges prohibemus, et (3) quoniam eosdem presbyteros chrismate linire baptizatorum frontes inhibemus: dicentes ipsi Græci, quod chrisma ex aqua fluminis Latini conficiamus, reprehendentes nos Latinos, quod octo hebdomadibus ante pascha a carnium et septem hebdomadibus a casei et ovorum esu more suo non cessamus; dicentes etiam, quod in pascha, more Judæorum, super altare pariter cum dominico corpore agnum benedicamus et offeramus; succensentes etiam nos quia clerici apud nos barbas suas radunt; dicentes (4) quia diaconus, non suscepto presbyteratus officio, apud nos episcopus ordinatur. De quibus omnibus per singulas provincias a metropolitanis cum eorum coepiscopis sibi rescribi præcepit alloquens eumdem Hincmarum in epistolæ (a) fine

---

(1) B scripserat ei F ei scripserat. — (2) P *omet* et episcopus. — (3) B D P *omettent* quoniam..... *jusqu'à* inhibemus; *ce membre de phrase se trouve dans Flodoard.* — (4) B F et dicentes.

(a) Cette lettre se trouve textuellement dans Baronius, ann. 867, et dans les collections des Conciles.

hoc modo : « Tua, inquit, frater Hincmare, charitas cum hanc epistolam legerit, mox ut etiam ad (1) archiepiscopos, qui in regno filii nostri Karoli, gloriosi regis, consistunt, deferatur, summopere agere studeat, et ut de his singuli in diocesibus propriis una cum suffraganeis suis, in cujuscumque regno sint constituti, convenienter tractare et nobis quæ repererint suggerere curent, eos incitare non negligant; ita ut eorum omnium, quæ præsentis epistolæ nostri circumstantiæ continent (2), tu et strenuus executor illic existas, et apud nos verax et prudens scriptorum tuorum serie relator inveniaris. Data (3) 10 kalend. novembris, indictione 1. » Quam epistolam Hincmarus idus (4) decembrias primæ indictionis suscipiens, in Corbonaco (a) palatio consistenti regi Karolo cum pluribus episcopis relegit et per alios archiepiscopos, sicut in mandato acceperat, dirigere studuit. Nicolaus papa idus proxime præcedentis mensis decembris obiit, cui successit Adrianus papa electione clericorum et consensu Hludowici imperatoris in pontificatu. Quem Actardus Romam veniens cum supra scriptis epistolis, in apostolica sede jam ordinatum invenit.

Arsenius autem, magnæ calliditatis et nimiæ cupiditatis homo, spe falsa seducens Theutgaudum et Guntharium de restitutione ipsorum, ut ab eis exenia acciperet, Romam venire fecit; qui diutius ibi manentes,

---

(1) F ad alios; B alios *avec les points qui indiquent une rature.* — (2) B F circumstantia continet. — (3) F *omet ce membre de phrase.* — (4) F *omet* idus d.

(a) Corbeny, comm. du canton de Craonne (Aisne). Sur cette ancienne villa, où habitèrent souvent les Carlovingiens, voy. Mabillon, *de re Diplomatica*, p. 277.

pene omnes suos amiserunt; tandem autem Theutgaudus ibidem mortuus est, et Guntharius vix corporis mortem evasit.

Hlotarius Theotbergam uxorem suam Romam misit, ut seipsam criminaretur, quatenus ab ejus conjugio separari valeret. Sed Adrianus papa atque Romani talibus næniis non credentes, jussa est ad virum suum reverti (*a*).

Karolus consensu fratris sui Hludowici quosdam episcopos ad Autissiodorum in futuris kalendis februarii convenire præcepit, ut de causa Hlotarii quædam tractarent. Karolus denique, quoniam ab Acfrido abbatiam sancti Hilarii cum aliis plurimis honorabilibus beneficiis habente, sicut quidam dixerunt, exenia non modica suscipiens, comitatum Bituricum sine præsentia illius vel culpæ alicujus reputatione a Gerardo comite abstulit, et præfato Acfrido dedit. Sed isdem Acfridus super Gerardum eumdem comitatum evindicare non valuit; quapropter Karolus per civitatem Remorum transiens Trecas venit, indeque Autissiodorum adiit, ubi nativitatem Domini celebravit.

868.

Anno 868, Karolus ab Autissiodoro super Ligerim fluvium ad villam quæ Bellus-Pauliacus dicitur pervenit. Interea homines (1) Gerardi comitis Acfridum in

(1) B *omet* homines.

(*a*) Theutberge en était arrivée à supplier elle-même le pape de permettre le divorce réclamé par Lothaire. Mais Adrien II, non moins ferme que Nicolas I, ne voulut laisser porter aucune atteinte au principe de la stabilité du mariage.

quadam villa bello conveniunt, et quia de casa firmissima Acfridus exire noluit, in qua se recluserat, igne ipsi casæ admoto, Acfridum ex ipsa expellunt, et truncato illi capite, corpus in ignem rejiciunt. Tunc Karolus quasi ad hoc vindicandum flagitium pagum Bituricum adiit, in quo tanta mala et in ecclesiarum confractione, et in pauperum oppressione, atque in omnium flagitiorum commissione, atque terræ devastatione commissa sunt, ut dici ore non possint, sicut multorum millium hominum fame mortuorum pro ipsa depopulatione attestatio demonstravit. Vindicta autem in Gerardum et ejus comites non solum ulla non extitit, verum nec ipsi de pago Biturico a quoquam expulsi sunt. Ablatis denique a Rotberti filio his quæ post mortem patris de honoribus ipsius ei concesserat, et per alios divisis, sed et a filiis Ramnulfi tultis (a) paternis honoribus, et data sancti Hilarii abbatia, quam isdem habuit, Frotario, Burdegalensium archiepiscopo, caput jejunii ante (1) sanctum quadragesima ad monasterium sancti Dionysii rediit, et inde Silvanectis perrexit (2). Nortmanni vero per Ligerim ascendentes Aurelianis perveniunt, et accepta præda, impune ad suum diversorium redeunt. Karolus vero sabbato ante palmas ad monasterium sancti Dionysii rediit, ibique pascha celebravit. Et inde ante quam Silvacum adiret, secunda die rogationum Adventio, Metensium epis-

---

(1) B *propose de placer* ante *avant* caput. — (2) H P pervenit.

(a) *Tultis* pour *toltis*, souvent employé dans le latin du moyen-âge pour *latis* ou *ablatis*. C'est en ce sens que l'on a dit *mala tolta*, maletote.

copo, et Grimlando (*a*), Lotharii cancellario, deferentibus epistolas Adriani papæ, accepit unam (*b*) sibi directam, in qua isdem apostolicus præcepit, ut regno Hludowici imperatoris ac regno Hlotarii nullam molestiam ingerat; alteram autem epistolam de absolutione Waldradæ ad episcopos regni ipsius Karoli detulerunt, similes dicentes missas episcopis regni Hludowici atque Hlotharii. Absolutio autem ipsius Waldradæ ea conditione est facta, ut Hlotario nullo pacto cohæreat. Silvacum autem Karolus perveniens, Actardum, Namnetensem episcopum, Roma venientem suscepit sibi deferentem epistolas, quarum una responsum reddidit de his, quæ Nicolao in contrarietate Hincmari mandavit, inter cætera ei inculcans, ut de cætero ac perpetuo talis inutilis quæstio sopita maneret; alteram (*c*) autem epistolam Hincmaro detulit laudibus et fidelitatis dilectionibus (1) repletam, et ut ejus vice in istis partibus de Hlotario fungeretur : tertiam (*d*) autem archiepiscopis aliisque episcopis cisalpinis detulit, ut

(1) D directionibus.

(*a*) Pertz donne la note suivante: « Grimlandus sive Grimblandus in Lotharii diplomate pro Theotberga anno 866 vel 867 occurrit in Murat. *Antiqq. Ital.* »

(*b*) Dom Bouquet dit de cettre lettre : « Hæc epistola non exstat inter editas; Adriani epistola ad Ludovicum Germaniæ regem de eodem argumento vulgata est a Labbeo, tomo VIII *Concil.*, pag. 907. »

(*c*) Le même auteur donne la note qui suit: « Hæc epistola dicitur data viii Idus Martii, indict. i; edita est a Labbeo, tomo VIII *Concil.*, pag. 905. »

(*d*) Nous lisons encore dans Dom Bouquet : « Edita est hæc epistola a Labbeo tomo VIII *Concil.*, pag. 901. Exstat ibidem, pag. 906, Adriani ad ipsum Actardum epistola, qua ei consolationis causa pallium concedit. »

quia isdem (*a*) Actardus pro paganorum infestatione et Brittonum oppressione in sua civitate manere non poterat, si locus eveniret, etiam de metropoli, isdem Actardus in vacante civitate pastore auctoritate apostolica ab episcopis provinciæ ipsius incardinetur.

Quarta autem feria post initium quadragesimæ, factione Arsenii filius ejus, Eleutherius, filiam Adriani papæ ab alio desponsatam dolo decepit et rapuit, sibique conjunxit; inde idem papa nimium est contristatus. Arsenius ad Hludowicum imperatorem pergens in Beneventum, infirmitate corripitur, et thesaurum suum in manus Ingelbergæ imperatricis committens, et ut dicebatur cum dæmonibus confabulans, sine communione abiit in locum suum (*b*). Quo mortuo, Adrianus papa apud imperatorem missos obtinuit, qui præfatum Eleutherium secundum leges Romanas judicarent. Isdem vero Eleutherius, consilio ut fertur fratris sui Anastasii, quem bibliothecarium (*c*) Romanæ ecclesiæ in exordio ordinationis suæ Adrianus constituerat, Stephaniam, uxorem ipsius pontificis, et ejus filiam quam sibi rapuit interfecit, et isdem Eleutherius a missis imperatoris occisus est. Adrianus vero papa congregans synodum, supradictum Anastasium hoc modo, sicut subsequitur, post damnationes in eum latas iterum condemnavit :

(*a*) Sur Actard, voy. une lettre d'Hincmar, dont le passage le plus important est cité en note par D. Bouquet.

(*b*) Pertz rappelle que le sens de cette expression est *in infernum*.

(*c*) On lit dans une note de D. Bouquet : « Anastasius iste alius est ab Anastasio Bibliothecario, cui Vitæ pontificum Romanorum attribuuntur. »

Hæc in imagine in dextra parte scripta sunt :

« Imperantibus dominis nostris, imperatoribus (1) Hlotario et Hludowico Augustis, mensis decembris die decima sexta, indictione 14 :

Excommunicatio quam fecit Leo episcopus de Anastasio presbytero, et postea Adrianus.

« Leo episcopus, servus servorum Dei. Anastasius, presbyter cardinis nostri, quem in titulo beati Marcelli ordinavimus, quique secedens ab eo ad alienas parochias absque nostra pontificali scientia demigratus est, quem per missos et litteras nostras vocavimus, et pro quo dominos imperatores supplicati per missos nostros, ut eum ad suam parochiam redire juberent, qui nunc huc (2) nunc illuc latitando in ipsa demigratione per biennium moratus est, et ad duo vocatus concilia nostra minime venit, sed neque inventus est; quia, ut prædiximus, veluti ovis errans extraneis regionibus suadente diabolo occulte inhabitabat, secundum canonica instituta ex Dei omnipotentis et beati Petri apostoli nostraque simul apostolica auctoritate, ab hodie sit communione privatus, donec ipse meæ speciali præsentiæ in canonico judicio fuerit præsentatus, et si non venerit, nunquam communicet. »

Post Romanum pontificem in hac excommunicatione consenserunt archiepiscopus Ravennatis et Mediolanensis, aliique numero septuaginta quinque.

(1) P *omet* imperatoribus. — (2) B D *omettent* nunc huc, *mots proposés par D. Bouquet.*

Hæc in imagine in sinistra parte scripta sunt :

« Leo episcopus, servus servorum Dei, omnibus episcopis, presbyteris, diaconibus, subdiaconibus, et universis clericis cunctoque populo Christiano. Quod bene ac pleniter vobiscum simus, charissimi fratres, scitis. Nunc iterum pro cautela et memoria temporum futurorum dilectioni vestræ cognitum esse volumus quomodo, instigante ac suadente diabolo, Anastasius, presbyter cardinis nostri, quem nos in titulo beati Marcelli ordinavimus, contra statuta Patrum provinciam ecclesiamque deserens, ecce jam per quinquennii (1) tempus in alienas parochias velut ovis errans discurrit, quem etiam, auctoritate suffulti canonica, apostolicis litteris per tertiam quartamque vicem vocavimus. At ubi redire distulit, duo pro eo episcoporum concilia congregavimus, quorum conventu cum ejus non potuissemus videre vel habere specialem præsentiam, communi eum decreto sancta communione privavimus, volentes siquidem suam per hujus excommunicationis censuram ad gremium sanctæ, a qua discesserat, matris Ecclesiæ personam reducere. Sed apostolica monita sanctique concilii pro nihilo ducens, erroris irretitus caligine, redire nullatenus voluit. Proinde sicut Ravennæ (2) nobis degentibus de eo in ecclesia beati Vitalis martyris mense maio, die 29, indictione prima, ore proprio promulgavimus, nunc iterum in ecclesia beati Petri apostoli mense junio, die 19, indictione superius adnotata,

---

(1) B quinquennium. — (2) B D Ravenna.

similiter promulgavimus : sit ille a sanctis Patribus et a nobis anathema, et omnes qui ei sive in electione, quod absit, aut pontificatus honore adjutorium præstare vel solatium quodcumque voluerint, simili anathemati subjaceant. »

Post Romanum pontificem in hoc anathemate consenserunt Joannes, archiepiscopus Ravennatis, Nottingus (*a*) et Sigilfredus (*b*), episcopi domni imperatoris, et sex episcopi ad prædictum archiepiscopum pertinentes, quorum notitiam non recolimus, et alii tam ex Romana urbe quam ex aliis numero quinquaginta sex, absque presbyteris et diaconibus sanctæ Romanæ Ecclesiæ.

Super valvas argenteas hæc scripta sunt :

« In nomine Patris, et Filii, et Spiritus sancti. Incipit sancta ac veneranda synodus, quæ per Domini gratiam et ejus divinum consilium congregata est in ecclesia beati Petri apostoli, anno scilicet pontificatus sanctissimi ac coangelici et universalis quarti papæ Leonis septimo, atque invictissimorum Hlotarii ac Hludowici imperatorum anno imperii quadragesimo secundo (*c*), mense decembri

---

(*a*) *Episcopus Brixiensis* (de Brescia).
(*b*) *Episcopus Regiensis* (de Reggio di Modena).
(*c*) Dom Bouquet dit en parlant de cette date: « Hic anni imperii Lotharii ac Ludovici simul conjunguntur. Annus enim Lotharii 37 cum anno Ludovici 5 conjunctus, reddit annum 42 imperii eorum. Porro istud concilium Romanum in præfatione habitum dicitur : « Hlotharii ac Hludovici imperatorum anno imperii eorum 5 et 37, mense decembri, die 3, indict. 2. »

die octavo, indictione 2. In hac siquidem sancta ac venerabili synodo, Domini solatiante gratia nobiliter celebrata, post diversas episcoporum sacerdotumque vel clericorum atque omnium christianorum pias ac salutiferas admonitiones et exhortationes depositus est juste atque canonice Anastasius, presbyter tituli sancti Marcelli, eo quod contra auctoritatem canonicam propriam parochiam deseruisset per annos scilicet quinque, et in aliena ad usque hodie demoratur, et neque vocatus neque excommunicatus et ad ultimum anathematizatus, sicut de eo in hac synodo veridica pictura demonstrat, ad congregata duo pro eo episcoporum concilia venire noluit; ideo tam a summo pontifice quamque ab universis episcopis tunc synodo præsidentibus, videlicet numero sexaginta septem, ob suam stultam audaciam merito, ut prædiximus, est depositus et sacerdotali honore privatus, anno denique, mense ac die atque indictione ut supra. »

Huc usque Leo pontifex scribi jussit. Post mortem vero jam dicti Leonis, dignæ memoriæ præsulis, ipse anathematizatus atque depositus Anastasius, sæculari potentia rediens ab abditis, quibus sicut fur latitaverat, locis, diabolica fraude seductus (1) inretitusque caligine, latronum more hanc, quam non debuerat introire, ecclesiam invasit, velut ethnicus atque barbarus, ad perditionem suæ animæ atque periculum hujus venerandæ synodi cum suis nequissimis consentaneis atque sequacibus picturam destruxit imaginemque (2) dejecit, quam beatissimus papa Benedictus

---

(1) D H P *omettent* seductus. — (2) B D H imaque.

atque egregius restauravit et lucifluis coloribus decoravit.

« Adrianus episcopus, servus servorum Dei. Omni Dei ecclesiæ notum est, quid Anastasius tempore prædecessorum nostrorum pontificum gesserit, sed et qualiter ob id (1) de illo sanctæ recordationis Leo et Benedictus, eximii præsules, instituerint, palam est cunctis. Quorum unus eum deposuit, excommunicavit et anathematizavit, alter vero sacerdotalibus exspolians vestimentis, inter laicos in communione recepit. Decessor itaque noster sanctissimus papa Nicolaus, eum postea, si fideliter erga sanctam Romanam ecclesiam incederet, in gremio pari modo recepisset Ecclesiæ; sed infidelitas ejus nunc in tantum apparuit, ut post deprædationem patriarchii nostri ablationemque synodalium scripturarum, quas tam super se quam super hujusmodi a sanctissimis præsulibus diversis temporibus decretas repererat, institutionem quoque venerandæ synodi ab ipsis sanctis pontificibus factam atque sub interpositione anathematis refactam (2) violari nobis subripiendo fecerit, et homines ad seminandum inter piissimos principes et ecclesiam Dei discordias per muros hujus civitatis more furis exire coegerit, quemdamque Adalgrimum ad ecclesiam confugium facientem oculis et lingua privari suggesserit. Modo vero, sicut multi vestrum mecum a quodam presbytero consanguineo ejus, nomine Adone, audistis, et aliis modis nobis revelatum est, beneficiorum quoque nostrorum immemor, hominem ad Eleutherium misit, exhortans homicidia perpetrari, quæ, sicut

---

(1) B D ab eis. — (2) D H P retactam.

scitis, proh dolor! facta sunt. Et ideo pro his omnibus et pro aliis multis, quibus ecclesiam Domini perculit atque læsit, quam etiam subdolis machinationibus hactenus tundere non desistit, auctoritate Dei omnipotentis omniumque sanctorum Patrum ac venerandorum conciliorum prædictorumque pontificum simul et judicii nostri sententia sancimus, illum eumdem Anastasium esse tenendum, quemadmodum de eo iidem pontifices domni Leo et Benedictus solemniter et synodice statuerunt, nihil in ejus anathemate vel causa penitus adjungentes vel minuentes, nisi ut omni communione ecclesiastica privatus existat, donec de omnibus quibus impetitur nobis coram synodo rationem ponat; et qui cum eo in locutione, cibo vel potu communicaverit, pari excommunicatione cum eo teneatur annexus, quia pro eo, quod altiora se petens — quod sibi totiens interdictum fuerat — temere usurpavit, ac vetitum locum conscendit, satis nostra ecclesia murmuravit et murmurat. Sane si vel ab urbe Roma quantisper discesserit, vel sacerdotium vel clericalem aliquem ordinem sive ministerium quodlibet repetere aut recipere præsumpserit, quia contra statuta præfatorum præsulum contraque jusjurandum quod pollicitus est, numquam se ab urbe plus 40 millibus abscessurum, nec (1) sacerdotium vel gradum clericalis esse ministerii petiturum, facere videbitur, cum omnibus factoribus consentaneis et sequacibus suis anathemati perenni subjaceat. Prolata in conspectu totius sanctæ Romanæ Ecclesiæ ante hunc eumdem Anastasium apud sanctam Praxedem positum, anno pontificatus domni

---

(1) B D *omettent* nec.

Adriani, summi pontificis et universalis papæ, primo per 4 idus octobris, indictione 2. »

Hlotarius suspectum habens Karolum, ad Hludowicum se iterum contulit, et obtinuit ut sacramentum illi fieri ex sua parte faceret, quatenus in nullo nocumento illi foret, si in conjugem Waldradam acciperet; sicque ad palatium Attiniacum ad conloquium Karoli venit, ibique placitum accepit, ut post futuras kalendas octobris simul iterum loquerentur. Karolus autem per curtes regias in pago Laudunensi consistentes pergens, Hincmarum, Laudunensem episcopum, nullo episcopo suæ provinciæ conscio, jussit, ut ad causas suas, id est ad seculare judicium, advocatum suum daret, pro eo quod beneficia quibusdam suis hominibus abstulit (a). Isdem autem episcopus se reclamans, quod relicto ecclesiastico judicio non auderet seculare adire judicium, sicut ei jussum fuerat, ad locum nominatum secularis judicii non venit, sed causas suæ impossibilitatis regi mandavit. Rex autem Karolus jubens inde quasdam judicare etiam infames personas, quia personam præfatus episcopus non misit qui juraret, quod illuc venire non posset, et quoniam advocatum suum de se in judicio seculari non dedit, prædictarum personarum judicio quidquid isdem episcopus de rebus et facultatibus ecclesiasticis in usibus episcopii specialiter habebat, proscriptum est; sicque idem rex ad Pistas medio mense augusto veniens, annua dona sua ibidem

---

(a) Hincmar le jeune, évêque de Laon, était neveu par sa mère du célèbre Hincmar, archevêque de Reims. Il fit preuve à l'égard du roi d'abord de ce caractère indocile et hautain, qu'il devait ensuite montrer à l'égard de son oncle.

accepit, et castellum mensurans, pedituras (*a*) singulis ex suo regno dedit.

Hincmarus autem, Remorum archiepiscopus, Hincmarum episcopum Laudunensem secum ducens, apud Pistas cum aliis episcopis scriptis (*b*) et verbis regem adiit, ostendens quantum præjudicium et episcopalis auctoritas et universalis Ecclesia in tali facto patiebatur, et obtinuit, ut revestito episcopo quibus fuerat spoliatus, sicut sacræ leges præcipiunt, in provincia ubi hæc causa judicanda erat, electorum judicum (1) judicio, et si necesse foret, post hoc synodali terminaretur examine. Sed et eodem placito rex markiones, Bernardum scilicet Tholosæ (*c*), et iterum Bernardum Gothiæ, itemque Bernardum alium suscepit. Missum etiam Salomonis, Britonum ducis, ibi obviam habuit, per quem Salomon illi mandavit, ut haud ipse pergeret ad expugnandos Nortmannos qui residebant in Ligeri, quia isdem Salomon cum valida manu Britonum

(1) B H P *omettent* judicum.

(*a*) *Peditura* ou *pedatura* indique une certaine étendue de terrain mesurée par pieds.

(*b*) Dom Bouquet renvoie pour des détails plus complets à une lettre d'Hincmar de Reims et aux traités qu'il présenta à Charles-le-Chauve, dans le concile de Pistres, pour la défense des priviléges de l'Eglise; il invoqua les fausses décrétales, ce qui nous montre qu'il ne doutait pas de leur authenticité et qu'elles étaient généralement acceptées dans l'Eglise.

(*c*) Sur Bernard de Toulouse nous lisons dans une note de Dom Bouquet : « Bernardus, dux Tolosanus, Raimundi I filius erat; Bernardus, dux Gothiæ, alterius Bernardi Cenomannensis comitis filius; tertius Bernardus, qui honoribus privatus fuerat anno 864 in conventu Pistensi, filius erat Bernardi Septimaniæ ducis, qui anno 844 a Carolo Calvo occisus est. »

paratus erat illos aggredi, tantum ut adjutorium ex parte Karoli haberet. Ad quem idem rex præmittens Engelramnum, camerarium et hostiariorum magistrum atque a secretis consiliarium suum, cum corona auro et gemmis ornata, sed et cum omni paramento regio cultu exculto, Karlomannum (1) (*a*) filium suum, diaconum et abbatem, cum scara e vestigio, sicut Salomon ei mandaverat, misit, et inde Audriacam villam gratia venandi perrexit. Scara quæ cum Karlomanno a Karolo rege trans Sequanam missa, terram quidem vastavit, sed nullius utilitatis effectum ex Nortmannis, ad quos resistendum missa fuerat, faciens, jubente rege Karolo rediit; et sic unusquisque ad sua perrexit. Pictavenses autem vota facientes Deo et sancto Hilario, tertio eosdem Nortmannos fuere aggressi, quorum plures occiderunt, ceteros vero in fugam miserunt, et de omni præda, excepta voluntaria oblatione, decimam sancto Hilario contulerunt. Karolus rex kalendas decembris Carisiacum veniens, quosdam primores, tam ex episcopis quam ex aliis regni sui, obviam sibi accersivit, et commotus contra Hincmarum, Laudunensem episcopum, quia Romam sine illius conscientia

(1) B *au-dessus du mot* Karlomannum *une main différente de celle du copiste a écrit* Iste abbas sancti Amandi fuit.

(*a*) Carloman, le fils de Charles-le-Chauve, fut abbé de Saint-Amand-les-Eaux, comme le dit la note du codex de Saint-Bertin. Il avait été dès son enfance placé dans cette abbaye, où il avait eu pour maître le savant moine Milon. Bien qu'il eût plus de goût pour les armes que pour le cloître, son père le força à entrer en religion. Cette ordination forcée produisit, comme le prouvera la suite du récit, les plus funestes résultats.

miserat (*a*), et epistolas pro quibus non convenerat obtinuerat, eidem vero episcopo contumaciter sibi resistenti valde infensus erat. Unde isdem episcopus sine illius licentia, cum sæpe ab eo evocatus fuerat et ad illum venire distulisset, ad sedem suam perrexit, et amplius quam episcopalis gravitas postulat, eumdem regem contra se excitavit. Karolus autem Compendium veniens, ibidem nativitatem Domini celebravit.

869.

Et quoniam isdem episcopus, etiam per alios episcopos evocatus ut ad illum veniret, jussionem illius implere detrectavit, scaram ex quamplurimis comitibus regni sui confectam Laudunum misit, ut ipsum episcopum ad eum violenter perducerent. Isdem autem episcopus cum clericis suis juxta altare resedit, et quibusdam episcopis satagentibus, actum est ut ipsi qui missi fuerant, de ecclesia eum non extraherent; sed sine illo ad Karolum redierunt, omnesque homines ipsius episcopii liberos sibi sacramenta fieri fecit. Karolus autem valde commotus, synodum omnium episcoporum regni sui VIII kalend. maii secundæ indictionis apud Vermeriam condixit, quo eumdem Hincmarum episcopum vocari præcepit. Ipse autem ad Conadam (*b*) vicum nimis incongruenter et pro qualitate

---

(*a*) Dom Bouquet renvoie, pour plus de détails, au synode de Douzy et aux écrits d'Hincmar de Reims.

(*b*) Cosne. Il existe deux localités de ce nom, l'une dans le département de la Nièvre, sur la rive droite de la Loire, l'autre dans le département de l'Allier, arrond. de Montluçon. Cette dernière commune est plus rapprochée du pays des Aquitains.

temporis et pro nimietate famis perrexit, ubi quosdam Aquitanos obvios habuit; sed markiones, tres videlicet Bernardos, quos sibi occurrere putavit, non habens obvios, non sine sollicitudine et sine utilitatis effectu ad Silvanectum rediit : indeque quarta feria ante initium quadragesimæ ad monasterium sancti Dionysii perrexit, ibique sanctum quadragesimæ jejunium exegit et pascha Domini celebravit, et castellum in gyro ipsius monasterii ex ligno et lapide conficere cœpit. Et antequam ad Conadam pergeret, per omne regnum suum litteras misit, ut episcopi, abbates et abbatissæ breves de honoribus suis, quanta mansa quisque haberet, ad futuras kalendas maii deferre curarent, vasalli autem dominici comitum beneficia, et comites vasallorum beneficia inbreviarent, et prædicto placito ædium breves inde deferrent, et de centum mansis unum haistaldum (*a*) et de mille mansis unum carrum cum duobus bobus prædicto placito (1) cum aliis exeniis quæ regnum illius admodum gravant, ad Pistas mitti præcepit, quatenus ipsi haistaldi castellum, quod ibidem ex ligno et lapide fieri præcepit, excolerent et custodirent. Hlotarius, mittens ad eum sed et ad Hludowicum, petiit, ut in suo regno nullum impedimentum ei facerent, donec ipse Roma rediret. A Karolo autem nullam firmitatem accepit, sed a Hludowico, sicut dicitur, firmitatem inde suscipiens, Romam perrexit, locuturus prius cum Hludowico fratre suo

(1) D *omet* prædicto placito.

(*a*) Pertz explique ce mot comme il suit : « *Haistaldus*, agricola liber, qui non tenet hæreditatem a curia. » Cf. Hontheim, *Hist. Trevir.*, t. I, p. 664.

imperatore, ut tunc, si posset, per eum apud Adrianum papam obtineret, quatenus Theutbergam rejiceret et Waldradam resumeret, ipsamque Theutbergam post se Romam ire præcepit; sed ut dicebatur, Hludowicus imperator ab obsessione Sarracenorum pro fratris sui petitione non debuisset discedere, cui amplius quam ducentas naves rex Græcorum in auxilium contra eosdem Sarracenos festinato mittebat. Hlotarius iter, quod tempore inconvenienti, scilicet mense junio, causa uxorum suarum in parte Romæ cœperat, contendens perficere, usque Ravennam venit, ubi missos fratris sui obvios habuit, per quos ei contradixit, ut nec in antea procederet, nec diutius in eodem regno immoraretur, sed ad suum regnum rediret, et tempore commodo et opportuno loco simul convenirent, et de quibus vellet cum eo satageret. Hlotarius autem Romam rediens, a latere ad suum fratrem in Beneventum usque pervenit, et apud eum per Engelbergam multis petitionibus et muneribus atque inconvenientiis (1) obtinuit, ut ipsa Engelberga cum eo usque ad monasterium sancti Benedicti, quod in monte Cassino situm est, rediret. Quo etiam Adrianum papam eidem Engelbergæ et sibi ex jussione imperatoris venire fecit, et apud eum, datis illi multis muneribus, per ipsam Engelbergam obtinuit, ut idem papa illi missam cantaverit, et sacram communionem hac convenientia ei donaverit, si, postquam Nicolaus papa Waldradam excommunicavit, nullum cum ea contubernium vel carnalis copulæ mercimonium quin nec conloquium quoddam habuerit. Ipse autem infelix,

---

(1) B inconvenientibus.

more Judæ, simulata bona conscientia et impudenti fronte, eamdem sacram communionem sub hac conventione accipere non pertimuit nec recusavit; sed et sui fautores cum eo ab ipso papa percepere communionem, inter quos et Guntharius, auctor et incentor hujus publici adulterii, communionem inter laicos ab eodem Adriano papa accepit, data illi prius coram omnibus professione, quæ ita habetur :

« Profiteor ego Guntharius coram Deo et sanctis ejus vobis, domino meo Adriano, summo pontifici et universali papæ, ac venerandis tibi subditis episcopis reliquoque conventu, quoniam judicium depositionis in me a domno Nicolao canonice latum non reprehendo, sed humiliter porto. Unde nec ulterius sacrum ministerium contingere præsumo, nisi per misericordiam mihi subvenire volueritis, nec aliquando contra sanctam Romanam Ecclesiam aut ejus pontificem aliquod scandalum vel quidquam adversi movere volo, sed devotum me eidem sanctæ matri Ecclesiæ ejusque præsuli exhibere atque obedientem permanere protestor. Ego Guntharius (1) huic professioni a me factæ manu propria subscripsi. Data kalendas julii, indictione 2, in ecclesia sancti Salvatoris (*a*) quæ est in monasterio sancti Benedicti in Cassino. »

Accipiens autem isdem papa a Gunthario consistente inter laicos hanc professionem, relectam inter laicos

---

(1) B Guntarius.

(*a*) Pertz dit en parlant de cette église : « In vico San-Germano; in eadem ecclesia an. 1230, Fridericus II imperator Gregorio IX. papæ reconciliatus est. »

ab ipso publice coram omnibus, dixit illi : *Et ego tibi concedo laicam communionem, ea conditione, ut ita, quandiu vixeris, observes, sicut modo professus fuisti.*

Engelberga denique redeunte ad suum (1) imperatorem, Adrianus papa Romam reversus est, quem e vestigio Hlotarius est prosecutus. Et Adriano papa Romam ingrediente, Hlotarius ad ecclesiam beati Petri venit, ubi nullum clericum obvium habuit, sed tantum ipse usque ad sepulcrum sancti Petri cum suis pervenit, indeque solarium secus ecclesiam beati Petri mansionem habiturus intravit; quem nec etiam scopa mundatum invenit. Putavitque in crastina, subsequente videlicet dominica, nam sabbato ad basilicam sancti Petri pervenit, sibi cantari debere missam; sed a præfato pontifice hoc obtinere non potuit. Inde secunda feria Romam ingrediens, in palatio Lateranensi cum ipso apostolico prandidit, et datis ei muneribus in vasis aureis et argenteis, obtinuit, ut ei ipse pontifex lænam (2) (*a*) et palmam ac ferulam daret, sicut et fecit. Quæ munera ita ipse et sui interpretati sunt, videlicet ut per lænam de Waldrada revestiretur, per palmam victorem se in his quæ cœperat demonstraret, per ferulam episcopos suæ voluntati resistentes obsis-

---

(1) P deesse videtur maritum, Hludowicum. — (2) B leenam; H leænam.

(*a*) Par *lænam* (λαίνα, χλαίνα), il faut entendre un manteau, et non comme on l'a traduit dans la *Collection des Mémoires relatifs à l'Histoire de France,* une lionne. Le contexte indique suffisamment que la vraie leçon est *lænam* et non *leænam.*

tendo distringeret. Sed aliter ab eodem papa et Romanis fuere disposita ; nam idem pontifex Formosum episcopum et alium etiam cum eo episcopum in has Galliarum partes mittendos disposuit, ut cum pluralitate episcoporum de his quæ Hlotarius petebat tractarent, et illi kalendis martii, quæ inventa forent, in synodo renuntiarent, quam Romæ in ipsis kalendis martii denuntiavit, quo etiam quatuor episcopos ex regno Hludowici, regis Germaniæ, cum ipsius legatis, et quatuor episcopos ex regno Karoli cum ejus legatis (1), et quosdam episcopos ex regno Hlotharii epistolis suis hac conditione venire præcepit, ut quæ in synodo vel examinanda vel gerenda forent, in personis aliorum confirmarent, tam ex occidentalibus partibus quam ex orientalibus. Unde missos suos, quos nuper Constantinopolim pro contentione quam orientales cum Nicolao papa habebant, miserat, tunc venturos sperabat.

Hlotharius (a) vero Roma lætus promovens, usque Lucam civitatem venit, ubi febre corripitur, et grassante clade in suos, quos in oculos suos (2) coacervatim mori conspiciebat, sed judicium Dei intelligere nolens, usque Placentiam 8 idus augusti pervenit ; ibique dominica die superdiurnans, circa horam nonam inopinate exanimis pene effectus est et obmutuit, atque in crastina, hora diei secunda, moritur, et a paucis

(1) D *omet ce membre de phrase.* — (2) A sub oculis suis.

(a) Le continuateur d'Aimoin a reproduit, à partir de cet endroit, presque tout le reste des Annales de Saint-Bertin. Nous donnerons quelques-unes des nombreuses variantes qu'offre son récit, en les faisant précéder de la lettre A.

suorum qui a clade remanserant, in quodam monasteriolo, secus ipsam civitatem, terræ mandatur. Quod Karolus apud Silvanectis (1) civitatem degens — ubi tam ipse quam et uxor sua thesauros, quos in quibuscunque rebus habuerant, per loca sancta in suam eleemosynam dispensantes, a Pistis reversi, Domino de cujus manu illos acceperant, reddiderunt — non incerto comperiens nuntio, ab ipsa civitate movens, Attiniacum venit; ubi a quibusdam episcopis, sed et ab aliquibus primoribus regni quondam Hlotharii missos directos suscepit, ut ibi resideret, et in regnum quod Hlotarii fuerat non intraret (a), donec frater suus Hludowicus, rex Germaniæ, ab expeditione hostili de Winidis, cum quibus præsenti et præterito anno sæpe cominus sui congredientes, aut nihil aut parum utilitatis egerunt, sed damnum maximum retulerunt, reverteretur. Petierunt ergo, ut in palatio Ingiliheim residens, ad eum missos suos dirigeret, et ei mandaret, ubi et quando simul convenirent et de regni ipsius divisione tractarent; plures autem saniori consilio illi mandaverunt, ut, quantocius commode posset, usque Mettis properare satageret, et ipsi tam in itinere quam ad ipsam civitatem ei occurrere maturarent. Quorum consilium Karolus acceptabilius et sibi salubrius esse intelligens, juxta eorum suggestionem agere festinavit. Veniens ergo usque Viridunum, plurimos de eodem regno, sed et Hattonem (2), ipsius civitatis episcopum,

(1) A Silvanectensem. — (2) D Haidonem, A Haitonem.

(a) L'héritier légitime du royaume de Lothaire était l'empereur Louis; ce prince était occupé à lutter en Italie contre les Sarrasins.

et Arnulphum (1), Tullensis urbis episcopum, sibi se commendantes suscepit; indeque Mettis nonas septembris veniens, Adventium, ipsius civitatis præsulem, et Franconem, Tungrensem episcopum, cum multis aliis in sua commendatione suscepit; sicque 5 idus ipsius mensis ab episcopis qui adfuerunt, coeuntibus omnibus in basilica beati Stephani, hæc quæ sequuntur denuntiata et gesta fuere hoc modo :

« Anno incarnationis Dominicæ 869, indictione (a) secunda, 5 idus septembris, Mettis civitate in ecclesia sancti Stephani martyris, hæc quæ sequuntur capitula Adventius, episcopus ipsius civitatis, coram rege et episcopis qui adfuerunt, publice populo scripto et verbis denuntiavit :

« Vos scitis, et multis in plurimis regnis est cognitum, quantos et quales eventus tempore senioris nostri quem hactenus habuimus, pro causis notissimis communiter sustinuimus, et quanto dolore quantaque angustia de illius infausta morte nuper cordibus perculsi sumus. Unde unicum refugium et singulare(2) ac salubre consilium, rege et principe nostro destituti ac desolati, nobis omnibus esse consideravimus, ut jejuniis et orationibus ad eum nos converteremus, qui est adjutor in opportunitatibus, in tribulatione, et cujus est consilium, cujusque est regnum, et ut scriptum est, « cui voluerit dabit illud » et in cujus manu sunt

---

(1) A omet la mention relative à Arnoulf. — (2) A et singulariter salubre.

(a) Dom Bouquet dit en parlant de cette indiction : « Hæc indictio secunda Constantiniana est, quæ initium sumpsit a die 24 mensis septembris anni 868. »

corda regum, et facit unanimes habitare in domo, solvens medium parietem et faciens utraque unum; deprecantes ipsius misericordiam, ut daret nobis regem ac principem secundum cor suum, qui in judicio et in justitia nos in omni ordine et protectione (1) regeret, salvaret atque defenderet juxta voluntatem ejus, et corda omnium nostrum unanimiter ad eum declinaret atque uniret, quem ipse ad salutem (2) et profectum nostrum præscitum et electum atque prædestinatum habebat(3) secundum misericordiam suam. Quia denique voluntatem Dei, qui voluntatem timentium se facit, et deprecationes eorum exaudit, in concordi unanimitate nostra videmus hunc regni hujus heredem esse legitimum, cui nos sponte commisimus, dominum videlicet præsentem regem ac principem nostrum Karolum, ut nobis præsit et prosit, videtur nobis, si placet vobis, ut, sicut post illius verba vobis manifestabimus, signo certissimo demonstremus, quia illum a Deo electum et nobis datum principem credimus, et ut eidem largitori Deo ex suis beneficiis non simus ingrati, sed gratiarum actiones illi referentes, oremus, quatenus et eum nobis (4) ad salutem et defensionem sanctæ suæ ecclesiæ, et ad auxilium atque profectum omnium nostrum, cum salute et pace atque tranquillitate nobis conservet diutius, et nos fideli devotione illi obsequentes atque optata salvatione (5) fruentes, sub illius administratione in suo gubernet servitio. Et si illi placet, dignum ipsi et necessarium

---

(1) B A professione. — (2) A salutem totius ecclesiæ et populi prædestinatum. — (3) H habeat. — (4) A *ajoute* datum principem. — (5) A observatione.

nobis fore (1) videtur, ut ex ejus ore audiamus, quod a christianissimo rege fideli et unanimi in servitio illius populo, unicuique in ordine suo, convenit audire ac devota mente suscipere.

Post hæc Karolus rex hæc quæ sequuntur per se in eadem ecclesia cunctis qui adfuerunt denuntiavit dicens : « Quia, sicut isti venerabiles episcopi unius ex ipsis voce dixerunt, et certis indiciis ex vestra unanimitate monstraverunt, et vos acclamastis, me Dei electione ad vestram salvationem et profectum (2), ac regimen atque gubernationem huc advenisse, sciatis, me honorem et cultum Dei atque sanctarum ecclesiarum Domino adjuvante conservare, et unumquemque vestrum secundum sui ordinis dignitatem et personam juxta meum scire et posse honorare et salvare, et honorabiliter (3) salvatum tenere velle, et unicuique in suo ordine secundum sibi competentes leges, tam ecclesiasticas quam mundanas, legem et justitiam conservare, in hoc ut honor regius et potestas ac debita obedientia, atque adjutorium ad regnum mihi a Deo datum continendum et defensandum, ab uno quoque vestrum secundum suum ordinem et dignitatem atque possibilitatem mihi exhibeatur, sicut vestri antecessores fideliter, juste et rationabiliter meis antecessoribus exhibuerunt. » At post hæc Hincmarus, Remorum episcopus, hæc quæ sequentur capitula, jubente ac postulante Adventio, ipsius episcopo civitatis, et cæteris episcopis Treverorum provinciæ, Hattone scilicet, ecclesiæ Viridunensis episcopo, et Arnulfo,

---

(1) B D esse ; A vobis esse videtur hortamur. — (2) D H P protectionem. — (3) D H P et honoratum et.

Tullensis civitatis episcopo, cohærentibus (1) provinciæ Remorum episcopis, coram reliquis episcopis et rege, cunctisque qui adfuerunt in eadem ecclesia, publice denuntiavit :

« Ne alicui forte videatur incongrue ac præsumptuose, me ac provinciæ nostræ venerabiles coepiscopos facere, quoniam de altera provincia ordinationi et causis hujus provinciæ nos immiscemus, sciat nos contra canones sacros non agere, quoniam Remensis et Treverensis ecclesiæ in hac regione Belgica cum sibi commissis ecclesiis sorores et comprovinciales habentur, sicut auctoritas ecclesiastica et antiquissima demonstrat consuetudo, ac per hoc unanimi consensu et synodalia judicia exercere, et quæ a sanctis Patribus constituta sunt, debent concorditer custodire, hac privilegii conditione servata, ut qui prior de Remensi et Treverensi episcopo fuerit ordinatus, prior etiam habeatur. Et lex divinitus inspirata (2) præcipit, dicens : *Si transieris per messem amici tui, colligens spicas manu, confricabis ad manducandum. Falcem autem non mittas, vel falce non metas* (a). Messis est populus, ut Dominus demonstrat in Evangelio (b), dicens : *Messis quidem multa est, operarii autem pauci; rogate ergo dominum messis, ut mittat operarios in messem suam.* Quia vos pro vestris (3) episcopis debetis orare, ut vobis digna possimus loqui. Messis autem amici est

---

(1) B cohibentibus; A conniventibus. — (2) A instituta. — (3) A nobis.

(a) *Deut.*, XXIII, 25.
(b) *Matth.*, IX, 37.

populus in provincia alteri metropolitano commissa; unde vos hortando, quasi manum operis confricando, ad Dei voluntatem et vestram (1) in corpus unitatis Ecclesiæ valemus et debemus trajicere, in parochianos autem provinciarum aliis metropolitanis commissarum falcem judicii non mittimus, quia nec est unde, nec nostrum esse consideremus. Est et alia causa, quia isti et venerabiles domni et fratres nostri, provinciæ istius episcopi, non habentes metropolitanum episcopum, exiguitatem nostram sic in suis, sicut et in specialibus nostris causis, nos fraterna charitate jubent et commonent agere. Est ita domni fratres? » Et responderunt ipsi episcopi : Ita est.

« Præter ea, quæ domnus episcopus et frater noster Adventius vobis ex sua et cæterorum suorum ac nostrorum fratrum et venerabilium episcoporum voce dixit, in hoc etiam animadvertere potestis, voluntatem Dei esse, ut præsens domnus et rex noster, qui in parte regni (2) quam hactenus tenet et tenuit, et nobis ecclesiisque nostris et populo sibi commisso utiliter præest ac præfuit, et salubriter prodest et profuit, inde ad hunc locum Domino ducente pervenerit, quo etiam vos ejus inspiratione confluxistis, et ipsi vos sponte commendastis, cujus instructione (3) animata omnia in arca Noe significantia Ecclesiæ unitatem nullo cogente convenerunt. Quia sanctæ memoriæ pater suus, domnus Hludowicus, pius imperator Augustus, ex progenie Hludowici, regis Francorum inclyti, per beati Remigii apostoli (4), catholicam prædicationem cum integra

---

(1) A vestram salutem. — (2) B D H P *omettent* regni. — (3) B instructu; A instinctu animalia. — (4) D H P apostolicam; *le ms.* B *offre sous la syllabe* cam *les points qui indiquent une rature.*

gente conversi, et cum tribus Francorum millibus, exceptis parvulis et mulieribus, in (1) vigilia sancti Paschæ in Remensi metropoli baptizati et cœlitus sumpto chrismate, unde adhuc habemus, peruncti et in regem sacrati, exortus per beatum Arnulphum, e cujus carne idem Hludowicus pius Augustus originem duxit carnis, et a Stephano, papa Romano, ante sanctæ Dei genitricis et semper virginis Mariæ altare Remis in imperatorem est coronatus, et demum factione quorumdam terreno imperio destitutus, in prædictam regni partem unanimitate episcoporum et fidelis populi ante sepulcrum sancti Dionysii, eximii martyris, Ecclesiæ sanctæ est redditus, et in hac domo ante hoc altare protomartyris Stephani, cujus nomen interpretatum resonat « coronatus, » per Dei sacerdotes acclamatione fidelis populi, sicut vidimus qui adfuimus, coronæ (2) regni est imperioque restitutus. Et quia, ut in historiis sacris legimus, reges, quando regna obtinuerunt, singulorum regnorum sibi diademata imposuerunt, non incongruum videtur venerabilibus episcopis, si vestræ unanimitati placet, ut in obtentum regni, unde vos (3) ad illum convenistis et vos ei commendastis, sacerdotali ministerio ante hoc altera coronetur, et sacra unctione Deo consecretur. Quod si vobis placet, propriis vocibus consonate. » Et in hoc conclamantibus omnibus, dixit idem episcopus : « Agamus ergo unanimiter Domino gratias, decantantes : *Te Deum laudamus.*

Et post hæc ab episcopis cum benedictione sacerdo-

---

(1) B D H P *omettent* in. — (2) B D A corona. — (3) B A vos sponte.

tali est idem rex coronatus, indeque Florinkengas (1) (*a*) veniens, quæ ordinanda sibi visa sunt ordinavit; indeque in saltum Arduennæ autumnali venatione exercitandum se contulit. Hludowicus autem, frater ejus, pacem sub quadam conditione apud Winidos obtinere procuravit, ad quam confirmandam filios suos cum marchionibus terræ ipsius direxerat, ipseque infirmus in Ragenisburg (2) civitate remansit. Et mittens missos suos ad Karolum, mandavit illi de firmitatibus quæ inter eos factæ fuerunt, sed et de portione regni quondam Hlotarii; unde Karolus illi congruam responsionem mandavit.

Interea Basilius, quem Michael, Græcorum imperator, sibi in consortem (3) imperii asciverat, eumdem Michaelem dolo interfecit, et imperium sibi ascivit. Qui patricium suum ad Bairam (4) (*b*) cum 400 (5) navibus miserat, ut et Hludowico contra Sarracenos ferret suffragium, et filiam ipsius Hludowici a se desponsatam de eodem Hludowico susciperet et illi in conjugio sibi copulandam duceret. Sed quadam occasione interveniente, displicuit Hludowico dare filiam suam patricio; unde idem patricius molestus, Corinthum rediit, et revertente Hludowico ab obsidione Sarracenorum de partibus Beneventanis, iidem Sarraceni de Baira (6) egredientes, et hostem Hludowici post tergum sequen-

---

(1) B A Florikingas. — (2) B Ragenisburgh. — (3) B D H sortem; A consortium. — (4) P *legendum* Barim. — (5) A ccc. — (6) B D Barra.

(*a*) Florange, commune de l'arrond. de Thionville (Moselle), à 6 kil. de cette ville.
(*b*) Bari, ville d'Italie.

tes, plus quam duo millia caballorum ipsius hostis prædati sunt, et cum eisdem caballis duos ex se ipsis ordinantes cuneos, ad ecclesiam sancti Michaelis in monte Gargano perrexerunt, et clericos ejusdem ecclesiæ multosque alios qui ad orationem illuc convenerant deprædantes, cum multa spolia ad sua redierunt. Quod factum valde imperatorem atque apostolicum, sed et Romanos, turbavit.

Hludowicus, Hludowici regis Germaniæ filius, cum Saxonibus contra Winidos qui in regionibus Saxonum sunt, bellum committens, cum multa strage hominum ex utraque parte quoquomodo victoriam est adeptus (*a*); indeque reversus Rotlandus (*b*), Arelatensis archiepiscopus, abbatiam sancti Cæsarii (*c*) apud Hludowicum imperatorem et Engelbergam non vacua manu adeptus, in insula Camaria nimis undecumque ditissima, in qua res ipsius abbatiæ plurimæ conjacent, et in qua portum Sarraceni habere solebant, castellum opere tumultuario de sola terra ædificans, audito Sarracenorum adventu, in illud satis inconsulte intravit; et appellentibus ad ipsum castellum Sarracenis, amplius quam 300 suorum interfectis, ab eisdem Sarracenis est captus, et in eorum nave deductus est ac religatus. Unde 150 libris argenti et 150 mantellis et 150 spatis et 150 mancipiis, præter illa quæ in placito data sunt, ad redemp-

---

(*a*) Pertz donne la note suivante : « Aut hic aliqua desunt, aut narratio de Ludovici expeditione, sequentibus jam scriptis, inserta est. »

(*b*) D. Bouquet donne une note au sujet de Rotlandus avec l'indication suivante : « Litteræ a Nicolao papa ad Rotlandum istum datæ in Labbei Conc. t. VIII, p. 492, leguntur. »

(*c*) Il est ici question de l'abbaye de Saint-Césaire d'Arles.

tionem ejus concessis, interea idem episcopus in navibus moritur 13 kalend. octobris. Sarraceni autem ingeniose accelerantes de redemptione illius, quasi non possent ibi amplius immorari, si illum vellent recipere, redemptores illius redemptionem pro eo dare accelerarent edicunt (1); quod et factum est. Et Sarraceni, suscepta omni redemptione, miserunt eumdem episcopum sedere in cathedra, indutum vestimentis sacerdotalibus cum quibus captus fuerat, et velut pro honore deportaverunt eum in terra a navibus. Redemptores autem illius volentes cum eo colloqui et congratulari ei, invenerunt eum mortuum; quem cum maximo luctu exportantes, sepelierunt eum 10 kalendas octobris in sepulchro quod sibi ipse paraverat.

Salomon, dux Britonum, pacem cum Nortmannis in Ligeri residentibus fecit, et vinum partis suæ de pago Andegavensi cum Britonibus suis collegit. Hugo (a) abba et Gauzfridus cum Transsequanis, confligentes cum Nortmannis in Ligeri residentibus, 60 circiter inde interfecerunt; et capientes quemdam apostatam monachum, qui relicta christianitate se Nortmannis (2) contulerat, et nimis christianis infestus erat, decollari fecerunt (3). Karolus vero civitates Transsequanas (4) ab incolis firmari rogavit, Cinomannis scilicet ac Turonis, ut præsidio contra Nortmannos populis esse possent.

---

(1) B accelerant *au lieu de* accelerarent edicunt. — (2) A ad Nortmannos. — (3) A *ajoute* : Ea tempestate secunda irruptione Nortmanni Parisius venerunt et beati Germani monasterium depopulati sunt, cellarioque fratrum igne immisso, cum multa præda undecunque adquisita redierunt. — (4) B D Trans Sequanam.

(a) Cf. *Chronicon de gestis Normann.*, ann. 870.

Nortmanni autem hoc audientes, multam summam argenti, frumenti quoque et vini ac animalium ab incolis terræ ipsius quæsierunt, ut cum eis pacem facerent.

Karolus in villa Duciaco 6 idus octobris certo comperiens, obisse Hirmentrudem uxorem suam 2 non. octobris in monasterio sancti Dionysii, ubi et sepulta est, exequente Bosone, filio Buvini quondam comitis, hoc missaticum apud matrem et materteram suam Theutbergam, Hlotarii regis relictam, sororem ipsius Bosonis nomine Richildem mox sibi adduci fecit et in concubinam accepit; qua de re eidem Bosoni abbatiam sancti Mauritii cum aliis honoribus dedit, et ipse Aquis palatium eamdem concubinam secum ducens, festinare acceleravit, quatenus ibi residuos illius partis homines qui Hlotarii fuerant, sicut ei mandaverant, in sua ditione susciperet, denuntians se abinde palatium quod Gundulfi-villa(*a*) dicitur, in missa sancti Martini, venturum, ut de Provincia et de superioribus partibus Burgundiæ ad se venturos suscipiat(*b*). Veniens autem Aquis, nullum obtinuit quem ante non habuit, et inde, ut denuntiaverat, ad Gundulfi villam pervenit, ubi missos Adriani papæ, Paulum et Leonem episcopos, suscepit cum epistolis missis sibi et præsulibus ac regni primoribus in his Galliarum partium regionibus consistentibus(*c*). In

---

(*a*) Gondreville, commune de l'arrond. de Toul (Meurthe), à 5 kil. de cette ville, sur la rive droite de la Moselle. Sur cette localité, où se trouvait une villa royale dont il est souvent parlé dans la période Carlovingienne, voy. Mabillon, *de re diplomatica*, p. 285.

(*b*) Les faits que rapporte l'annaliste peuvent donner une idée de l'ambition et de l'immoralité de Charles-le-Chauve, et de son peu de respect pour les droits de l'Eglise.

(*c*) Les deux lettres du pape Adrien ont été reproduites par

quibus continebatur, ut regnum quondam regis Hlotarii, quod Hludowico imperatori, spiritali filio ejus, hereditario jure debetur, et quod ad eum post mortem ipsius Lotharii rediit, vel homines in eo degentes, mortalium nullus invaderet, nullus commoveret, nullus ad se conaretur inflectere; quod si quis præsumeret, non solum per suæ auctoritatis ministerium infirmaretur, verum etiam vinculis anathematis obligatus, nomine christianitatis privatus, cum diabolo locaretur. Et si quis de episcopis tam nefariæ temeritatis auctorem vel tacendo fugeret, vel non resistendo consentiret, non jam pastoris sed mercenarii nomine se nosset fore censendum; et quia jam non pertineret ad eum de ovibus, non pertineret consequenter de pastoralibus dignitatibus. Cum quibus episcopis et missus Hludowici imperatoris venit, nomine Boderadus, de his nihilominus satagens. Karolus autem, absolutis apostolici et imperatoris missis, deceptus vanis suasionibus falsorum missorum, qui ei suggerebant, quod frater suus Hludowicus vicinus morti foret, iter in Elisacias partes arripuit, ut Hugonem Liutfridi filium, et Bernardum (1), Bernardi filium, obtineret, sicut et fecit. Indeque Aquis veniens, ibidem nativitatem Domini celebravit.

(1) A. et Bernardum et.

Baronius et par toutes les collections des Conciles. Plusieurs auteurs, entre autres M. H. Martin, regardent le pape comme poussé par des vues de domination; il réclamait au nom de l'empereur Louis en invoquant *le droit paternel et héréditaire, la loi et la raison,* ainsi qu'il le dit dans ses lettres.

870.

Inde ad Rorici Nortmanni colloquium apud Noviomagum (a) palatium perrexit, quem sibi fœdere copulavit. Et in die festivitatis septuagesimæ prædictam concubinam suam Richildem desponsatam atque dotatam in conjugem sumpsit, et insperate a fratre suo Hludowico, Germaniæ rege, sibi nuntiantes missos accepit, ut si quantocius Aquis non egrederetur et regnum quondam Hlotarii penitus non desereret, idemque regnum, sicut Hlotarii homines tempore obitus ejus habebant, eis tenere pacifice non concederet, sine ulla retractione illum bello appeteret. Unde inter eos missis discurrentibus, eo usque causa perducta est, ut inter utrumque hujusmodi sacramenta fierent :

« Sic promitto ex parte senioris mei illius, quod senior meus ille fratri suo illi regi talem portionem de regno Hlotarii regis consentit habere, qualem aut ipsi justiorem et æquiorem aut communiter fideles eorum inter se invenerint, nec eum in ipsa portione, vel in regno quod antea tenuit, per aliquam fraudem vel subreptionem decipiet aut forsconsiliabit, si frater suus

---

(a) *Noviomagum palatium* est le palais de Nimègue. Bien que *Noviomagus* soit ordinairement employé pour désigner Noyon, il l'est aussi assez souvent pour désigner Nimègue. C'est dans cette dernière ville que se trouvait le palais, qui servit souvent de résidence aux Carlovingiens; c'est là, près de la mer, et non à Noyon, que Charles-le-Chauve devait avoir une entrevue avec Roric ; d'ailleurs, on le voit à Aix-la-Chapelle, non loin de Nimègue, avant et après cette entrevue. C'est donc à tort que le traducteur des *Mémoires relatifs à l'histoire de France* a traduit *Noviomagum* par Noyon.

ille (1) eamdem firmitatem et fidelitatem, quam ex parte senioris mei illius habeo promissam, frater suus ille seniori meo ex sua parte quamdiu vixerit inviolabiliter servet. »

Et hac infirma firmitate patrata, Karolus Aquis egrediens, uno itinere Compendium venit (2) ibique pascha Domini celebravit; indeque mense maio ad Attiniacum palatium venit, ubi et duodecim missos fratris sui Hludowici pro divisione regni accepit, qui superciliose tam de sanitate corporis Hludowici quam de prosperitate, quia Restitium Winidum, sibi diutino tempore infestissimum, tam dolo quam bello captum vicerat (3), elati (4), minus debito sacramenta inter eos facta duxere servanda. Quæ divisio multifarie multisque modis hinc et illinc agitata, et per diversos missos alterutrum directa, ad hunc finem ex Karoli mandato pervenit, ut in illud regnum quod inter eos secundum sacramenta præstita dividendum erat, pacifice convenirent, et sicut illi cum consensu et unanimitate communium fidelium ipsorum invenirent, secundum sacramenta inter eos præstita illud regnum dividerent. Interea postquam de multis causis impetitus, præcipue autem de subjectione regiæ potestatis et inobedientia erga suum archiepiscopum, Hincmarus, Laudunensis episcopus, ut se ab impetitis expediret, in synodo (a) episcoporum decem provinciarum libellum

---

(1) A Hludowicus. — (2) B D H P *omettent* venit *et tout ce qui suit jusqu'à* venit ubi et. — (3) B *omet* vicerat. — (4) B D H elevati.

(a) Dom Bouquet donne la note suivante sur ce synode d'Attigny : « Habita est hæc synodus apud Attiniacum. Ibi Hincmarus

propria manu subscriptum porrexit, hæc continentem :

« Ego Hincmarus, ecclesiæ Laudunensis episcopus, amodo et deinceps domno seniori meo, Karolo regi, fidelis et obediens ero secundum ministerium meum, sicut homo suo seniori, et episcopus quilibet suo regi esse debet, ac privilegio Hincmari, metropolitani provinciæ Remorum ecclesiæ, secundum sacros canones et decreta sedis apostolicæ (1) promulgata pro scire et posse me obedire velle (2) profiteor. »

Karlomannus etiam, Karoli regis filius et plurimorum monasteriorum pater, reputatus, quoniam insidias infideliter erga patrem suum moliebatur, abbatiis privatus, in Silvanectensi civitate est custodiæ mancipatus.

Karolus missos suos, Odonem scilicet, Belvagorum (3) episcopum, et Odonem atque Harduinum comites, ad fratrem suum Hludowicum ad Franconofurt dirigens,

---

(1) A apostolicæ ex sacris canonibus. — (2) A obediturum profiteor. Et subscripsit. — (3) B A Belgivagorum.

Remensis librum LV Capitum tradidit Hincmaro Laudunensi, quo ejus collectionem ad se missam per Wenilonem, archiepiscopum Rothomagensem, prolixe ac luculenter refellebat. In ea synodo rex de rebellione, Hincmarus Remensis de contumacia, Nortmannus comes de vi manifesta, clerici Laudunenses de injusta excommunicatione adversus Hincmarum Laudunensem conquesti sunt. Nova fidelitatis professione regi et metropolitano suo facta, ortam adversus se tempestatem nonnihil sedavit Laudunensis episcopus. Verum ante definitionem synodi fuga lapsus, pitaciolum misit, quo Romam eundi licentiam postulabat : quid deinde fecerit, narrat Hincmarus Remensis in epistola inter editas 35. Abrupta synodo Attiniacensi, Hincmarus Laudunensis faventem habuit Hadrianum papam, qui pro ipso graves et acerbas litteras scripsit Carolo Calvo et Hincmaro Remensi. Ad litteras pontificis alias rescripsit Carolus stylo acerbiori, quas composuit Hincmarus Remensis regis mandato. »

petiit ut ad regnum Hlotarii dividendum simul convenirent ; ipseque Pontigonem petens, ibi missos fratris sui accepit, nuntiantes illi, ut ad Heristallium pergeret, et frater suus Hludowicus ad Marsnam venturus foret, et in meditullio eorumdem locorum kalendas augusti colloquerentur, et unusquisque eorum quatuor episcopos et decem consiliarios et inter ministeriales et vassallos triginta tantummodo ad idem colloquium ducerent. Quo Hludowicus dum pergeret, ad Flamereshem in pago Ribuario venit, et de quodam solario vetustate confecto sub lignis fractis cum quibusdam suorum (1) cecidit, et aliquantulum naufragatus, in brevi convaluit; indeque Aquisgrani pervenit. Et discurrentibus inter utrosque fratres et reges missis, tandem v (2) kalendas (*a*) augusti ad locum colloquii convenerunt, et hoc modo regnum Hlotharii inter se diviserunt. Et hæc est divisio quam sibi Hludowicus accepit : (*b*)

Coloniam, Treviris, Uttrecht (3), Strastburg (4), Basulam (*c*) (5); abbatiam Suestre (*d*) (6), Berch (*e*),

(1) B D H *omettent* cum quibusdam suorum. — (2) H *corr.* vi kal. — (3) B Uttreht. — (4) B D Stratburg. — (5) A Basileum. — (6) B D Sivestre.

(*a*) Dom Bouquet fait remarquer qu'il faut substituer au v des kalendes d'août le vi des ides d'août, comme l'indique le titre 43 des Capitulaires qui donnent cette division.

(*b*) Ce traité est un document de la plus haute importance pour la géographie du moyen-âge.

(*c*) *Basula* pour *Basilea*, Bâle en Suisse.

(*d*) *Suestra*, aujourd'hui Susteren, ville du duché de Limbourg (Belgique). Pepin d'Héristall, en 714, avait donné cette localité à S. Willibrode, qui y fonda un couvent de Bénédictins. Chassés par les Normands, ces religieux furent remplacés par des chanoinesses. Voy. Bréquigny et Pardessus, *Diplomata*, t. II, p. 298.

(*e*) *Berch* ou *Berg*, mont Saint-Pierre, où Pepin d'Héristall avait

Niû-Monasterium (*a*), Castellum (*b*), Indam (*c*), sancti Maximini (1) (*d*), Ephterniacum (*e*), Horream (*f*), sancti Gangulfi (*g*), Faverniacum (*h*), Pollemniacum (*i*),

(1) B Sancti Maximi.

fondé un monastère, cédé par Lothaire en 858 aux chanoines d'Utrecht. Cette hauteur est aujourd'hui dans l'intérieur de la ville de Ruremonde, ville du Limbourg belge, sur la rive droite de la Meuse, comme Susteren.

(*a*) Pertz suppose que *Niu-Monasterium* peut être Neuss, près de Dusseldorf, sur le Rhin.

(*b*) Kessel, village du Limbourg belge, à 12 kil. de Ruremonde, sur la rive gauche de la Meuse. C'est la ville dont parle Ptolémée lorsqu'il dit: « Deinde post Mosam fluvium Menapii, et horum urbs Castellum. »

(*c*) Inden, village de la Prusse rhénane, près d'Aix-la-Chapelle. Le monastère qui y avait été fondé en 818 par Louis-le-Débonnaire, prit d'abord le nom d'Inden, de la rivière sur laquelle il est situé; il fut ensuite appelé Cornelis-Munster, ou monastère de S. Corneille, lorsque les reliques de ce saint y eurent été apportées.

(*d*) Célèbre abbaye de S. Maximin, à Trèves, aujourd'hui devenue une caserne.

(*e*) Epternach ou Echternach, ville du grand-duché de Luxembourg, sur la rive droite de la Sure. Pepin d'Héristall, en 698, y avait cédé un domaine à saint Willibrode, qui y fonda une abbaye.

(*f*) Oeren, monastère voisin de Trèves, fondé par Dagobert II, pour sa fille Irmine.

(*g*) Peut-être saint Gangolfe de Klaustal (*S. Gangolfi Claustriacense*), dans le Bas-Rhin, où se trouvait une abbaye de femmes.

(*h*) Faverney, aujourd'hui localité de l'arr. de Vesoul (Haute-Saône), où se trouvait une abbaye de Notre-Dame, fondée vers 747.

(*i*) Poligny, chef-lieu d'arr. du Jura, où se trouvait une abbaye de S. Sauveur ou S. Nicolas.

Luxoium (1) (*a*), Luteram (2) (*b*), Balmam (*c*), Offonis villam (*d*). Meieni monasterium (*e*), sancti Deodati (*f*), Bodonis monasterium (*g*), Stivagium (*h*), Romerici montem (*i*), Morbach (*j*), sancti Gregorii (*k*), Mauri

(1) B Luxovium. — (2) A Literam.

(*a*) Pour *Luxovium*, Luxeuil, auj. ville de l'arr. de Lure (Haute-Saône), célèbre abbaye fondée vers 590.
(*b*) Lure, chef-lieu d'arr. de la Haute-Saône, célèbre abbaye de S. Martin et S. Desle (Deicola), fondée vers 611.
(*c*) Baume-les-Messieurs, auj. ville de l'arr. de Lons-le-Saulnier (Jura), ancienne abbaye dont il est question en 817, dans le partage de Louis-le-Débonnaire ; non loin se trouvait le couvent de Baume-les-Dames.
(*d*) Il y eut trois couvents du nom d'*Offonis villa*, l'un dans le diocèse de Toul (Odonville-sur-la-Plaine ou Fonviller), l'autre dans le diocèse de Strasbourg (Schulteren); un troisième dans le diocèse de Besançon à Wuillafans.
(*e*) Moyen-Moûtier, ville de l'arr. de S. Dié, abbaye fondée en 703.
(*f*) Saint-Dié, chef-lieu d'arr. des Vosges, abbaye fondée en 667.
(*g*) Bon-Moûtier, monastère fondé par l'abbé Dodon, dans le diocèse de Strasbourg, près de Blamont, qui existait avant 816.
(*h*) Etival, arr. de S. Dié, monastère de femmes appelé S. Pierre d'Etival, plus tard cédé aux Prémontrés.
(*i*) Remiremont, chef-lieu d'arr. des Vosges, sur la rive gauche de la Moselle, monastère de femmes fondé vers 630.
(*j*) Morbach, auj. Murbach, arr. de Colmar (Haut-Rhin), sur les bords du Maurobach, monastère fondé dans les Vosges par le comte Eberhard, vers 724.
(*k*) S. Grégoire d'Alsace, monastère du diocèse de Strasbourg qui existait dès 747; et non, comme l'a cru Dom Calmet, S. Grégoire sur le Rhin ou Munster Gregorienthal, monastère du diocèse de Bâle qui ne fut fondé qu'en 989.

monasterium (*a*), Eboresheim (1) (*b*), Hoinowa (2) (*c*), Masonis monasterium (*d*), Hoinborch (3) (*e*), sancti Stephani (4) Strastburch (*f*), Erenstein (5) (*g*), sancti Ursi in Salodoro (*h*), Grandivallem (*i*), Altam petram (*j*), Lus-

---

(1) B D Eboreshem. — (2) B D H A Romowa. — (3) B D H Hombroch. — (4) B D H Stapni, A Stamphin. — (5) B D Erensten, A Erostein.

(*a*) Abbaye de Maurmunster, près de Saverne (Bas-Rhin), fondée en 599 par S. Maur et S. Liébard.

(*b*) Eboresheim, auj. Ebersmunter, sur la rive gauche de l'Ill, arr. de Schlestadt, monastère du diocèse de Strasbourg existant dès le viie siècle.

(*c*) Pour Honowa (*Honaugiense S. Michaelis monasterium*), Honaw ou Hohenhausen, monastère situé sur la rive droite du Rhin, dans une île un peu au-dessous de Strasbourg, fondé par Adalbert en 720.

(*d*) Maesmunter, en français Massevaux, arr. de Belfort (Haut-Rhin), couvent fondé vers le commencement du viiie siècle par le comte Mason, d'abord abbaye de bénédictines, et plus tard maison de chanoinesses.

(*e*) *Homburgense* ou *Hohenburgense monasterium*, monastère fondé par sainte Odile vers 667, sur le mont appelé Hohenberg et plus souvent encore Odilienberg, non loin de Barr, arr. de Schlestadt (Bas-Rhin).

(*f*) Saint-Étienne-de-Strasbourg, monastère de femmes fondé au viie siècle par Adalbert, frère de sainte Odile.

(*g*) Erstein, auj. ville de l'arr. de Schlestadt, sur l'Ill, couvent de femmes fondé vers 840 par Ermengarde, femme de Lothaire.

(*h*) Saint-Ours à Soleure, ville de la Suisse, sur l'Aar; Saint-Ours est la cathédrale de cette ville.

(*i*) Grandval ou Granfelt, monastère du diocèse de Bâle, fondé au viie siècle par S. Germain, et situé sur les bords de la Birse. dans le diocèse de Besançon se trouvait une autre abbaye de Grandval, fondée en 523 au milieu des gorges du Jura, qui pourrait être le *Grandis vallis* dont il est ici question.

(*j*) Mouthier Haute-Pierre, auj. commune du Doubs, arr. de Besançon, sur la Loue. C'est à tort que Mabillon et D. Calmet ont

tenam (1) (*a*), Vallem Clusæ (*b*), Castellum Carnonis (2) (*c*), Heribodesheim (3) (*d*), abbatiam de Aquis (*e*), Hœnchirche, Augstchirche (4) (*f*), comitatus Testrabant (5), Batua (6), Hattuarias (7) (*g*), Masau (8) (*h*) subterior de ista parte, item Masau superior quod de illa parte est, Liugas (*i*) quod de ista parta est, dis-

(1) B Lustinnam; A Justiniani; *Sirmond* Justina; *Baluze* Justena. — (2) B A Carnones; A *omet* castellum. — (3) B D H Heribodeshem. — (4) B Augustchirche. — (5) B D Commentestebant; A comitatus Testebrant. — (6) A Bavia. — (7) A Harmarias. — (8) B D Masiau.

appliqué cette mention à l'ermitage de Haute-Pierre, près de Moyen-Moûtier. Voy. Dunod, *Hist. de l'église de Besançon*.

(*a*) Les variantes nous permettent de voir dans *Lustenam*, localité que D. Bouquet déclare ne pas connaître, *Justenam* ou *Jussanum*, Joussan, monastère de femmes fondé près de Besançon vers 650.

(*b*) Vaucluse, abbaye dépendant de l'archevêque de Besançon, plus tard donnée à la congrégation de Cluny, auj. Vaucluse, arr. de Montbéliard (Doubs).

(*c*) Château-Châlon, auj. comm. de l'arr. de Lons-le-Saulnier (Jura), abbaye de femmes fondée vers la fin du vi[e] siècle.

(*d*) Heribodesheim, abbaye de bénédictines dans le diocèse de Metz.

(*e*) Probablement l'abbaye de Notre-Dame d'Aix-la-Chapelle.

(*f*) Hœnkirch et Augustkirch, deux couvents dont la situation nous est inconnue.

(*g*) Nous avons parlé plus haut du comté de Teisterbant, de celui de Batua et des Hattuariens qui habitaient sur les bords du Neers, dans la Gueldre.

(*h*) Masgaw, pays de la Meuse. Louis obtint le Masgaw sud, sur la rive droite depuis Mastricht jusqu'à Ruremonde (*Masau superior de ista parte*) et le Masgàw nord, sur la rive gauche de Ruremonde à la mer, où se trouvent Kessel et Bois-le-Duc (*Masau inferior de illa parte*).

(*i*) Liége, appelé *Liuga* ou *Luvia*.

trictum Aquense, districtum Trectis (*a*), in Ripuarias comitatus quinque (*b*) Megenensium (*c*), Bedagowa (*d*), Nitachowa (*e*), Sarachowa subterior (*f*), Blesitchowa (*g*), Selme (1) (*h*), Albechowa (2) (*i*), Suentisium (*j*),

(1) B Seline. — (2) B D Albethowa.

(*a*) Aix et Maestrecht.
(*b*) Dans une savante dissertation sur les cinq comtés du pays des Ripuaires, Kremer a prouvé que ce sont les comtés de Juliers, Cologne, Tolbiac, Bonn ou Aregaw, et Eifelgaw. (*Comment. Acad. Theod. Palat.*, t. IV hist., p. 178.)
(*c*) Meingaw ou Meinferdelgaw, pays situé entre le Rhin, la Moselle, l'Aar et l'Eltz, où se trouvent Munster, Andernach, Zentzig et Mejen.
(*d*) Bitgaw, ou comté de Bitbourg (*Bedensis pagus*), pays situé sur la rive gauche de la Moselle, où se trouvent Bidbourg et Epternach.
(*e*) Nithegaw (*Nitois, Nitensis pagus*), pays qui tire son nom de la Nied française et de la Nied allemande, deux petites rivières qui se réunissent, arrosent Bouzonville (arr. de Thionville, Moselle), et se jettent dans la Sarre.
(*f*) Le Saargaw ou pays de la Sarre, depuis Sarreguemines, confluent de la Bliese et de la Sarre, jusqu'au pays de Trèves, où se trouvent aujourd'hui Saarlouis et Saarbourg.
(*g*) Blesitgauw ou pays de la Bliese (*Blesensis, Blésois*), où se trouvait l'abbaye de Choley. La Bliese arrose le département de la Moselle.
(*h*) Valois et D. Calmet ont placé Selme dans les Ardennes, où se trouve le comté de Salm; Schœpflin le place avec plus de raison dans les Vosges, où se trouvait le château de Salm. Ce château, aujourd'hui en ruines, dépend de la commune de la Broque (Vosges).
(*i*) A l'opinion de Valois et d'Aubert le Mire, qui placent l'Albechowa sur les bords de l'Albe, dans le Saargaw, il paraît préférable d'adopter celle de Schœpflin qui le met dans le comté de Blanmont, sur les bords de la Vezouze, auj. Blamont, ville de l'arr. de Lunéville (Meurthe).
(*j*) Sundgaw, auj. départ. du Haut-Rhin.

Calmontis (*a*), Sarachowa (1) superior (*b*), Odornense (*c*) quod Bernardus habuit, Solocense (*d*), Basiniacum (*e*), Elischowe (2) (*f*), Warasch (3) (*g*), Scudingum (*h*), Emaus (*i*), Basalchowa (4) (*j*), in Elisatio comitatus duos (*k*), de Frisia duas partes (*l*) de regno quod

(1) B Sarachova. — (2) D Esischowe; A Eliscowe. — (3) A Warachstudingum. — (4) B D Basalclowa.

(*a*) Le Chaumontois, où s'élevaient les abbayes de Senones et d'Etival, pays où se trouvent aujourd'hui Nanci et Epinal, et comprenant une partie des Vosges et de la Meurthe.

(*b*) Le Saargaw méridional, ou pays de la Sarre depuis sa source jusqu'à Sarreguemines, comprenant une partie de la Meurthe et du Bas-Rhin, où se trouvent Saarbourg, Fenestranges et Saar-Union.

(*c*) Voy. une note à l'ann. 839; pays d'Ornois.

(*d*) Soulossois, pays arrosé par le Vair, affluent de la Meuse, où se trouve auj. Soulosse, arr. de Neufchâteau (Vosges).

(*e*) Petite contrée, moins étendue que le pays nommé depuis le Bassigny. Celui dont il est ici question se trouvait aux sources de la Meuse et de la Marne; l'on y remarquait l'abbaye de Saint-Blin, auj. arr. de Chaumont (Haute-Marne).

(*f*) Aubert le Mire prend Elischowe pour toute l'Alsace. Valois place ce pays près de l'Eltz, rivière qui se jette dans la Moselle, non loin de Trèves. Schœpflin prouve que c'est l'Elzgaw (*pagus Alsegaudiæ*), situé à l'endroit où se trouve auj. Huningue et Ferrette (Haut-Rhin).

(*g*) Aubert le Mire place Warasch en Bourgogne, dans le comté de Varesque; Dom Calmet dit que c'est peut-être Gray (Haute-Saône).

(*h*) Le *Scudingum* était situé près de Salins, dans le Jura, comme le prouvent les Bollandistes, *Acta SS.*, t. I febr., p. 355-360.

(*i*) Valois croit qu'il s'agit ici de l'Amans dont il est parlé en l'année 839; Hericus, dans les Miracles de S. Germain, mentionne un *Amansensis pagus*, situé sur les bords de l'Amance, affluent de la Saône, qui arrose l'arr. de Vesoul (Haute-Saône).

(*j*) Le pays de Bâle (Suisse).

(*k*) Les deux comtés d'Alsace, le Sundgaw (Haut-Rhin), le Nordgaw (Bas-Rhin).

(*l*) La Frise, depuis la mer du Nord jusqu'au Weser, était divisée

Hlotarius habuit. Super istam divisionem propter pacis et charitatis custodiam super addimus istam adjectionem : civitatem Mettis cum abbatia sancti Petri et sancti Martini et comitatu Moslensi (*a*), cum omnibus villis in eo consistentibus, tam dominicatis quam et vassallorum ; de Arduenna sicut flumen Urta (1)(*b*) surgit inter Bislanc (2)(*c*) et Tumbas, ac decurrit in Mosam, et sicut recta via (*d*) pergit in Bedensi, secundum quod communes nostri missi rectius invenerint, excepto quod de Condrusto (*e*) est ad partem orientis trans Urtam, .et abbatias Prumiam et Stabolau, et omnibus villis dominicatis et vassalorum.

Et hæc est divisio quam Karolus de eodem regno sibi accepit : Lugdunum, Vesontium, Vienna, Tungris, Tullum, Viridunum, Cameracum, Vivarias (*f*), Ucetiam (3) (*g*), Montem-falconis (*h*), sancti Michaelis. (*i*),

---

(1) A Ursa. — (2) A Bislave. — (3) B Uceciam, D Uceriam, A

en trois parties; la partie centrale et la partie orientale appartenaient à Louis le Germanique.

(*a*) *Mosellensis pagus*, le Mosellois, pays qui comprend, non tout le cours de la Moselle, mais ce fleuve et les contrées qu'il arrose depuis Metz jusqu'au pays de Trèves.

(*b*) L'Ourthe, rivière qui arrose l'est de la Belgique et se jette dans la Meuse à Liége.

(*c*) Beslang ou Bellain et Tommen, deux petites localités du Grand-Duché de Luxembourg, voisines des sources de l'Ourthe.

(*d*) Aubert le Mire croit qu'il faut entendre par *via recta* la voie romaine encore appelée de son temps Herestrate, la route des armées, ou Heydenstrate, la route des païens, qui conduisait des sources de l'Ourthe à travers le Grand-Duché de Luxembourg.

(*e*) Le Condroz, pays qui s'étendait de Huy à Dinant.

(*f*) Viviers, sur la rive droite du Rhône, départ. de l'Ardèche.

(*g*) Uzès, sur la rive droite de l'Auzon, dép. du Gard.

(*h*) Montfaucon, auj. arr. de Montmédy (Meuse), abbaye fondée en 737 dans le Dormois, canton de l'Argonne.

(*i*) Saint-Mihiel, auj. arr. de Commercy (Meuse), abbaye fondée

Gillini (1) monasterium (*a*), sanctæ Mariæ in Bisantione (2), sancti Martini in eodem loco, sancti Augentii (*b*), sancti Marcelli (*c*), sancti Laurentii Leudensi (3) (*d*), Sennonem (*e*), abbatiam Niellam (*f*), Molburium (4) (*g*), Laubias (*h*), sancti Gaugerici (*i*), sancti

Uzotias. — (1) B Gildini (?); A suldum. — (2) B Bizintino. — (3) A Lendensi. — (4) *Sirmond* Melbarium; *Baluze* Molbarium.

en 709, sur la rive droite de la Meuse.

(*a*) Ce monastère n'est pas, comme on l'a cru, Saint-Ghislain, en Belgique, mais probablement Calmoutier, qui est appelé dans les Capitulaires *Culdini monasterium;* Calmoutier est aujourd'hui dans l'arr. de Vesoul (Haute-Saône).

(*b*) Abbaye de Saint-Oyan (*Augentii*, *Eugendi*), fondée vers 520, à l'endroit où se trouve auj. Saint-Claude (Jura).

(*c*) Abbaye de Saint-Marcel, près de Châlon-sur-Saône.

(*d*) Cette abbaye parait être celle de Saint-Laurent de Cosne (Nièvre), fondée en 578 dans le diocèse d'Auxerre, près de la rive droite de la Loire. Mais que signifie *Leudensi?* Des auteurs y voient Saint-Laurent de Liége.

(*e*) Pertz croit qu'il faut chercher *Sennonem* dans les Pays-Bas ; le contexte permet d'y voir avec Mabillon la célèbre abbaye de Sénones, fondée au viie siècle; Sénones, auj. arr. de Saint-Dié (Vosges).

(*f*) Nivelles, en Belgique (*Niella*, *Nivigella*), abbaye fondée en 645.

(*g*) Maubeuge (*Malbodium*, *Melbodium*, *Melburium*), abbaye fondée au viie siècle par sainte Aldegonde, auj. ville du départ. du Nord, sur la Sambre.

(*h*) Lobbes (*Laubium*), abbaye fondée au viie siècle, aujourd'hui village de la Belgique sur les bords de la Sambre.

(*i*) Saint-Géry, abbaye, plus tard convertie en collégiale, fondée vers 600 sur le mont où se trouve aujourd'hui la citadelle de Cambrai (Nord).

Salvii (*a*), Crispinno (*b*), Fossas (*c*), Marilias (*d*), Hunulficurt (1) (*e*), sancti Servatii (2) (*f*), Maalinas (*g*), Ledi (*h*), Sunniacum (*i*), Antonium (*j*), Condatum (*k*),

(1) B D Hunulfcurt. — (2) B Servasii.

(*a*) *S. Salvii abbatia*, ou *Brenna*, abbaye située sur les bords de l'Escaut, auj. Saint-Saulve, arr. de Valenciennes (Nord).

(*b*) *Abbatia Crispiniensis* ou *Crispiniana*, abbaye fondée vers 650 sur le Honneau, non loin de l'Escaut, auj. Crespin, arr. de Valenciennes (Nord).

(*c*) *Fossense monasterium S. Fursæi*, abbaye fondée vers 545, auj. Fosses, ville de la province de Namur (Belgique).

(*d*) *Maricolenses abbatia, Maricolæ, Mareclæ* et *Marelæ*, abbaye fondée vers 653, auj. *Maroilles*, commune de l'arr. d'Avesnes (Nord), sur l'Helpe-Mineure, près de la Sambre.

(*e*) *Hunnecurtense monasterium, Hinnocurtum, Hunoniscuria, Hinnulficurtis*, en roman *Hunolcorth, Hunulcurt*, abbaye fondée vers 680, auj. Honnecourt, arr. de Cambrai (Nord), sur la rive gauche de l'Escaut.

(*f*) *S. Servatii Trajectensis abbatia seu ecclesia*, église et plus tard abbaye remontant à l'origine même du christianisme en Gaule, auj. la cathédrale de S. Servais à Maestricht.

(*g*) Balderic, dans sa *Chronique de Cambrai et d'Arras*, dit qu'au viiie siècle il y avait à Malines un monastère, plus tard converti en un collége de chanoines. C'est de ce monastère qu'il est ici question.

(*h*) Ledi ou Lira, *Liranum oppidum seu Ledo*, où se trouvait un chapitre de chanoines dont parle Baldéric; auj. Lierre, ville de la province d'Anvers (Molanus, *Natal. SS.* 1 julii), au confluent des deux Nèthe.

(*i*) *Sunniacum, Sonneguæ, Soneguæ, Songiæ*, où se trouvait aussi un chapitre de chanoines, auj. Soignies, ville de la province de Hainaut (Belgique), sur la Senne.

(*j*) *Antonium*, où se trouvait une abbaye de femmes plus tard convertie en collége de chanoines, auj. Antoing, commune du Hainaut (Belgique), sur l'Escaut.

(*k*) *Condatum, Condate*, où se trouvait une abbaye de femmes fondée au viie siècle, auj. Condé, chef-lieu de cant. de l'arr. de Valenciennes (Nord), au confluent de l'Escaut et de la Haine.

Mesrebecchi (1) (*a*), Tidivinni (2) (*b*), Lutosa (3) (*c*), Calmontis (*d*), sanctæ Mariæ in Deomant (*e*), Echa (*f*), Andana (*g*), Wasloi (*h*), Altum-montem (*i*); comitatus Texandrum (*j*), in Bracbanto comitatus quatuor (*k*), Cameracencem (4) (*l*), Hainoum (*m*), Lomensem (*n*), in Hasbanio comitatus quatuor (*o*), Masau superior de

(1) B Merrebecchi, A Merreleccha. — (2) A Ticlivium, *Baluze* Ticlivimis. — (3) B Luttosa. — (4) B Camatensi, D Camutensem.

(*a*) *Merrebecca, Merbeca*, où la sœur de S. Amand fonda une abbaye au viie siècle; auj. Meerbeek, commune de la Flandre orientale, non loin de Ninove (Belgique), sur la rive droite de la Dendre.

(*b*) *Ticlivinnium*, où se trouvait une abbaye fondée en 750, auj. Dickle ou Dickelvenne, commune de la Flandre orientale (Belgique), sur l'Escaut.

(*c*) *Luitosa, Lutosa*, où se trouvait une abbaye fondée au viie s., auj. Leuze, ville du Hainaut (Belgique).

(*d*) Auj. Calmont, près de Torlemont, prov. de Brabant (Belgique), monastère fondé au viie siècle.

(*e*) *Dionantum*, abbaye fondée en 590, auj. Dinant, prov. de Namur (Belgique), sur la Meuse.

(*f*) Auj. Alden-Eyck, prov. de Limbourg, sur la Meuse, monastère de femmes fondé en 730.

(*g*) *Andana* ou *Andenna*, où se trouvaient deux monastères fondés au viie siècle, auj. Andenne, prov. de Namur (Belgique), sur la Meuse.

(*h*) *Wasterum*, monastère fondé au viie siècle, auj. Walers, arr. d'Avesnes (Nord), près des sources de l'Helpe-Majeure.

(*i*) *Altimontense monasterium*, abbaye fondée au viie siècle, auj. Haumont, canton de Maubeuge (Nord), sur la Sambre.

(*j*) Contrée corresp. à ce que l'on appelle la Campine.

(*k*) Le Brabant, pays plus étendu que les provinces de ce nom, qui s'étendait depuis la Haine, l'Escaut et la Rupel, jusqu'à la Senne.

(*l*) (*m*) (*n*) Nous avons déjà parlé du Cambrésis, du Hainaut, et du pays de Lomme ou Namurois.

(*o*) Nous avons donné plus haut les limites de la Hesbaie. Les

ista parte Mosæ, Masau subterior de ista parte, Liugas quod de ista parte est Mosæ et pertinet ad Veosatum (*a*), Scarponinse (*b*), Viridunense (*c*), Dulmense (*d*), Arlon (*e*), Wavrense (*f*) comitatus duos, Mosminse (*g*), Castricium (*h*), Condrust, de Arduenna sicut flumen Urta surgit inter Bislanc et Tumbas ac decurrit ex hac parte in Mosam, et sicut recta via ex hac parte occidentis pergit in Bedensi, secundum quod missi nostri rectius invenerint; Tullense, aliud Odornense (*i*) quod Tetmarus (1) habuit, Barrense (*j*), Portense (*k*), Salmoringum (*l*), Lugdunense, Viennense, Vivarias,

---

(1) H *alias* Tremarus.

quatre comtés, selon Wastelain, étaient ceux de Louvain, Moilla, Brugeron et Nastenaco.

(*a*) Auj. Visé, prov. de Liége (Belgique).

(*b*) *Scarponensis pagus*, canton qui tire son nom d'un ancien château situé dans une petite île de la Meuse; auj. Scarponne ou Charpeigne, dépend. de la comm. de Dieulouard, arr. de Pont-à-Mousson (Meurthe).

(*c*) Le pays de Verdun, sur les deux rives de la Meuse.

(*d*) *Dulmensis* ou *Ducalmensis pagus*, le Dormois, petit pays enclavé dans l'Argonne, où se trouve Stonne, arr. de Sedan (Ardennes).

(*e*) Arlon, chef-lieu de la prov. de Luxembourg (Belgique).

(*f*) *Wabrensis* ou *Wavrensis pagus*, le pays de Woevre, entre le Verdunois et le Scarponnois, où se trouve Fresne en Woevre, arr. de Verdun (Meuse).

(*g*) *Mosanagensis pagus*, Mouzonnois, sur les deux rives de la Meuse, où se trouve Mouzon (Ardennes).

(*h*) *Castricensis pagus*, le Castrice, canton sur la Meuse, près de Mézières et de Donchéry (Ardennes).

(*i*) Nous avons déjà parlé de l'*Odornense*, ou pays d'Ornois.

(*j*) Le pays de Bar, Barrois (Bar-le-Duc), voir plus haut.

(*k*) Le Portois, voir plus haut.

(*l*) Probablement le pays arrosé par le Saulx, affluent de la

Uccericium (1) (a), de Frisia tertiam partem.

Et in crastina, scilicet IV idus ejusdem mensis, simul convenerunt, et valefacientes se, mutuo ab invicem discesserunt, Hludowicus videlicet Aquis rediens, et Carolus Liptinis uxorem suam obviam sibi venire jubens, partem ipsius regni quam accepit, sicut placuit sibi, divisit; indeque per monasterium sancti Quintini ad Silvacum, et inde per Carisiacum Compendium veniens, autumnalem venationem in Cotiæ saltu exercuit.

Hludowicus læsionem contusionis, quam ex supradicto casu de solario perpessus fuerat, minus necessario curari a medicis sustinens, computrescentem carnem ab eisdem medicis secari fecit; unde et longiori quam speraverat tempore in Aquis decubuit, ubi et pene desperatus, vix mortem evasit. Ibique apostolici Adriani missos, Joannem et Petrum cardinalem (2) episcopos, itemque Joannem ecclesiæ Romanæ presbyterum, sed et missos Hludowici (b) imperatoris, Wibodum scilicet episcopum et Bernardum comitem suscepit, sibi denunciantes, ut de regno Hlotarii nepotis sui, quod fratri suo Hludowico imperatori debebatur, non præsumeret (3). Et in brevi absolutos ad fratrem suum

---

(1) B Uceciaim. — (2) B D cardinales; A Joannem et Petrum itemque Joannem episcopos et Petrum cardinalem ecclesiæ Romanæ presbyterum. — (3) A non præsumeret se intro mittere.

Marne, qui arrose une partie du dép. de la Meuse, où se trouve Saulx, ainsi que Salmaque, près de la forêt du même nom, arr. de Bar-le-Duc.

(a) Uzès.

(b) Dom Bouquet fait remarquer que Wibode était un légat du pape Adrien, et non un ambassadeur de l'empereur Louis.

Karolum eos direxit, et ipse mox, ut aliquantulum convaluit, ad Reginisburg pergens, Restitium, Winidorum regulum, a Karlomanno per dolum nepotis ipsius Restitii captum et aliquandiu in custodia detentum, post judicium mortis (1) excæcari et in monasterium mitti præcepit, suosque filios Hludowicum et Karolum ad se venire præcepit. Qui sentientes, satagente matre inclinatiorem esse voluntatem patris erga Karlomannum quam erga se, ad illum venire detrectaverunt. Hludowicus ad placitum suum quod in Franconofurd condixerat, ante quadragesimæ initium venit, et satagentibus legatis, inter eum et filios suos utrinque factæ sunt firmitates, ut usque ad (2) futurum maium mensem et ipsi ex parte patris securi manere possent, et illi vastationem regni quam incœperant dimitterent, et pacifice usque ad idem placitum degerent; et hoc ita patrato negotio, Hludowicus ad Reginisburg rediit.

Karolus, peracta autumnali venatione, ad monasterium sancti Dionysii, festivitatem ipsius sancti celebraturus, perrexit; ubi ipsa die inter missarum solemnia præfatos apostolici missos cum epistolis ad se et ad episcopos regni sui directos terribiliter sibi regnum quondam Hlotarii, quod fratri suo imperatori debebatur, interdicentibus, moleste suscepit. Et deprecantibus eisdem missis cum aliquantis fidelibus suis, Karlomannum filium a custodia ex Silvanectis civitate absolvit, et secum manere præcepit; ipsos autem missos domni apostolici et imperatoris usque Remis deduci fecit. Et undique plurimos fidelium suorum illic convenire faciens et per octo dies ibidem immorans,

---

(1) A *omet* mortis. — (2) D H P *omettent* ad.

eosdem missos absolvit; postea legatos suos, Ansegisilum (*a*) videlicet presbyterum, monasterii sancti Michaelis abbatem, et Hlotarium (1) laicum (2), cum epistolis ad domnum apostolicum, sed et pannum ad altare sancti Petri de vestimentis suis aureis compositum cum duabus coronis aureis et gemmis ornatis misit, et ipse usque ad Lugdunum pervenit. Unde Karlomannus (3) noctu a patre aufugiens, in Belgicam provinciam venit, et congregatis secum pluribus satellitibus ac filiis Belial, tantam crudelitatem et devastationem secundum operationem Sathanæ exercuit, ut credi non possit nisi ab ipsis, qui eamdem depopulationem viderunt atque sustinuerunt. Quod Karolus nimium ægre tulit, non tamen iter suum deseruit, sed Viennam, in qua Berta uxor Gerardi erat, obsessurus quantocius adiit; nam Gerardus in altero morabatur castello; in qua obsidione circumjacentes regiones nimis

(1) A Eltharium; *Chroniques de S. Denys*, Lietharz. — (2) A laicum Romam. — (3) D Karolus.

(*a*) Au sujet d'Anségise et du monastère de S. Michel, nous trouvons la note suivante dans D. Bouquet : « Haud alius est ab Ansegiso abbate, qui anno sequente subrogatus est Egili seu Egiloni archiepiscopo Senonensi, cujus obitus hoc anno 871 contigit. Quodnam fuerit illud sancti Michaelis monasterium, cujus abbas erat Ansegisus, non levis est controversia, ut notat Mabillonius lib. xxxvii. *Annal. Bened.*, num. 11. Sunt qui existimant, hanc esse sancti Michaelis apud Bellovacos ecclesiam, quæ ex monasterio collegiata evaserit. At contra opponunt alii, nullum ejus ecclesiæ monumentum reperiri ante sæculum duodecimum. Hincmarus apud Frodoardum lib. iii, cap. 23, Ansegisum vocat *Remensis diœceseos*, id est provinciæ, *monachum*. In decreto cleri et populi Senonensis ad provinciales episcopos, dicitur Ansegisus presbyter Remorum diœceseos, ecclesiæ autem Belvacensium, atque abbas monasterii sancti Michaelis.

fuere vastatæ. Karolus autem ingeniose (1) cogitans magnam partem eorum qui in Vienna erant sibi conciliavit; quod sentiens Berta, post Gerardum direxit, qui veniens Karolo civitatem dedit, in qua idem rex vigilia nativitatis Domini intrans, nativitatem Domini celebravit.

871.

Karolus, Vienna in potestate sua suscepta, a Gerardo sibi obsides dari pro aliis castellis suis missis tradendis coegit, et tribus navibus Gerardo datis, per Rhodanum cum sua uxore Berta et mobilibus suis a Vienna permisit abscedere, et ipsam Viennam Bosoni, fratri uxoris suæ, commisit, ipseque per Autissiodorum et Senones ad monasterium sancti Dionysii quantocius prout potuit venire maturavit. Quod audiens Karlomannus, cum suis complicibus ad Mosomum perrexit, et ipsum castellum cum villis circumjacentibus devastavit; unde quatuor missos suos ficte ad patrem suum direxit, mandans quod sine honoribus ad illum, fidei suæ credens, veniret, et Deo et (2) illi de quibus commiserat, satisfacere vellet, tantum ut de his qui cum eo erant, misericorditer tractaret, qualiter salvi esse valerent; non tamen a male cœpto vel aliquantulum destitit. Karolus autem rex ad eumdem filium suum Karlomannum cum duobus illius missis, nam alios duos secum retinuit, Gauzlinum abba-

(1) A *ingeniose inter eos, qui in Vienna erant illam custodientes, dissentionem mittens, magnam partem eorum sibi conciliavit.* — (2) B *omet* et.

tem (1) et Balduinum (2) comitem ipsius Karlomanni sororium, misit, mandans illi convenientiam, qua ad eum secure posset venire, si vellet. Ipse autem Karlomannus dolo se simulans ad patrem suum venturum, alios missos impossibilia quærentes ad eum direxit, et ipse in partes Tullenses perrexit. Karolus autem, judicium quærens de talibus qui filium suum, scilicet diaconum et Ecclesiæ sanctæ ministrum a se Domino traditum, furati fuerunt, et tanta ac talia flagitia atque facinora et depopulationes in regno suo fecerunt; post judicium vero mortis, omnia quæ illorum erant infiscari præcepit, et ordinatis scaris quæ eumdem Karlomannum cum suis complicibus de regno propellerent, judicium episcopale de illis expetiit. Et quoniam apostolus præcepit cum hujusmodi nec cibum sumere, eosdem episcopi in quorum parochiis tanta mala commiserant, secundum sacros canones communione (a)

(1) A abbatem monasterii S. Germani. — (2) B Baldwinum.

(a) Voici encore une note de D. Bouquet : « Eos excommunicavit Hincmarus, Remensis archiepiscopus, et censuræ formulam ad archiepiscopos aliarum provinciarum atque ad nepotem suum Hincmarum, Laudunensem episcopum, mittit subscribendam. Hincmarus ter quaterque admonitus subscribere renuit, sive regis et archiepiscopi odio, sive similis causæ societate, sive ad Adriani papæ gratiam magis ac magis emerendam. Nam Carolomannus, Hincmari Laudunensis exemplo, et forsan consilio, legatis Romam missis, et appellatione ad pontificis judicium, excommunicationem conatur effugere. Adrianus ad eam appellationis vocem excitatus, et principis impii legatione deceptus, et aliunde ob regnum Austrasiæ occupatum Carolo infensus, ejus patrocinium ardenter suscipit, patremque de cogitata adversus filium vindicta graviter reprehendit in epistola ad eum data III Idus Julii indictione IV, anno scilicet 871. Scripsit et ad episcopos litteras eadem suscriptione notatas, vetatque excommunicationem

privarunt, sicut in epistolis continetur, quas inde juxta sacras regulas ad alios episcopos transmiserunt. De Karlomanno autem, quia diocesios Senonensis erat diaconus, et post præstita per duas vices sacramenta de quibus perjurus erat, sicut pater ejus publica denuntiatione omnibus qui adfuerant intimare curavit, et tantam rebellionem et infidelitatem contra illum tantaque flagitia in regno suo commiserat, judicium episcoporum ipsius provinciæ expetendum decrevit. Deinde Karolus ad monasterium sancti Dionysii, imminente quadragesimali tempore, usque ad sanctum pascha ibidem immoraturus, regreditur, ubi et pascha Domini celebravit.

Karlomannus, insequente se a patre post eum scara directa, Jurum (1) transiit, et sicut in Belgicis et Gallicis regionibus egerat, mala cœpta exsequi non omisit. Hincmarus Laudunensis, nomine tantum episcopus, homo insolentiæ singularis, contra evangelicam veritatem et apostolicam atque ecclesiasticam auctoritatem, contra regem rebellans, et in vicinos ac sibi commissos tam clericos quam laicos sine ulla reverentia sæviens, et metropolitano suo se inde regulariter commonenti obedire contemnens, adeo et regem suum (2) et archiepiscopum suum atque episcopos totius regni erga se commovit, ut rex synodum in mense augusto apud Duciacum condiceret, quatenus de illius pravitatibus regulare ibi agitaretur judicium.

(1) H Juram. — (2) B *omct* suum.

in Carolomannum jaculari. Eodem die ad regni proceres litteras dedit, ne a patre vocati ad arma contra filium progrediantur. »

Ipse autem rex Karolus petentibus nepotibus suis, Hludowici fratris sui filiis Hludowico et Karolo, per Viridunum obviam eis, locuturus cum illis, perrexit, et inde ad synodum in Duciaco (*a*) rediit.

Interea Hugo, abba monasterii sancti Martini, et Gozfridus cum cæteris Trans-Sequanis incaute adeuntes insulam Ligeris, in qua Nortmanni firmitatem suam habebant, cum maximo damno et multorum occisione vix evaserunt. Hincmarus vero tandem cum multa superbia in synodum venit, in qua a rege Karolo secundum regulas ecclesiasticas porrecta petitione, de causis certissimis regulariter accusatus atque convictus, depositionis judicium regulare suscepit, sicut in gestis continetur ipsius synodi, quos eadem synodus per Actardum venerabilem episcopum (*b*), qui eidem synodo interfuit, ad apostolicam sedem direxit.

Prædicti quoque nepotes regis in Duciacum venerunt ad eum, petentes ut eos cum patre suo pacificaret; sed et missi Hludowici fratris sui ad eum venerunt, postulantes ut obviam illi secus Trejectum municipium ad colloquium illius veniret, sicut et fecit, ducens secum missos nepotum suorum, qui ea quæ petierunt, apud patrem suum ex illorum voce narrarent. Ubi etiam missos Karlomanni filii sui, interve-

---

(*a*) Nous avons déjà vu le nom de *Douzy*, auj. commune de l'arr. de Sedan (Ardennes), sur le Chiers. Les archevêques de Reims, à qui ce village avait été donné par Clodoald ou saint Cloud, y faisaient souvent leur résidence; Charlemagne y avait solennisé la fête de Noël en 777; deux conciles y furent célébrés dans le ixe siècle. Les actes de celui de 871, dont il est ici question, se trouvent dans Labbe, t. VIII Concil., p. 1547.

(*b*) On lit dans une note de D. Bouquet : « Namnetensem, jam et Turonensem. Cf. Adriani II epistolas ad hunc annum. »

niente Hludowico fratre suo, Karolus rex audivit, et sicut antea sub conditione suæ correctionis eum redire ad se invitavit; quæ invitatio nihil profecit. In quo aliquandiu colloquio Hludowicus et Karolus immorantes, aut parum aut nihil profecerunt; sicque ab invicem in capite mensis septembris separati, quisque ad sua repedare curavit; Hludowicus scilicet ad Reginisburg perrexit, quia maximum damnum a nepote Resticii, qui principatum Winidorum post eum susceperat, habuit, in tantum ut markiones cum plurima turba suorum perdiderit, et terram quam in præteritis annis obtinuerat, perniciose amiserit. Karolus autem per Liptinas versus Audriacam villam venandi gratia repedavit; in quo itinere missos ab Italia plurimorum suscepit, qui eum invitabant Italiam ire, quoniam nepos suus Hludowicus in Benevento civitate cum uxore et filia a Beneventanis occisus foret. Qui per Remum (1) civitatem pergens, usque Vesontionem urbem pervenit. Karlomannus vero audiens patrem suum post se ire, suadentibus suis, ad illum cum ficta (2) humilitate pervenit; quem pater quidem recepit et secum manere præcepit, usque dum ad suos fideles in Belgicam veniret, et eorum consilio inveniret, qualiter eum honorare debuisset. Sed et Hludowicus, rex Germaniæ, audiens præfatum nepotem suum Hludowicum imperatorem mortuum, filium suum Karolum in terram quam ultra Jurum habebat direxit, ut quos posset sacramento ad ejus fidelitatem constringeret, sicut et fecit.

Dum autem Karolus in Vesontio moraretur, missi

---

(1) D Rheitium. — (2) D H P conficta *au lieu de* cum ficta.

sui quos in Italiam præmiserat, nuntiaverunt ei, quod ipse imperator Hludowicus viveret et sanus corpore esset; nam Adalgisus cum aliis Beneventanis adversus ipsum imperatorem conspiravit, quoniam idem imperator factione uxoris suæ eum in perpetuum exilium deducere disponebat. Et cum idem Adalgisus noctu super ipsum imperatorem irruere disposuisset, isdem cum uxore sua et cum eis quos secum habebat, quamdam turrem valde altam munitissimam ascendit, et ibi per tres dies cum suis se defendit; tandem episcopus ipsius civitatis obtinuit apud Beneventanos, ut, acceptis ab eodem imperatore sacramentis, illum vivum et sanum abscedere permitterent; juravit autem ipse et uxor ejus et filia ejus ac omnes sui quos secum habebat, quia numquam vel nusquam pro eadem causa ullam vindictam aut per se aut per quemcunque de ipsa causa erga se perpetrata requireret, et numquam cum hoste in Beneventanam terram intraret. Sicque egressus, per Spoletium versus Ravennam iter arripuit, mandans apostolico Adriano, ut obviam illi in transitu itineris sui veniret, quatenus de ipso sacramento illum et suos absolveret. Interea Landbertus cum alio Landberto, sentientes sibi reputari ab imperatore de his quæ in eum facta fuerant, ab eo discesserunt, et in partes Beneventi, quia præfatus Adalgisus eis conjunctus erat, perrexerunt; quos idem imperator insequens, uxorem suam Ravennam, ubi placitum suum tenere disposuerat, direxit, et primores regni Italici ad eam venire mandavit, ut de his quæ præceperat tractarent, donec ipse ab expeditione illa rediret. Sed quia Landbertus quos insecutus fuerat consequi non poterat, reverti imperator quo disposuerat studuit. Karolus autem, audiens occasionem qua putabatur Hludowicus imperator occisus, et quia vivus erat, a Vesontio recto itinere per Pontigonem et inde per Attiniacum usque ad Silvacum venit, quo placitum cum suis consiliariis habuit, et eorum consilio Karlomannum iterum Silvanectis custodiæ mancipavit, et ejus complices sacramento suæ fidelitatis per singulos comitatus constringi præcepit ; sicque accipientibus senioratum quemcumque vellent de suis fidelibus, et in pace vivere volentibus, in regno suo habitare permisit. Deinde a Silvaco Compendium venit, ibique nativitatem Domini celebravit anno Domini 872.

872.

Compendio denique movens, 13 (1) kalendas februarii iter arripuit ad Monasterium (*a*), locuturus cum Rorico et Rodulpho Nortmannis, rediturus in initio quadragesimæ iterum ad Compendium ; et sabbato ante palmas ad monasterium sancti Dionysii veniens, ibi pascha Domini celebravit. Post pascha obviam Ingelbergæ imperatrici, sicut ei per suos missos mandaverat, ad sanctum Mauritium perrexit ; sed non (2) incerto comperiens nuncio, eamdem Ingelbergam apud Trientum cum Hludowico, rege Germaniæ, in mense maio locuturam, a condicto deflexit itinere, et ad Silvacum venit. Ibique Adalardus ex parte Hlu-

(1) B xiiii.— (2) B D *omettent* non; A certo.

(*a*) Mabillon croit que par *monasterium* il faut entendre le monastère de S. Lambert de Liége.

dowici fratris sui veniens, petiit ut cum eodem fratre suo Hludowico locuturus, secus Trejectum veniret, cum idem Hludowicus ad Reginisburg post emissam hostem cum Karlomanno, filio suo, adversus Winidos, Aquis rediret. Karolus autem filio suo Hludowico Bosonem, fratrem uxoris ejus, camerarium et hostiariorum magistrum constituens, cui et honores Gerardi, comitis Bituricensis (*a*), dedit, eum (1) cum Bernardo (*b*), itemque cum (2) alio Bernardo markione, in Aquitaniam misit, et dispositionem ipsius regni ei commisit. Bernardo (*c*) autem, Tholosæ comiti, post præstita sacramenta, Carcasonem et Rhedas(*d*) concedens, ad Tholosam remisit.

Prædictus autem Hludowicus, rex Germaniæ, filios suos Hludowicum et Karolum ad se vocans, ut eos cum Karlomanno pacificaret, dolose illis minari (3) fecit; sed et iidem filii sui et homines eorum dolose

---

(1) B D *omettent* eum. — (2) B *omet* cum. — (3) B jurari; D H jurare.

(*a*) Nous lisons dans D. Bouquet et dans Pertz : « Hic Gerardus non alius videtur a Gerardo Provinciæ duce. Cf. supra an. 871; sed Gerardum, postquam a Provinciæ ducatu exciderit, Bituricensem comitatum nactum esse, neminem testem habemus. »

(*b*) Dom Bouquet donne encore la note suivante : « Bernardus iste, filius Bernardi Septimaniæ ducis, comes erat Arvernensis; fuit etiam Gothiæ marchio, anno 879. »

(*c*) Le même auteur dit : « Bernardus, Tolosanus comes, non fuit a Carolo Calvo constitutus comes Carcassonensis et Radensis; sed in istos comitatus, qui pendebant a Tolosano marchionatu, supremam auctoritatem obtinuit. »

(*d*) *Rhedæ* ou *Redæ* est la ville de Razès, détruite au xiiie s., qui était une ville du *Raddensis pagus*, plus tard vicomté dont Limoux (Aude) était le chef-lieu.

nihilominus Hludowico sacramenta præbuerunt. Et volens idem Hludowicus pater, ut ipsi filii sui cum fratre illorum Karlomanno adversus Winidos pergerent, obtinere non potuit; unde hostem quam magnam (1) potuit, cum Karlomanno direxit; et ipse, ut prædictum est, apud Trientum cum Ingelberga loquens, partem regni Lotharii, quam contra Karolum accepit, neglectis sacramentis inter eos pactis, sine consensu ac conscientia hominum quondam Lotharii qui se illi commendaverant (2), clam reddidit : unde utrimque sacramenta, prioribus sacramentis quæ cum fratre suo pepigerat diversa et adversa, inter eos sunt facta. Quibus patratis, Ingelberga missum suum ad Karolum direxit, mandans illi sicut et prius (3), ut ad sanctum Mauritium illi occurreret. Karolus vero, compertis his quæ inter eam et fratrem suum acta fuerunt, noluit illuc ire, sed nuncios suos ad eam direxit, qui nihil certi ab ea ei renunciaverunt.

Adrianus papa, secundum quod Nicolaus decessor ejus disposuerat, missos suos, Donatum scilicet, Ostiensem episcopum, et Stephanum, Nepesinum (4) episcopum, et Marinum (5), diaconum sanctæ Romanæ ecclesiæ, ad Basilium imperatorem et ad filios ejus, Constantinum et Leonem Augustos, Constantinopolim direxit, cum quibus et Anastasius, bibliothecarius Romanæ sedis, utriusque linguæ, græcæ scilicet (6) et latinæ, peritus, perrexit. Et synodo congregata, quam octavam universalem synodum illuc con-

---

(1) B D magnum. — (2) B D H commendaverunt. — (3) D H P *omettent* et. — (4) B Nepessimum. — (5) A Martinum. — (6) D H P *omettent* scilicet.

venientes appellaverunt, exortum schisma de Ignatii depositione et Fotii ordinatione sedaverunt, Fotium anathematizantes et Ignatium restituentes. In qua synodo de imaginibus adorandis aliter quam orthodoxi doctores (1) antea diffinierant, et pro favore Romani pontificis, qui eorum votis de imaginibus adorandis annuit, et quædam contra antiquos canones, sed et contra suam ipsam synodum constituerunt, sicut qui eamdem synodum legerit, patenter inveniet.

Hludowicus autem imperator in (2) vigilia pentecostes Romam (3) venit, et in crastinum coronatus (a) ab Adriano papa, post celebrata missarum solemnia una cum eo ad Lateranense palatium cum pompa equitando coronatus perrexit; et hoste collecta, Roma iterum in partes Beneventanas perrexit. Et quia primores Italiæ Ingelbergam propter suam insolentiam habentes exosam, in loco illius filiam Winigisi imperatori substituentes, obtinuerunt apud eumdem imperatorem, ut missum suum ad Ingelbergam mitteret, quatenus in Italia (4) degeret, et post illum non pergeret, sed eum in Italia reversurum exspectaret. Ipsa autem non obaudiens illius mandatum, post eum ire maturavit, et Wibodum episcopum (b) ad Karolum quasi amicitiæ gratia misit, putans nescire Karolum,

---

(1) A *doctores statuerunt et quædam pro favore*. — (2) B D H P *omettent* in. — (3) A *ajoute* apud sanctum Petrum. — (4) B In Italiam.

(a) Dom Bouquet dit en note : « Ob partem scilicet regni Lotharii sibi a Ludovico Germaniæ rege redditam. »
(b) Parmensem.

quæ inter illam et Hludowicum, regem Germaniæ, pacta (1) fuere. Wibodus autem ad pontem Liudi (2) ad Karolum venit; nam illuc pro quibusdam in Burgundia causis componendis perrexerat. Ubi ei nunciatur ab hominibus Bernardi (a), filii Bernardi, Bernardus qui Vitellus cognominabatur occisus, et ejus honores prædicto Bernardo sunt dati. Karolus autem a Burgundia ad Gondulphi villam, placitum ibi antea condictum (3) habiturus, kalendas septembris revertitur; ubi aliquantisper immoratus, et quæ sibi visa fuere dispositis, venandi gratia Arduennam (4) petiit. Et octobrio mense navigio per Mosam usque Trejectum veniens, cum Rorico et Rodulpho Nortmannis, qui obviam ei navigio venerant, locuturus(5), Roricum sibi fidelem benigne suscepit, et Rodulfum infidelia machinantem et superflua expetentem inanem dimisit, et contra ipsius insidias fideles suos ad munitionem paravit. Indeque per Attiniacum itinere equestri revertens, nativitatem Domini in monasterio sancti Medardi celebravit.

Adrianus papa moritur, et Johannes, archidiaconus Romanæ ecclesiæ, 19 kalendas januarii in locum ejus substituitur.

(1) B D H facta. — (2) B A Lioidi; *Chron. de S. Denis* Pont-Liart. — (3) B conditum. — (4) B ad Arduennam. — (5) B D locutus.

(a) On lit encore dans Dom Bouquet : « Bernardus iste non alius videtur a Bernardo, comite Arvernico, filio Bernardi Septimaniæ ducis; sed quibusnam honoribus donatus fuerit, incertum. »

873 (1).

Quia ergo multi erant in regno Karoli(2) qui exspectabant ut per Karlomannum adhuc rediviva mala agerentur in sancta Dei ecclesia (3) et in aliis regnis, de quibus regio ministerio cum consilio fidelium suorum, secundum morem prædecessorum ac progenitorum suorum (4), leges paci (5) ecclesiæ et regni soliditati congruas promulgavit, et ab omnibus observari decrevit. Jubet (6) ergo convocari episcopos regni sui apud Silvanectis (a) civitatem, in qua idem Karlomannus morabatur, quatenus secundum sacros canones, a quibus nulla, ut Leo dicit, aut negligentia aut præsumptione licet eis discedere, episcopale ministerium de illo exsequerentur, sicuti (7) et fecerunt, deponentes illum secundum sacras regulas ab omni gradu ecclesiastico, laicali sibi communione servata. Quod cum factum fuisset, antiquus et callidus adversarius illum et suos complices ad argumentum aliud excitavit, videlicet quia liberius ad nomen et potentiam regiam conscendere posset, et quia ordinem ecclesiasticum non haberet, et quia episcoporum judicio ecclesiasticum gradum amiserit (8), etiam tonsuram ecclesiasticam

---

(1) A 874. — (2) A *ajoute* et in aliis regnis. — (3) A *ajoute* in regno ejus. — (4) A *ajoute* regum. — (5) B D H pacis. — (6) A decrevit episcopos... morabatur convocavit. — (7) A quod sane ipsi fecerunt. — (8) B D H amisit.

(a) Dom Bouquet rappelle que les actes de ce synode de Senlis n'existent plus, mais que dans le t. IX de la collection des Conciles, les titres des décrets sont rapportés.

licentius amittere posset; unde post depositionem ejus complices illius ardentius cœperunt se ei iterum reconjungere et alios quos valebant in societatem suam abducere, quatenus mox (1), ut locum invenire possent, illum a custodia in qua servabatur (2) educerent, et sibi regem constituerent. Quapropter necesse fuit, etiam illa de quibus ab episcopis judicatus non fuerat, in medium revocare, et secundum sacrarum legum decreta pro admissis suis judicio mortis addictum, mitiori sententia, ut locum et spatium pœnitendi haberet, et graviora admittendi facultatem (3), sicut meditabatur, non haberet, luminibus, acclamatione(4) cunctorum qui adfuerunt, orbari, quatenus perniciosa spes pacem odientium de illo frustrata foret (5), et ecclesia Dei ac christianitas in regno ejus cum infestatione paganorum seditione exitiabili perturbari non posset.

Hludowicus, Germaniæ rex, ante nativitatem Domini ad Franconofurd palatium venit, ibique nativitatem Domini celebravit, et placitum suum ibidem circa kalendas februarii condixit, quo filios suos Hludowicum et Karolum cum aliis fidelibus, homines quoque qui de regno quondam Hlotarii illi se commendaverunt, convenire præcepit. Et dum ibi degeret, venit ad Karolum, filium ejus, diabolus transfigurans se in angelum lucis, et dixit illi, quod pater ejus, qui illum causa Karlomanni, fratris sui, perdere moliebatur, Deum offensum haberet, et regnum in brevi amitteret, et eidem Karolo

---

(1) A alios in societatem suam etiam de aliis regnis. — (2) A *ajoute* donec videtur si se a malis suis convertere vellet. — (3) H alii locum. — (4) B ac dominatione. — (5) B frustraret.

Deus illud regnum habendum dispositum haberet (1), et quod illud in proximo obtineret. Ipse autem Karolus, timore perterritus (2), quia domui in qua latebat adhærebat, ecclesiam est ingressus, quo eum diabolus est insecutus, cui iterum dixit : *Cur times et fugis? nam nisi ex Deo venissem, tibi adnuntians quæ in proximo sunt futura, in hanc domum Domini te sequens non intrarem.* His et aliis blanditiis ei persuasit, ut communionem a Deo sibi missam (3) de manu illius acciperet, sicut et fecit; et post buccellam ipse Sathanas intravit in eum. Veniens autem ad patrem suum, et residens in consilio ejus cum fratre et aliis fidelibus, tam episcopis quam laicis (4), subito invasus surrexit, et dixit, quia sæculum vellet dimittere, et quia uxorem suam carnali commercio non contingeret (5), et discingens se spata, cadere in terram illam permisit, et cum se vellet baltheo discingere et vestimento exuere, cœpit vexari. Comprehensus autem ab episcopis et ab aliis viris, turbato patre et omnibus qui adfuerunt, vehementique stupore perculsis, ductus est in ecclesiam. Et Liutbertus archiepiscopus induens se sacerdotalibus vestibus, missam cantare cœpit; cumque ventum fuisset ad locum evangelii, cœpit magnis vocibus patria lingua *væ*(6)(*a*)clamare; et sic continuis vocibus *væ* illud clamavit, usque dum missa celebrata fuit.

(1) B A haberet quod in proximo. — (2) A perterritus, ecclesiam est ingressus quæ domni in qua jacebat adhœrebat. — (3) A *ajoute* ut aiebat. — (4) A *ajoute* patris sui. — (5) A non contigerit. — (6) D *omet* væ.

(*a*) Pertz fait remarquer qu'en allemand cette exclamation est *weh!*

Quem pater ejus episcopis et aliis fidelibus committens, per sacra loca sanctorum martyrum deduci præcepit, quatenus illorum meritis et orationibus a dæmone liberatus, ad sanam mentem, Domino miserante, redire prævaleret; deinde disposuit illum Romam dirigere, sed, quibusdam intervenientibus causis, iter illud dimisit.

Hludowicus, imperator Italiæ, in Capua residens, mortuo jam Landberto calvo, et pervento patricio imperatoris Græcorum cum hoste in civitate quæ Hydrontus dicitur in auxilium Beneventanorum, qui censum quod imperatoribus Franciæ eatenus dabant illi persoluturos se promittebant, quoniam aliter Adalgisum obtinere non poterat, mandavit apostolico Johanni, compatri Adalgisi, ut ad eum ad Campaniam (1) veniret, et sibi Adalgisum reconciliaret, volens ostentare, quod (2) quasi intercedente beati Petri vicario ipsum Adalgisum reciperet, de quo juraverat, quod nunquam de illis partibus rediturus esset antequam illum caperet: quem revera virtute sua obtinere non posset.

Karolus hostem denunciat versus Britanniam, ut Nortmanni qui Andegavis civitatem occupaverant, non autumarent se (3) adversus eos illuc (4) iturum, ne ad alia loca in quibus ita constringi non possent, aufugerent. Dum autem illuc pergeret, in ipso itinere nunciatum est ei, quod factione fratris sui Hludowici, Germaniæ regis, Karlomannus cæcus per homines quondam suos, consentientibus duobus pseudo-mona-

---

(1) A Capuam. — (2) B *omet* quod. — (3) B sed. — (4) B illum.

chis, de Corbeia (1) monasterio sublatus, et ad Hludowicum fuerit, cohibente (2) ac interveniente Adalardo, in suam contrarietatem perductus. Unde non magnopere est Karolus conturbatus, sed iter cœptum peragens, cum hoste collecta civitatem Andegavis, in qua Nortmanni depopulatis quibusdam urbibus, eversis castellis, monasteriis et ecclesiis incensis, et agris in solitudinem redactis, jam diuturno tempore residebant, obsedit, et sepe fortissima circumdedit, Salomone, duce Britonum, ultra Meduanam (*a*) fluvium cum hoste Britonum in ejus auxilio residente. Et dum Karolus rex in hoc negotio occupatus esset, Salomon filium suum, nomine Wigon, ad eum cum primoribus Britonum misit, qui filius ejus se Karolo commendavit, et fidelitatem coram fidelibus suis illi juravit. Interea Rodulfus Nortmannus, qui multa mala in regno Karoli exercuerat, in regno Hludowici cum quingentis et eo amplius complicibus suis occisus est: Karolo vero residente (3) secus Andegavis civitatem, non incerta relatione hoc nunciatur. Multitudo siquidem locustarum per Germaniam in Gallias, maxime autem in Hispaniam, adeo se effudit, ut Ægyptiacæ plagæ potuerit comparari. Hludowicus, rex Germaniæ, apud Mettis civitatem placitum suum tenere disponens, nuncium accepit, quod nisi citissime filio suo Karlomanno in marchia (4) contra Winidos subveniret, illum ulterius non videret. Qui statim reversus (5), Reginisburch pergens, Karloman-

---

(1) B D H Corbeio. — (2) A fuerat cohibendus; D H P cohærente. — (3) H P residenti. — (4) B A marka; D monarchia; H monachia (Munich); P marchia. — (5) A versus Reginisbuch.

(*a*) Cette rivière est la Mayenne, qui passe à Angers.

num cæcum Liutberto archiepiscopo pascendum in monasterio sancti Albani apud Moguntiam commendavit, evidenti demonstrans indicio, qualiter illi displicuerint mala, quæ isdem Karolomannus in sanctam Dei ecclesiam, in populum christianum et contra patrem suum egit, quandocumque vel ubicumque prævaluit. Ad Reginisburg autem perveniens (1), per missos suos Winidos sub diversis principibus constitutos modo quo potuit sibi reconciliavit; legatos autem ab illis qui Behin (2) (a) dicuntur cum dolo missos suscipiens, in carcerem misit.

Karolus viriliter ac strenue obsidionem Nortmannorum in gyro Andegavis civitatis exequens, adeo Nortmannos perdomuit, ut primores eorum ad illum venerint, seseque illi commendaverint, et sacramenta qualia jussit egerint, et obsides quot (3) et quantos quæsivit illi dederint, ut de civitate Andegavis constituta die exirent, et in regno suo quamdiu viverent (4) nec prædam facerent nec fieri consentirent. Petierunt autem, ut eis in quadam insula Ligeris fluvii usque in mense februario residere et mercatum habere liceret, atque in mense februario quicumque jam baptizati essent ex eis, et christianitatem de cætero veraciter tenere vellent, ad eum venirent; et qui adhuc ex paganis christiani fieri vellent, ipsius dispositione baptizarentur; cæteri vero ab illius regno discederent, ulterius, sicut dictum est, ad illud in malum non reversuri.

Post hæc una cum episcopis et populo cum maxima

---

(1) B *omet* perveniens. — (2) B Behim. — (3) B D H A quos. — (4) P viveret?

(a) Il s'agit ici des peuples de la Bohême.

religionis devotione corpora sanctorum Albini et Licinii (1), quæ effossa timore Nortmannorum de tumulis suis fuerant, suis in locis cum muneribus magnis restituit; sicque ejectis ab Andegavis civitate Nortmannis acceptisque obsidibus, Karolus mense octobrio per Cinomannis civitatem et Ebroicense (2) (*a*) oppidum, ac secus castellum novum apud Pistas, Ambianis kalendas novembris pervenit. Indeque apud Audriacam villam (*b*) ac circumcirca venationem exercens, ad monasterium sancti Vedasti pervenit, ibique nativitatem Domini celebravit anno Domini 874.

874.

Hiems prolixa et fortis, et nix tanta fuit nimietate perfusa quantam nemo se vidisse meminerit.

Karolus in purificatione sanctæ Mariæ cum suis consiliariis placitum in monasterio sancti Quintini tenuit, et jejunium quadragesimale in monasterio sancti (3) Dionysii peragens, ibidem pascha dominicum celebravit. Generale quoque placitum (*c*) idus junii in

---

(1) A Lizinii; D H P Licini. — (2) B D Ebrocense. — (3) D *omet un membre de phrase depuis* Quintini *jusqu'à* monasterio sancti.

(*a*) Evreux, chef-lieu de l'Eure.
(*b*) Nous avons parlé d'*Audriaca villa* dans une note de l'année 865. Le copiste écrit parfois *Odriaca*.
(*c*) Nous lisons dans Dom Bouquet au sujet de ce synode : « Celebratum est hoc placitum seu concilium adversus incesta conjugia et rerum ecclesiasticarum pervasiones, ut testatur epistola ejus synodica ad episcopos Aquitaniæ, quæ sic incipit : Sancta synodus plurimarum provinciarum, nutu divino et sanc-

villa Duciaco (1) tenuit, ubi et annua dona sua accepit; indeque per Attiniacum et consuetos mansionaticos (2) (*a*) Compendium adiit. Æstas longa siccitatem fœni et messium inopiam reddidit.

Salomon, dux Britonum, qui nuntiabatur interea dubiis nunciis quandoquidem infirmus quandoquidem mortuus, certa relatione Karolo apud Compendium nunciatus est hoc ordine mortuus : videlicet insecutus a primoribus Britonum, Pascuitan, Vurhan (3) et Wigon filio Rivilin (4), nec non et Francis hominibus quos valde afflixerat, et capto ac custodiæ mancipato filio ejus Wigon, fuga lapsus in Paucherum (*b*) secessit, et

---

(1) B Duziaco. — (2) B D H mansiaticos. — (3) B et vurhanat wigon; D et vurnahat wigon; A Pascuitano et Urbano; H alii Vurfan. — (4) A Ruulni.

---

tione domni Caroli regis gloriosi apud Duziacum secus municipium Mosomum Rhemensis parochiæ in Dei nomine anno incarnationis Dominicæ 874, indictione vii, Idibus Juniis convocata, dilectis fratribus et venerabilibus consacerdotibus nostris, in provinciis Aquitaniæ regionis sanctas Dei ecclesias gubernantibus, plurimam in Salvatore salutem. Exstat integra apud Labbeum. Tom. IX Concil., p. 258.

(*a*) Il s'agit ici, comme le fait remarquer Pertz, des villas royales qui servaient parfois de résidence au roi.

(*b*) Dom Morice, dans son *Histoire de Bretagne*, traduit ce mot par le pays de Poher. Les auteurs ne sont point d'accord sur le lieu où fut assassiné Salomon; les uns le font mourir à Plélan (arr. de Montfort, Ille-et-Vilaine), où il avait fondé un monastère dont il serait question dans notre récit, *monasteriolum Plebelanum*; d'autres, comme le rapporte d'Argentré, disent qu'il périt dans la paroisse de Ploudiry (auj. commune de l'arr. de Brest, Finistère), à l'endroit nommé plus tard *Merrer Salaun* ou le *martyre de Salomon*. Voy. à ce sujet les Bollandistes, *Acta SS*, t. VI, Jun. p. 248, et Dom Morice, *Histoire ecclésiastique et civile de Bretagne*, t. I, p. 54.

quoddam monasteriolum ingressus, ut se liberare valeret, circumventus a suis, quod a nemine Britonum quidquam mali sustinere deberet, traditus est Francis hominibus, Fulcoaldo et aliis. Sicque ab eis excæcatus, in crastinum mortuus est repertus, dignam vicem recipiens, qui seniorem suum Herispogium, in ecclesia ejus persecutionem fugientem et invocantem Dominum, super altare occidit.

Hludowicus, rex Germaniæ, ad fratrem suum Karolum filium suum Karolum cum aliis missis suis direxit, petens ut simul loquerentur secus Mosellam; ad quod placitum cum Karolus pergeret, ventris solutione detentus, ad illud placitum, sicut fuerat condictum, pervenire non potuit. Unde conlocutio eorum, Hludowici scilicet et Karoli, secus Mosam apud Heristallium circa kalendas decembris fuit. De qua conlocutione (1) Karolus per monasterium sancti Quintini rediens, nativitatem Domini Compendii celebravit; et Hludowicus eamdem solemnitatem Aquis agens, inde ad palatium Franconofurd ultra Rhenum rediit.

875.

Karolus circa initium quadragesimæ monasterium sancti Dionysii adiit, ubi et pascha Domini celebravit. Et Richildis, uxor ejus, noctu ante quartam feriam paschæ abortu filium peperit, qui baptisatus mox obiit: illaque dies purificationis post parturitionem in eodem monasterio exspectante, Karolus ad Basivum (2) (a)

(1) B D H conlatione. — (2) A Bazivum.

(a) La situation de cette localité qui est appelée *Bacium Baci-*

perrexit, indeque ad letanias celebrandas ante ascensionem Domini ad monasterium sancti Dionysii rediit, et in vigilia pentecostes ad Compendium venit.

Hludowicus, rex Germaniæ, mense maio in Triburas placitum suum tenuit, et quia ibi quæ meditatus fuerat perficere non potuit, iterum placitum suum in mense augusto ad eumdem locum denunciavit.

Karolus mense augusto ad Duciacum secus Arduennam pervenit, ubi certo nuncio, Hludowicum nepotem suum, Italiæ imperatorem, obiisse comperit. Quapropter mox inde movens, ad Pontigonem (1) pervenit, et quoscumque potuit de vicinis (2) consiliariis obviam sibi venire præcepit, et a quibuscumque valuit suppetias in itinere suo accepit. Et inde Lingonas pervenit, et eos quos secum in Italia ducere prædestinavit,

---

(1) A Pontionem. — (2) A *ajoute* suis.

---

vum, *Bazivum*, *Baziu*, ou même *Abacivum*, a donné lieu à plusieurs interprétations différentes. Le P. Lelong l'a placée à Bucy-lès-Crépy, près de Laon; Sanson à Abbeville; Valois, Mabillon, Dom Grenier à Baisieux (cant. de Corbie, Somme); M. Peigné-Delacourt (*Mémoires de la Société des Antiquaires de Picardie*, t. XIV) la place à Bailly (cant. de Ribécourt, arr. de Compiègne, Oise). Les raisons qu'apporte M. Peigné-Delacourt, pour combattre l'opinion de Valois et des Bénédictins, sont la proximité de Bailly et de Compiègne, proximité que semblent indiquer plusieurs passages où il est question de *Bacivum*, le rapport du nom patronymique des seigneurs de Bailly, *Baes*, avec ce mot, et la présence à Bailly d'un ancien château-fort qui pouvait être la villa. Toutefois ces preuves ne paraissent pas assez puissantes pour faire abandonner l'opinion qui place cette localité à Baisieux. Ce dernier nom se rapproche davantage de *Basium*; et l'on y trouve des ruines et des routes, restes d'anciennes constructions. Voy. Mabillon, *De re diplomatica*, p. 250.

operuit; sicque (1) Richildem, uxorem suam, per civitatem Remensem ad Silvacum remittens, et filium suum Hludowicum in partem regni, quam post obitum Hlotarii, nepotis sui, contra fratrem suum accepit, dirigens, kalendis septembribus iter suum incœpit, et per sancti Mauritii monasterium pergens, montem Jovis transiit, et Italiam ingressus fuit.

Hludowicus, rex Germaniæ, frater ejus, filium suum Karolum in Italiam, ut fratri suo adversaretur, transmisit; quem Karolus rex fugam arripere (2) et inde abscedere coegit. Hludowicus autem, rex Germaniæ, alium filium suum Karlomanum cum quibus potuit in adversitatem fratris sui in Italiam direxit. Quod prænoscens Karolus rex, obviam ei cum validiori manu perrexit; et quia Karlomanus prænovit se patruo suo non posse resistere, pacem petens cum eo locutus fuit, et sacramentis utrimque confirmatis, ad propria rediit. Hludowicus vero, persuadente Engelranno (3), quondam Karoli regis camerario et domestico (4), suasione Richildis reginæ ab honoribus dejecto et a sua familiaritate abjecto, cum hoste et filio æquivoco suo Hludowico usque ad Attiniacum venit; ad quem obsistendum primores regni Karoli jubente Richilde regina sacramento se confirmaverunt; quod non attenderunt, sed ex sua parte regnum Karoli pessumdantes, hostili more devastaverunt. Similiter et Hludowicus cum suo exercitu idem regnum pessumdedit, sicque nativitatem Domini in Attiniaco agens, per placitamenta primorum,

---

(1) B D *omettent presque tout le membre de phrase depuis* sicque *jusqu'à* S. Mauritii; *et portent seulement* sicque kalendis februarii iter suum incœpit et per sancti Mauritii; H P *complètent d'après* A. — (2) D H accipere. — (3) B Engilramno. — (4) A domesticissimo.

regni Karoli deprædatione facta, cum quibusdam comitibus ex Karoli regno qui ad eum se contulerant rediit (*a*), et per Treverorum civitatem transiens, ad palatium ultra Rhenum Franconofurt pervenit, ibique dies quadragesimæ et pascha Domini celebravit. Ubi (1) et certo nuncio, Emmam, uxorem suam apud Reginisburg palatium obiisse nuper post nativitatem Domini, comperit. Karolus autem, quibusdam de primoribus ex Italia ad se non venientibus, pluribus autem receptis, Romam invitante Papa Johanne perrexit, et 16. kal. januarii ab eo cum gloria magna in ecclesia sancti Petri susceptus est.

876.

Anno Domini 876, in die nativitatis Domini (2) beato Petro multa et pretiosâ munera offerens, in imperatorem unctus et coronatus, atque Romanorum imperator appellatus est; et nonas januarii Roma exiens, Papiam rediit, ubi et placitum suum habuit, et Bosone, uxoris suæ fratre, duce ipsius terræ constituto et corona ducali ordinato, et collegis ejus quos idem dux expetiit, in eodem regno relictis, per montem Jovis et per

---

(1) B *omet la phrase commençant par* ubi. — (2) A *idem* Carolus beato.

(*a*) M. Ampère (*Hist. de la Littér.*, t. III, p. 191) se trompe lorsqu'il dit qu'Hincmar s'est montré disposé à favoriser Louis le Germanique. Le récit des Annales semble indiquer qu'il n'était point favorable aux envahisseurs; et les lettres qu'il écrivit prouvent qu'il engagea les évêques à la résistance et à la fidélité. Voy. une lettre de 876, adressée aux évêques de la province de Reims, c. VII et XXII.

monasterium sancti Mauricii (1) rediens, ut pascha Domini apud monasterium sancti Dionysii celebrare valeret, iter acceleravit. Quod audiens Richildis degens apud Sylvacum, pridie nonas martii mox illi obviam movit, et cum summa festinatione per Remis, Catalaunis et Lingonas ultra Vesontium, in loco qui dicitur Warnarii-Fontana (a), pridie idus martii venit; cum qua imperator per Vesontium ac Lingonas, Catalaunis (2) et Remis civitates, et per Compendium palatium transiens, ad monasterium sancti Dionysii pervenit, ibique pascha Domini celebravit. Quo accersiens legatos apostolici, Johannem Tuscanensem, et Johannem Aretinum, atque Ansegisum Senonensem, synodum auctoritate apostolica et illorum consilio atque sanctione sua indixit medio futuro mense junio (3) apud Pontigonem, quo per Remis et Catalaunis civitates pervenit.

Boso, postquam imperator ab Italia in Franciam rediit, Berengarii Everardi filii factione, filiam Hludowici imperatoris, Hirmengardem, quæ apud eum morabatur, iniquo conludio in matrimonium sumpsit.

Undecimo kalendas julii indictione 9, episcopis ceterisque clericis vestibus ecclesiasticis indutis, et domo ac sedilibus palliis protensis, atque in gremio synodi et prospectu imperialis sedis lectorio superpositis sacrosanctis (4) evangeliis, apud Ponticonem venit domnus

---

(1) B *omet le membre de phrase depuis* S. Mauritii *jusqu'à* per Vesontium; D H P *ont complété d'après* A. — (2) B *omet* Catalaunis. — (3) B D A Julio. — (4) B D *omettent* evangeliis apud Ponticonem.

(a) *Warnerii Fontana*, peut-être Fontaine, comm. de l'arr. de Baume-les-Dames (Doubs).

imperator Karolus in vestitu deaurato, habitu Francico, cum legatis apostolicæ sedis in synodum. Et cantoribus antiphonam *Exaudi nos Domine* cum versibus et *Gloria* cantantibus, post *Kyrie eleyson*, data oratione a Johanne, Tuscanense episcopo, resedit domnus imperator in synodo. Et legit Johannes, Tuscanensis episcopus, epistolas a domno apostolico missas, cum quibus et legit epistolam de primatu Ansegisi, episcopi Senonensis, ut quoties utilitas ecclesiastica dictaverit, sive in evocanda synodo, sive in aliis negotiis exercendis, per Gallias et per Germanias apostolica vice fruatur, et decreta sedis apostolicæ per ipsum episcopis manifesta efficiantur, et rursus quæ gesta fuerint, ejus relatione, si necesse fuerit, apostolicæ sedi pandantur, et majora negotia ac difficiliora quæque suggestione ipsius a sede apostolica disponenda et enucleanda quærantur. Petentibus autem episcopis, ut eis permitteretur ipsam legi epistolam quibus erat directa, non acquievit imperator, sed responsum quæsivit ab eis, quid de his jussis (1) apostolici responderent. Quorum responsio talis fuit, ut servato singulis metropolitanis jure privilegii secundum sacros canones et juxta decreta sedis Romanæ pontificum ex eisdem sacris canonibus promulgata, domni Johannis papæ apostolici jussionibus obedirent. Et cum imperator et legati apostolici satis egerint, ut absolute archiepiscopi responderent se obedituros de primatu (*a*) Ansigisi sicut apostolicus scripsit, aliud,

---

(1) H P misso.

(*a*) Dom Bouquet fait remarquer que les actes rapportés dans la chronique d'Odorannus, moine de Sens, disent que la primatie d'Anségise fut unanimement reconnue et acceptée. — Hincmar,

nisi ut prædictum est, responsum ab eis extorquere non potuerunt, excepto quod Frotarius, Burdegalensis episcopus, quoniam a Burdegala ad Pictavis, indeque ad Bituricum favore principis contra regulas se contulit, per adulationem respondit, quod imperatori placere cognovit. Tunc motus imperator dixit, quod domnus papa ei suas vices commisit in synodo, et quod isdem præcepit, ille exequi studeret. Et accepit ipsam epistolam involutam una cum Johanne Tuscanensi et Johanne Aretino, et dedit illam Ansegiso; et jussit sellam plectilem ponere (1) ante omnes episcopos cisalpini regni sui juxta Johannem Tuscanensem, qui ad dextram illius sedebat, et præcepit Ansegiso, ut supergrederetur omnes ante se ordinatos, et sederet in eadem sella, reclamante Remorum archiepiscopo, audientibus omnibus, hoc factum sacris regulis obviare. Imperator tamen in sua sententia permansit; et petentibus episcopis, ut liceret eis vel exemplar de epistola sibi directa sumere, nec hoc valuerunt ullo modo impetrare; et sic soluta est synodus in illa die.

Decimo kalendas præfati mensis iterum convenerunt episcopi; in quo conventu lectæ sunt epistolæ a domno apostolico laicis missæ, et lecta est electio domni imperatoris ab episcopis et ceteris Italici regni firmata, sed et capitula quæ in palatio Ticinensi constituit et ab omnibus confirmari præcepit, quæ et ab episcopis cisal-

(1) H P poni.

dans ce passage et ceux qui suivent, dit que cette primatie ne fut point acceptée et se montre peu satisfait du synode de Ponthion. — Ponthion est aujourd'hui une commune de l'arr. de Vitry (Marne).

pinis præcepit confirmari. Et sic soluta est synodus in die illa.

Quinto nonas julii convenerunt episcopi sine imperatore, et habitæ sunt contentiones de presbyteris ex diversis parochiis reclamantibus ad missos apostolici; et sic soluta est synodus in die illa.

Quarto nonas ejusdem mensis iterum convenerunt episcopi, et imperator in synodo residens, audivit missos fratris suis Hludowici regis, Willebertum archiepiscopum Coloniæ, et Adalardum ac Meingaudum (1) comites, per quos petiit partem de regno Hludowici imperatoris, filii Hlotarii fratris eorum, sicut ei competere dicebat (2) ex hereditate, et illi firmatum fuerat sacramento. Et legit Joannes Tuscanensis epistolam (a) Johanne papa episcopis regni Hludowici directam, et dedit exemplar Willeberto archiepiscopo, ut deferret illud præfatis episcopis; et sic soluta est synodus in illa die.

6 idus julii convenerunt episcopi, et circa horam nonam venerunt missi domni apostolici, Leo, episcopus et apocrisiarius ac nepos apostolici, atque Petrus, Foro-Simpronii episcopus, deferentes epistolas imperatori et imperatrici et salutationes apostolici ad episcopos; et sic soluta est synodus in die illa.

5 idus julii convenientibus episcopis, lecta est epistola apostolici de damnatione Formosi episcopi, Gregorii nomenclatoris, et consentientium eis, et præsentata sunt imperatori ab apostolico transmissa dona,

---

(1) A Menigardum. — (2) B competeret.

(a) Ces lettres se trouvent dans la *Collection des Conciles* de Labbe, t. IX.

inter quæ fuerunt præcipua sceptrum et baculus aureus; sed et imperatrici dona sunt ab eo missa, pallia et armillæ cum gemmis : et sic soluta est synodus in illa die.

Pridie idus julii convenerunt episcopi, et misit imperator vicarios apostolici increpare durius archiepiscopos reliquosque episcopos, qui pridie non convenerant sicut præcepit. Illi autem canonice rationabili reddita ratione, sopita est increpatio ; et lecta est a Johanne Tuscanensi iterum epistola, jubente imperatore, pro primatu Ansegisi, et quæsita est ab episcopis denuo inde responsio. Et respondentibus singulis archiepiscopis, quoniam veluti sui antecessores illius antecessoribus regulariter obedierunt, ita ejus decretis vellent obedire. Et facilius est illorum admissa responsio, quam fuerat in imperatoris præsentia; et sic iterum post multas contentiones de presbyteris diversarum parochiarum reclamantibus ad missos apostolici, lecta est proclamatio Frotarii, Burdegalensis archiepiscopi, quia non poterat consistere propter infestationem paganorum in civitate sua, ut liceret ei Bituricensem metropolim occupare. Cujus petitionibus unanimitas episcoporum non (1) acquievit, et jubentibus legatis apostolici, ut 17 kalendas augusti convenirent episcopi, mane circa horam nonam venit imperator, græcisco more paratus et coronatus, deducentibus eum apostolici legatis more romano vestitis (2) ac episcopis ecclesiasticis vestimentis indutis, et ceteris secundum modum primæ (3) diei, quando inchoata est synodus,

---

(1) A *nullatenus*. — (2) B D *omettent* vestitis. — (3) A *ajoute* horæ.

præparatis. Et ut prius, cantata antiphona *Exaudi nos Domine* cum versibus et *Gloria* post *Kyrie eleyson*, data oratione a Leone episcopo, resederunt omnes. Et legit Joannes Aretinus quandam schedulam ratione et auctoritate carentem; post quam legit Odo, Belgivagorum episcopus, quædam capitula a missis apostolici et ab Ansegiso et ab eodem Odone sine conscientia synodi dictata, inter se dissonantia et nullam utilitatem habentia, verum et ratione ac auctoritate carentia; et idcirco hic non habentur subjuncta. Iterum autem mota est interrogatio de primatu Ansegisi, et post multas ab imperatore et legatis apostolici contra episcopos querimonias habitas, tantum in novissima quantum et in prima die synodi exinde Ansegisus obtinuit.

Post hæc perrexit Petrus, episcopus Foro-Simpronii, et Johannes Tuscanensis ad cubiculum imperatoris, et adduxerunt Richildem imperatricem coronatam in synodum; et stante illa juxta imperatorem, surrexerunt omnes, stantes quique in gradu suo. Tunc incœperunt laudes Leo episcopus et Johannes, Tuscanensis episcopus, et post laudes peractas in domnum apostolicum et domnum imperatorem ac imperatricem et ceteros juxta morem, data oratione a Leone, Gavinense (1)(a) episcopo, soluta est synodus.

(1) A Gaumensi.

(a) Voici la note que donne Pertz au sujet de cet évêque : « Id est Savinense vel Sabinense. Eadem scribendi ratio etiam in actis synodi Duciacensis et apud Anastasium initio Vitæ Adriani II, cap. 9, observatur. Mirum certe, et evidens, vel doctissimos viros in apertissima re falli posse; testimonium est, Baronium ipsum R. E. cardinalem, et Vignolium, Anastasii editorem, qui res Romanas

Postea imperator, muneratis missis apostolici Leone et Petro, remisit eos Romam, et cum eis Ansegisum et episcopum Adalgarium (1) Augustudunensem episcopum. Interea baptizati sunt quidam Nortmanni ab Hugone, abbate et marchione, propter hoc ad imperatorem adducti, et munerati ad suos redierunt. Et ut ante, ita et postmodum, ut Nortmanni more pagano peregerunt. Et imperator 5 kalend. augusti movit a Pontigone, et tertio kalendas venit ad Catalaunis; ibique propter quandam molestiam corporalem moratus est usque ad idus augusti. Et 19 kalendas septembris (2) venit Remis, indeque recto itinere venit ad Silvacum. Et 5 kalendas septembris misit legatos apostolici (3), Johannem, itemque Johannem, et Odonem episcopum, cum aliis missis suis ad fratrem suum Hludowicum et filios ejus ac episcopos atque primores regni sui; quibus missis in via, imperatori in Carisiaco nunciatum est, præfatum Hludowicum regem in Franconofurt palatio 5 kalendas septembris obiisse, et 4 kalendas ejusdem mensis in monasterio sancti Nazarii sepultum fuisse. Imperator vero, directis missis suis ad primores regni quondam fratris sui, a Carisiaco movit, atque ad Satanacum (a) villam venit, dispositum habens Metensem

(1) D Adalardum. — (2) A *ajoute* imperator. — (3) B apostolico.

probe nosse debuerat, locum illum in Vita Adriani, non de episcopo Sabinensi, sed de episcopo Cavensi (in regno Neapolitano) interpretatos esse, cum tamen de consecratione summi pontificis, quæ proprie ad episcopos cardinales pertinet, ageretur. Nec Muratorius (in indice geographico tom. XXV) de episcopo isto certus fuit. Quod ideo monui, ut mihi quoque, quæ in tanto opere minus congrua vel docta attulero, facilius condonentur. »

(a) *Satanacum* ou *Satanicum* est auj. Stenay, chef-lieu de cant.

civitatem adire, et episcopos ac primores regni quondam fratris sui ad se venientes recipere. Sed repente mutato consilio, perrexit Aquis, indeque Coloniam venit, et legati apostolici cum eo. Prædantibus (1) autem omnibus sine ullo divino respectu qui cum illo ibant (2), Nortmanni cum 100 circiter navibus magnis, quas nostrates bargas vocant, 16 kalendas octobris Sequanam introierunt. Quod cum apud Coloniam imperatori nunciatum fuisset, nihil propter hoc a negotio quod cœperat immutavit. Hludowicus autem, nepos illius, cum Saxonibus et Toringis ex altera parte Rheni fluminis contra eum venit, et missis ad patruum suum imperatorem directis, benignitatem ejus expetiit, quam non impetravit. Tunc ipse ac comites ejus jejuniis et litaniis misericordiam Domini petierunt, inridentibus eos illis qui erant cum imperatore. Hludowicus, Hludowici regis filius, decem homines aqua calida, et decem ferro calido, et decem aqua frigida, ad judicium misit coram eis qui cum illo erant, petentibus omnibus, ut Deus in illo judicio declararet, si plus per rectum (3) ille habere deberet portionem de regno quam pater suus illi dimisit ex ea parte, quam cum fratre suo Karolo per consensum illius et per sacramentum accepit. Qui omnes inlæsi reperti sunt. Tunc ipse Hludowicus cum suis ad Andrnacum (4) castrum Rhenum transivit. Quod cum imperatori nunciatum fuisset, Richildem

---

(1) A cum eo, prædantibus. — (2) A ibant... Nortmanni verò. — (3) P si per jus et drictum, A si plus per drictum et si per jus et æquum. — (4) B Andrunachum.

de l'arr. de Montmédy (Meuse). Sur cette ancienne maison de chasse des Carlovingiens, voy. Mabillon, *De re diplomatica*, p. 322.

imperatricem prægnantem cum Hilduwino abbate et Francone episcopo (*a*) ad Haristallium misit; ipse autem secus Rhenum hostiliter contra nepotem suum perrexit, præmittens ad eum missos, ut quosdam de consiliariis suis obviam illius consiliariis mitteret, et tractarent de pace inter eos habenda; quod Hludowicus humiliter et obedienter suscipiens, securus mansit, quod bello aggredi non deberet, donec ipsa cautio (1) finiretur.

Imperator nonas octobris, dispositis scaris suis, nocte surrexit, et levatis vexillis per strictas et arduas vias, quin potius invias, super nepotem suum ac super eos qui cum illo erant subito irruere moliens, secus Andrnacum pervenit, fatigatis hominibus et equis de gravi et stricto itinere et pluvia quæ super eos nocte tota effluxit. Et ecce subito nunciatum est Hludowico et suis, imperatorem cum valida manu hostiliter super eum venire. Ipse autem cum eis quos secum habuit e regione stetit, et irruentibus imperatoris cuneis super eos et illis fortiter resistentibus, hostis imperatoris terga vertit, et fugiendo (2) super imperatorem venit; sed et imperator cum paucis vix fuga lapsus evasit. Multi autem qui effugere poterant, impediti sunt, quoniam omnes sagmæ (3) imperatoris et aliorum qui cum eo erant, sed et mercatores, et qui scuta vendentes imperatorem et hostem sequebantur, in angusto itinere fugientibus viam clauserunt. Fuerunt autem in ipsa congressione (4) occisi Ragenarius (5) et Hieronymus comites, et multi alii, capti autem in eodem campo et

---

(1) A conventio. — (2) B D H fugando. — (3) A sauginæ. — (4) B congregatione. — (5) B Raganarius.

(*a*) Francon était évêque de Liége.

silva vicina fuerunt Ottulfus episcopus (*a*), Gauzlenus abbas, Aledramnus et Adalardus, Bernardus et Everwinus comites, et plures alii; omnes autem sagmas et ea quæ mercatores portabant, hostis Hludowici accepit. Et impletum est dictum propheticum, ubi ait : *Qui prædaris, nonne et ipse prædaberis?* (*b*) Omnia quæ prædatores, qui erant cum imperatore, habuerunt, sed et ipsi etiam, Hludowici exercitus (1) præda fuerunt, adeo ut qui adminiculo equorum effugere poterant, animas suas haberent pro spolio. Ceteri autem ita sunt a villanis despoliati, ut fœno et stramine involuti verenda celarent, et nudi profugerent, quos insequentes occidere noluerunt. Et facta est plaga magna in populo prædatore. Richildis autem, audiens, 7 idus octobris de fuga hostis imperialis et ipsius imperatoris, ab Heristallio movit, et fugiens, subsequenti nocte galli cantu in via peperit filium, quem post partum famulus suus ante se portans, fugiendo usque ad Antennacum (*c*) detulit. Imperator 7 idus octobris vesperi ad monasterium sancti Landberti pervenit; ad quem Franco et Hilduwinus abba a Richilde 6 idus redierunt, et cum eo fuerunt, usque dum post Richildem ad Antennacum pervenit. Inde Duciacum adiit, unde ad Antennacum rediit, et placitum suum in Salmontiaco 15 die post

---

(1) B D H *omettent* Hludowici exercitus.

(*a*) Ottulfe était évêque de Troyes.
(*b*) *Isaïe*, XXIII, 1.
(*c*) L'abbé Lebeuf a établi qu'*Antennacum* est Antenai, village voisin de l'abbaye de Hautvilliers, dans le diocèse de Reims, mentionné dans les lettres d'Hincmar. Valois se trompe en croyant qu'il faut lire *Epternacum* ou *Aptennacum* et traduire par

missam sancti Martini condixit. Hludowicus, Hludowici quondam regis filius, de Andrnaco per Sinciacum Aquis rediit, ibique tribus diebus stetit, indeque obviam fratri suo Karolo apud Confluentes venit. Ubi simul locuti, Karolus versus Mettis indeque in Alamanniam infirmus rediit, et Hludowicus ultra Rhenum perrexit. Karlomannus, frater eorum, nec ad eos nec ad patruum suum, Karolum imperatorem, sicut ei mandaverat, venit, occupatus in belligeratione contra Winidos.

Karolus imperator Chuonradum et alios primores ad Nortmannos qui in Sequanam venerant misit, ut, quocumque modo possent, fœdus cum eis paciscerentur, et ad condictum placitum ei renuntiarent. Domnus imperator Karolus ad placitum suum in Salmonciaco, sicut condixerat, venit, ibique homines de parte regni quondam Hlotharii, quam frater suus Hludowicus contra eum acceperat, ad se post fugam de Andrnaco convenientes (1) suscepit, et quasdam abbatias sicut erant integras dedit, quibusdam de abbatia Martianas(*a*) quam diviserat beneficia donavit, et sic a se abire permisit. Scaras quoque, quæ contra Nortmannos secus Sequanam in procinctu essent, disposuit. Ipse autem

(1) B D veniens.

Epternach. Anthenay est auj. une commune du canton de Châtillon-sur-Marne, arr. de Reims (Marne).

(*a*) Pertz, dans une note, dit que Marchiennes est en Belgique. C'est une erreur ; il y a sans doute, près de Charleroy, en Belgique, un village nommé Marchiennes-au-Pont, qui a été confondu plusieurs fois par des écrivains étrangers avec la petite ville de *Marchiennes*, où se trouvait l'abbaye dont il est ici question. Marchiennes est auj. un chef-lieu de cant. de l'arr. de Douai (Nord), sur la Scarpe.

Virzinniacum (1) (*a*) villam veniens, graviter passione pleurisis est infirmatus, adeo ut vivere desperaret. Ibique natalem Domini celebravit anno dominicæ incarnationis 877.

877.

Convalescens autem per Carisiacum ad Compendium venit ; ubi dum moraretur, filius ejus qui, antequam Richildis ad Antennacum veniret, in via natus fuerat, infirmatur ; et a Bosone, avunculo suo, de fonte susceptus, Karolus nominatus moritur, et ad monasterium sancti Dionysii sepeliendus defertur (2). Karolus autem imperator in Compendio quadragesimam peragens, pascha Domini celebravit, et missos apostolici Johannis, Petrum episcopum Foro-Simpronii (3), itemque Petrum episcopum Senogalliæ, suscepit ; per quos tam verbis quam litteris eum Johannes apostolicus Romam vocavit, quatenus, sicut promiserat, sanctam Romanam ecclesiam a paganis quibus infestabatur, eriperet atque defenderet. Kalendis maii episcopos Remensis provinciæ sed et aliarum provinciarum Compendio convocavit, et ecclesiam quam in eodem oratorio construxerat, cum multo apparatu in sua et nunciorum apostolicæ sedis præsentia ab eisdem episcopis consecrari

---

(1) D Vinzinniacum. — (2) B D *note marginale* : Hinc ab Aimoini continuatore plura de monasterio S. Germani Parisiensis addita sunt. — (3) B Foro Phronii.

(*a*) L'abbé Lebeuf a cru retrouver *Virziniacum* à Verzenay, près de Saint-Bâle en Champagne. Mabillon s'est demandé si l'on ne peut le placer à Wissignicourt, non loin de Prémontré, dans le voisinage de Coucy. Dom Bouquet a indiqué une autre localité,

fecit, inde placitum suum generale kalendas (*a*) julii (1) habuit, ubi per capitula (*b*), qualiter regnum Franciæ filius suus Hludowicus cum fidelibus ejus et regni primoribus regeret, usque dum ipse Roma rediret, ordinavit, et quomodo tributum (*c*) de parte regni Franciæ quam ante mortem Hlotharii habuit, sed et de Burgundia, exigeretur, disposuit, scilicet ut de mansis indominicatis (*d*) solidus unus, de unoquoque manso inge-

(1) A Junii.

Versigny, qui était située, non en Valois comme il l'a dit, mais en Laonnais. M. Peigné-Delacourt a retrouvé l'emplacement de la villa en ce dernier village, à l'est du territoire de Ragécourt, voy. t. XVII des *Mémoires des Antiquaires de Picardie*, p. 88 du mém. Versigny, auj. cant. de La Fère, arr. de Laon (Aisne).

(*a*) Il est ici question du plaid de Quierzy-sur-Oise. Au sujet de la date, Pertz réfute en ces termes une opinion émise par Dom Bouquet dans une note : « Bouquetus corrigendum censet xviii Kal. Julii, cui assentiri nequeo. Observavi enim, in Kalendariis manuscriptis, dum voces Kalendæ, Nonæ et Idus litteris majusculis scribendæ essent, id non Kalendis, Nonis et Idibus cujusque mensis, sed ea die fieri solitum, quæ prima ad dies istas referretur. Ita KALEND. IVL non diei Kalendarum Juliarum; sed diei 14 mensis Junii ascribitur; et totum spatium inde a die 14 Junii usque ad 1 Julii Kalendarum Juliarum nomine venit. Hincmarum igitur hic *initium* Kalendarum Jul., id est ipsum 14 d. Junii (quo synodus habita est) innuere voluisse videtur. »

(*b*) Dom Bouquet offre la note suivante : « Exstant in capitularibus Caroli Calvi, tit. 53, ubi dicuntur constituta Carisiaci xviii Kalendas Julias, indictione x. »

(*c*) Voici encore une note du savant bénédictin : « Hæc ad conventum Compendiensem Nonis Maii habitum referenda, quem cum placito Carisiacensi confundit noster annalista. Hoc tributum laicis et ecclesiasticis fuit impositum ob Rollonem, Normannorum ducem, qui Rothomagi anno superiori sedem fixerat. Compendiensis conventus recitatur in Capitularibus Caroli Calvi, tit. 51. »

(*d*) Pertz fait remarquer que ce mot signifie cultivés par le possesseur lui-même.

nuili (1) quatuor denarii de censu dominico, et quatuor de facultate mansuarii, de manso vero servili duo denarii de censu dominico et duo de facultate mansuarii, et unusquisque episcopus de presbyteris suæ parochiæ secundum quod unicuique possibile erat, a quo plurimum quinque solidos, a quo minimum quatuor denarios episcopi de singulis presbyteris acciperent, et missis dominicis redderent. Sed et de thesauris ecclesiarum, prout quantitas loci extitit, ad idem tributum exsolvendum acceptum fuit. Summa vero tributi fuerunt quinque milia libræ argenti ad pensam. Illi vero, tam episcopi quam et alii, qui trans Sequanam sunt de Neustria, tributum illis Nortmannis qui in Ligeri erant, secundum quod sibi ab eis fuit impositum, undecumque valuerunt, reddere procuraverunt.

Domnus autem imperator Karolus de Carisiaco Compendium, indeque per Suessionem ad Remum civitatem, et sic iter suum per Catalaunos et Pontigonem atque Lingones (2) peragens (a), cum uxore et maxima auri et argenti caballorumque ac facultatum aliarum copia, de Francia Italiam petiit. Et veniens ultra Jurum usque ad Urbam, obviam habuit Adalgarium episcopum, quem mense februario Romam direxit pro agenda synodo a papa Johanne, cujus exemplar isdem Adalgarius pro munere magno imperatori detulit. Summa

---

(1) ingenuo. — (2) *Les Annales de Saint-Vaast ajoutent :* contra voluntatem suorum.

(a) Nous relèverons encore ici l'une des nombreuses inexactitudes du traducteur de la collection des *Mémoires relatifs à l'histoire de France,* qui traduit par *Laon* le mot *Lingones,* Langres.

vero ejusdem synodi post multas et multiplices laudes imperatoris hæc est, ut electio et promotio ad imperialia sceptra anno præterito Romæ celebrata, ex tunc et nunc et in perpetuum firma et stabilis manebit; quam si quis perturbare aut violare tentaverit, cujuscumque sit ordinis aut dignitatis vel professionis, anathemate usque ad satisfactionem teneatur omni tempore adnexus; patratores et incitatores hujus consilii, siquidem clerici fuerint, deponantur, laici vero et monachi perpetuo anathemate feriantur, ut quia synodus anno præterito apud Pontigonem hinc habita secus Antennacum (1) (*a*) nil profuit, usquequaque ista debeat prævalere. Nunciavit etiam inter alia isdem Adalgarius imperatori, quoniam Johannes papa obviam illi Papiam veniret. Quapropter præmisit Odacrum, secundi scrinii notarium, Goiramnum comitem, et Pippinum atque Heribertum (*b*), ad procuranda ipsius papæ servitia. Ipse autem festinato perrexit ad eum, quem obviam habuit apud Vercellis civitatem; et eo recepto cum honore maximo, perrexerunt simul usque Papiam. Ubi eis nunciatum est non incerta relatione, Karlomannum, Hludowici fratris sui filium, cum maxima multitudine bellatorum super eos venire; quapropter relinquentes

(1) B Andranacum.

(*a*) Il s'agit ici d'Anthenay (Marne) dont nous avons déjà indiqué la situation, et non d'Andernach, comme l'a encore dit le traducteur de la collection des *Mémoires*. Andernach est situé trop loin de Ponthion pour qu'il en soit ici question.
(*b*) Pertz rappelle que Pépin et Héribert étaient les fils du Pépin dont il a été question en 834, et les petits-fils de Bernard, roi d'Italie.

Papiam, venerunt ad Tardunam (*a*) et consecrata Richildis a papa Johanne in imperatricem, mox retrorsum fugam arripuit cum thesauro versus Moriennam. Imperator autem aliquandiu una cum Johanne papa in eisdem locis immorans, exspectavit primores regni sui, Hugonem abbatem, Bosonem, Bernardum Arvernicum comitem, itemque Bernardum Gotiæ markionem, quos secum ire jusserat : qui una cum aliis regni primoribus, exceptis paucis, et episcopis adversus eum conspirantes conjuraverant. Et comperiens eos non venturos, ut audierunt ipse et papa Johannes appropinquare Karlomannum, imperator post Richildem fugam arripuit, et papa Johannes versus Romam concite festinavit. Per quem Karolus imperator imaginem Salvatoris in cruce fixi, ex auro multi ponderis fabrefactam et gemmis preciosis ornatam, sancto direxit Petro apostolo.

Karlomannus vero mendaci nuncio audiens, quod imperator et papa Johannes super eum cum multitudine maxima bellatorum venirent, et ipse fugam arripuit per viam quam (1) venerat, sicque Deus more misericordiæ suæ conventum illum dissolvit. Karolus vero febre correptus, pulverem bibit quem sibi nimium dilectus ac credulus (2) medicus suus, Judæus nomine Sedechias, transmisit, ut ea potione a febre liberaretur, insanabili veneno hausto, inter manus portantium transito monte Cinisio, perveniens ad locum qui Brios (*b*)

---

(1) A qua. — (2) A creditur.

(*a*) *Tarduna, Dertona, Tortona,* la ville de Tortone en Italie.
(*b*) Il ne peut ici être question, comme on l'a cru, de la ville de Briançon. Pertz dit qu'il existe sur les bords de l'Isère, près de Moutiers-en-Tarentaise, un petit village du nom de Briançon. Il semblerait

dicitur, misit pro Richilde quæ erat apud Moriennam, ut ad eum veniret, sicut et fecit. Et undecimo die post venenum haustum in vilissimo tugurio mortuus est 2 nonas octobris. Quem aperientes qui cum eo erant, ablatis interaneis, et infusum vino ac aromatibus quibus poterant, et impositum locello, cœperunt ferre versus monasterium sancti Dionysii, ubi sepeliri se postulaverat. Quem pro fœtore non valentes portare, miserunt eum in tonna (1) interius exteriusque picata quam coriis involverunt, quod nihil ad tollendum fœtorem profecit. Unde ad cellam quamdam monachorum Lugdunensis episcopii, quæ Nantoadis (2) (a) dicitur, vix pervenientes, illud corpus cum ipsa tonna terræ mandaverunt.

Karlomannus, pene usque ad mortem infirmatus et lectica delatus ad propria, per annum ita jacuit, ut a multis fuerit desperatus.

Hludowicus, accepto nuncio in Audriaca villa de morte patris sui Karoli, quos potuit conciliavit sibi, dans eis abbatias et comitatus ac villas secundum uniuscujusque postulationem. Et iter agens per Carisiacum

---

(1) *Le continuateur d'Aimoin ajoute :* « Seplierunt eum in basilica beati Eusebii martyris in civitate Vercellis, ubi requievit annis septem. Post hæc autem per visionem delatum est corpus ejus in Franciam et honorifice sepultum in basilica beati Dionysii martyris Parisius. » — (2) B Nantoadiis.

qu'en descendant du mont Cenis, Charles-le-Chauve a dû suivre la vallée de l'Arc et n'a pu remonter jusqu'à près de Moutiers; peut-être dans Brîos faudrait-il voir la Bridoire, commune du canton de Pont-de-Beauvoisin, arr. de Chambéry (Savoie), située sur la route la plus directe qui conduit à Lyon.

(a) Nantua, chef-lieu d'arr. de l'Ain.

et Compendium usque ad Vernum (1), quatenus ad sepulturam patris sui [ut putabat] apud monasterium sancti Dionysii perveniret ; ubi audiens patrem suum (2) sepultum, et regni primores tam abbates quam comites indignatos, quia quibusdam honores dederat sine illorum consensu, et ob id adversus se conspiratos esse (3), reversus est Compendium. Ipsi autem primores cum Richilde, diripientes omnia quæ in via illorum erant, usque ad Avennacum (*a*) monasterium pervenerunt, et conventum suum ad montem Witmari (4) condixerunt, indeque missos suos ad Hludowicum direxerunt, sed et Hludowicus legatos suos ad eos direxit. Et discurrentibus inter eos missis, ad hoc perventum est, ut Richildis et ipsi primores ad eum Compendium venirent, et suum conventum ad Casnum (5) in Cotia condixerunt. Richildis Compendium(*b*) ad Hludowicum veniens, in missa sancti Andreæ attulit ei præceptum, per quod pater suus illi regnum ante mortem suam tradiderat, et spatam quæ vocatur sancti Petri, per quam eum de regno revestiret, sed et regium vestimentum et coronam ac fustem ex auro et gemmis. Et discurrentibus

---

(1) A usque Arvennum.— (2) A *ajoute* Vercellis.— (3) A conspirasse. — (4) A Witmarium. — (5) A Casinum.

(*a*) Avenay, commune du cant. d'Ay, arr. de Reims (Marne).
(*b*) Mabillon, Valois et, sur leur autorité, D. Bouquet, ont placé *Casnum* à Chesne Herbelot (Quesne), près de Chelles (Oise). M. Graves, dans l'*Annuaire de l'Oise*, (1851), place *Casnum* à Caisne, canton de Noyon, arr. de Compiègne (Oise); ce village s'est nommé autrefois Quaisnes et Quesnes. M. Peigné-Delacourt a soutenu cette dernière opinion et montré que la forêt de Cuise ou de Compiègne (Cotia) s'étendait autrefois jusqu'aux Ardennes et qu'en conséquence Caisne pouvait être dit *in Cotia* (ouv. cit.).

legatis inter Ludovicum et regni primores, et pactis honoribus singulis quos petierunt, 6 idus decembris consensu omnium, tam episcoporum et abbatum, quam regni primorum ceterorumque qui adfuerunt, consecratus et coronatus est in regem Ludovicus ab Hincmaro, Remorum episcopo, et episcopi se suasque ecclesias illi ad debitam defensionem et canonica privilegia sibi servanda commendaverunt, profitentes secundum suum scire et posse juxta suum ministerium consilio et auxilio illi fideles fore; abbates autem et regni primores ac vassali regii se illi commendaverunt, et sacramentis secundum morem fidelitatem promiserunt.

Quando Hludovicus rex, filius Karoli imperatoris, fuit coronatus in Compendio, hoc petierunt episcopi apud ipsum, sicut hic subsequitur : « A vobis perdonari nobis petimus, ut unicuique de nobis et ecclesiis nobis commissis secundum primum capitulum quod novissime in Carisiaco domnus imperator, pater vester, a se et a vobis servaturum (1) (a) consentientibus fidelibus suis ac vestris atque apostolicæ sedis legatis, legente Gozleno denunciavit, canonicum privilegium ac debitam legem atque justitiam conservetis et defensionem exhibeatis, sicut rex in suo regno unicuique episcopo et ecclesiæ sibi commissæ juste exhibere debet. »

Ipse autem Hludowicus talem promissionem fecit illis episcopis :

---

(1) *Sirmond et Baluze dans les Capitulaires* : Pater meus a se et a me servaturum.

(a) Pour *servandum*.

« Promitto et perdono vobis, quia unicuique de vobis et ecclesiis vobis commissis secundum primum capitulum, quod novissime in Carisiaco domnus imperator, pater meus, se servaturum, consentientibus fidelibus illius ac nostris atque apostolicæ sedis legatis, legente Gozleno denunciavit, canonicum privilegium et debitam legem atque justitiam conservabo, et defensionem quantum potuero exhibebo, adjuvante Domino, sicut rex in suo regno unicuique episcopo et ecclesiæ sibi commissæ debitor est exhibere. »

Hoc est capitulum quod hic commemoratur : « De honore quoque et cultu Dei atque sanctarum ecclesiarum quæ auctore Deo sub ditione et tuitione regiminis nostri consistunt, Domino mediante decernimus, ut sicut tempore beatæ recordationis domni genitoris nostri excultæ et honoratæ atque rebus ampliatæ fuerunt, quæ a nostra liberalitate honoratæ atque ditatæ sunt, de cetero sub integritate sui serventur, et sacerdotes atque servi Dei vigorem ecclesiasticum et debita privilegia juxta reverendam auctoritatem obtineant, et eisdem principalis potestas et illustrium virorum strenuitas seu reipublicæ administratores, ut suum ministerium competenter exsequi valeant, in omnibus rationabiliter et juste concurrant, et filius noster hæc supradicta similiter Deo adjuvante conservet. »

Commendatio Ansegisi episcopi et aliorum episcoporum qui adfuerunt apud Compendium, quando benedixerunt Hludowicum, filium Karoli imperatoris.

« Me ac ecclesiam mihi commissam vobis commendo ad debitam legem et justitiam conservandam et defensionem exhibendam, sicut rex episcopo (1) ecclesiæ suæ justo judicio conservare et exhibere debet. »

Professio ipsorum.

« Ego ille ipse sic profiteor : De ista die et deinceps isti seniori et regi meo Hludowico, Karoli et Hermentrudis(2)filio, secundum meum scire et posse et meum ministerium auxilio et consilio fidelis et adjutor ero, sicut episcopus recte seniori suo debitor est, in mea fide et meo sacerdotio. »

Ad suprascriptam vero episcoporum petitionem hæc quæ sequuntur rex Hludowicus professus est episcopis, et istam ipsam donationis scripturam manu sua eis dedit in Compendio, anno incarnationis dominicæ 877, pridie (3) kalendas decembris.

Professio istius Hludovici, filii Karoli.

« Ego Hludowicus, misericordia domini Dei nostri et electione populi rex constitutus, promitto teste ecclesia Dei omnibus ordinibus, episcoporum videlicet, sacerdotum, monachorum, canonicorum atque sanctimonialium, regulas a patribus conscriptas et apostolicis attestationibus roboratas ex hoc in futurum tempus me illis ex integro servaturum. Polliceor etiam, me servaturum leges et statuta populo, qui mihi ad regendum misericordia Dei committitur, pro communi con-

---

(1) D episcopos; H episcopis. — (2) B Hyrmentrudis. — (3) B D H II Kal.

silio fidelium nostrorum, secundum quod prædecessores mei, imperatores et reges, gestis inseruerunt, et omnino inviolabiliter tenenda et observanda decreverunt. Ego igitur Hludowicus rectitudinis et justitiæ amore hanc spontaneam promissionem meam relegens manu propria firmavi (a). »

878.

Anno 878, Hludowicus rex secus Suessionis in monasterio sancti Medardi nativitatem Domini celebravit, indeque ad Audriacam villam perrexit, et pascha Domini in monasterio sancti Dionysii celebravit. Ac suadente Hugone (b) abbate et markione, perrexit ultra Sequanam, tam pro auxilio Hugonis contra Nortmannos, quam et pro eo, quod filii Gozfridi castellum et honores filii Odonis, quondam comitis, invaserunt, et Imino (1) (c), frater Bernardi markionis, Ebrocensem civitatem usurpans, multas deprædationes circumcirca in illis regionibus exercebat, insuper et Eiri-

(1) B D ac ideo quia *au lieu de* Imino.

(a) Dom Bouquet donne la note suivante : « Ad finem hujus anni 877 spectare videtur epistola Hincmari ad Gozlinum, abbatem sancti Germani a Pratis, quam memorat Flodoardus lib. III, cap. 24. Gozlinus patrem habuit Roriconem comitem Cenomannensem, fratrem Gozfridum, sororem Blichildem, quæ mater fuit Bernardi Gothiæ marchionis. »

(b) Nous lisons dans le même auteur : « Hugo, abbas et marchio, filius erat Conradi Autissiod. comitis, frater Conradi Paris. comitis, et, ut nonnulli volunt, Roberti Fortis. »

(c) L'indication suivante est encore empruntée au même recueil : « Emeno, Pictaviensis comes, frater erat Bernardi, patris Bernardi rebellis. »

cum (*a*) more Nortmannico depraedari praesumpsit. Et veniens Hludowicus usque Turonis, infirmatus est usque ad desperationem vitae; sed miserante Domino aliquantulum convalescens, satagentibus quibusdam consiliariis suis et amicis Gozfridi, venit ad eum isdem Gozfridus, adducens secum filios suos ea conditione, ut castellum et honores quos invaserant, Hludovico regi redderent et postea per concessionem illius haberent. Tunc Gozfridus partem de Brittonibus ad regis fidelitatem convertit; sed ipsi demum fecerunt ut Brittones.

Joannes papa irascens contra Landbertum et Adalbertum comites, quia villas et civitatem ejus depraedati sunt, eis horribiliter excommunicatis Roma exiit, et navigio Arelatum in die sancto pentecostes appulit, suosque nuncios ad Bosonem comitem (1) misit, et per ejus auxilium usque Lugdunum venit, et inde missos suos ad regem Hludowicum Turonis misit, mandans ut ei obviam veniret, quo sibi commodum foret. Hludowicus autem mittens ei obviam quosdam episcopos, petiit ut usque Trecas veniret, ipsique (2) ab episcopis istius regni stipendia dari fecit. Et quia propter suam infirmitatem ante non potuit, kalendas septembris(*b*) apud Trecas ad eum venit. Interea(*c*) papa

---

(1) A exiit ferens secum pretiosissimas reliquias et cum Formoso episcopo Portuensi. — (2) B A ibique.

(*a*) Ce nom a sans doute été altéré; Pertz demande s'il ne faut point lire *Rotomicum*, pays de Rouen.

(*b*) Nous lisons dans Pertz : « Ex epistola Joannis VIII papae patet Ludovicum jam Trecas advenisse (*Trecis fuisse P.*) die 18 Augusti. — Fortasse, ut supra an. 877, initium Kalendarum, id est dies 14 Augusti, intelligendus est. »

(*c*) Dom Bouquet donne la note suivante : « In fragmento

Joannes(a) generalem synodum cum episcopis Galliarum et Belgicarum provinciarum agens, qualiter Landbertum et Adalbertum, Formosum quoque et Gregorium nomenculatorem, ac complices illorum Romæ excommunicaverit, relegi fecit in synodo, et consensum episcoporum in eadem excommunicatione quæsivit. Unde qui adfuerunt episcopi, petierunt, ut sicut ipse excommunicationem quam fecerat, per scripturæ lectionem recitari fecit in synodo, ita et eis concederet, ut per scripturam illi suam consensionem proferrent; et concedente ita fieri papa Joanne, in crastina episcopi hoc quod sequitur diploma papæ in synodo porrexerunt :

« Domne sanctissime ac reverendissime pater patrum Joannes, catholicæ atque apostolicæ ecclesiæ, sanctæ videlicet Romanæ primæ sedis, papa. Nos

---

historico relato in duobus codicibus regiis et uno Sangermanensi : « Johannes papa in Gallias venit, et apud civitatem Trecas diu moratus est; habuitque synodum episcoporum, in qua Hymarus (Hincmarus) Lauduni Clavati episcopus, post avulsionem oculorum suo episcopatu est donatus. »

(a) Le même auteur dit au sujet de ce pape : « Ipse Joannes papa in privilegio monasterii Tornutiensis sic loquitur : « Anno Dominicæ incarnationis 878, indictione II, regnante piissimo atque gloriosissimo rege Hludovico, Caroli filio serenissimi Augusti,... ego Joannes episcopus, servus servorum Dei, atque prædictus filius noster gloriosus rex Hludovicus, constituimus conventum venerabilium archiepiscoporum, necnon et præsulum totius regni Trecas civitate; quo interfuit memoratus rex piissimus. Eoque pacto precatus est nos cum filiis et fratribus nostris episcopis jam dictus gloriosus imperator, ut Tornutium monasterium,... in comitatu Cabilonensi supra Sagonnam fluvium,... privilegio nostræ auctoritatis corroboraremus. » Ubi observandum est Hludovicum imperatorem dici, licet ter antea rex vocatus fuerit. Labbei Conc. t. IX, p. 277. »

filii(1), famuli tui, ac discipuli vestræ auctoritatis, Galliarum et Belgicarum episcopi, his quæ super vulnera dolorum vestrorum maligni homines ac ministri diaboli addentes, in sanctam matrem nostram ac magistram omnium ecclesiarum commiserunt, compatimur, et dolori vestro conflentes condolemus, atque judicium vestræ auctoritatis, quod privilegio beati Petri et sedis apostolicæ in eos et complices illorum juxta sacros canones spiritu Dei conditos et totius mundi reverentia consecratos ac secundum ejusdem sanctæ Romanæ sedis pontificum, decessorum vestrorum, decreta protulistis, voto, voce et unanimitate nostra, atque auctoritate sancti Spiritus, cujus gratia in episcopali ordine sumus consecrati, gladio Spiritus (2) sancti, quod est verbum Dei, eos interimentes persequimur. Scilicet quos, sicut supra diximus excommunicatis, excommunicatos tenemus, quos ab ecclesia abjecistis, abjicimus, quos anathematizastis, anathematizatos esse judicamus, et quos regulariter satisfacientes vestra auctoritas(3) et apostolica sedes receperit, recipiemus; sed et, ut in sacra historia de plaga Ægyptiaca digne a Deo inlata legimus, quia non erat domus in qua non jaceret mortuus, et non erat qui alium consolaretur, quoniam in domo sua unusquisque quod lugeret habebat, nos in nostris quoque ecclesiis lugenda lugemus; et ideo vestra auctoritate nobis subveniri cum omni mentis humilitate deposcimus, petentes ut promulgetis capitulum vestræ auctoritatis, qualiter nos erga ecclesiarum nostrarum pervasores agere debeamus, ut cen-

---

(1) B D H *omettent* filii. — (2) B D H *omettent* sancti. —(3) D H P *omettent la conjonct.* et.

sura apostolicæ sedis muniti, robustiores ac promptiores deinceps, Domino opem ferente, contra perversos ecclesiasticarum rerum ac facultatum raptores ac vastatores sacrique ministerii episcopalis contemptores nos successoresque nostri persistere concordi sententia valeamus, ut juxta egregii prædicatoris vocem et vestræ auctoritatis promulgationem traditi Sathanæ, spiritu salvi fiant in die Domini nostri Jesu Christi. »

Excommunicatio Johannis apostolici et ceterorum episcoporum qui adfuerunt (1) *apud Trecas, de pervasoribus rerum ecclesiasticarum.*

« De pervasoribus (2) quippe rerum ecclesiasticarum, quos sacri canones, spiritu Dei conditi, totius mundi reverentia consecrati, et decreta pontificum sedis apostolicæ sub anathemate usque ad regularem satisfactionem esse debere constituerunt, sed et de raptoribus quos apostolus, Christo in se loquente, regnum Dei non possidere testatur, et cum hujusmodi hominibus veraciter christiano nec cibum sumere præcipit, quandiu in ipso crimine permanent, per virtutem Christi et judicio Spiritus sancti decernimus, ut si ante proximas kalendas novembris easdem res quas quique usurpatores injuste pervaserunt, ecclesiis suis regulariter satisfacientes non restituerint, a communione corporis et sanguinis Christi usque ad restitutionem rerum ecclesiasticarum et satisfactionem alieni habeantur. Et sacri episcopalis ministerii ac excommu-

---

(1) D H P convenerunt. — (2) B perversoribus.

nicationis ecclesiasticæ contemptores secundum evangelicam et apostolicam auctoritatem ab episcopis quorum interest commoniti, si regulariter satisfacientes non resipuerint, anathematis vinculo innodati usque ad satisfactionem permaneant. Et si in ipsa pertinacia permanentes obierint, nemo corpora illorum cum hymnis et psalmis sepeliat, nec memoria illorum ad sacrum altare inter fideles mortuos habeatur, dicente Apostolo et evangelista Johanne « Est peccatum ad mortem? pro illo non dico, ut quis oret (*a*). » Peccatum enim ad mortem est perseverantia in peccato usque ad mortem. Et si sacri antiquorum patrum canones de his qui sibi mortem voluntarie inferunt, et qui pro suis sceleribus puniuntur, sancto inspirante Spiritu decreverunt, ut cum hymnis et psalmis eorum corpora non deferantur ad sepulturam, quorum decreta sequentes, ea quæ præmisimus de pervasoribus et raptoribus rerum et facultatum ecclesiasticarum, si non resipuerint, judicio sancti Spiritus decernimus, sicut beatus decrevit Gregorius dicens « quia
» tales christiani non sunt, quosque ego et omnes
» catholici episcopi, imo universalis ecclesia, anathe-
» matizat. »

Quod diploma Iohannes papa suæ excommunicationi adscribi fecit, et manu sua confirmans, ab omnibus episcopis in synodo subscribi fecit; deinde, ipso jubente, lecti sunt in synodo canones Sardicensis concilii et decretum papæ Leonis de episcopis sedes suas mutantibus, sed et Africani canones, et ut non fiant episcoporum translationes, sicut nec rebaptizationes

(*a*) Joann., Ep. cap. v. 16, 17.

vel reordinationes, pro Frotario Burdegalensi episcopo qui de Burdegalis (1) Pictavis, indeque ad Biturigensem civitatem exiliisse dicebatur.

Et coronatus(*a*) Hludovicus a Iohanne papa vii idus septembris, invitavit eundem papam ad domum suam, et opipare pascens, honoravit eum multis donis ipse et uxor sua, et remisit eum ad Trecas civitatem; postea vero per missos suos petiit eundem papam, ut uxorem illius in reginam coronaret, sed obtinere non potuit(*b*). Frotarius autem et Adalgarius episcopi attulerunt in conventum episcoporum papæ Iohanni præceptum, per quod pater suus Hludowico regnum tradiderat, petentes ex ipsius parte, ut privilegio suo ipsum præceptum confirmaret. Tunc papa Ioannes protulit exemplar quasi facti præcepti a Karolo imperatore de (2) abbatia sancti Dionysii Romanæ ecclesiæ, quod compilatum consilio præfatorum episcoporum et aliorum consiliariorum Hludowici regis a plurimis credebatur, ut a Gozleno ipsam abbatiam velut ex ratione tolleret (3), et sibi habere posset; et dicente papa Iohanne, ut si vellet Hludowicus rex, ut super illius

---

(1) B Burdegale. — (2) A de donanda. — (3) B A tollere.

(*a*) Nous lisons à ce sujet dans Dom Bouquet : « Hæc Ludovici Balbi coronatio regia tantum fuit, non imperialis, ut multi cum Baronio existimarunt; licet Joannes papa in eum imperium transferre studuerit, ob idque a Romanis vexatus, Urbe hoc anno excedere coactus sit, ut refert Sigebertus in Chronico. »

(*b*) Le même auteur dit en note, d'après Mabillon : « Ludovicus, ut uxorem ipsius reginam Joannes coronaret, impetrare non potuit, quod illa, priori rejecta conjuge, superducta esset. Mabillonius lib. xxxviii, *Annal. Benedict.*, num. 4. Cf. *Regionis Chron.* a. 878. »

præceptum privilegium faceret, suo præcepto illud patris sui præceptum firmaret. Quod argumentum, sicut factio et non ratio, imperfectum remansit.

Denique IV idus præfati mensis Hludowicus rex, quorumdam primorum compulsus petitionibus, venit ad apostolici mansionem, et cum eo familiariter locutus, una cum illo reversus est ad conventum episcoporum in exedram juxta mansionem apostolici. Et post excommunicationem Hugonis, Hlotarii filii, et Iminonis (1) ac complicum eorum, vim facientibus quibusdam episcopis et consentiente rege, dixit papa Iohannes, ut Hedenulfus, sua auctoritate ordinatus episcopus (a), sedem suam teneret et episcopale ministerium ageret, et Hincmarus cæcus (b), si vellet, missam cantaret, et partem de rebus episcopii Laudunensis haberet. Et cum Hedenulfus apud eundem papam peteret, ut eum ab illa sede absolveret, dicens se esse infirmum et velle intrare in monasterium, hoc obtinere non potuit; sed præceptum est illi ab eo, consentiente rege atque episcopis Hincmari fautoribus, ut sedem

---

(1) B D Immonis, A Limmonis.

(c) Hedenulfe, évêque de Laon, élu après la déposition d'Hincmar le jeune.

(a) Voici encore une note de Dom Bouquet au sujet d'Hincmar de Laon : « Hincmarus Laudunensis libellum seu proclamationem Joanni papæ in synodo Trecensi obtulit contra Hincmarum, Rhemorum archiepiscopum, et omnium animos ad commiserationem commovit : « Transmissus sum, inquit, in exsilium, in quo per duos annos sumus, sed aliquanto tempore ferro vinctus custoditus sum, duobus annis ferme peractis insuper cæcatus sum, et usque modo retentus, ad vos et ad vestræ piissimæ serenitatis præsentiam, mox ut venire dimissus potui, accessi, » etc. Vide tom. IX. Concil. pag. 315. »

suam teneret, et episcopale ministerium ageret. Qui fautores Hincmari audientes, quod papa Iohannes dixerit, ut si vellet Hincmarus cæcus, missam cantaret, et rex consenserit (1), ut partem de episcopio Laudunensi haberet, insperate aliarum provinciarum episcopi, sed et aliarum regionum metropolitani, sine præceptione papæ Hincmarum, vestimentis sacerdotalibus indutum, in præsentiam ipsius papæ adduxerunt; indeque sublatum cantantes in ecclesiam illum duxerunt, et signum benedictionis(a) super populum dare(2) fecerunt : sicque synodus illa soluta est.

In crastina Hludowicus rex, invitatus a Bosone, ad domum illius perrexit cum quibusdam primoribus consiliariis suis; et pastus et honoratus ab illo, sed et ab uxore ipsius, desponsavit filiam Bosonis Karlomanno filio suo, et cum consilio ipsorum consiliariorum suorum dispartitus est honores Bernardi, Gothiæ markionis, per Theodericum camerarium, et Bernardum comitem Arvenicum, et per alios secreto(3) dispositos.

(1) B D H consentiret. — (2) B dari. — (3) B A secrete, P decreto?

(a) Dom Bouquet donne la note suivante, qui porte à croire qu'Hincmar de Reims n'avait point contre son neveu la haine que lui ont attribuée certains auteurs : « Hincmarus inglorius in sua illa sacerdotali parte non multo post obiit; tunc etiam commendatus ab Hincmaro avunculo, qui Hugoni abbati scripsisse legitur apud Flodoardum, lib. III, c. 24. « Notificat etiam illi obitum Hincmari nepotis sui, Laudunensis episcopi, rogans ut pro ejus animæ remedio per subjectos ac familiares suos Domini misericordiam deprecari satagat. » Idem autem Remensis Hincmarus, illo in concilio plurimis a Joanne papa honoribus affectus, apologetico generali omnibus suis adversariis satisfecit : de quo ibidem Flodoardus, cap. 21 et 29. »

Papa Johannes Trecas movens, Cabillonem petiit, indeque per Moriennam iter agens, per clusas (1) montis Cinisii Italiam a Bosone et uxore illius deductus introivit.

Hludowicus rex Trecas (2), Compendium reversus, audita renunciatione legatorum suorum, quos ad consobrinum suum Hludowicum pro pace inter se obtinenda direxerat, cum quibusdam consiliariis suis venit usque ad Heristallium; et kalendas novembris simul convenientes apud Marsnam, utrimque pax firmata est inter eos, et condixerunt placitum in purificatione sanctæ Mariæ, ut simul iterum convenirent, Hludowicus Karoli filius ad Gundulfi villam, et Hludowicus Hludowici filius circa eundem locum in commoditate sua. In ipso quidem placito hæc quæ sequuntur inter eos consensu fidelium illorum servanda convenerunt :

Conventio quæ inter gloriosos reges, Hludowicum filium Karoli imperatoris, itemque Hludowicum filium regis Hludowici, in loco qui vocatur Furonis (a), kalendas novembris, ipsis et communibus fidelibus ipsorum faventibus et consentientibus, facta est, anno incarnationis Dominicæ 878 (3), indictione 11, dicente rege Hludowico filio Karoli :

« Sicut inter patrem meum Karolum et patrem

(1) A claustra. — (2) A a Trecis. — (3) *Sirmond et Baluze*, 879 indict. duodecima.

(a) Foron, sur la rive droite de la Meuse, presque à égale distance de Maestricht et d'Aix-la-Chapelle, en Hollande. Aubert le Mire rapporte qu'il y a vu les restes de la villa dans laquelle se fit le traité de 878.

vestrum Hludowicum regnum Hlotharii divisum fuit, volumus ut ita consistat. Et si aliquis nostrorum fidelium de regno paris(1)sui ex hoc aliquid usurpatum(2) habet, jussu nostro illud dimittat. De regno vero quod Hludowicus imperator Italiæ habuit, quia necdum ex illo aliqua divisio facta est, quicumque modo illud tenet, ita teneat, donec Domino volente iterum simul venientes, cum communibus fidelibus nostris inveniamus et diffiniamus, quid ex hoc melius et justius nobis visum fuerit. De regno autem Italiæ, quia modo nulla ratio esse potest, omnes sciant, quia partem nostram de illo regno et requisivimus et requirimus, et Domino auxiliante requiremus. »

Ista sequenti die statuta sunt :

Cap. I. « Ut quia firmitas amicitiæ et conjunctionis nostræ modo, quibusdam præpedientibus causis, esse non potuit, usque ad illud placitum, quo simul ut conveniamus statutum habemus, talis enim amicitia inter nos manebit, Domino auxiliante, de corde puro et conscientia bona et fide non ficta, ut nemo suo pari vitam, regnum aut fideles suos, vel aliquid quod ad salutem sive prosperitatem ac honorem regni pertinet, discupiat aut forsconsiliet (3). »

Cap. II. « Ut si in cujuscumque nostrum regno pagani sive pseudochristiani insurrexerint, unusquisque veraciter suum parem, ubicumque necesse fuerit et ipse rationabiliter potuerit, aut per semetipsum

---

(1) B D H patris. — (2) A *Sirmond et Baluze,* purprisum. — (3) B D H non velit aut forte consiliet.

aut per suos fideles et consilio et auxilio prout melius potuerit adjuvet. »

Cap. III. « Ut si ego vobis superstes fuero, filium vestrum Hludowicum adhuc parvulum, et alios filios vestros quos vobis Dominus donaverit, ut regnum paternum hereditario jure quiete tenere possint, et consilio et auxilio, prout melius potuero, adjuvabo. Si autem vos mihi superstes fueritis, filios meos Hludowicum et Karolomannum, et alios quos divina pietas mihi donare voluerit, ut regnum paternum quiete tenere possint, similiter et consilio et auxilio, prout melius potueritis, ut adjuvetis rogo. »

Cap. IV. « Ut si aliqui susurrones et detractores, et qui paci nostræ invident et quietum regnum esse non patiuntur, inter nos lites et contentiones atque discordias seminare voluerint, nullus nostrum hoc recipiat aut libenter acceptet, nisi forte hoc ad rationem coram nobis utrisque et communibus fidelibus nostris perducere voluerit. Si vero hoc noluerit, cum nullo nostrum aliquam societatem habeat, sed omnes illum, sicut mendacem falsatorem et inter fratres volentem seminare discordias, communiter a nobis abjiciamus, ne de cetero quisque talia mendacia auribus nostris inserere (1) audeat. »

Cap. V. « Ut communiter, prout citius potuerimus, missos nostros ad Karlomannum et Karolum, gloriosos reges, dirigamus, qui eos (2) ad placitum quod octavo idus februarii statutum habemus invitent, et ut nullatenus venire differant, obsecrent (3); et si secun-

---

(1) B D H inferre. — (2) B D H qui ad.... invitentur, ut nullatenus.... obsecrentur. — (3) *Sirmond et Baluze*, invitent et ut.... obsecrent.

dum quod optamus venire voluerint, communiter nos ad Dei voluntatem et sanctæ Ecclesiæ salvationem, ac communem honorem nostrum ac profectum, atque salvamentum totius populi Christiani nobis commissi, Domino cooperante, ita conjungamus (1), ut de cetero in eo qui unus est, unum simus et unum velimus, et idipsum dicamus, secundum Apostolum, et faciamus omnes, et (2) non sint in nobis ulla schismata. »

Cap. VI. « Si autem illi, obsecratione nostra vocati et invitati, aut missi eorum, ad præfatum placitum venire distulerint, nos, secundum quod statutum habemus, illuc omnino venire, et nos secundum Dei voluntatem conjungere omnimodis non omittamus, nisi forte talis inevitabilis necessitas evenerit, pro qua id fieri nullatenus possit. Et si hoc acciderit, ad tempus quisque pari suo hoc rescire faciat; et propterea amicitia nostra nec minuatur nec immutetur, donec Domino jubente congruo tempore perfecte confirmetur. »

Cap. VII. « Ut res ecclesiarum in cujuscumque regno caput fuerit, tam de episcopatibus quam de abbatiis, sine ulla contradictione rectores ipsarum ecclesiarum illas possideant; et si aliquid ibi mali factum a quoquam est, in cujuscumque regno illæ res consistunt, legaliter (3) exinde justitiam reddere faciat. »

Cap. VIII. « Et quia per vagos et in tyrannica consuetudine inreverentes homines pax et quies regni perturbari solet, volumus ut ad quemcumque nostrum talis venerit, ut de his quæ egit rationem et justitiam

---

(1) B conjungamur. — (2) B D omnes ut non. — (3) B regaliter, D H regulariter.

subterfugere possit, nemo ex nobis illum ad aliud recipiat vel retineat, nisi ut ad rectam rationem et debitam emendationem perducatur. Et si rationem rectam subterfugerit, omnes in commune, in cujus regnum venerit, illum persequamur, donec aut ad rationem perducatur, aut de regno expellatur vel deleatur. »

Cap. IX. « Volumus ut hi qui merito proprietatem illorum in regno nostro perdiderunt (1), ita judicentur, sicut temporibus nostrorum antecessorum inventum fuit; qui vero dicunt injuste se proprietatem illorum (2) perdidisse, veniant in nostram præsentiam, et sicut justum est, ita illis judicetur, et sua recipiant. »

Hoc dicto, Hludowicus Hludowici filius ad sua rediit, et Hludowicus Karoli filius per Arduennam veniens,

879.

anno incarnationis Dominicæ, in Longlario (a) (3) nativitatem Domini celebravit. Et aliquandiu in Arduenna demorans, indeque iter agens, circa purificationem sanctæ Mariæ ad Pontigonem venit, unde volens ire in partes Augustoduni ad comprimendam rebellionem Bernardi (b) markionis, usque ad Trecas perrexit.

(1) B D H perdiderint.— (2) B D suam. — (3) B Longlaro.

(a) *Longlarius, Longolare*, Longlar, auj. Longlier, commune de la prov. de Luxembourg, non loin de Saint-Hubert. Pépin y avait célébré la Noël en 763.

(b) Dom Bouquet offre la note suivante : « Bernardus iste, alterius Bernardi et Blichildis, Roriconis Cenomannensis comitis filiæ, filius, Gothiæ marchionatu donatus fuerat anno 865 post

Sed quia ingravescente infirmitate sua — dicebatur enim veneno infectus — longius ire non potuit, filium et æquivocum suum Hludowicum bajulationi Bernardi (*a*), comitis Arvernici (1), specialiter committens, Hugonem (*b*) abbatem et Bosonem, et præfatum Bernardum cum filio suo, sed et Theodericum cum sociis suis, Augustodunum misit, quatenus ipsum comitatum ad opus Theoderici, cui antea illum dederat, evindicarent. Ipse autem cum magna difficultate per Jodrum (2) (*c*) monasterium Compendium venit, et sentiens se mortem evadere non posse, per Odonem, Belvacensem episcopum, et Albuinum comitem coronam et spatam ac reliquum regium apparatum filio suo Hludowico misit, mandans illis qui cum eo erant, ut eum in regem sacrari ac coronari facerent. Ipse autem, IV idus aprilis in die parasceves jam vespere obiit; et in crastina, scilicet in vigilia sancti Paschae, in ecclesia sanctæ Mariæ sepultus fuit.

Audientes autem Odo et Albuinus illum esse defunc-

---

(1) B Arduennici. — (2) A Adiodrum.

Humfridum. Anno 878 in Trecensi synodo anathemate percussus est et honoribus privatus. »

(*a*) Le même auteur dit encore : « Bernardus, Arvernicus comes, filius erat Bernardi, Septimaniæ ducis, et Dodanæ. Pater fuit Guillelmi pii. Anno 878 Gothiæ marchionatu donatus est; obiit anno 886. »

(*b*) Nous lisons encore dans le recueil des *Hist. de Gaule et de France* : « Hugo abbas, Conradi comitis filius, mortuus est anno 886. Boso dux erat Provinciæ, Theodericus, Ludovici Balbi camerarius, Augustodunensis comes. »

(*c*) L'abbaye de Jouarre, fondée au VIIe siècle, dont la crypte subsiste encore. — Jouarre est une commune du cant. de la Ferté-sous-Jouarre, arr. de Meaux (Seine-et-Marne).

tum, quæ portaverant Theoderico camerario dederunt, et cum festinatione reversi sunt. Illi autem qui cum Hludowico (1) filio regis erant, audita morte patris ipsius infantis, mandaverunt primoribus qui in istis partibus erant, ut apud Meldis convenirent obviam eis, et ibi tractarent, quid de cetero agere deberent. Inter Bosonem autem et Theodericum mediante Hugone abbate conventum est, ut Boso comitatum Augustodunum haberet, et Theodericus abbatias, quas Boso in istis partibus habuerat, in commutatione acciperet. Gozlenus (*a*) (2) denique abbas, memor injuriarum ac insidiarum suarum, quas a suis æmulis tempore præcedenti sustinuerat, fisus de familiaritate quam cum Hludowico, Germaniæ rege, et cum uxore illius atque cum primoribus illius terræ, quando captus in bello apud Andrnacum et trans Rhenum ductus fuerat obtinuit, cœpit cogitare qualiter talionem suis contrariis redderet, et Chuonradum (*b*), Parisiaci comitem, spe falsa de præcellenti potestate deludens, et quædam ingenia (3) qualiter id exsequi posset enarrans, sibi conjunxit ; et ante quam illi qui

(1) B D H *omettent* Hludowico. — (2) B *ajoute au-dessus de* Gozlenus : Iste abbas S. Amandi fuit et postea episcopus Parisiorum. — (3) A et quædam subtilia media.

(*a*) Dom Bouquet donne la note suivante sur Gozlin : « Goslinus, qui sancti Germani a Pratis et sancti Dionysii abbas fuit, et postea Parisiensis episcopus, erat filius Roriconis, Cenomannensis comitis, frater Blichildis, matris Bernardi Gothiæ marchionis, de quo supra. »

(*b*) Dom Bouquet dit en parlant de Conrad : « Conradus, Paris. comes, filius erat Conradi, Autissiod. comitis, frater Hugonis abbatis. »

cum regis filio erant, ad condictum placitum apud Meldis venirent, acceleraverunt dicti Goslinus et Conradus (1) quoscumque potuerunt episcopos et abbates atque potentes homines ad conventum vocare, ubi Thara Isaram influit(a), eo sub obtentu, ut quia rex (2) defunctus erat, unanimiter tractarent de regni pace atque utilitate. His autem qui convenerant, persuaserunt, ut Hludowicum, Germaniæ regem, in hoc regno convocarent, et ejus largitione honores quos hactenus obtinere non potuerunt, sine ulla dubitatione haberent. Et miserunt nuncios suos ad prædictum Hludowicum et uxorem ejus, mandantes ut usque Mettis venire accelerarent, et illuc omnes episcopos et abbates ac primores istius regni ad illum perducere possent; sicque per Silvacum et secus Axonam multas deprædationes ac rapinas facientes, usque ad Viridunum venerunt. Veniente autem Hludowico Mettis, iterum ad illum nuncios miserunt, postulantes ut usque ad Viridunum veniret, quatenus commodius populum istius regni ad illum perducere possent. Veniens autem Hludowicus usque ad Viridunum, tanta mala exercitus ejus in omnibus nequitiis egit, ut paganorum mala facta illorum vincere viderentur.

Audientes autem Hugo et Boso ac Theodericus et illorum socii quæ Gozlenus et Chuonradus cum illorum complicibus machinabantur, miserunt Vultarium (3),

---

(1) B D H *omettent* dicti Goslenus et Conradus. — (2) B *omet* rex. — (3) A Gualterum.

(a) C'est près de Creil (Oise) que le Thérain se jette dans l'Oise.

episcopum Aurelianensem, et Goiramnum ac Anscherum (1) comites ad Hludowicum apud Viridunum, ut ei offerrent partem de regno Hlotarii junioris, quam Karolus contra fratrem suum Hludowicum, ipsius Hludowici patrem, acceperat, ut accepta illa portione regni, in regnum suum rediret, et quod reliquum de regno patris sui Karoli Hludowicus habuit, filiis suis consentiret. Hludowicus vero et sui acceptam habentes talem oblationem, cum dedecore Gozlenum et Chuonradum ac complices illorum rejecerunt, et accepta regni parte sibi oblata, Hludowicus ad palatium suum Franconofurd rediit.

Audiens autem hoc uxor illius, satis moleste tulit, dicens, quia si illa cum eo venisset, totum istud regnum haberet. Angustiantes autem Gozlenus et Chuonradus, ad ipsam reginam fecerunt confugium, querimoniam agentes qualiter essent decepti; et acceptis missis ad socios suos (2), qui eos de parte Hludowici confortarent, sed et alios quasi obsides, reversi sunt, rapinas et deprædationes facientes quocumque pervenire potuerunt, renunciantes sociis suis Hludowicum quantocius cum magno exercitu venturum, quoniam ad præsens venire non poterat, quia nunciatum est ei non incerta relatione, fratrem suum Karlomannum, paralysi percussum et jam morti vicinum, cum abiret decessisse, suumque filium de concubina, nomine Arnulfum, partem regni illius occupasse, et ideo in illa parte festinus pergeret, sicut et fecit. Sopita vero, sicut potuit, in illis partibus commotione, reversus est ad uxorem suam. Audientes autem Hugo abbas et

---

(1) B Ansgerum. — (2) B D H *omettent* ad socios suos.

ceteri primores, qui cum filiis quondam senioris sui Hludowici, Hludowico scilicet et Karlomanno, agebant, Hludowicum cum uxore sua in istas partes venturum, quosdam episcopos, Ansegisum (a) et alios, miserunt ad Ferrarias monasterium(b), et ibi eos consecrari et coronari in reges fecerunt.

Interea Boso, persuadente uxore sua, quæ nolle vivere se dicebat, si, filia imperatoris Italiæ et desponsata imperatori Græciæ, maritum suum regem non faceret, partim comminatione constrictis, partim cupiditate illectis pro abbatiis et villis eis prómissis et postea datis, episcopis illarum partium persuasit, ut eum in regem ungerent(c) et coronarent. Hugo etiam, filius junioris Hlotharii ex Waldrada, collecta prædonum multitudine, regnum patris sui est molitus invadere.

Karolus, Hludowici quondam Germaniæ regis filius, in Langobardiam perrexit, et ipsum regnum obtinuit; cum quo apud Urbam, antequam montem Iovis transiret, Hludowicus et Karlomannus loqui perrexerunt. Et illo eunte in Langobardiam, ipsisque reversis ab eodem itinere, nuntiatum est eis, quod Nortmanni qui

---

(a) Nous lisons dans une note de Dom Bouquet : « Id tamen nullo præsente metropolitano factum ait Ivo episc. Carnot. epist. 189. Verum Carlomannus ipse post tres annos, cum coronatus est Carisiaci, meminit scripti quod in Ferrariarum monasterio tunc perdonavit, se scilicet unicuique episcoporum et ecclesiis eis commissis canonicum privilegium et debitam legem atque justitiam conservaturum. Mabillonius lib. xxxviii *annal. Bened.*, num. 21. »

(b) Abbaye de Bénédictins, fondée par Clovis, dont l'église a été conservée; auj. Ferrières, arr. de Montargis (Loiret).

(c) Dom Bouquet dit à ce sujet : « Illud reipsa præstitere in concilio Mantalensi. »

erant in Ligeri, terreno itinere terras illas deprædabantur (1); et statim moti in illas partes, in die missæ sancti Andreæ eos invenientes, multos ex eis occiderunt, et plures in Vencenna (*a*) fluvio immerserunt, et exercitus Francorum Deo volente cum victoria incolomis remeavit.

880.

Anno incarnati Verbi 880, Hludowicus, rex Germāniæ, una cum uxore sua ab Aquis in istas partes iter arripuit, et usque ad Duziacum (2) venit, ubi Gozlenus et Chuonradus obviam illi venerunt, quamplurimis jam de illorum complicibus ab illorum societate retractis. Indeque Hludowicus et uxor sua ad Attiniacum, indeque ad Ercuriacum (3) (*b*), et sic usque Ribodimontem (*c*) pervenerunt; et videntes quia Gozlenus et Chuonradus quod ei polliciti fuerant attendere nequiverunt, et ipse ac uxor sua quæ speraverant obtinere non possent, pactis (4) amicitiis cum filiis Hludowici et condicto placito futuro mense junio ad Gundulfi villam, reversi sunt in patriam suam. Et inveniens Hludowicus Nortmannos in itinere, Domino opem

(1) B D H deprædabant. — (2) A cluziacum. — (3) A Hercuriacum. — (4) B D H peractis.

(*a*) Cette rivière est la Vienne, qui se jette dans la Loire près de Chinon.
(*b*) Au sujet de ce nom que D. Bouquet traduit par Ecri, sur l'Aisne, voyez Mabillon, *De re diplomatica*, qui place *Ercuriacum* à Chéry et indique trois villages de ce nom dans le pays de l'Aisne.
(*c*) Ribemont, chef-lieu de cant. du départ. de l'Aisne.

ferente magnam ex illis partem occidit exercitus suus, sed in Saxonia magnum damnum de fidelibus suis per Nortmannos sustinuit. Filii autem Hludowici quondam regis (1) reversi sunt Ambianis civitatem, et sicut fideles illorum invenerunt, regnum paternum inter se diviserunt, id est ut Hludowicus quod de Francia residuum erat ex paterno regno, sed et Niustriam cum marchis suis(*a*) haberet, et Karlomannus Burgundiam et Aquitaniam cum marchiis suis haberet, et quique de proceribus secundum convenientiam, in cujus divisione honores haberent, illi se commendarent. Inde Compendium redeuntes, ibi pascha Domini celebraverunt, et post hæc per Remum et Catalaunis civitates ad placitum condictum mediante junio apud Gundulfi-Villam obviam suis consobrinis(*b*) venerunt. Ad quod placitum Hludowicus, infirmitate detentus, venire non potuit, sed pro se missos suos direxit. Karolus autem a Langobardia rediens, illuc venit. In quo placito communi consensu inventum est, ut ipsi reges (*c*), Hludowici quondam filii, ad Attiniacum redirent cum scara Hludowici, Germaniæ regis, et Hugonem, Hlotarii junioris filium, impeterent. Quo venientes, quia Hugonem non invenerunt, sororium illius Teutbaldum bello aggressi sunt, et multis interfectis, illum in

---

(1) A *ajoute* regis Francorum.

(*a*) Nous lisons dans une note de Dom Bouquet : « Id est comitatu Tolosano, Septimania, marca Hispanica, tota parte regni Lotharii, quam Boso dux invaserat. »

(*b*) Le même auteur dit à ce sujet : « Carolo, Ludovico et Carlomanno, Ludovici Germaniæ regis filiis. »

(*c*) Louis et Carloman, fils de Louis le Bègue.

fugam verterunt; indeque cum hoste ex regnis suis una cum prædicta scara Hludowici, regis Germaniæ, prædicti reges, ordinatis qui regnum suum contra Nortmannos in Ganto (a) residentes custodirent, in Burgundiam versus Bosonem per mensem julium a Trecas civitate perrexerunt, Karolo rege illuc cum exercitu suo in Bosonem venturo. In quo itinere ejectis de castro Matiscano (b) Bosonis hominibus, ipsum castellum ceperunt, et eum comitatum Bernardo (c) cognomento Planta-pilosa dederunt; et perrexerunt simul Karolus, Hludowicus et Karlomannus ad obsidendam Viennam, in qua Boso uxorem suam cum filia et magnam partem de suis hominibus relinquens, fugam ad montana quædam arripuit. Karolus autem, qui se una cum consobrinis suis Viennam obsessurum promiserat, mox ut quædam sacramenta utrinque inter eos facta fuerunt (1), ab ipsa obsidione recessit, et in Italiam perrexit; indeque (2) Romam veniens, a Iohanne papa se in die nativitatis Domini in imperatorem consecrari obtinuit.

881.

Anno incarnationis Dominicæ 881, remanente Karlomanno cum suis contra Bosonis seditionem, Hludo-

(1) A *ajoute* illis valedicens. — (2) A *ajoute* citato itinere.

(a) Gand.
(b) Mâcon.
(c) Dom Bouquet dit à ce sujet : « Male Bernardus iste a Baluzio confunditur cum Bernardo Gothiæ marchione et comite Arvernensi, patre Guillelmi pii. »

wicus frater ejus reversus est in partem regni sui contra Nortmannos. Qui vastantes omnia in suo itinere, Corbeiæ monasterium et Ambianis civitatem aliaque sancta loca occupaverunt, de quibus non modicam partem occisis ceterisque fugatis, et ipse Hludowicus una cum suis retrorsum, nemine hostium (1) persequente, fugam arripuit, divino manifestante judicio, quia quod a Nortmannis fuerat actum, non humana sed divina virtute patratum extiterit. Iterum namque Nortmannis regredientibus in partem regni sui, isdem Hludowicus cum quibus potuit copiis obviam eis ire perrexit, et castellum materia lignea quorumdam consiliariorum suorum hortatu in loco qui dicitur Stromus (2) (a) clausit, quod magis ad munimen paganorum quam ad auxilium Christianorum factum fuit, quoniam ipse rex Hludowicus invenire non potuit, cui illud castellum ad custodiendum committere posset. Indeque reversus, anno Dominicæ incarnationis 882, apud Compendium nativitatem Domini, sed et sanctum Pascha celebravit.

882.

Ubi nunciatum est ei, quia consobrinus suus Hludowicus, Hludowici Germaniæ regis filius, inutiliter sibi et ecclesiæ ac regno vivens, morti succubuit (3). Venientes autem primores partis illius regni quæ ipsi

(1) B D H *omettent* hostium. — (2) D H Stroms. — (3) A in Lotharingia.

(a) Nous avons parlé ailleurs de cette localité qui est Etrun, arr. de Cambrai (Nord).

Hludowico in locarium data fuerat, quatenus quæ pater et avus illorum habuerunt, eis consentiret, voluerunt se illi commendare ; sed consilio primorum propter sacramenta quæ inter eum et Karolum facta fuerunt, non eos in commendationem suscepit, sed scaram hostilem, cui præfecit Theodericum comitem, quasi in adjutorium illorum contra Nortmannos disposuit. Et ipse ultra Sequanam, ac si recepturus Britonum principes et bellaturus contra Nortmannos, usque Turones perrexit (1). Ubi infirmatus est corpore, et lectica deportatus usque ad monasterium sancti Dionysii; mense augusto ibi mortuus est et sepultus.

Primores autem regni expeditum nuntium miserunt ad Karlomannum, mandantes ut, relictis qui Viennam obsiderent et seditioni Bosonis resisterent, ipse quantocius ad eos venire festinaret, quoniam hostiliter ipsi præparati erant in occursum Nortmannorum, qui civitates Coloniam et Treviris cum monasteriis sibi contiguis jam incensas haberent, et monasterium sancti Landberti in Leudico (2), et Promiæ (3), et Indæ (4), Aquis etiam palatium, omniaque monasteria (*a*) parrochiarum Tungrensis videlicet, Attrebatensis (5), Cameracensis, et partim Remensis parochiæ suæ

---

(1) A *ajoute* vir plenus omnibus immunditiis et vanitatibus, infirmatus est. — (2) B Leudica. — (3) B Pronicæ et proximæ. — (4) B D H A indè, P *a substitué avec raison* Indæ. — (5) B Atrebatensis, A Ambianensis.

(*a*) Nous avons déjà parlé du pays de Liége (*Leudicus pagus*), de l'abbaye de Pruym et du monastère d'Inden (Inda) ou Cornelis-Munster.

ditioni addicta, et partim cum castello Mosomagensi(1), incensa, et Wallam (2), Mettensem episcopum, contra sacram auctoritatem et episcopale ministerium armatum et bellantem, occisum et socios ejus fugatos habebant. Ipsi autem parati erant illum recipere, et se illi commendare, sicut et fecerunt. Dum autem in eodem procinctu degeret, mense septembrio nunciatum est illi certo nuntio, quia capta Vienna, uxorem Bosonis et filiam ejus Richardus, frater ipsius Bosonis, ad comitatum suum Augustudunensem adductam habebat. Sed et Hastingus (3) et complices illius Nortmanni, ex Ligeri egressi, maritimas partes petierunt. Karolus autem, nomine imperator, contra Nortmannos venit cum multo exercitu usque ad illorum firmitatem(*a*);

(1) A Mosoviensi. — (2) B Walam. — (3) B D Astingus.

(*a*) Dom Bouquet donne en note le passage suivant emprunté au *liber de gestis abbatum Laubiensium* de Folcuin, abbé de Lobbes: « Gens quædam aquilonaris, de qua forte dictum est : *Ab aquilone pandetur omne malum* (*Jer.* I, 14), quam plerique Nortalbincos, alii usitatius Nortmannos vocant, piraticam agens, novo et inaudito retro ante temporibus modo Franciam est aggressa; quæ maria primum occupans, demum ostia fluminum quæ Franciam alluunt, est ingressa, subinde restans, subinde progrediens : ubi resistentem vidit neminem, quaquaversum sibi libitum visum est, ferebatur. Qui videlicet Normanni per quatuor nobilissima flumina, Rhenum et Scalt ab oriente, Sequanam et Ligerim ab occidente, Franciam ingressi, incendiis et rapinis omnia depopulantur, nulli sexui vel ætati parcentes, captivos abducunt; ipsa etiam altaria paganis manibus profanantes : quorum metu plura sanctorum corpora, et optima quæque ad tutiora loca deportantur : sed nostrorum patronorum non necesse fuit longius asportari; quoniam adjacens Tudinii castrum, idque nobis proprium et munitissimum, fecerat influentes indemnes haberi; villarum vero longe positarum erat multi exterminii desolatio. » Folcuinus mortuus est anno 990.

quo veniens concidit cor ejus, et placitamento(1) Gotafridum cum suis, ut baptisma susciperet, et Frisiam aliosque honores quos Roricus habuerat reciperet, interventione quorumdam obtinuit(2). Sigefrido etiam et Vurmoni illorumque complicibus plura milia argenti et auri, quæ dé thesauro sancti Stephani Mettensis aliorumque sanctorum locis arripuit, eis dedit, et ad devastandam regni sui atque consobrini sui partem, sicut antea fecerant, residere permisit (*a*). Hugoni autem, junioris Hlotarii filio, facultates ecclesiasticas Mettensis episcopii, quas sacri canones futuro episcopo reservari præcipiunt, ad consumendum remisit. Engilbergam vero, Hludowici Italiæ regis uxorem, quam imperator in Alamanniam transduxerat, per

---

(1) B D H placida mente. — (2) A ut placitamento Godefridum cum suis ad baptismum susciperet, et Frisiam.... exciperet, interveniente quorumdam obtentu.

(*a*) L'annaliste insère ici, comme l'a fait aussi le continuateur d'Aimoin, un passage qui concerne l'année 886. Voici ce passage : « Idem namque Sigefridus cum 40 milibus Nortmannorum Parisius urbem obsederat. Sed resistente Gozlino prædicto, præsule ipsius urbis et abbate cœnobii sancti Germani, necnon Odone tunc comite, postea Francorum rege, meritis sanctæ Dei genitricis Mariæ almique Germani suffragiis, prædictis principibus opem ferentibus, urbem jam dictam non valentes capere, abscesserunt. Tunc etiam corpus beatissimi Germani in arcisterium (asceterium) ejusdem sancti pontificis, in civitate prædicta situm, a monachis delatum fuit. Ecclesiam vero ejus in suburbio positam pagani omnibus complentes spurcitiis, devastaverunt, et plurimis ipsorum virtute sancti præsulis extinctis, confusi abscesserunt. Unde prædictus Odo gavisus miraculis, quæ in prædicta obsidione a sancto præsule Germano patrata viderat, adeptus culmen regium, vasculum, in quo nunc sanctissima pontificis membra Deo disponente requiescunt, auro et gemmis honorifice componi fecit. »

Leudoardum, Vercellensem episcopum, Johanni papæ sicut petierat Romam remisit; et sic versus Warmatiam(1), placitum suum kalendas novembris habiturus, a Nortmannis recessit. Ad quod placitum Hugo abbas, quibusdam sociis secum assumptis, profectus, Karolum adiit pro petitione(2) partis regni, quam frater suus Hludowicus in locarium acceperat, ut sicut ipse Karolus olim promiserat, Karlomanno restitueret. Unde nil certi obtinuit, sed absentia illius in isto regno maximum detrimentum fecit, quia Karlomannus non habuit unde Nortmannis posset resistere, quibusdam regni primoribus ab ipsius auxilio se retrahentibus; quapropter usque circa Laudunum castellum venerunt, et quæ in gyro ipsius castelli erant deprædati sunt et incenderunt, et disposuerunt Remis venire, indeque per Suessiones et Noviomagum pergentes, ad præfatum castellum expugnandum redire, et regnum sibi subjicere. Quod pro certo audiens Hincmarus episcopus, cujus homines de potestate Remensis episcopii cum Karlomanno erant, vix noctu cum corpore sancti Remigii et ornamentis Remensis ecclesiæ, sicut infirmitas corporis ejus poscebat, sella gestatoria deportatus, et canonicis ac monachis atque sanctimonialibus hac illacque dispersis, ultra Matronam in quadam villa quæ Sparnacus (a) nominatur, vix fuga lapsus pervenit. Scara autem de Nortmannis (3) plenitudinem illorum præveniens, usque ad portam Remis pervenit, qui ea quæ extra civitatem invenerunt deprædati

(1) B Warmantiam. — (2) B assumptis, perrexit pro petitione. — (3) A Nortmannorum plenum exercitum præveniens.

(a) Epernay.

sunt, et villulas quasdam incenderunt; sed civitatem, quam nec murus nec humana manus defendit, Dei potentia et sanctorum merita, ne illam ingrederentur, defenderunt. Karlomannus autem Nortmannorum superventionem audiens, cum quibus potuit (1) eos aggressus est, et magnam partem de his qui prædam ducebant occidit, et partim in Axona necati sunt; maxime autem ex illis qui Remum adierunt, volentibus ad socios suos redire, prædam excussit. Major vero et fortior pars de Nortmannis in quadam villa quæ vocatur Avallis (*a*) se reclusit, ubi eos illi qui erant cum Karlomanno, sine periculo sui, adire nequiverunt; unde circa vesperam pedetentim retro reversi, in vicinis villis se collocaverunt. Nortmanni vero, mox ut luna eis illuxit, ab ipsa villa egressi, itinere quo venerant redierunt (*b*).

(1) A *ajoute* copiis.

(*a*) Avaux; nous avons déjà mentionné en note cette localité et Epernay.
(*b*) Le manuscrit de Saint-Bertin offre, à la suite du récit, une lettre d'Odelric qui fut évêque de Reims de 962 à 969. Nous la reproduisons en note : « Odelricus episcopus, Rodulfus archidiaconus, et omnis Remensis ecclesiæ clerus, omnibus ecclesiæ Dei filiis. Quidam perversi et nefarii homines templum Dei cum scelerata mente introeuntes, dum clementiam Dei exorare, et precibus deberent insistere, furtis et sacrilegiis instinctu diabolico non metuunt inhiare : ex quibus quidam, quos adhuc ignoramus, ingredientes hanc beatæ Dei genitricis Mariæ basilicam, pallium desuper altari sanctæ crucis non timuerunt auferre : sed et alia quædam nuper ablata sunt inde, linteamina videlicet ex lecto Frederici custodis ecclesiæ; sed et de capella sancti Petri infra claustrum ablatum est vestimentum sacerdotale in præsenti, in præterito vero anno liber missalis. Quarum omnium rerum fraudatores et sacrilegos excommunicamus et anathematizamus per

virtutem et auctoritatem Dei omnipotentis Patris et Filii et Spiritus sancti, in virtute sanctæ crucis, ex (1) virginitate beatæ Dei genitricis Mariæ, et auctoritate sancti Petri apostolorum principis omniumque sanctorum, ut sint excommunicati et separati a participatione corporis et sanguinis Christi, et ingressu ecclesiæ, omnique Christianorum societate, donec ad emendationem et satisfactionem veniant, vel prædicta quæ abstulerunt huic ecclesiæ reddant. .»

(1) D H P et.

ANNALES VEDASTINI

AB ANNO 874 USQUE AD ANNUM 900,

AUCTORE MONACHO SANCTI VEDASTI ANONYMO.

874.

Anno dominicæ incarnationis 874, Karolus rex Andegavis civitate Nortmannos obsedit; sed pessimorum consilio(*a*), acceptis obsidibus, inlesos abire permisit. In illis etiam diebus plaga locustarum facta est.

875.

Hludowicus imperator obiit (*b*). Karolusque (1) rex Italiam perrexit, et pars maxima (2) populi ejusdem

---

(1) V *omet* que.— (2) O L multitudo *au lieu de* populi.

(*a*) Les Annales de Saint-Bertin et de Metz, ainsi que la chronique de Réginon, placent ces événements en 873. Elles accusent Charles-le-Chauve d'avoir épargné les Normands par un sentiment de cupidité, *turpi cupiditate superatus*, et non, comme le dit notre annaliste anonyme, par le conseil d'hommes pervers.

(*b*) Le codex V place à tort en 874 la mort de l'empereur Louis II; et confondant sans doute ce prince avec Louis le Germanique, il fait suivre cette mort des événements arrivés en 876, après la mort du roi de Germanie.

provinciæ eum cum pace excepit. Sed Karlomannus nepos ejus cum exercitu veniens iter illius inquietare conatus est; sed nuntiis intercurrentibus ad colloquium mutuum devenerunt, et, pace inter eos facta (1), Karlomannus reversus est in terram suam. Karolus vero (2) iter quod arripuerat pertendere studuit, donec Romam (3) ad limina apostoli Petri perveniret. Nam x. kal. januarii Romam ingressus (4), a Johanne papa honorifice susceptus est (*a*).

876.

Karolus rex, die nativitatis domini nostri, a prædicto Johanne papa benedictionem imperialem accepit, multisque muneribus honoravit (5) sanctum Petrum et prædictum papam, atque dehinc(6), benedictione apostolica percepta, remeavit in Franciam. Mortuo (7) dehinc Hludowico fratre suo (8), pessimo usus consilio, regnum ipsius, quod suis pater filiis reliquerat (9), invasit, et Aquisgrani palatium cum multitudine venit; sed non ita ut debuit (*b*). Inde

(1) O L acta. — (2) V *omet* vero. — (3) V *omet* Romam. — (4) O L ibique *au lieu de* nam x...... — (5) V multisque honoribus muneravit. — (6) V sicque *au lieu de* atque dehinc.... — (7) V defuncto. — (8) V fratre Karoli, cui Hludowico v kal. septembris successerunt filii ejus. Hludowicus nomine patris æquivoco, Karolus et Karlomannus. — (9) V reliquit.

(*a*) Les Annales de Saint-Bertin et celles de Metz donnent plus exactement la date de l'entrée de Charles-le-Chauve à Rome; elles la placent le xvi des kal. de janvier (17 décembre).

(*b*) L'on peut remarquer dans l'annaliste de Saint-Vaast une tendance à apprécier les hommes et les événements, qui se trouve rarement parmi les annalistes qui l'ont précédé.

Coloniam perrexit, et (1) Hludowicus nepos ejus ad eum legatos misit pacis gratia; sed quod petierunt non impetrantes, ad eum(2) a quo missi sunt rediere. Unde instinctu diabolico utrique Karolus imperator et Hludowicus rex bellum inter se mandavere, Andranacumque devenerunt (3), et judicio domini cessit victoria Hludowico; multique Franci nobiles ibi capti atque interempti sunt, et Karolus imperator inde fugiendo rediit in regnum suum (*a*). Actum est hoc prælium nonis octobris, indictione x. Interim dum hæc aguntur, Dani seu Nortmanni piraticam exercentes Sequanam ingressi, incendiis et occisione regnum Francorum devastant. Contra quos Karolus exercitum dirigit; sed nil utiliter egere. Unde de redemptione regni cogitare cœpit. Eclipsis solis IIII kal. novembris, hora diei decima (4).

877.

Karolus legatos misit qui cum Nortmannis tractarent, ut munerati e regno ejus abirent. Et facta pactione spoliantur ecclesiæ, et omne regnum ad hoc tributum dat ut ab hac liberarentur clade (*b*). Et dum in his principes regni occupantur, Karolus imperator

---

(1) O L *at.* — (2) V *omet* ad eum. — (3) O L *mandavere Andarnach. Cumque simul convenirent...* — (4) O L *omettent cette mention relative à l'éclipse.*

(*a*) En la même année 876, les Annales de Saint-Bertin offrent un long récit de ce combat.
(*b*) Les Annales de Saint-Bertin donnent d'intéressants détails au sujet de cet impôt.

ad hoc negotium perficiendum Hludowicum filium suum delegit in regno cum suis primoribus relinquendum, et iterum iter parat quo Italiam pergeret et inde ad limina apostolorum. Contra voluntatem denique suorum, cum (1) conjuge iterum Italiam ingressus est (*a*); Papiæque civitati Johannes papa ei occurrit; ibi se mutuo salutaverunt. At hi qui in Francia remanserant, dato tributo, Danos e regno abire coegerunt. Et dum domnus apostolicus et imperator Papiæ civitati inessent, subito eis (2) nuntiatur Karlomannum imperatori (3) cum manu valida superveniri. Unde commotus imperator videns non habere (4) unde ei resistere (5), prædicto papa munera quæ sancto deportabat Petro dedit (6), inter quæ crucifixum aureum quale non fuit ab ullis regibus factum. Ipse vero per Alpes Provinciæ in Franciam repedare voluit (7); sed, ut dicunt, a quodam Sedechia judæo potionatus, in loco qui dicitur Mantua (*b*) intra Alpes posito, decessit a sæculo, 2 nonas octobris, ind. 11ª, anno ætatis suæ 54, regni vero 37, imperii autem 2. Corpus vero ejus in

---

(1) V *omet* cum. — (2) O L *omettent* subito eis. — (3) O L imperatorem. — (4) L non habere se. — (5) L resisteret. — (6) O L prædictus papa munera quæ imperator transmiserat sancto Petro ei dedit. — (7) O L volens.

(*a*) Seul l'annaliste de Saint-Vaast nous apprend que c'est contre la volonté des siens que Charles-le-Chauve passa une seconde fois les Alpes.

(*b*) Mantua est probablement une faute de copiste pour Nantua. L'annaliste de Saint-Vaast, en abrégeant le récit, aura sans doute confondu le nom de la ville où fut enterré durant quelque temps le corps de Charles-le-Chauve avec celui de la petite localité où ce prince mourut. Cf. *Annales Bertiniani,* ann. 877.

eodem loco et regno (1) in loculo reposuerunt donec transferretur in Franciam, quod postea in (2) diversa loca translatum est. Franci (*a*) vero mense decembrio, Compendio palatio adunati, Hludowicum filium ejus in regnum statuunt, et 6 idus decembris ab Hincmaro Remorum archiepiscopo Compendio palatio benedicitur in ecclesia sanctorum Cornelii et Cipriani (3).

878.

Johannes papa, ab Lantberto duce Spolitanorum injuriatus, Franciam venit; ejusque adventus Hludowico regi nuntiatur, qui tunc morabatur circa Ligerem propter Nortmannos. Qui festinanter Trecas civitate ei occurrit, mutuoque se salutaverunt. A quo Johanne papa Trecas Hludowicus iterum coronatus benedicitur (4). Tunc Hincmarus, Laudunensium episcopus, qui ab Bosone fuerat excæcatus, coram ipso papa atque omnibus Gallicanorum (5) episcopis, de omnibus quibus olim fuerat damnatus, se inculpabilem reddidit, atque jubente apostolico missas celebravit (*b*). Ibi etiam Bernardus dux Augustudunensium (*c*) de

(1) V in eodem regno; L in eodem loco et regio. — (2) O L per. — (3) O L *omettent la mention sur le couronnement de Louis le Bègue par Hincmar.* — (4) O L *omettent encore de faire mention du second couronnement.* — (5) H gallicanis.

(*a*) C'est au mot *Franci* que commence la partie des Annales de Saint-Vaast publiée par Dom Bouquet dans le *Recueil des Historiens des Gaules et de France.*

(*b*) Dom Bouquet et l'abbé Lebeuf font remarquer que les Annales de Saint-Bertin disent seulement qu'Hincmar de Laon donna la bénédiction au peuple, tandis que celles de Saint-Vaast rapportent que le Souverain Pontife lui fit célébrer la messe.

(*c*) Ce Bernard, appelé marquis de Gothie dans les autres an-

infidelitate convincitur. Rex denique atque omnes principes multis honoribus honoraverunt domnum apostolicum, et socium itineris ejus Bosonem delegerunt usque Italiam. Hludowicus etiam rex, filius Hludowici, legatos misit ad Hludowicum regem, ut sibi Aristallio (*a*) occurreret pacis gratia. Qui festine ad locum nominatum veniens, mutuo se salutaverunt, pacemque firmissimam inter se fecerunt. Actum est hoc mense octobrio; ipsoque mense fere mediante eclypsis solis facta est hora diei 8, indictione 12 (*b*).

879.

Anno Domini 879, Balduinus comes (*c*), Audacri filius (1), cognomine Bonus (2), moritur, sepeliturque in Sithiu (3) monasterio. Hludowicus etiam rex gra-

---

(1) O L H P *omettent* Audacri filius. — (2) V *omet* cognomine bonus; B *offre cette mention écrite par une main du XIII*ᵉ *siècle*; H cognomine ferrens. — (3) L Sithdiu.

---

nales, est désigné ici sous le titre de duc d'Autun. Voici une note de D. Bouquet à ce sujet : « Bernardus iste alterius Bernardi et Bli-
» childis Roriconis comitis Cenomannensis filiæ filius; marchio
» erat Gothiæ; omnibus suis dignitatibus spoliatus est, ejus comi-
» tatus Augustodunensis datus est Theoderico Camerario. Hinc
» probatur conjectura D. Vaissetii, t. 2 *Historiæ Occitanæ*,
» p. 7. »

(*a*) Aujourd'hui Herstal, bourg de la province de Liége, sur la rive gauche de la Meuse, où se trouvait le château qui a donné son nom à Pépin d'Héristal.

(*b*) Dom Bouquet dit qu'il faut corriger *eclipsis lunæ et IV kal. novembris eclipsis solis*.

(*c*) Bauduin, comte de Flandre, enterré à Saint-Bertin (Sithiu).

viter infirmatur, et die sancto parasceven (*a*), anno ætatis suæ 33 (1), indictione 12, diem clausit extremum, sepeliturque in ecclesia beatæ Dei genitricis Mariæ, quam ejus pater regio culto in Compendio, palatio suo, construxerat (*b*). Post ejus vero obitum miserabilis et excidiosa inter Francos orta est dissensio. Nam Hugo abba (*c*), memor fidelitatis quam promisit Hludowico regi, suo videlicet consobrino, filios ejus Hludowicum et Karlomannum in paterno regno cum sibi consentientibus statuere volebat; Gozlinus(2) vero abba (*d*) et Chuonradus comes, multique alii eis consentientes supradictum regem Hludowicum (*e*) in regno advocarunt.

His denique inter se discordantibus, Nortmanni ultra mare positi eorum audientes discordiam, navali evectione, cum infinita multitudine, mare transito, Taruennam, urbem Morinorum, mediante mense julio, igne et gladio vastaverunt, nemine sibi resis-

(1) V xxxiv. — (2) V Gotlinus.

(*a*) Le vendredi saint (10 avril).
(*b*) A partir de l'année 879, les annales de Saint-Vaast commencent à offrir, comme le fait remarquer l'abbé Lebeuf, certains faits à peine indiqués dans les autres chroniques.
(*c*) Mabillon a parfaitement établi la généalogie de Hugues l'abbé : il était fils de Conrad, comte d'Auxerre, l'oncle de Charles-le-Chauve, et par conséquent, comme le disent nos annales, cousin du roi Louis le Bègue. Mabillon, *Ann.* t. III.
(*d*) Gozlin, abbé de S.-Germain-des-Prés et de S.-Denis, avait entraîné dans sa révolte Conrad, comte de Paris, le frère de Hugues l'abbé.
(*e*) Il est ici question de Louis, roi des Francs orientaux et des Germains, fils de Louis le Germanique.

tente (*a*). Videntesque initia suorum prospere accidisse, omnem terram Menapiorum (*b*) perambulando ferro et igne vastant. Posthac Scaldum fluvium intrant, et omnem Bracbantiorum (1) terram incendio et ferro delent. Contra quos Hugo (*c*), filius Hlotharii regis, arma sumens inconsulte, non mediocrem eis intulit audaciam; nam nil prospere egit et utile, verum et turpiter inde aufugit, interfectis atque captis quamplurimis e suis sociis, inter quos etiam abbas, filius Adalardi(*d*), captus est.

Et dum hæc aguntur, Hugo abba Waltherum (2), Aurelianensium episcopum, misit, obsecrans Hludowico regi, ut partem regni Hlotharii quam suus genitor

(1) V Bracbantisiorum. — (2) L Walterum.

(*a*) Les détails donnés par l'annaliste de Saint-Vaast sur cette invasion des Normands sont très-importants, ainsi que le fait remarquer l'abbé Lebeuf.

(*b*) Le pays des Ménapiens se divisait en deux parties, l'une septentrionale, entre l'Escaut, la Demer et la Meuse; l'autre méridionale, bornée au N. par l'Océan, à l'E. par l'Escaut et le diocèse de Cambrai, à l'O. par le diocèse de Térouanne, depuis Nieuport sur la mer jusqu'à Warneston sur la Lys, au S. par le diocèse d'Arras. Cette seconde partie comprenait l'ancien diocèse de Tournai, et, par conséquent, ce qui forme aujourd'hui la partie centrale du départ. du Nord, et une partie de la province de Hainaut en Belgique. Il n'est ici question que de cette seconde partie, comme l'indique la marche suivie par les Normands.

(*c*) Hugues, fils de Lothaire, roi de Germanie. C'est à tort que les Annales de Metz rapportent qu'il fut tué dans l'expédition de 879; nos annales sont plus exactes en rapportant qu'il prit la fuite.

(*d*) Dom Bouquet dit en note qu'il est peut-être ici question d'un fils du comte Adalard, abbé laïque de Saint-Bertin et de Saint-Vaast.

Karolo inter se dividendo regnum consensit acciperet, et abiret in regnum suum, et pacem suis sineret habere consobrinis. Quod ille audiens, recepta parte regni, abiit in terram suam. Hugo vero Hludowicum et Karlomannum per manus Ansegisi archiepiscopi benedici fecit in reges. Per idem tempus mense septembrio natus est Karolus, frater illorum.

Normanni vero non cessant devastari ecclesias, et populum christianum interfici captivarique (1). Boso etiam, dux Provinciæ, per tyrannidem nomen regis sibi vendicat, partemque Burgundiæ occupat. Sed Normanni incendiis et devastationibus inhiantes, sanguinemque humanum sitientes ad interitum et perditionem regni, mense novembrio in Ganda (2) (a) monasterio sedem sibi ad hyemandum statuunt; et mense decembrio corpus sancti Vedasti Vallis(b), supra Summam (3), in villa sua defertur, iterumque Atrebatis refertur (c) (4). Ragnelmus, Tornacensium episcopus, moritur indictione 13 (5).

(1) H devastare, interficere, captivare. — (2) O L Gandavo. — (3) V summam. — (4) O L H P *omettent* iterumque Atrebatis refertur. — (5) V *omet la mention relative à* Ragnelmus.

(a) Cf. *Chronicon S. Bavonis* et *Chronicon de Gestis Normann.*, ann. 880. Placée au confluent de l'Escaut et de la Lys, la station de Gand était une excellente position pour les pirates, qui voulaient ravager tout le bassin côtier de la Belgique et du nord de la France.

(b) Vaux-sous-Corbie, arr. de Corbie (Somme), village situé près de la Somme, dont il est question dans plusieurs diplômes, notamment dans celui du 30 octobre 867 donné par Charles-le-Chauve en faveur de l'abbaye de Saint-Vaast.

(c) Le codex V donne seul cette mention sur le retour des reliques de S. Vaast, du village de Vaux à Arras, avant qu'elles aient été transportées à Beauvais.

880.

Anno Domini 880, Nortmanni (1) Tornacum (2) civitatem et omnia monasteria supra Scaldum ferro et igne devastant, interfectis accolis terræ atque captivitatis. Gozlinus vero et Chuonradus eorumque complices ægre ferentes de amiticia Hugonis abbatis suorumque dominorum cum Hludowico, Hludowicum regem Germaniæ advocant (3) venire in Franciam. Contra quem Hugo abba cum sociis ac dominis et copioso exercitu venire non distulit, apudque monasterium sancti Quintini resederunt; Hludowicus vero (4), rex Francorum (5), et ejus exercitus supra fluvium Hisam. Et nuntiis intercurrentibus, prædicti reges in unum (6) conveniunt, et pacis fœdera inter se, procurante Hugone abbate, firmant, regratiatis his qui a se desciverant. Actum hoc mense februario (a).

Post hæc Hludowicus, rex Germaniæ (7), parat redire in regnum suum; occurritque Nortmannis a præda revertentibus, et facta congressione apud Tumiomum (8) (b), nobiliter eosdem vicisset, nisi contigisset

---

(1) O L Normanni vero. — (2) O V Tornacam. — (3) O L H P cum Hludowico, iterum eum faciunt. — (4) V *omet* vero. — (5) O L H P *omettent* Francorum. — (6) V mutuum. — (7) O L H P *omettent* rex Germaniæ. — (8) V Timomum; O Tuniomum; L H P Tumiomum.

(a) L'abbé Lebeuf fait remarquer l'importance de ce passage où se dessinent plus nettement que dans les autres annales le parti de Gozlin et celui de Hugues l'abbé.

(b) Les auteurs sont très-partagés sur la véritable orthographe de ce nom, et sur la situation de cette localité. Les divers manus-

Hugonem, filium suum, ibi corruere. Nam Godefridus, rex Danorum, illum interfecit; quo mortuo, omisit rex illos insequi. Multi quoque nobiles illius gentis ibi

crits des Annales de Saint-Vaast écrivent *Tumiomum, Tuniomum*, et *Timomum*; les Annales de Metz et la chronique saxonne qui les a suivies offrent *Thimum*. Mabillon a voulu placer cette localité à Thin-le-Moutier (arr. de Mézières, Ardennes); l'abbé Lebeuf a très-bien prouvé que cette opinion ne peut être soutenue. Valois désigne pour son emplacement Thuin-sur-Sambre, près de Maubeuge; et l'abbé Lebeuf semble partager son avis, à moins toutefois, ajoute-t-il, qu'on ne puisse placer le lieu de la bataille à Thun, près de Cambrai. Il n'est point difficile d'établir que cette dernière opinion est conforme à la vérité. Thun, près Cambrai, est désigné au xie siècle dans les archives de Saint-Jean de Cambrai sous le nom de *Thumium*, et en 1119 et en 1142, dans les bulles de Calixte II et d'Innocent II, sous le nom de *Tumus*; les autres documents le nomment *Thunium* ou Thun : ces désignations se rapprochent de l'orthographe des manuscrits des Annales de Saint-Vaast. Les Annales de Metz disent que cette localité était une terre du fisc, située non loin de la forêt charbonnière, où les Normands vaincus se fortifièrent: Thun, près de Cambrai, était un fisc royal avant d'être cédé en 1007 à l'évêque de Cambrai; il est situé à quelques lieues seulement de l'ancienne forêt charbonnière qui s'étendait jusque près de Solesmes, et il y a à un kilomètre environ de Thun, sur le territoire d'Estrun, un camp romain où les Normands pouvaient très-bien se fortifier, et où ils le firent l'année suivante. Une preuve qui nous paraît évidente est celle qui se tire de la marche suivie par les Normands et le roi de Germanie : le récit nous montre les Normands partant de leur station de Gand, ravageant Tournai et les rives de l'Escaut, puis, d'après les Annales de Metz, attaqués à *Thumum* par le roi de Germanie en revenant avec un butin considérable vers leur station navale. La route qu'ils devaient suivre était, non celle de la Sambre, qui les aurait conduits à la Meuse et au Rhin, comme il le faudrait pour adopter l'opinion de Valois, mais celle de l'Escaut, qui les conduisait directement à Gand; et ainsi ils devaient passer à Thun, près Cambrai, localité située sur les bords de l'Escaut. Le roi de Germanie les a rencontrés en revenant de Saint-Quentin; il y avait une ancienne voie romaine entre Saint-Quentin et

corruerunt; cæteri qui evasere, rediere ad castra sua. Hugo quoque abbas fuit in illo prælio.

Hoc modo Hludowico rege Germaniæ (1) ad sua reverso, Hludowicus et Karlomannus reges Ambianis cum suis fidelibus veniunt; ibique Franciam (2) inter eos dividunt; dataque est pars Franciæ et omnis Neustria Hludowico, Karlomanno vero Aquitania atque pars Burgundiæ necnon et Gothia (3). Et inde unusquisque ivit in sua.

Posthæc Hludowicus, rex Germaniæ(4), dirigit Heinricum, quemdam e suis principibus, qui pergeret cum Hludowico et Karlomanno contra Bosonem tyrannum. In ipso etiam itinere Heinricus Teutbaldum, filium Hucberti, gravi devicit (5) prælio. Hludowicus vero Gozlinum (6) cum aliis multis ad tuitionem regni contra Nortmannos dirigit; ipse vero et frater ejus cum reliquo exercitu Burgundiam petentes, civitates quas tyrannus invaserat, receperunt; sociatoque sibi Karolo rege, fratre Hludowici, Bosonem in Vienna civitate incluserunt, pacemque ei obtulerunt, quam ille renuit suscipere. Circumdata itaque urbe, ille se firmissime intus munivit. Unde episcopi cum consilio regum et principum eum perpetuo damnavere ana-

---

(1) O L H P *omettent* rex Germaniæ. — (2) H *ajoute* regnum paternum. — (3) O V Gothtia.— (4) O L H P *omettent* Germaniæ. — (5) O gravide vicit. — (6) V Gotlinum; L Gauzlinum.

Cambrai; et de Cambrai une autre voie se dirigeait vers l'Allemagne. Thun se divise aujourd'hui en deux communes situées l'une vis-à-vis l'autre, sur la rive droite et la rive gauche de l'Escaut, Thun-l'Evêque et Thun-Saint-Martin, arr. de Cambrai (Nord).

themate. Karolus vero rex de nocte consurgens, ignorantibus Hludowico et Karlomanno, igne sua castra concremavit, atque ita revertitur in sua. Hoc etiam tempore obiit Karlomannus rex, frater Karoli et Hludowici. Hi vero qui Viennam obsederant, videntes nil inimicis nocere posse, accepto consilio, rediere in sua.

Gozlinus vero abba et exercitus qui cum eo(1) erat, statuunt Nortmannis bellum inferre, mittuntque ad eos qui trans Scaldum erant, ut die statuta venientes, hi ex una parte fluminis, hique ex alia eos delerent; sed non pervenit ita ut voluerunt (*a*). Nam non solum nil prospere egerunt, verum turpiter fugiendo vix evasere, captis suorum plurimis atque occisis. XI kal. octobris iterum corpus sancti Vedasti Vallis defertur indictione XIV (2) (*b*). Timor quoque et tremor eorum cecidit super inhabitantes terram, et hac elati victoria, die noctuque, non cessant ecclesias igne cremari, populumque christianum jugulari (3). Tunc omnes intra Scaldum et Sumnam atque trans Scaldum monachi, canonici, sanctimoniales, cum corporibus sanctorum, et omnis ætas et conditio fugam ineunt. Ipsi enim Dani nemini nec etiam ætati parcebant, sed omnia ferro et igne devastabant (4). Gozlinus vero et hi (5) qui cum

---

(1) V *omet* eo. — (2) O L H P *omettent la phrase qui rapporte cette seconde translation des reliques de Saint-Vaast.* — (3) L cremare, jugulare. — (4) V O devastant. — (5) O L H P *omettent* hi.

(*a*) Réconcilié avec le roi de France, Gozlin avait sans doute été chargé de défendre le nord contre les Normands; c'est à Gand qu'il éprouva la défaite dont il est ici question.

(*b*) Les reliques de saint Vaast furent transportées à Vaux et à Beauvais; celles de saint Amé à Soissons; celles de saint Amand à Paris; celles de sainte Rictrude *ad loca tutiora*, etc.

eo erant, videntes non posse eos (1) resistere, mense octobrio intrante, dimisso exercitu, rediit unusquisque in sua. Nortmanni vero seu Dani sedem sibi mutaverunt, et mense novembri Curtriaco (*a*) sibi castrum ad hiemandum construunt; indeque Menapios atque Suevos (*b*) usque ad internecionem delevere, quia valde illis infesti erant; omnemque terram vorax flamma consumpsit. Hludowicus vero rex rediit in Franciam, diemque nativitatis Domini egit celebrem in Compendio palatio.

881.

Anno Domini 881, nonas januarias, corpus sancti Vedasti Belvacus cum omni ornamento asportatur (2) (*c*). Nortmanni vero cum infinita multitudine monas-

---

(1) L eis. — (2) O L H P *omettent la mention qui rapporte cette troisième translation des reliques.*

(*a*) Courtrai, ville de la Belgique, sur la Lys affluent de l'Escaut.

(*b*) Nous avons déjà parlé des Ménapiens; les Suèves dont il est ici question descendaient d'une peuplade de Suèves de Germanie établie dès le temps d'Auguste dans le pays des Ménapiens; l'auteur de la *Vie de saint Éloi* les place près des Flamands, non loin d'Anvers. Le savant bollandiste Hensschen a prouvé, contrairement à l'opinion de Valois qui place ces Suèves près de la mer, qu'ils habitaient à l'est de Courtrai, dans le pays où se trouvent encore aujourd'hui Sweghem et Sweseval. Cf. Hensch. *de Episc. Traject.*, p. 16, et Martenne, *Spicileg.* t. II, p. 91, *Vita S. Eligii.*

(*c*) Les deux translations des reliques de S. Vaast à Vaux dont il vient d'être parlé et la troisième à Beauvais dont il est ici question, ont été confondues en une seule qui aurait eu lieu en décembre 880. Cf. *Acta SS. Belgii*, t. II, p. 32 et 33.

terium nostrum (1) (a) ingressi 7 kal. januarii, ipsum monasterium et civitatem, exceptis ecclesiis, et vicum monasterii et omnes villas in circuitu 5 kal. januarii, interfectis omnibus quos invenire poterant, igne cremaverunt, omnemque terram usque Sumnam pervagati sunt, capta præda infinita hominum, pecudum et jumentorum. Indeque eisdem (2), 5 kal. januarii Camaracum ingressi, incendiis et occisionibus tam civitatem

(1) L Sithdiu *au lieu de* nostrum. — (2) V O L eisdem; D H P *ont substitué* eodem; *ne pourrait-on pas aussi corriger en employant* iidem?

(a) Le manuscrit de Lobbes et la Chronique des Normands offrent *Sithiu* (monastère de Saint-Bertin à Saint-Omer) au lieu de *nostrum*. Cette interprétation du mot *nostrum*, faussement donnée par un copiste qui aura cru qu'il s'agissait du monastère de Saint-Bertin peut-être parce qu'il copiait sur un texte appartenant à ce couvent, a porté des historiens de la ville de Saint-Omer à croire qu'il est question de cette ville en ce passage. Le mot *nostrum* en ce passage, comme en plusieurs autres des *Annales Vedastini*, notamment en 892, signifie l'abbaye de Saint-Vaast d'Arras; tout le récit, ainsi que nous l'établissons dans la préface, démontre que ces Annales ont pour auteur un religieux de Saint-Vaast; par conséquent *nostrum* ne doit s'appliquer qu'à ce dernier monastère. D'ailleurs, les faits le prouvent plus évidemment : l'annaliste rapporte que les Normands, après avoir ravagé le monastère dont il est question, partirent pour Cambrai où ils arrivèrent le jour même de leur départ. S'il était ici question de *Sithiu* ou Saint-Omer, les Normands n'auraient pu franchir en un jour la distance de plus de 100 kilomètres qui sépare cette ville de Cambrai, tandis qu'ils purent parcourir les 35 kilomètres qui séparent Arras de Cambrai, en suivant la voie romaine qui unissait encore ces deux villes. Enfin nous rappellerons que l'annaliste dit plus bas, en cette même année 881, que vers la fête de saint Pierre les Normands vinrent de nouveau ravager Arras, *iterum Atrebatis venerunt*. Tout démontre donc évidemment que par *nostrum* il faut entendre le monastère de Saint-Vaast, et non celui de Saint-Bertin.

quam monasterium sancti Gaugerici (*a*) vastantes, atque cum infinita præda ad castra sua reversi, omnia monasteria supra Hisscar (*b*) fluvium devastant, fugatis

(*a*) Nous avons déjà dit que le monastère de Saint-Géry était situé sur le Mont des Bœufs, hauteur qui domine Cambrai et où se trouve aujourd'hui la citadelle de cette ville.

(*b*) Contrairement à l'opinion de l'abbé Lebeuf, Pertz soutient que par le mot Hisscar il faut entendre l'Yser (Ysera, Ysra), petit cours d'eau non navigable qui arrose la partie septentrionale du département du Nord, et non la Scarpe, affluent de l'Escaut, qui arrose une partie du Pas-de-Calais et la partie centrale du Nord. Le savant éditeur des *Monumenta Germaniæ historica* n'aurait point adopté cette manière de voir s'il avait bien connu les chroniques et la topographie du nord de la France. Il dit que le mot *Scarpa* n'a point d'analogie avec *Hisscar;* nous ferons remarquer que le chroniqueur André de Marchiennes et les cartes les plus anciennes emploient souvent pour désigner la Scarpe le mot Yscarp, qui a beaucoup d'analogie avec Hisscar. D'un autre côté, l'expression de l'annaliste *omnia monasteria* s'applique très-bien à la Scarpe, sur les bords de laquelle étaient situées les trois grandes abbayes de Saint-Amand, de Hasnon et de Marchiennes, l'église et le monastère de Saint-Amé à Douai, et l'abbaye de Saint-Vaast à Arras, tandis que sur les bords de l'Yser, il n'y avait d'autre couvent que celui de Wormhoudt. Pertz ajoute que pour retourner dans leur camp avec leur butin, les Normands devaient suivre l'Yser plutôt que la Scarpe : c'est encore une erreur. Leur station navale était à Courtrai, sur la Lys; après avoir ravagé Arras et Cambrai, les Normands devaient suivre, pour retourner à Courtrai, ou la voie de l'Escaut ou celle de la Scarpe, affluent de l'Escaut; la Lys étant elle-même un affluent de ce dernier fleuve, ces cours d'eau les conduisaient à Courtrai. Pour arriver à l'Yser, qui coule dans un bassin côtier, ils auraient dû traverser à pied les plaines et les collines de l'Artois, franchir l'Aa et les marais qu'elle forme, gagner l'Yser qui n'est point navigable, le suivre jusqu'à la mer, aller rejoindre l'embouchure de l'Escaut au nord de la Belgique, et remonter ce fleuve, puis la Lys jusqu'à Courtrai. Évidemment il est ici question de la Scarpe, et non de l'Yser.

ac interfectis habitatoribus (*a*). Et circa purificationem sanctæ Mariæ iterum moventes, per Taruennam iter arripientes (1) usque Centula monasterium sancti Richarii, et sancti Walarici (2) (*b*), omnia loca circa mare, monasteria et vicos, indeque Ambianis civitatem atque Corbeiam monasterium petentes, multisque honusti prædis, sani et sine impedimento ad propria repedavere castra. Iterum circa sollempnitatem sancti Petri Atrebatis venerunt, omnesque quos ibi reperire interfecere; et circuita omni terra, ferro et igne cuncta vastantes, sani revertuntur ad castra.

Interim Hludowicus rex gravi dolore contristatus,

(1) V accipientes. — (2) V Walerici.

(*a*) Voici ce que rapporte un moine anonyme de Marchiennes dans son *Historia miraculorum B. Rictrudis*. Ce passage confirmera encore ce que nous venons de dire de la Scarpe et complétera le récit de l'annaliste de Saint-Vaast : « Post hæc, ecclesiis
» circumquaque destructis, Normanni villulis et aliis civitatibus
» non pepercerunt, populos utriusque sexus, cujuslibet conditio-
» nis et ætatis, absque ullo misericordiæ respectu, in ore gladii
» trucidantes. Dirutis quoque monasteriis quæ super fluvium
» Scarp sita erant, etiam Marchianense cœnobium in quo B. Ric-
» trudis corpus quiescebat, accolis terræ fugatis vel interfectis,
» deletum est. Corpora vero sanctorum quæ in destruendis eccle-
» siis recondita fuerant, ad loca tutiora per divinam providentiam
» salva transportata sunt. In qua destructione deperiit omnis
» ornatus Marchianensis ecclesiæ, in chartis videlicet et privile-
» giis, in libris et gestis sanctorum, et ceteris rebus ad decorem
» et usum loci pertinentibus. »

(*b*) Le monastère de Centule ou de Saint-Riquier, dont les constructions existent encore à Saint-Riquier, village de l'arrond. d'Abbeville (Somme), situé sur le Scardon, à 8 kilomètres de la Somme. — Saint-Valery, où se trouvait l'abbaye de ce nom, près de l'embouchure de la Somme, auj. chef-lieu de canton de l'arr. d'Abbeville.

videns regnum deleri, convocato exercitu, præparat se ad prælium. At Nortmanni omnia prospera agentes, cum magno exercitu fluvium Sumnam mense julio transeunt, cuncta vastantes more solito usque prope civitatem Belvagorum (1). Hludowicus vero rex cum exercitu transiens Hisam (2) fluvium, Latuerum (*a*) tendere cœpit, quo credebat Nortmannos redire. Missis itaque exploratoribus, nuntiant redire eos onustos a præda. Contra quos rex ire perrexit, obviavitque eos in pago Witmau, in villa quæ dicebatur Sathulcurtis (*b*),

(1) V Balvagorum. — (2) L Hysam.

(*a*) Aujourd'hui Laviers (Grand-Laviers), petite commune de l'arr. d'Abbeville, située à 4 kilomètres de cette ville, sur le penchant d'une colline qui domine la rive droite de la Somme. De l'autre côté de la Somme, se trouve Laviers-le-Petit, hameau de la commune de Cambron.

(*b*) Il existe plusieurs hameaux du nom de Saucourt. Celui dont il est ici question est Saucourt, commune de Nibas, canton d'Ault, arr. d'Abbeville, à 17 kilomètres de cette dernière localité. C'est en effet le seul Saucourt qui soit situé dans l'ancien pays de Vimeu, où s'est livrée la bataille. Les Normands, au lieu de revenir par la Somme, étaient peut-être revenus par la Bresle. L'abbé Lebeuf fait remarquer l'importance du récit de l'annaliste de Saint-Vaast sur la bataille de Saucourt, et il en tire cette conclusion que l'avantage a été moins considérable qu'on ne l'a dit. En lisant le texte complet de l'annaliste, tel qu'il se trouve dans le ms. de Lobbes et surtout dans celui de St-Vaast, l'on voit au contraire que, malgré un retour offensif des Normands, la victoire a été décisive, que très-peu de Normands échappèrent, et que le roi revint triomphant et redouté de ses ennemis. Ce récit est bien différent de la phrase, d'ailleurs confuse et obscure, où l'annaliste de Saint-Bertin dit que le roi Louis, après avoir tué et mis en fuite un grand nombre de Normands, s'enfuit lui-même sans être poursuivi par l'ennemi. Depping, dans l'*Histoire des Expéditions des Normands*, et M. Henri Martin, dans son *Histoire de France*,

et commissum est prælium. Moxque Nortmanni fugam ineunt, atque ad dictam villam deveniunt : quos rex insecutus est, gloriosissimeque de eis triumphavit. Et patrata victoria ex parte cœperunt gloriari suis hoc actum viribus, et non dederunt gloriam Deo; paucique Nortmanni ex dicta villa egressi, omnem exercitum verterunt (1) in fugam, pluresque ex eis, videlicet usque ad centum homines, interfecerunt : et nisi rex, citius equo descendens, locum resistendi et audaciam suis donaret, omnes turpiter ex eodem loco fugiendo (2) abirent. Hac vero patrata victoria (3), quia multos contigit ibi ruere Nortmannos, rex ovans repedavit trans Hysam; perpauci vero Dani qui evasere (4) interitum suorum nuntiavere in castra : indeque Nortmanni Hludowicum regem adolescentem timere cœperunt. Rex quoque, adunato exercitu, in pago Camaracensium venit, castrumque sibi statuit in loco qui dicitur Strum (*a*), ad debellationem Danorum. Nortmanni hoc

(1) V O L vertit. — (2) H *omet* fugiendo. — (3) O *ne présente que les trois premiers mots de cette phrase; le texte de D. Bouquet ne les donne point, sans doute parce que le copiste n'avait pas transcrit ces trois mots qui n'offrent aucun sens sans la fin de la phrase.* — (4) L quieti *au lieu de* qui evasere.

disent, d'après l'abbé Lebeuf, que la victoire de Saucourt a été moins importante qu'on ne l'avait cru. L'abbé Lebeuf et ceux qui l'ont suivi, n'auraient point appuyé leur opinion sur les Annales de Saint-Vaast, s'ils avaient eu connaissance du récit de ces Annales, rendu complet par le texte de Saint-Vaast et celui de Lobbes. La victoire de Saucourt a été importante et glorieuse.

(*a*) *Strum*, appelé par l'annaliste de Saint-Bertin *Stroms*, est aujourd'hui Estrun, village de l'arr. de Cambrai (Nord). Deux bulles des papes Calixte II et Innocent II appellent cette localité *Strumum*, et les actes anciens la nomment *Estruem*. Elle est située sur la

cognoscentes, Gandavum rediere, suisque reparatis navibus terra marique iter facientes, Mosam ingressi sunt, et in Haslao(*a*) sibi sedem firmant ad hiemandum. Hac etiam tempestate Hludowicus rex Germaniæ (1) senior obiit.

882.

Anno Domini 882, Karlus vero, frater ejus, Romam perrexit, imperator efficitur, à Johanne papa benedicitur (2). At australes Franci congregant exercitum contra Nortmannos; sed statim terga vertunt (3), ibique Walo, Mettensis Episcopus, corruit. Dani vero famosissimum Aquisgrani palatium igne cremant, et monasteria atque civitates, Treveris nobilissimam et Coloniam Agrippinam, palatia quoque regum et villas, cum habitatoribus terræ interfectis, igne cremaverunt. Contra quos Karolus imperator exercitum infinitum congregat, eosque in Haslao (4) obsedit. Godefridus vero rex ad eum exiit : cui imperator (5) regnum Frisonum, quod olim Roricus (6) Danus tenuerat, dedit,

(1) L *omet* Germaniæ. — (2) O L imperiique dignitatem adeptus est *au lieu de* imperator.... — (3) V verterunt. — (4) O L Haslac. (5) V cum imperatore. — (6) V Rorico.

rive gauche de l'Escaut, à peu de distance du confluent de ce fleuve avec la Sensée; l'on voit encore aujourd'hui les vestiges d'un camp romain sur le territoire de cette commune, entre Thun et Paillencourt. C'était un point parfaitement choisi pour défendre le pays contre les Normands.

(*a*) Aujourd'hui Elsloo, sur la rive droite de la Meuse, près de Mastricht. L'on y trouve encore maintenant le *schans* ou enceinte de pierres, dans laquelle résidèrent longtemps les Normands.

conjugemque ei dedit Gislam, filiam Hlotharii regis, Nortmannosque e suo regno abire fecit.

Hludowicus vero rex Ligerem petiit, Nortmannos volens e regno suo ejicere atque Alstingum in amicitiam recipere; quod et fecit (*a*). Sed quia juvenis erat, quamdam puellam, filiam cujusdam Germundi, insecutus est; illa in domum paternum (1) fugiens, rex equo sedens jocando (2) eam insecutus, scapulas super liminare et pectus sella equi attrivit, eumque valide confregit (*b*). Unde ægrotare cœpit, et delatus apud sanctum Dionysium, nonis augusti defunctus, maximum dolorem Francis reliquit, sepultusque est in ecclesia sancti Dionysii. Miseruntque et vocaverunt fratrem ejus Karlomannum, qui festine venit in Franciam. Berardus quoque quidam ab Italia veniens, Bosonem tyrannum non sinebat quietum esse.

Nortmanni vero mense octobrio in Condato (*c*) sibi

(1) V domo paterno. — (2) O L jocundo.

(*a*) Ce passage, dont l'abbé Lebeuf a fait remarquer l'importance, nous montre le roi Louis formant le projet de chasser les Normands et faisant un traité de paix avec Hastings.

(*b*) La chronique de Saint-Riquier fait mourir ce roi des suites d'une rupture d'entrailles qui se serait produite à cause de l'ardeur avec laquelle il avait combattu à Saucourt; mais elle fait arriver cette mort l'année même de la bataille, ce qui est certainement inexact. Le récit de l'annaliste de Saint-Vaast doit être accepté préférablement à celui du chroniqueur de Saint-Riquier, qui vivait au XIIe siècle. L'historien Paul-Emile avait rapporté le fait mentionné dans nos annales, mais en l'appliquant par erreur à Carloman.

(*c*) Condé, ville de l'arr. de Valenciennes (Nord), située près du confluent de la Scarpe et de l'Escaut. Après s'être établis à Gand, les Normands s'étaient rapprochés de la France, en choisissant Courtrai pour leur station; leur défaite à Saucourt et le voisinage

sedem firmant, regnumque Karlomanni atrociter devastant. Karlomannus vero rex ejusque exercitus supra Sumnam (1) in Barlous (2) (*a*) resederunt; sed Nortmanni non cessant a rapinis, fugatis omnibus accolis qui relicti fuerant trans Sumnam. Unde cum exercitu per Terasciam(*b*)iter agentes, Hisam transierunt; quos Karlomannus rex insecutus est, eosque in Avallis (*c*)

(1) V Somnam. — (2) V Barloos.

des troupes établies par le roi Louis à Estrun, les avaient ensuite déterminés à quitter Courtrai et à reculer vers le Nord, jusqu'à Elsloo, sur la Meuse; quand ils eurent appris la mort de celui qui les avait vaincus, ils se rapprochèrent encore plus de la France et s'établirent à Condé.

(*a*) *Barlous* ou *Barloos* est aujourd'hui Barleux, commune de l'arr. de Péronne (Somme); près de ce village se trouvent des hauteurs qui dominent la vallée de la Somme et Péronne. L'abbé de Cagny, dans son *Histoire de l'arrondissement de Péronne*, nous apprend que l'on a trouvé à Barleux des monnaies et des bijoux romains, et qu'un terrain y porte le nom de *champ de la Bataille* et un autre terrain le nom de *chemin des Lusiaux* (tombeaux). Il rappelle encore qu'il s'y trouve un chemin fort ancien, qui mettait cette localité en communication avec la voie romaine conduisant d'Amiens à Vermand et à Bavai. Mais il oublie de mentionner l'occupation de Barleux par l'armée du roi Carloman.

(*b*) On donnait le nom de Thiérache (*Terascia*) à une contrée couverte de bois, qui s'étendant depuis les sources de la Sambre et de l'Oise jusqu'au Hainaut et jusqu'au pays de Namur du côté de Revin, comprenait la partie sud-est du département du Nord et la partie nord du département de l'Aisne. Guise, La Capelle, Nouvion et Taisnières en Thiérache sur l'Helpe, se trouvaient en ce pays. Les Normands ravageaient alors les contrées où s'élevaient les abbayes de Liessies, de Wallers, de Maroilles et de Fémy, et ils étaient ainsi arrivés dans la vallée de l'Oise. Comme l'a fait observer l'abbé Lebeuf, c'est par une faute de copiste que la Chronique des Normands a placé cette invasion dans la Thiérache en 883.

(*c*) Nous avons déjà dit dans une note ajoutée aux Annales de

comprehendit. Commissoque prælio, superiores Franci extiterunt, cecideruntque ibi Nortmanni circiter mille; sed nil eos hæc pugna perdomuit. Karlomannus Compendium palatium petiit; et Nortmanni Condato ad naves suas sunt reversi, indeque omne regnum usque Hisam ferro et igne devastant (1), subversis mœniis, et monasteriis atque ecclesiis usque ad solum dirutis, servitoribusque divini cultus aut gladio aut fame peremptis, aut ultra mare venditis, et accolis terræ deletis, nemine sibi resistente.

Tunc Hugo abba hæc audiens, adunato suo exercitu, venit ad regem, et Nortmannis a præda ex pago Belvacensi revertentibus, simul cum rege in Viconia (2) (*a*) silva insecutus; illi huc illucque dispersi, paucis suorum amissis, rediere ad naves. His etiam diebus Hincmarus, Remorum archiepiscopus, vir merito a cunctis prædi-

---

(1) L devastabant. — (2) O L Vitconia.

Saint-Bertin qu'*Avallum* est aujourd'hui Avaux-le-Château, arr. de Rethel (Ardennes), sur les bords de l'Aisne. C'est encore par erreur que le *Chronicon de gestis Normannorum* a dit *in Anall*, au lieu de *in Avallis*. Cette victoire d'Avaux, bientôt suivie de celle de Vicogne, nous montre dans Carloman un digne frère du vainqueur de Saucourt. Les historiens oublient trop souvent d'attirer l'attention sur les défaites essuyées par les Normands.

(*a*) *Viconia* ou *Viconiensis silva*, la forêt de Vicogne ou de Raismes, qui s'étend entre Valenciennes, Saint-Amand et Condé, à deux ou trois kilomètres de cette dernière localité où se trouvait la station navale des Normands. Le village de Vicogne, arr. de Valenciennes (Nord), occupe aujourd'hui l'emplacement d'une abbaye fondée en en 1125. — Hugues l'abbé et Carloman étaient donc allés attaquer les Normands tout près de leur station navale.

candus, ex hac vita decessit, cui in sede pontificali Fulcho (1) vir admirabilis per omnia successit (*a*).

883.

Post hæc Nortmanni monasterium et ecclesiam sancti Quintini incendunt, simul etiam et ecclesiam Dei genitricis in Atrebatis civitate. Iterum Karlomannus rex Nortmannos insecutus, nil prospere vel utile fecit. Moritur etiam his diebus Hrotgarius, Belvagorum Episcopus, cui successit Honoratus(*b*). Verno vero tempore a Condato egressi, maritima petivere loca.; ibique æstivo remorati tempore, Flamingos (*c*) e terra sua fugere compulerunt, et undique sævientes, omnia ferro et igne depopulantur. Circa autumni vero tempora

(1) O L Foldio; H Folcho.

(*a*) Les manuscrits de Saint-Bertin et de Lobbes placent cette phrase, et par conséquent l'élection de Foulques, au commencement de 883. C'est aussi au commencement de cette même année que l'ont placée les auteurs du *Gallia Christiana*, qui rapportent que la consécration du nouvel évêque eut lieu au mois de mars.

(*b*) L'abbé Lebeuf fait remarquer que le doute élevé sur l'existence d'un évêque de Beauvais du nom de Rotgaire est détruit par le témoignage de l'annaliste de Saint-Vaast.

(*c*) L'emploi du mot *Flamingos* par notre annaliste prouve, contrairement à l'opinion de Valois, que ce terme est très-ancien et qu'il a donné naissance au mot *flamand*. Le mot flaming, encore aujourd'hui usité dans le patois du pays, signifie dans les langues tudesques, banni, fugitif; les lois anglaises les plus anciennes disent à plusieurs reprises *flyman, flemen, id est fugitivum*. Ce nom aurait été donné à des Saxons forcés de s'expatrier par les lois sévères qui obligeaient de jeunes guerriers du Nord à vivre en exil. Cf. Kervyn de Lettenhove, *Histoire de Flandre*, t. I, p. VII et 110.

Karlomannus rex in pago Vitmau (1) villa Melnaco (*a*) contra Latuerum cum exercitu ad custodiam regni resedit; Nortmanni vero, octobrio mense finiente, Latuerum cum equitibus et peditibus atque omni supellectili veniunt. Naves quoque per mare Sumnam fluvium ingressæ, regem cunctumque exercitum (2) ejus fugere compulerunt, atque Hisam fluvium transire fecerunt. Tunc Ambianis civitate (3) ad hiemandum sibi sedem parant; dehinc usque Sequanam et circa fluenta Hisæ omnem terram devastant, incensis monasteriis et ecclesiis Christi, nemine eis resistente. Tunc Franci, videntes Nortmannorum res prospere in omnibus accrescere, quemdam Danum christianum, Sigefridum (*b*) (4) nomine, mittunt ad eos, qui caute cum eis de redemptione regni ageret. Ille vero Bellovagum venit, et ita Ambianis perrexit ad exercendum injunctum sibi negotium. Rodulfus abbas moritur (5) (*c*).

(1) V Wilmau. — (2) V *omet* exercitum. — (3) V civitatem. — (4) V L O H *omettent* Sigefridum. — (5) O L *omettent la mention concernant* Rodulfus.

(*a*) L'abbé Lebeuf prouve qu'il s'agit ici de Miannay. — Miannay, dans la vallée de la Trie, est aujourd'hui une commune du canton de Moyenneville, arr. d'Abbeville (Somme); elle est voisine du petit Laviers. L'on y a trouvé des vases, des tombeaux et des armes, des bijoux saxons et carlovingiens. Miannay était une villa royale, comme l'indique un diplôme du roi Carloman, daté du 11 août 883.

(*b*) Le nom de *Sigefridus* a été omis par les copistes; mais le récit de l'année suivante indique qu'il est question de ce Danois, neveu du roi Horic, et depuis longtemps converti au christianisme et vassal du roi.

(*c*) Cette mention suppose l'existence d'un premier abbé *Rodulfus* qui aurait administré l'abbaye Saint-Vaast de 876 à 883. Il

884.

Anno Domini 884 (*a*). Per idem tempus mortuo Engelwino (1), Parisiorum Episcopo, Gozlinus abba subrogatur in sedem ejus. Nortmanni vero non cessant captivari atque interfici populum christianum, atque ecclesias subrui (2), destructis mœniis, et villis crematis. Per omnes enim plateas jacebant cadavera clericorum, laicorum, nobilium atque aliorum, mulierum, juvenum et lactentium : non enim erat via vel locus, quo non jacerent mortui; et erat tribulatio omnibus et dolor, videntes populum christianum usque ad internecionem devastari.

Interim, quia rex juvenis erat, omnes principes Compendio palatio conveniunt, tractaturi quid illis esset agendum; initoque consilio, Sigefridum Danum, christianum regique fidelem, qui nepos fuerat Hrorici (3) Dani, mittunt, ut cum principibus suæ gentis tractaret, ut tributum acciperent, et e regno abirent. At ille quod sibi injunctum fuit, opere implere studuit,

(1) V Engeluino. — (2) H *a employé les formes actives* captivare, interficere, subruere. — (3) O L Heorici.

aurait eu pour successeur un autre *Rodulfus abbas et levita*, qui aurait administré de 883 à 892. Jusqu'à ce jour, les auteurs n'ont fait mention que d'un seul Rodulfus, abbé de 876 à 892 ou même 700.

(*a*) A partir de l'année 884, le *Chronicon de gestis Normannorum* reproduit presque complètement le récit des Annales de Saint-Vaast, dont il avait donné le résumé pour les années qui précèdent. Cette reproduction est d'ailleurs faite avec peu de soin et d'intelligence.

Ambianis venit, primoribus gentis quæ sibi fuerant dicta enuntiat, et post longam et diuturnam concionem in eundo et redeundo, renuntiando nunc his nunc illis, ad ultimum 12 milia pondera argenti cum suo pondere imposuerunt regi et Francis in tributum (a); et datis obsidibus ad invicem, cœperunt hi qui trans Hisam erant, aliquatenus securi esse. A die itaque purificationis sanctæ Mariæ usque mense octobrio inter eos hæc securitas data est.

Sed Nortmanni trans Scaldum (1) agentes prædas more sibi solito, ferro et igne cuncta devastant, ecclesias, monasteria, civitates, vicos; habitatores usque ad internecionem deleti sunt (2). Post sanctum itaque pascha inchoatur tributum persolvi, spoliantur ecclesiæ et ecclesiastica mancipia, tandem soluto tributo, mense octobrio finiente, adunantur Franci, ut si Nortmanni inmutari (3) fidem vellent, eis resisterent. Nortmanni vero sua castra incendunt, atque ab Ambianis recedunt; rex vero et Franci, transito Hysa, lento itinere eos insequuntur. Prædicti vero Dani iter agentes, Bononiam (b) veniunt; ibique agentes consilium, quid sibi faciendum est, pars illorum mare

(1) V Schaldum.— (2) V O L deletis, *sans doute faute de copiste pour* deleti sunt; H delent. — (3) H immutare.

(a) Depping, dans l'*Histoire des Normands*, cite un extrait d'Abou-el-Cassim, auteur arabe du xᵉ siècle, qui dit en parlant de Carloman : « Ce fut ce roi qui acheta des Madgiousses une paix de sept ans au prix de 600 rattals d'or et de 600 rattals d'argent. »

(b) Boulogne-sur-Mer (Pas-de-Calais). Le P. Malbrancq et les manuscrits de la bibliothèque de Boulogne offrent de longs détails sur les ravages des Normands dans le Boulonnais et sur la résistance qui leur aurait été opposée en 881 et 882. Au nombre des abbayes alors détruites, on pourrait compter St-Wulmer, Sombres, Ste-

transiit, atque pars Luvanium (*a*) in regno quondam Hlotharii; ibique sibi castra statuunt ad hyemandum. Franci vero, qui cum Karlomanno fuerant, redierunt ad loca sua; pauci juvenes cum eo remanserunt venandi causa in Basiu (*b*) (1) silva. Et dum rex aprum vellet percutere, quidam e suis, Bertoldus nomine, cum eum juvare vellet, casu regem in tibia vulneravit; et accepto vulnere, supervixit plus septem diebus, atque in eodem loco defunctus est idus (2) decembris, anno ætatis suæ circiter 18. Delatum est corpus ejus in monasterium sancti Dionysii, ibique humatum. Franci capiunt consilium, et Theodericum comitem Italiæ dirigunt ad imperatorem Karolum, uti veniat in Franciam.

885.

Anno Domini 885, Karolus (*c*) imperator, nuntio percepto, acceleravit iter, et venit usque Pontionum (3); ibique omnes qui fuerant in regno Karlomanni ad eum venerunt, ejusque se subdidere imperio. Atque ita

---

(1) V Basui. — (2) O V L *omettent* idus; H *ajoute ce mot d'après le nécrologe de S. Denis.* — (3) V Pontionem.

Eremberthe de Wierre et Blangy. Cf. De Rosny, *Histoire du Boulonnais*, t. I, p. 375, 386, etc.

(*a*) Louvain (Belgique).

(*b*) Nous avons parlé plus haut de *Basiu*, probablement Baisieux, arr. de Corbie (Somme). L'abbé Lebeuf prouve que le récit de nos annales doit être préféré à celui de la chronique de Fontenelle, de la chronique de Saint-Riquier et de la chronique d'Albéric, qui placent la mort de Carloman dans la forêt d'Iveline, à un lieu nommé *Mons aericus*. Cf. *Mémoires de l'Académie des Inscriptions et Belles-Lettres*, t. XXIV, p. 706.

(*c*) Cf. *Chronicon de gestis Normannorum*.

Karolus imperator rediit in terram suam, præcipiens eis (1), qui erant ex regno quondam Hlotharii et regno Karlomanni, pergere Luvanio contra Nortmannos. Conducto itaque utroque exercitu (2) placiti die, advenerunt ad dictum locum præter Hugonem abbatem, qui dolore pedum ab hac profectione se abstinuit; sed nil (3) ibi prospere egerunt, verum cum magno dedecore rediere ad sua. Francosque qui venerant ex regno Karlomanni, irrisere Dani : Ut quid ad nos venistis? non fuit necesse; nos scimus qui estis; et vultis ut ad vos redeamus; quod faciemus.

His etiam diebus Godefridus Danus, quia (4) disponebat suam inmutare fidem, astu Gerulfi, sui fidelis, ab Heinrico duce interficitur (a). Hugo etiam, filius Hlotharii regis, jubente imperatore, per consilium dicti ducis excæcatus est. Mense itaque julio, 8 kal. augusti, Rotomagum civitatem ingressi cum omni exercitu (b); Francique eos usque in dictum locum insecuti sunt; et quia necdum eorum naves advenerant, cum navibus in Sequana repertis fluvium transierunt, et sedem sibi firmare non desistunt. Inter hæc omnes qui morabantur Neustria atque Burgundia, adunantur,

---

(1) V eos. — (2) V L condicto itaque uterque exercitus; O condito itaque utroque exercitu; P *propose* condicto itaque *en ajoutant* die; H *propose* coadunato itaque utroque exercitu placita die. *Nous proposons* conducto utroque exercitu. — (3) L *omet* nil. — — (4) O qui.

(a) Les Annales de Metz donnent de longs détails sur le meurtre de Godefroi, accompli à l'instigation de l'empereur Charles-le-Gros et du duc Henri, commandant des Marches saxonnes.

(b) La prise de Rouen eut lieu le 25 juillet; les Normands y entrèrent sans éprouver la moindre résistance.

et collecto exercitu adveniunt quasi debellaturi Nortmannos. Sed ut congredi debuerunt, contigit ruere Ragnoldum, ducem Cinomannicum, cum paucis, et hinc rediere omnes ad loca sua cum magna tristitia; nil actum utile.

Tunc Nortmanni sævire cœperunt, incendiis, occisionibus sitientes, populumque christianum necant, captivant, ecclesias subruunt, nullo sibi resistente. Iterum Franci parant se ad resistendum non in bello; sed munitiones construunt, quo illis navale iter interdicant. Castrum quoque (1) statuunt super fluvium Hisam, in loco qui dicitur ad pontem Hiseræ (a), quod Aletramno (2) committunt ad custodiendum. Parisius civitatem Gozlinus episcopus munit. Nortmanni vero mense novembri Hisam ingressi, prædictum castrum obsidione cingunt; aquamque eis qui in castro erant inclusi, haurire ex flumine, quia aliam non habebant, prohibent. Hii vero qui in castro erant, cœperunt laborare pro penuria aquæ. Quid multa? pacem petunt, et vivos se abire petunt; et datis ad invicem obsidibus, Aletramnus cum suis Belvacum petiit. Nortmanni vero dictum igne cremaverunt castrum, diripientes omnia inibi reperta; nam hi qui castrum reliquerant, omnia sua inibi dimiserunt præter arma et equos; sub hac etiam conditione abire illis permissum est.

(1) O L *omettent* quoque. — (2) V Alethramno.

(a) Aujourd'hui Pontoise, chef-lieu d'arr. du département de Seine-et-Oise, sur la rive droite de l'Oise. Selon M. Peigné-Delacourt, les Normands se seraient établis dans l'île des Pothuis, qui se trouve en amont du pont jeté sur la rivière. Voy. *les Normands dans le Noyonnais*, p. 8 et 9.

Hac Nortmanni patrata victoria valde elati, Parisius adeunt, turremque statim aggressi, valide oppugnant; et quia necdum perfecte firmata fuerat, eam se capi (*a*) sine mora existimant. At christiani viriliter eam defendunt; et factum est prælium a mane usque ad vesperum; noxque dirimit prælium; atque ita Nortmanni ea nocte regressi sunt ad naves. Gozlinus vero episcopus et Odo comes tota nocte cum suis laboravere, suam obfirmantes turrim ad præparationem pugnæ. Sequenti die iterum Nortmanni accurrunt ad ipsam turrim ad prælium, fitque gravis pugna usque ad solis occasum. Sed Dani, multis suorum amissis, rediere ad naves; indeque sibi castrum statuunt adversus civitatem, eamque obsidione vallant, machinas construunt, ignem supponunt, et omne ingenium suum apponunt ad captionem civitatis; sed christiani adversus eos fortiter dimicando, in omnibus extitere superiores (*b*).

886.

Anno 886(1). Octavo idus februarii contigit grave discrimen infra civitatem habitantibus; nam ex gravissima inundatione fluminis minor pons disruptus est.

(1) O *omet* 886.

(*a*) *Capi* pour *capere*. Le passif est souvent employé pour l'actif.

(*b*) D'après le récit des Annales de Saint-Vaast, l'abbé Lebeuf a très-bien établi les dates du commencement et de la fin du siége de Paris, qui eut lieu de novembre 885 à juillet 886. Abbon, dans son poème sur le siége de Paris, donne des détails beaucoup plus circonstanciés que notre annaliste.

Quo cognito, episcopus delegit nocte illa ex suis viros nobiles et strenuos ad custodiam turris, ut mane facto pons restauraretur; quod Nortmannis minime latuit. Anteque auroram surgentes, cum omni multitudine ad ipsam accurrerunt turrim, eamque vallantes, ne adjutorium e civitate illis superveniret, oppugnare cœperunt.

Illis vero qui intra turrim erant acriter resistentibus, fit clamor multitudinis usque in cœlum; episcopo desuper muro civitatis cum omnibus qui in civitate erant nimis (1) flentibus, eo quod suis subvenire non possent, et, quia nil aliud agere poterat, Christo eos commendabat. At Nortmanni cum impetu portam ipsius turris adeunt, ignemque supponunt. Et hi qui infra erant, fracti vulneribus et incendio, capiuntur atque ad opprobrium christianorum diversis interficiuntur modis, atque in flumine præcipitantur. Indeque ipsam turrim destruunt; posthæc non cessant oppugnare civitatem.

Episcopus vero, corde confractus ex gravi damno, Herkengero comiti litteras misit, mandans ut quantotius Germaniam peteret, et Heinrico duci Austrasiorum expeteret, quo ei et populo christiano subveniret. Herkengerus vero quæ sibi mandaverat statim adimplevit, et Heinricum cum exercitu Parisius venire fecit; sed nil ibi profecit; atque in suam rediit regionem. Gozlinus vero, dum omnibus modis populo christiano juvare studeret (2), cum Sigefrido, rege Danorum, amicitiam fecit, ut per hoc civitas ab obsidione libera-

---

(1) V *omet une ligne qui a été oubliée par le copiste.* — (2) L vellet.

retur. Dum hæc aguntur, episcopus gravi corruit in infirmitate, diemque clausit extremum, et in loculo positus est in ipsa civitate. Cujus obitus Nortmannis non latuit; et antequam civibus ejus obitus nuntiaretur, a Nortmannis de foris prædicatur episcopum esse mortuum. Dehinc vulgus, pertæsi una cum morte patris obsidione, inremediabiliter contristantur; quos Odo, illustris comes, suis adhortationibus roborabat. Nortmanni tamen quctidie non cessant oppugnare civitatem; et ex utraque parte multi interficiuntur, pluresque vulneribus debilitantur; escæ etiam cœperunt minui in civitate. His diebus idem Hugo, venerabilis abba, ex hac vita decessit, sepeliturque in monasterio sancti Germani Autisiodoro. Odo vero videns affligi populum, clam exiit de civitate, a principibus regni requirens auxilium, et ut imperatori innotescerent velocius perituram civitatem, nisi ei auxilium daretur (1). Dehinc regressus, ipsam civitatem de ejus absentia nimis repperit mærentem; non tamen sine admiratione in eam introiit. Nortmanni ejus reditum præscientes, occurrerunt (2) ei ante portam turris; sed ille, emisso (3) equo, a dextris et sinistris adversarios cædens, civitatem ingressus, tristem populum reddidit lætum. Nemo tamen mortalium enumerare potest, qualia pericula ibi pertulerunt (4), vel quot milia hominum in diversis præliis ibi corruerunt ex utraque parte. Nam sine intermissione cum diverso apparatu armorum et machinarum arietumque ipsam concutiebant civitatem (5).

(1) L detur. — (2) O L accurrerunt. — (3) V O L amisso; H *propose* emisso, P immisso; amisso *est sans doute une faute de copiste.* — (4) O pertulerint... corruerint. — (5) L *omet la phrase commençant à* nemo *et finissant à* civitatem.

Sed omnibus magna instantia ad Deum clamantibus, semper liberati sunt; nam ferme octo mensibus antequam imperator eis subveniret, diversis modis præliatum est. Circa autumni vero tempora imperator Carisiacum veniens cum ingenti exercitu, præmisit Heinricum, dictum ducem Austrasiorum, Parisius. Qui cum advenisset illuc cum exercitu prope civitatem, cum paucis inconsulte cœpit equitare circa castra Danorum, volens invisere qualiter exercitus castra eorum possent attingere, vel quo ipsi castra figere deberent : et ecce equus ejus, subito corruens inter fossas quas Nortmanni fecerant, illum dejecit ad terram. Statimque de latibulis Dani pauci surgentes, illum interemerunt, magnumque dolorem et terrorem christianis fecerunt, Danis vero gaudium. Cumque nudassent illum armis suis, supervenit quidam e Francis, Ragnerus (1) nomine, comes (a), ejusque corpus non absque vulneribus illis tulit; quod statim imperatori nuntiatum est. Ille vero audito multum doluit; accepto tamen consilio, Parisius venit cum manu valida; sed, quia dux periit, ipse nil utile gessit. His diebus, id est 15 kal. octobris, Bellovagus civitas ex parte crematur; in quo incendio omnis ornatus monasterii sancti Vedasti, in thesauro et sacris vestibus et libris et kartis, deperiit (b). Imperator vero

(1) L Rainerus.

(a) Cette mention relative au comte Regnier n'est donnée que par l'annaliste de Saint-Vaast. Il est ici question de Regnier I, comte de Hainaut, qui avait résisté si courageusement à Rollon, dans le nord de la France.

(b) Ferry de Locres rapporte aussi, d'après la chronique de Saint-Vaast, que le 15 des kalendes d'octobre (17 septembre) les reli-

cum exercitu ad castra Nortmannorum veniens, quia ex utraque parte fluminis castra fixerant, eos(1) unam fecit deserere, fluviumque transire, atque in unum castra ponere. Deinde misit custodes in civitatem, et exercitum misit trans flumen; indeque cœperunt, quia hyems imminebat, missi ad invicem discurrere, ut imperator pacem cum Danis faceret. Et factum est vere (2) consilium nimis miserum (a); nam utrumque, et civitatis redemptio illis promissa est et data, et via sine impedimento attributa(3), ut Burgundiam hyeme deprædarent. Episcopo quoque in ipsa civitate delegato, Askricho (4) nomine (b), et terram patris sui Rothberti Odoni comiti concessam, imperator castra movit inde, et quo venerat redire festinavit. Nam Suessionis apud sanctum Medardum terram inter Francos dispertiit (c); necdumque se de eo moverat loco, et ecce Sigefridus (5) rex, cujus supra meminimus, Hysam fluvium ingressus, terra et aqua iter faciens post eum cum suis, omnia ferro vastabat et

(1) V O eis. — (2) L *omet* vere. — (3) H Redemptio illis promissa est, et data est via sine impedimento ut Burgundiam... — (4) O Ascricho. — (5) L Sicfridus.

gieux de Saint-Vaast perdirent une grande partie de ce qu'ils possédaient dans l'incendie qui dévora la ville de Beauvais, où ils s'étaient réfugiés.

(a) Ces paroles nous montrent l'annaliste profondément attristé de la lâcheté de l'empereur Charles-le-Gros.

(b) Le poème du moine Abbon et les Annales de Metz parlent plus longuement d'Aschricus, qui remplaça Gozlin, en qualité d'évêque de Paris.

(c) Les historiens ne semblent pas avoir attaché assez d'importance à ce passage qui montre l'empereur Charles-le-Gros opérant un nouveau partage, un nouvel abandon des domaines royaux.

igne. Quod cum imperator agnovisset — nam ignis eum (1) certum nuntium deferebat — festine rediit in terram suam. Posthæc Sigefridus rex (2) famosissimam ecclesiam beati Medardi igne cremavit, monasteria, vicos, palatia regia, interfectis et captivatis terræ accolis. Nortmanni vero qui per Sequanam ascenderant a Parisius, cum omni exercitu et supellectili et navibus Hionam fluvium ingressi, Senonas civitatem (*a*) obsederunt. Sed Evrardus (3), archiepiscopus ipsius civitatis, statim cum eis de redemptione civitatis agi cœpit, et obtinuit quod voluit.

887.

Anno Domini 887. Nortmanni vero usque Segonnam (*b*) et Ligerem more solito pervagati sunt. His etiam diebus moritur Evrardus, Senonensis episcopus; cui succedit Waltherus juvenis. Usque æstivo tempore Nortmanni (4) ibi resederunt, incendiis et occisionibus terram in solitudinem redigentes (5). Sigefridus vero cum suis, verno (*c*) finiente, in Sequa-

---

(1) H *propose* ad eum.— (2) O L *omettent* rex. — (3) V Ewrardus; O Everardus.— (4) O L *omettent* Nortmanni. — (5) V O redegerunt.

(*a*) L'Yonne.... Sens.

(*b*) *Segonna* ou *Segona*, la Saône. L'abbé Lebeuf, croyant peut-être qu'il y a une faute de copiste dans le manuscrit, dit qu'il s'agit ici de la Seine. C'est bien de la Saône qu'il est question, puisque les Normands avaient remonté l'Yonne afin d'aller ravager la Bourgogne, qui leur avait été livrée par l'empereur.

(*c*) Une note de Pertz dit que *verno* est employé ici pour *inverno, hieme*. La phrase précédente, qui montre les Normands ravageant le pays de Sens et la Bourgogne jusque pendant l'été, a sans

nam rediit, agens solita, et circa autumni tempora Fresiam (1) petiit; ibique interfectus est. Dani vero Parisius regressi propter tributum ab imperatore promissum; pro qua re Askrichus (2)(a) ad imperatorem abiit; et pro quo ierat, rediens, secum detulit. Datoque tributo, quia nullus erat qui eis resisteret, iterum per Sequanam Maternam fluvium ingressi, Gaziaco (3)(b) sibi castra statuunt.

Franci vero australes, videntes imperatoris vires ad regendum imperium invalidas, ejecto eo de regno, Arnulfum, filium Karlomanni, qui ejus erat nepos, in regni solio ponunt. Ast inferiores Franci inter se divisi, quidam Widonem ab Italia, quidam Odonem in regno statuere volunt. Berengarius etiam regnum Italiæ usurpat. Hroderadus (4) (c), Camaracensium episcopus,

(1) V Frixiam; O Frexiam. — (2) O Aschricus; L Ascricus. — (3) O L Gaziaco; V Glatiaco; H Gatiaco.— (4) O L Hroderardus.

doute porté l'éditeur des *Monumenta Germaniæ historica* à croire que Sigefried n'avait pu revenir dans la Seine à la fin du printemps. Il n'a pas remarqué que ce chef s'était séparé des autres Normands et qu'il les avait laissés dans la Bourgogne, tandis qu'il revenait par la Seine, comme il alla dans la Frise lorsqu'ils revinrent à Paris quelques mois plus tard.

(a) L'abbé Lebeuf, au sujet de ce passage, dit que *le capitaine Aschrich alla trouver l'empereur Charles-le-Gros*. Il semble n'avoir point vu qu'Aschrich est l'évêque de Paris, successeur de Gozlin, dont il a été question plus haut.

(b) Mabillon avait cru retrouver *Gaziacum* à Chésy-l'Abbaye, près de Château-Thierry, sur la rive gauche de la Marne. Selon l'abbé Lebeuf, il faut le placer à Chézi, aujourd'hui Chessy, commune de l'arr. de Lagny (Seine-et-Marne), au sommet d'un coteau qui domine la rive gauche de la Marne. — Un passage de la Vie d'Alfred-le-Grand appelle cet endroit *Caziei* (D. Bouquet, t. VIII, p. 100).

(c) Le *Cameracum Christianum* désigne cet évêque sous le nom

his diebus obiit. Karolus vero, post amissum imperium, fertur a suis strangulatus; tamen in brevi finivit vitam præsentem, possessurus, ut credimus, cœlestem (*a*). Nortmanni vero omnia loca usque Mosam more solito et partem Burgundiæ devastant (1).

888.

Verum, ut diximus, Franci divisi, aliqui Widonem qui partibus Fulchonis archiepiscopi favebant, alii Odonem, inter quos Theodericus (*b*) comes eminebat, in regno statuere contendebant. Convenerunt itaque qui Odonem advocarunt, Compendio palatio, atque cum

---

(1) V O *placent la phrase commençant par* Nortmanni *au commencement de l'année* 888.

de *Rothadus* et donne comme date de sa mort le 14 octobre 886.

(*a*) M. Henri Martin dit que les chroniqueurs monastiques ont voulu faire de Charles-le-Gros une espèce de saint; si c'est, comme nous le croyons, à la phrase de l'annaliste de Saint-Vaast que M. Henri Martin fait allusion, nous ferons remarquer que les mots *possessurus, ut credimus, cœlestem vitam*, n'indiquent point du tout que l'annaliste ait voulu en faire une sorte de saint et qu'ils peuvent se dire de tous ceux dont on espère le salut en l'autre monde. — Le même auteur dit que les Annales de Saint-Vaast *prétendent* que Charles-le-Gros fut étranglé par les siens. L'expression *prétendent* n'exprime point la pensée de notre auteur, *fertur a suis strangulatus; tamen*....

(*b*) Dom Bouquet donne la note suivante au sujet du comte Thierry qui soutenait le parti du roi Eudes : « Forte est Theodericus camerarius; qui, Bernardo Gothiæ marchione honoribus spoliato anno 878 in concilio Trecensi, comitatum Augustodunensem obtinuerat, quem anno 879 cum Bosone commutavit pro quibusdam abbatiis. Infra anno 895, fit mentio cujusdam Theoderici qui castrum S. Quintini possederat. »

consensu eorum qui sibi consentiebant, per manus Walteri archiepiscopi (a) benedici sibi in regem fecerunt. Pauci vero ex Burgundia Widonem Lingonis civitate per Geilonen (1), ejusdem civitatis episcopum, regem sibi creaverunt. Interim dum hæc aguntur, ordinatur Dodilo Camaracensium vel Atrebatensium ecclesiæ episcopus 16 kal. aprilis. At hi qui ultra Jurum (2) atque circa Alpes consistunt, Tullo adunati, Hrodulfum (b), nepotem Hugonis abbatis, per episcopum (c) dictæ civitatis benedici in regem petierunt; qui et ita egit (3).

Wido vero rex factus, audiens in Francia Odonem creatum regem, cum his qui se sequi deliberaverant rediit Italiam; ibique cum Berengero rege non modica gessit bella, semperque victor extitit. Cumque Berengerum e regno fugere compulisset, Romam ivit; imperator efficitur.

Odo vero rex Francos, qui suæ nolebant se subdi dominationi (4), partim blanditiis, partim terroribus sibi sociari festinabat. Sed cum ei fidem dedissent quod ejus dominatui se subderent, contulerunt se ad Arnulfum regem, ut veniret in Franciam, et regnum sibi debitum reciperet : inter quos erant primi hujus discordiæ Fulcho (5) archiepiscopus et Hrodulfus (6)

---

(1) L Geylonem. — (2) H Juram. — (3) L quod et ita contigit. — (4) H P *ont substitué à* dominationi *le mot* dominatui. — (5) L Fulco. — (6) L Rodulfus.

(*a*) Gautier était archevêque de Sens.
(*b*) Rodolphe, duc de la Bourgogne Transjurane, était fils de Conrad, comte de Paris, et neveu de Hugues l'abbé.
(*c*) L'évêque de Toul était Arnould, qui assista en 888 au concile de Metz.

abba(*a*), necnon et Balduinus comes (*b*). Sed dum illi hæc agerent, contigit Odoni regi per Dei misericordiam inopinata victoria. Nam die nativitatis sancti Johannis Baptistæ cum parvo exercitu, Danorum exercitum obviavit super Axonam (1) (*c*) fluvium, commissoque prælio, mox victor extitit. Quæ victoria non modicam illi gloriam contulit. Posthæc ab Arnulfo convocatur ad placitum : qui sibi et regno suisque consulens, sumptis primoribus e suis, ad regem ire non distulit; præmisitque ante se Theodericum cum aliis, qui ei suum nuntiarent adventum, et cum eo de his quæ necessaria erant tractarent. Qui, ut sibi imperatum fuerat, peregerunt, eique renuntiant quo die ad condictum placitum devenirent.

Interim dum missi inter illos discurrerent, Balduinus, relictis sociis, ivit ad regem Odonem, et promisit se de reliquo fidelem illi fore. At ille benigne suscepit eum et cum honore, hortatusque est ut in sua promissione permaneret; jussitque ut secum iret ad condictum placitum. Statuto itaque die Odo rex, fretus auxilio suorum, Wormatiam venit, honorificeque ab

---

(1) V Saxonam.

(*a*) Nous avons parlé plus haut de *Hrodulfus*, qui était en même temps abbé de Saint-Bertin et de Saint-Vaast.

(*b*) Bauduin-le-Chauve, comte de Flandre, fils de Bauduin-Bras-de-Fer.

(*c*) *Axonam*, l'Aisne. C'est en effet au-delà de l'Aisne, non loin de la Meuse, dans les bois de l'Argonne, qu'Eudes remporta cette victoire. Abbon, dans son poème, nous apprend que la bataille gagnée le 24 juin (jour de saint Jean-Baptiste); eut lieu à Montfaucon. Cette localité est aujourd'hui un chef-lieu de canton de l'arr. de Montmédy (Meuse). Le poème d'Abbon offre des détails sur ce combat si glorieux pour Eudes.

Arnulfo rege susceptus; et, facti amici, remisit eum cum honore in regnum suum, petens ut indulgentiam eis daret, qui se ad eum contulerant (*a*).

Interim Nortmanni Meldis (*b*) civitatem obsidione vallant, machinas instruunt, aggerem comportant ad capiendam urbem. Quibus viriliter resistit Teutbertus(*c*) comes, donec interiit cum omnibus prope bellatoribus. Mortuo itaque comite, episcopus Sigemundus, timore perculsus, jussit lapidibus obfirmari portas civitatis. Cumque hi qui infra civitatem erant inclusi, obsidione pertæsi, fame attenuati, mortibus etiam suorum nimis (1) afflicti, cernerent ex nulla parte sibi auxilium adfuturum, cum Nortmannis sibi notis agere cœperunt, ut, data civitate, vivi sinerentur abire. Quid plura? refertur ad multitudinem, et sub specie pacis obsides dant. Reserantur portæ, fit via christianis ut egrediantur, delegatis his, qui eos quo vellent

(1) L *omet* nimis.

(*a*) Ces faits font comprendre l'importance de la victoire de Montfaucon. Elle détermine le comte de Flandre Bauduin à promettre fidélité à Eudes, et l'empereur Arnulf, le successeur de Charlemagne, à reconnaitre la nouvelle dynastie fondée en France, et à faire présent d'une couronne d'or au fils de Robert le Fort.

(*b*) Mabillon place le siége de Meaux en 887; Abbon fait attaquer cette ville avant la bataille de Montfaucon, à laquelle d'ailleurs il donne la date de 889 au lieu de 888; le P. Daniel dit que ce siége eut lieu pendant le voyage d'Eudes en Aquitaine, qui se fit en 889. L'annaliste de Saint-Vaast, en plaçant ce siége durant le séjour d'Eudes à Worms, en donnant des détails sur la mort du comte Teutbert et la prise de la ville, fait preuve d'une exactitude qui ne permet pas de mettre en doute la date qu'il assigne, 888.

(*c*) Teutbert était le frère de l'évêque de Paris Anscheric ou Ascrich.

ducerent. Cumque amnem Maternam transissent et longius a civitate processissent, Nortmanni eos omnes insecuti, comprehenderunt ipsum episcopum cum omni populo; indeque reversi, civitatem igne combusserunt, murosque, quantum placuit, destruxerunt; atque inibi morati sunt usque mensem prope novembrem (1).

Circa autumni vero tempora Odo rex, adunato exercitu, Parisius venit; ibique castra metatus est prope civitatem, ne iterum ipsa obsideretur. Nortmanni vero per Maternam in Sequanam regressi, indeque navigantes et iter per terram facientes, Luviam (2)(*a*) fluvium ingressi, circa ejus littora sedem sibi firmant. Odo vero rex Remis civitatem contra missos Arnulfi perrexit, qui ei coronam, ut ferunt (3), misit; quam in ecclesia Dei genitricis in natale sancti Briccii (*b*) capiti impositam, ab omni populo rex adclamatur. Ibique eis qui se spreverant delicta pie indulsit, atque in societatem recepit, et ut de reliquo sibi fideles

---

(1) V O mense... novembrio. — (2) V Luvam. — (3) O ut fertur.

(*a*) L'abbé Lebeuf fait remarquer que la leçon donnée par Duchesne, *Junnam*, la Junne, petite rivière qui se jette dans la Seine à Corbeil, ne peut être adoptée, cette rivière étant trop étroite pour les barques des Normands. Il s'agit ici du Loing, rivière qui prend naissance à Sainte-Colombe, dans l'Yonne, arrose le Loiret et la Seine-et-Marne, et se jette dans la Seine près de Moret; le texte des manuscrits *Luvia*, *Luva*, se rapproche bien plus du mot Loing ou, comme l'on disait autrefois, Louain, Loën.

(*b*) 13 novembre. Le récit de l'annaliste montre que l'élection d'Eudes répondait à un sentiment national.

forent admonuit. Odo rex nativitatem Domini in monasterio sancti Vedasti celebrem egit.

889.

Anno Domini 889. Post nativitatem vero Domini cum paucis Francis Aquitaniam perrexit, ut sibi eos sociaret. Quo audito, Ramnulfus, dux maximæ partis Aquitaniæ, cum sibi faventibus venit ad eum, adducens secum Karolum puerum, filium Hludowici regis; et juravit illi quæ digna fuerunt, simul et de ipso puerulo, ne quid mali de eo suspicaretur (a). Aquitanos itaque rex ex parte receptos, festinavit propter Nortmannos redire in Franciam. Dani vero more suo Burgundiam, Neustriam atque partem Aquitaniæ, nullo resistente, igno et ferro devastant. Circa autumni vero tempora Parisius regressi, contra quos Odo rex venit; et nuntiis intercurrentibus, munerati ab eo regressi a Parisius, relictoque Sequana (1), per mare

(1) V O relictoque Sequanam; L relictoque Sequana *pour* relictaque Sequana.

(a) Ramnulfe conservait sans doute auprès de lui le jeune fils de Louis le Bègue, afin de se servir de son nom pour se révolter contre Eudes. — L'abbé Lebeuf fait observer que le voyage du roi Eudes en Aquitaine dut être très-court, puisque, d'après des diplômes, il était à Orléans le 10 janvier 889, et le lendemain à Chartres. Moins de deux mois après, les Aquitains avaient cessé de reconnaitre Eudes, puisqu'un acte daté du 1er mars offre la conclusion suivante : « Datum anno secundo quo mortuus est Karolus imperator, regnante Domino nostro Jesu Christo, nobis exspectantibus regem ab ipso largitore. » Cf. l'abbé Lebeuf, ouv. cit. p. 720 et 721.

navale iter, atque per terram (1) pedestre et equestre agentes, in territorio Constantiæ civitatis(*a*) circa castrum Sancti Laudi (2) (*b*) sedem sibi faciunt, ipsumque castrum oppugnare non cessant.

890.

Anno Domini 890. In ipsa etiam obsidione positus Lista, prædictæ civitatis episcopus (3), diem clausit extremum; gladio etiam nobilioribus prædicti castri deletis, ad ultimum capta est munitio dicti castri, interfectis ejus (4) habitatoribus, ipsumque castrum funditus terræ coæquatum. Brittanni vero viriliter suum defensavere regnum, atque afflictos Danos Sequanam redire compulerunt. Imminente vero festivitate (5) omnium sanctorum, Dani, per Sequanam Hisam (6) ingressi, Noviomagum (*c*)

---

(1) L *omet* per terram. — (2) V Lauti. — (3) V O L *omettent* episcopus; *ce mot a été ajouté par* H. — (4) L *omet* ejus. — (5) V festa; O facta; L festivitate; H festo. — (6) L Hysam.

(*a*) Coutances, auj. chef-lieu d'arr. de la Manche, était la capitale du Cotentin ou Coutantin, *Constantiense territorium*. Ce pays était borné au N. et à l'O. par la Manche, au S. par l'Avranchin, à l'E. par le Bessin, le Bocage et la mer; ses villes principales étaient Coutances, Granville, Saint-Lô, Carentan, Cherbourg.

(*b*) Saint-Lô, chef-lieu du départ. de la Manche. La chronique de Réginon et les Annales de Metz rapportent différemment la mort de l'évêque de Coutances. Mais leur récit, qui paraît imité du récit de la prise de Pontoise en 885, n'offre pas l'autorité et la précision des Annales de Saint-Vaast.

(*c*) Noyon. — Les Normands se sont-ils emparés de cette ville? L'annaliste de Saint-Vaast ne se prononce point à ce sujet, et un récit des Miracles de S. Bertin, publié par Mabillon, dans les *Acta SS. ord. Ben.*, t. III, p. 591, indique qu'ils ne purent y

petunt ad statuenda sibi castra (1) hiemalia. Illis vero qui per terram iter agebant, occurrit rex Odo circa Germaniacum (2) (*a*); sed propter loci incommoditatem nil eis damni intulit. Nortmanni vero, cœptum iter peragentes, castra sibi adversus civitatem statuunt. Alstingus vero cum suis Argona (3) (*b*) super Sumnam sedem sibi firmavit (4). Odo vero rex, adunato exercitu, super littora Hisæ fluminis resedit, ne regnum libere devastarent.

891.

Anno Domini 891. Alstingus vero per dolum pacem fecit cum Hrodulfo abbate, ut libere posset ire quo

---

(1) V *omet* castra. — (2) V O L Germaniacum; H Germiniacum. — (3) V O L Argona; H Argova. — (4) L firmant.

---

parvenir. Il serait difficile d'établir sur des preuves irréfutables l'opinion de M. Peigné-Delacourt, qui soutient que les Normands se sont emparés de la ville. Le même érudit démontre, par des preuves plus solides, que la station où ces pirates séjournèrent durant six mois auprès de Noyon, était, non pas, comme on l'a cru, Quierzy, mais l'île des Moricans, sur le territoire de Chiry, commune du canton de Ribécourt, arr. de Compiègne (Oise). Cf. Peigné-Delacourt, *les Normands dans le Noyonnais*, p. 12 et suiv.

(*a*) M. Peigné-Delacourt a démontré que par *Germaniacum* il ne fallait pas entendre, comme l'a cru l'abbé Lebeuf, Germigny-les-Prés (Loiret), mais Guerbigny, cant. de Montdidier (Somme), sur la rive droite de l'Arve. Les noms anciens de Garmeny, Garmegny, donnés à cette localité, les marais qui l'entourent et sa situation voisine de l'Oise, ne peuvent laisser aucun doute à ce sujet.

(*b*) *Argona* est une faute de copiste pour *Argova*. Comme le fait remarquer l'abbé Lebeuf, il est ici question d'Argove, aujourd'hui Argœuves, commune de l'arr. d'Amiens, située à sept kilo-

vellet. Prædictus vero Alstingus (*a*), die sollempnitatis sancti Johannis evangelistæ, venit adversus castrum sive monasterium sancti Vedasti. Hrodulfus vero abbas, timens ne multitudo qui Noviomo (1) (*b*) erat cum eis

(1) V Noviomum.

mètres de cette ville. M. Peigné-Delacourt a retrouvé l'emplacement du camp des Normands, qui était assis sur la rive droite du fleuve et flanqué par deux rivières.

(*a*) Hasting employa à la fois la force, l'habileté et la perfidie pour s'emparer de Saint-Vaast, sans pouvoir venir à bout de son entreprise. Après avoir trompé l'abbé Radulphe par une paix simulée, il trouva le *castrum* ou abbaye entouré de nouvelles fortifications. Il avait demandé aux Normands du camp de Noyon de se joindre à lui pour cette entreprise; et cette nouvelle empêcha l'abbé Radulphe de laisser sortir des murs l'armée qui aurait défait les Normands. Mais plus tard Hasting éprouva plusieurs désavantages; d'après le Recueil des miracles de Saint-Bertin et le cartulaire de la même abbaye, le deuxième dimanche après Pâques, trois cent dix-neuf Normands du camp de Noyon, qui essayaient d'enlever Saint-Omer, auraient tous été tués à l'exception de quatre. Radulphe était abbé de Saint-Bertin en même temps qu'il était abbé de Saint-Vaast; petit-fils d'Audoacre, n'ayant point reçu l'ordre de la prêtrise, il semble avoir été chef militaire plutôt qu'abbé.

(*b*) M. Peigné-Delacourt prétend, contrairement à l'opinion de l'abbé Lebeuf, qu'il s'agit ici de Nimègue et non de Noyon, et qu'il faut distinguer entre les Normands établis près de Noyon (*Noviomagus*), et ceux établis près de Nimègue (*Noviomum*); nous ne pouvons être de son avis. La preuve tirée de la distinction que l'annaliste ferait entre *Noviomagus* et *Noviomum* ne repose sur aucune base solide : en effet, tous les chroniqueurs antérieurs ou contemporains ont employé *Noviomagus* pour Nimègue comme pour Noyon, et *Noviomum* pour Noyon; il suffit, pour s'en convaincre, de jeter les yeux sur les tables des tomes VII et VIII de D. Bouquet. L'annaliste de Saint-Vaast peut s'être servi successivement des deux noms usités pour désigner Noyon. M. Peigné-Delacourt dit que de Noyon les Normands n'auraient pu se rendre avec une flotte dans la Meuse; nous ferons remarquer que l'anna-

adveniret, et insidias timens — quod etiam Alstingus mandaverat — populum retinuit : sed cognita veritate, multum post eorum discessum doluit. Frequentibus vero incursionibus exterruit eos, nec ausi sunt postea ita adversus prædictum venire castrum (1). Hi vero qui Noviomo erant, moventes exercitum, usque Mosam (2) omnem terram pervagati sunt ; indeque per Bracbantum rediere, transeuntesque Scaldum (3), per invia loca parant redire ad castra. Insecutusque est rex Odo eos, comprehendit super Gal-

(1) V *Le passage qui précède depuis* Alstingus vero *est placé à la fin de l'année* 890. — (2) O moram. — (3) V Schaldum.

liste rapporte que les Normands, réunis en corps d'armée, ravagèrent la contrée jusqu'à la Meuse, et qu'il n'est nullement question de flotte ni de navigation sur la Meuse. Un examen attentif du texte prouve qu'il est ici question de Noyon. En effet Hasting, qui s'est établi à Argœuves près d'Amiens, voulant attaquer Arras, demande le secours d'autres Normands ; à qui s'adressera-t-il ? Aux Normands de Nimègue, dans le pays des Bataves, ou à ceux qui depuis trois mois ont fixé leur résidence à Noyon, non loin d'Argœuves ? Évidemment c'est à ces derniers ; les autres étaient trop éloignés pour l'aider dans une entreprise qui était un coup de main. Plus bas, nous voyons les Normands campés près de *Noviomum* ravager le pays jusqu'à la Meuse, et ensuite, pour rentrer dans leur camp, revenir par le Brabant et traverser l'Escaut ; il suffit de voir où sont situés les lieux dont il est ici question, pour reconnaître qu'en revenant à leur camp les Normands tournaient le dos à Nimègue et se dirigeaient vers Noyon ; *Noviomum* signifie donc en ce cas cette dernière ville. Nous ferons enfin remarquer que le récit des Miracles de S. Bertin fait connaître que les Normands passèrent six mois près de Noyon ; les Annales de Saint-Vaast sont parfaitement d'accord avec ce récit si l'on entend Noyon par *Noviomagus* et *Noviomum* : elles disent en effet que les Normands s'établirent à *Noviomagus* vers la fête de la Toussaint, et qu'ils quittèrent *Noviomum* vers le printemps.

theram(a), sed non ita ut voluit; nam amissa præda,

(a) L'abbé Lebeuf croit que par *Galtheram* il faut entendre la Tère (Tenre, Dendre), affluent de l'Escaut sur la rive droite, qui arrose la Belgique. Après avoir fait remarquer le peu d'analogie qu'offre le mot *Galthera* avec *Dender*, nous montrerons que les Normands ne pouvaient se trouver dans le pays arrosé par la Dendre, lorsqu'ils furent attaqués par Eudes. En effet, d'après le récit, partis de Noyon, ils avaient ravagé les bords de la Meuse, puis le Brabant, et alors traversé l'Escaut et gagné des passages impraticables pour revenir à Noyon. S'ils s'étaient trouvés sur les bords de la Dendre, ils auraient tourné le dos à Noyon, et de nouveau repassé l'Escaut ; après leur défaite, au lieu de retourner à leur camp, ils se seraient réfugiés du côté de la Meuse septentrionale et du Rhin. D'ailleurs l'on ne peut guères supposer qu'Eudes soit allé attaquer les Barbares dans les pays dépendant du comte du Hainaut. — Nous croyons que par *Galthèram* il faut entendre le *Wasterum* ou rivière de Wallers, affluent de l'Helpe majeure. Le nom de cette rivière, *Wasterum*, *Wallsterum*, se rapproche de *Galtheram*, que l'on peut prononcer *Walteram*. Cette rivière se trouvait sur la route des Normands : après avoir ravagé le Brabant, pour se rendre à Noyon, ils traversèrent l'Escaut, sans doute à Condé, leur ancienne station navale; et de là, pour se rendre aux sources de l'Oise, rivière qui devait les conduire à leur camp de Noyon, la ligne droite les conduisait près de Wallers ; ils avaient suivi cette route en 882, lorsque de Condé ils partirent pour ravager la Thiérache et les bords de l'Oise. Le récit s'explique parfaitement si ce combat est livré près de Wallers : les expressions *invia loca* s'appliquent très-bien à la contrée qui entoure Wallers; les vastes forêts de Trélon, d'Anor, de Saint-Michel et du Nouvion, qui encore aujourd'hui s'étendent entre Wallers et Guise, dans la direction de Noyon, sont désignées par les mots *per silvas dispersi evasere*. L'on peut très-bien supposer que le roi Eudes combat à Wallers, village situé près des sources de l'Oise. Enfin l'abbaye de Wallers pouvait avoir attiré les Normands en cette localité. Une histoire locale (*Histoire des communes du canton de Trélon*, par Desmasures, p. 80), nous apprend que l'abbaye de Wallers fut détruite par les Normands vers la fin du IXe siècle. Nous croyons que le *Galtheram* de l'annaliste est le *Wasterum*, ou rivière de Wallers. — Wallers est une petite commune du canton de Trélon, arrond. d'Avesnes (Nord).

per silvas dispersi evasere, atque ita ad castra reversi sunt.

Circa autem verni (1) (*a*) tempora, relicto Noviomo, maritima petivere loca, ibique toto æstivo morati sunt tempore; indeque iterum moventes iter usque Mosam. Quod audiens Arnulfus rex velociter accurrit, eosque usque trans Scaldum et prope Atrebatis insecutus est (2); sed eos non comprehendit, indeque rediit in regnum suum (*b*). Nortmanni vero qui Noviomo hiemaverant, decreverunt Luvanio sibi sedem firmare ad hiemandum, illucque mense novembrio petunt iter; qui vero Argobio (*c*), Ambianis sedem sibi firmant. Arnulfus vero rex, adunato exercitu, venit adversus Nortmannos; et Deo se protegente, ipsum cepit castrum, interfecta non modica multitudine Danorum; atque hac patrata victoria, ita rediit in regnum suum (*d*). Nortmanni vero, qui huc illucque dispersi erant, adunati, in eodem loco iterum sibi sedem firmant. Odo vero rex, adunato exercitu, Ambianis pergit; sed nil ibi prospere gessit. Verum post hæc in pago Vermandense (3), ob neglectum custodum, illi improvise superveniunt Dani, eumque fugere coegerunt.

(1) V L circa autumni verò; O circa autem verni. — (2) O L *omettent* est. — (3) V Virmandissæ; O Virmandinse.

(*a*) La suite du récit indique qu'il faut adopter *verni* et non *autumni*, comme l'a écrit l'abbé Lebeuf.
(*b*) Les mouvements des Normands et ceux d'Arnulf indiquent, comme ce qui précède, que les Normands avaient leur camp à Noyon et non à Nimègue.
(*c*) *Argobium* est la même localité qu'Argova, Argœuves, cité plus haut.
(*d*) *Annal. Fuldens.*, ann. 891.

892.

Anno Domini 892. Rodulfus abba et levita obiit nonis januarii, sepultusque in ecclesia beati Petri, in sinistra parte altaris, in monasterio sancti Vedasti(1). Tertio vero die post ejus obitum, postquam castellani Egfridum comitem miserunt ejus obitum regi nuntiantes et ut illis juxta suum velle quid agerent remandaret (2), Balduinum a Flandris advocantes (3) per consilium (4) Evreberti (5), qui nimis fuerat versutissimus, contra voluntatem regis receperunt, pro nihilo habentes quod regi mandaverant vel quod Egfrido comiti promiserant. Per hoc itaque, quod Evrebertus consiliatus (6) (*a*) est, Balduinus itaque comes legatos dirigit ad Odonem regem, mandans cum sua gratia velle tenere abbatias sui consobrini. Odo vero rex respondit, ut sineret illum prius esse potestativum de suo, quod Deus illi concessit, et veniret ad se, fidens benignum erga illum se inventurum fore(7). Balduinus vero ad hoc (8) non præbuit assensum; iterum rex (9) alios atque alios missos misit; sed nil

---

(1) L *La mention de la mort de Rodulfe se trouve à la fin de l'année* 891. — (2) V O L remandarent; H remandaret. — (3) O avocantes; L avocans. — (4) V pro consilio. — (5) V O Eureberti *ou* Evreberti; L Everberti. — (6) O L H consolatus est. — (7) O L inventum. — (8) O L *omettent* ad hoc. — (9) O L *omettent* rex.

(*a*) Le mot *consiliatus est* (conseilla) donné par le texte de Saint-Vaast, offre seul un sens acceptable. Pertz s'était efforcé d'expliquer l'expression *consolatus est* en lui donnant la signification de *consolationem dedit, pecuniam distribuit.* — Un Evrebert, *vassus Dominicus,* est cité dans une charte donnée à Compiègne par Charles-le-Chauve, en date des kal. de juillet 861.

profecerunt. Ex hinc Balduinus regi cœpit esse infestus. Relicto itaque fratre (1) Atrebatis, ipse in Flandrias ante quadragesimam perrexit (*a*). Sed die lunæ ante pascha, contigit nobis malum tale, quod inrecuperabile est. Nam casu, hora diei sexta, ipsum castrum igne accensum combussit ecclesias inibi sancti Vedasti, sancti Petri, sanctæ Mariæ; in ipso incendio omnia patrocinia sanctorum, quæ habuimus, furto nobis ablata sunt, omne etiam castrum consumptum est. Indeque fames valida et sterilitas terræ nobis invasit, ita ut accolæ terræ præ magnitudine famis sua relinquerent(2) loca.

Posthæc Balduinus castrum refirmat, et parat se ad resistendum; episcopi vero illum excommunicaverunt. Ex hinc Odo rex, adunato exercitu, iter arripuit quasi Atrebatis venturus, re autem vera (3) Flandras petiturus. Balduinus vero(4), Atrebatis iter arripiens, per aliam viam antecessit regem, venitque in Bruociam (5) (*b*); atque ita rex sine aliquo effectu rediit

(1) H *omet* fratre. — (2) L reliquerunt. — (3) O L *omettent* vera. — (4) O L *omettent* vero. — (5) O *omet* in Bruociam; L H P *omettent* venitque in Bruociam.

(*a*) L'abbé Lebeuf fait remarquer que ce passage est très-important pour l'histoire de l'Artois. Il présente un autre intérêt : il montre l'un des chefs de la féodalité s'emparant d'une abbaye et résistant au roi.

(*b*) Comme nous l'avons fait remarquer dans les variantes, le texte de Saint-Vaast offre seul les mots *in Bruociam*. Quel est le pays ou la ville désignée par les mots *in Bruociam*? Nous croyons qu'il est ici question de Bruges. Bruges, en flamand *Brugge*, se dit en latin *Brugæ, Bruggæ, Bruggiæ*, ou même *Bruzziæ*, comme on le lit dans la Vie de S. Wandrille, publiée dans les *Acta SS. ord. S. Benedicti t.* V, p. 204; ce mot offre quelque ana-

ad loca sua. Nam antea Walkerus(1), ejus consobrinus, castrum Laudunensium (2), quod a rege perceperat, per tyrannidem obtinuit; sed rex castellum obsedit, ipsamque civitatem mox cepit. Et post paucos dies dijudicatus... (3). Sed non sibi prævidit, capite eum jussit truncari (*a*). Hocque factum est, antequam rex Flandrias pergeret. Nam Balduinus per Evrebertum inter se et Walkerum pacem fecit; quæ pax illi abstulit vitam. Nortmanni vero a Luvanio (4) regressi, videntes omne regnum fame atteri, relicta Francia, tempore autumni mare transierunt. Franci vero qui dudum Odoni regi infesti fuerant, sociatis sibi aliis, ut possent compleri quæ volebant, suaserunt regi, ut, relicta Francia, hiemandi gratia peteret Aquitaniam, ut Francia, quæ tot annis afflicta erat, aliquatenus recuperare (5) posset; et quia Ramnulfus (*b*) obierat, et

(1) O L Walcherus. — (2) V castellum Ludunensium. — (3) *Ainsi que l'ont fait remarquer D. Bouquet et Pertz, en ce passage manquent quelques mots dont le sens est* ..... ad mortem, misericordiam regis imploravit. — (4) L Luvano. — (5) H recuperari.

logie avec *Bruocia*, mot qui est peut-être pour *Bruccia*, le copiste confondant assez souvent les lettres *o* et *c*. D'un autre côté, Bauduin le Chauve, comme son père Bauduin-Bras-de-Fer, habitait souvent le château fort de Bruges; il est assez naturel de croire que le roi Eudes, après avoir trompé son ennemi par une fausse démonstration sur Arras et s'être dirigé sur la Flandre, essaya de surprendre la ville forte, qui était en quelque sorte la capitale du comté de Bauduin. Celui-ci le prévint par une marche rapide.

(*a*) Les annales de Metz (ann. 892) donnent à ce Waucher, qui occupait Laon, le nom de Waltgarius, et disent qu'il était fils d'Adalelmus, oncle du roi Eudes.

(*b*) L'an 889, il a déjà été question de ce Ramnulphe, comte du Poitou. Dom Vaissette, d'après la chronique d'Adhémar, rapporte

quia Ebulus (*a*) et Gotbertus (1) ab illo disciverant, eos aut sibi resociaret, aut de regno suo pelleret, aut vita privaret. Ille credulus factus, consilio (2) adquievit eorum, nescius qua mala (3) sibi parabant. At ubi fines attigit Aquitaniæ, Ebulus, ejus adventum præsciens, in fugam versus, interfectus est juxta quoddam castellum lapide; frater quoque ejus Gotbertus posthæc obsessus, atque in brevi vitam finivit.

893.

Anno Domini 893. Franci, qui in Francia remanserant, ut inimicitias et odium quod habebant contra Odonem regem panderent, Remis adunati, consilium inierunt adversus eum, ut die purificationis sanctæ Mariæ in eodem iterum convenirent loco, et quod invicem firmaverant manifestis indiciis demonstrarent. Mittunt itaque, et Karolum, regis Hludowici filium, adhuc puerum (4) (*b*), ad dictum placitum venire fecerunt; et die supradicto Remis adunati, eum in paterno solio benedictum in regem collocant, omnesque (5) conjurant adversus Odonem regem. Fama

---

(1) V O Gozbertus. — (2) V consilium. — (3) O L quæ *au lieu de* qua mala. — (4) V puerulum. — (5) O L *omettent* que.

---

que la mort de Ramnulfe eut lieu en 893, et accuse le roi Eudes de l'avoir fait empoisonner. Cf. *Abrégé de l'histoire du Languedoc*, t. II, p. 181.

(*a*) Ebles était le frère de Ramnulfe; abbé de Saint-Germain-des-Prés, il avait vaillamment défendu Paris contre les Normands en 886.

(*b*) Charles, fils de Louis-le-Bègue, avait alors treize ans.

itaque citius (1) volans, quod factum est Odoni regi innotuit; ipse vero, ut tunc conveniens fuerat, Aquitaniam (2) degens, ad eos qui sibi fideles erant in Francia mandavit, ut constantes essent; in suaque poscit (3) (*a*) fide permanere (4). Post pascha Domini Fulcho archiepiscopus et Heribertus comes (*b*) assumentes Karolum regem, cum omni exercitu disponunt ire (5) contra Odonem regem; veneruntque contra eos (*c*) Rikardus, Willelmus et Hadamarus (6) (*d*), habueruntque exercitum copiosum. Contra quos rex Odo venire non distulit, misitque ad eos qui cum Karolo erant, mandans ut quicquid in eum (7) deliquissent (8) (*e*), per suum eis (9) vadium emendarent (10),

(1) O L *omettent* citius. — (2) H in Aquitania. — (3) O possit; L H possent. — (4) V *offre ce qui précède à la fin de l'année* 892. — (5) O L *omettent* ire. — (6) V Handamarus. — (7) O L eum; *ne faut-il pas* in eos? — (8) V O L H P deliquissent; *ne faut-il pas* deliquisset? — (9) O L *omettent* eis. — (10) V emendarent; O L H P emendassent; *ne faut-il pas* emendaret?

(*a*) Le mot *poscit*, pour *poposcit*, qui se trouve dans le codex de Saint-Vaast, offre seul un sens satisfaisant.

(*b*) Foulques, archevêque de Reims, Héribert, comte de Vermandois.

(*c*) Dom Bouquet propose de corriger en employant *contra eum*; il se demande toutefois si l'annaliste n'a pas employé *contra eos* pour *obviam eis*. Il est évident que *contra eos* a ce dernier sens; l'annaliste a dit dans le même sens en 888 : *Odo... contra missos Arnulfi perrexit*.

(*d*) Richard, frère du roi Boson, était duc de Bourgogne; Adhémar, fils d'Emenon, comte du Poitou, s'était emparé du comté jadis occupé par son père, sur Robert le frère d'Eudes; Guillaume était duc d'Aquitaine. Ce dernier était venu faire sa jonction avec les autres ennemis d'Eudes, après avoir vaincu et tué de sa main le comte de Bourges, qui soutenait le parti du roi en Aquitaine.

(*e*) Ne trouverait-on pas un sens plus satisfaisant en substituant

et memores essent sacramenti quod sibi juraverant. Atque ita actum est, ut sine aliquo effectu (1) unusquisque rediret in sua. Karolus cum suis reversus in Francia; Odo vero remansit in Aquitania (2) (*a*). At æstivo (3) tempore Odo rex Franciam subito veniens, Karolum cum suis abire coegit e regno. Septembrio vero mense Karolus cum suis redit in Franciam (4) inprovise, atque intercurrentibus nuntiis, invicem pacem faciunt usque in pascha. Atque ita Odo rex Compendio ivit. Karolus vero cum Fulchone Remis repedavit (5).

894.

Anno Domini 894. Denique post pascha, adunato exercitu, Odo rex disponit ire Remis contra Karolum ejusque fidelibus (6); hi vero qui ab eo desciverant, Remis cum suo adunantur rege. Odo vero rex veniens castra adversus eos posuit; cumque hi qui cum Karolo erant viderent se non habere unde ei resisterent (7), civitate munita custodibusque delegatis, sub obtentu

---

(1) L *omet* effectu. — (2) O *omet la phrase commençant à* Karolus; *dans* L *elle s'arrête à* in Francia. — (3) O L H P messivo; *la forme de la lettre* m *dans le codex de Saint-Vaast nous porte à croire que* messivo *est une faute de copiste pour* at æstivo. — (4) V redit in Francia; O L in Franciam venit. — (5) L *place à l'année* 894 Karolus, *etc.* — (6) H fideles. — (7) V resistere.

deliquisset à deliquissent, emendaret à emendarent *et* in eos à in eum? Vadium *est ici employé dans le sens de* homme qui promet, *envoyé chargé de traiter.*

(*a*) L'abbé Lebeuf, qui ne connaissait point cette phrase, suppose avec raison que le roi Eudes se dirigea vers le Poitou.

pacis acceptis a Rothberto (a) obsidibus, noctu civitatem egressi cum suo rege, ad Arnulfi regis auxilium cum suo rege se contulerunt. Arnulfus vero rex benigne suum excepit consobrinum, eique regnum paternum concessit, adjutoresque ei delegavit hos qui erant ex superiori Francia. Qui reversi ab Arnulfo, Odonem in regno (1) inveniunt eos cum suo expectantem exercitu supra Axonam (2) fluvium. Sed hi qui erant cum Karolo ex parte Arnulfi, cum Odone rege amiticiam habebant. Resederuntque illi ex alia parte fluminis dicti; nulloque peracto negotio, unusquisque rediit in sua. Odo vero rex remansit in Francia; Karolus vero contulit se ad Rikardum. Quem insecutus Odo rex, volens determinare bello finem discordiæ; verum pietas Dei non concessit sanguine finem litis finiri. Per idem tempus Teutboldus(3), Lingonicæ urbis episcopus, excæcatus est a Manasse (b) Rikardi dilecto. Odo rex iterum rediit in Franciam; Karolus vero cum suis in Burgundia quo poterant morabantur.

895.

Anno Domini 895. Constricti vero hi qui sequebantur (4) Karolum — nam Odo rex eis quicquid in Fran-

(1) V in regnum; H in regem.— (2) O L Axonæ.— (3) V Teutbaldus. — (4) O L prosequebantur.

(a) Robert, sans doute le frère du roi Eudes.
(b) Cf. *Annales Benedictin.*, t. III, p. 288. Mabillon, dans cet ouvrage, dit que ce crime fut commis par Manassès, Richard et Rampon, et que les coupables furent excommuniés par le pape Formose. — Dom Bouquet rappelle que Manassès était comte de Dijon.

cia habuerant tulerat — Burgundiam acriter depopulati sunt. Venitque clamor eorum ad aures Arnulfi regis; qui missos in Franciam mittens, jussit ut Odo et Karolus ad eum venirent, quatinus tantæ calamitatis malum inter eos finiret. Verum hi qui Karoli partibus favebant, ab ipsa profectione suum retinuere regem, missosque suos ad regem Arnulfum dirigunt. Odo vero rex, strenuis secum assumptis viris, ire ad regem non distulit (1) Arnulfum, multisque honoribus eum honoravit. Rex vero illum cum honore excepit, atque cum lætitia (2) ad sua remisit. Filiumque suum rex Arnulfus in præsentia Odonis (3) regis, nomine Zuendebolchum (4), benedici in regem fecit, eique concessit regnum quondam Hlotarii.

Cumque Odo rex rediret ab Arnulfo, Fulconem archiepiscopum, qui pergebat ad Arnulfum, in itinere obviavit (5); qui vix fuga lapsus est, interfecto Adalungo comite, qui cum eo erat (6). At hi qui cum Karolo erant, conferunt se ad Zuendebolchum, eique partem regni consentiunt, uti veniat et juvet Karolo suo consobrino. Quod audiens Odo rex, quod sui fatigati erant, quasi ignorans hoc, Sequanam transiit. Zuendebolchus vero rex et Karolus cum exercitu veniunt, Laudunumque obsidione cingunt. Baldwinus vero comes et Hrodulfus (7)(*a*) frater ejus, necnon et

---

(1) O L ire perrexit ad regem. — (2) H cum lectica. — (3) V O L Odoni. — (4) L Tuendebolchum.— (5) V obviavit *et en marge* vel obviant; L obviant; O obviat. — (6) O L qui cum eo erant; H et qui cum eo erant. — (7) O L Rodulfus.

(*a*) Rodulphe, ou plutôt Raoul, comte de Cambrai. Ce comte est le héros du *Roman de Raoul de Cambray*, publié en 1840 par

Ragnerus (1), non bono consilio accepto, Karolum reliquerunt, et semet ad Zuendebolchum contulerunt(*a*). Hi vero qui cum Karolo erant, videntes se imminui — et, ut ferunt, quia (2) Zuendebolchus cum suis Karolum privari vita cogitabant — ab ipsa obsidione legatos ad Odonem mittunt, ut partem regni, qualemcumque ei placuerit, Karolo et eis consentiat atque eos in pace recipiat. Quod rex libentissime annuit; indeque, adunato exercitu, in Franciam repedavit. Ut Zuendebolcho nuntiatum est, qui jam a Lauduno recesserat, episcopo Didone (*b*) inducias sub specie pacis petendo (3); et quia primores Karoli videbat non ita esse (4) erga se ut fuerant, velociter reversus est in regnum suum (*c*).

(1) O L Rainerus. — (2) O L *omettent* quia. — (3) H *a corrigé en substituant* petente. — (4) O ita animatos.

M. Edward Le Glay. Sa valeur l'avait fait appeler Taillefer : *Taillefer fu clamés por sa fieror.*

(*a*) Les comtes de Flandre, du Cambrésis et du Hainaut se tournent en cette circonstance du côté des Allemands. Cette trahison devait contribuer à créer entre ces comtes et Herbert, comte de Vermandois, alors partisan de Charles, qui ne devait pas tarder à se rallier à Eudes, une rivalité qui se traduisit par des crimes et des luttes sanglantes.

(*b*) Didon était évêque de Laon. Dom Nicolas Lelong, dans son *Histoire ecclésiastique et civile du diocèse de Laon* (p. 126), dit que l'évêque Didon mourut au mois de décembre 893; les auteurs du *Gallia Christiana* semblent placer sa mort à la même date, et lui donnent pour successeur *Rodohardus* qui aurait été élu vers 894. Ce passage de nos annales prouve que Didon vivait encore en 895.

(*c*) En étudiant le récit de l'annaliste à la fin de l'année 895 et au commencement de 896, l'on voit les partis se dessiner avec une netteté que l'on ne rencontre pas même dans les historiens les plus exacts et les plus complets.

Odo vero rex Corbeiam venit, indeque Atrebatis, castrumque seu monasterium sancti Vedasti obsidione vallavit : sed miseratus christianitati noluit eum bellando capere. Homines vero Baldwini videntes ei non posse resistere, pacem petunt, obsides regi dant, ad suum dirigunt seniorem ut quid illis agendum sit insinuet. Et dum moram facit is qui missus fuerat, rex jussit sibi aperiri portas(1); ingressusque monasterium seu castellum ad limina sancti perrexit Vedasti, choroque (2) coram ejus sepulchro humi prostratus devotissime oravit ac uberrime flevit; inibi etiam missam audivit gratias agens Deo. Venerunt etiam a parte Karoli et primorum ejus Heribertus et Herkengerus (3) atque Hekfridus (4) propter dictam rationem. Missi vero Baldwini regressi cum Rothberto egerunt ea quæ senior illorum jussit; statimque rex jussit illis reddi claves castelli, omnesque suos jussit exire, et ita homines Baldwini recepere ipsum castrum. Rex vero ab (5) Atrebatis disponit iter ad sanctum Quintinum et Peronam (6) (*a*); nam sancti Quintini castrum per noctem, tradendo eum abintus, tulerat Rodulfus filio

(1) L portam; O porta. — (2) V *omet* choroque. — (3) O *omet* Hergengerus; L Ercengerus. — (4) O Hemfridus; L Heinfridus. — (5) O.L *omettent* ab. — (6) V Perronam.

(*a*) L'on pourrait être porté à croire, en voyant Saint-Quentin et Péronne unis dans ce passage comme dans un autre de l'année 896, qu'il est ici question, non de la ville de Saint-Quentin, mais du Mont-Saint-Quentin, abbaye située à un kilomètre de Péronne. Toutefois l'importance attachée à St-Quentin dans le récit et l'emploi du mot *castrum*, prouvent selon nous qu'il s'agit de deux villes différentes : Saint-Quentin et Péronne.

Theodorici (*a*); sed intercurrentibus nuntiis distulit rex profectionem, et Karoli fidelibus indixit placitum usque post pascha, ut hiemem sine discordiis agerent.

896.

Anno Domini 896. Odo rex in Francia hiemavit; Karolus vero rex supra Mosellam. Ex hinc qui cum Karolo erant Baldwinum infestum habuere; et ubique deprædationes(1) agebantur ab eis. Nam omnia castella tulerat eis Odo rex, excepto Remis. Igitur per varia placita totus hic annus pertransiit. Odo rex placitum cum suis fidelibus habuit, volens partem regni quam ejus fideles tenuerant Karolo concedere (*b*) (2). Sed Rothdulfus (3)

(1) O depræcationes. — (2) O L H P *omettent* Karolo concedere. — (3) O L Rodulfus.

(*a*) C'est à tort que la plupart des auteurs ont placé en 897 ou 898 la prise de Saint-Quentin et de Péronne par Raoul de Cambrai : elle eut lieu au plus tard en 895. — Quel est ce *Theodericus* dont Raoul dépouilla le fils? Nous sommes porté à penser que c'est *Teutricus*, comte et abbé de Saint-Quentin, qui succéda dans le gouvernement de cette ville à Baudouin Bras-de-Fer, comte de Flandre, et l'administra jusqu'en 886. Au lieu de donner à Herbert la généalogie qui fait de lui un descendant de Charlemagne, ne pourrait-on pas supposer qu'il était fils de Teutricus ou Theodericus, et qu'il se mit du côté du roi Eudes, afin de rentrer plus facilement dans la possession des domaines dont il avait été dépouillé par Raoul? La chronique de Vaulsors (*Walciodorense*) donne de longs détails sur la prise de Saint-Quentin par Raoul. Cf. D'Achery, *Spicilegium*, t. II, p. 711.

(*b*) Le texte du mss. de Saint Vaast, qui est seul complet, nous apprend qu'Eudes ne voulait rien concéder de ses domaines à Charles-le-Simple; il ne lui donnait que les domaines de ceux qui s'étaient rangés du côté de ce dernier descendant de Charlemagne.

comes omne illud placitum disrupit (*a*); unde (1) Heribertus et Herkengerus, omnibus jam perditis, contulerunt se ad regem Odonem; paucique relicti sunt cum Karolo. Post hæc Odo rex castrum sancti Quintini et Peronam obsedit, hominesque Rothdulfi inde ejecit. Fulcho vero archiepiscopus qui adhuc favebat partibus Karoli, circumventus(2) a fidelibus Karoli, et licet invitus venit ad regem, et de omnibus quæ ei rex jussit satis illi fecit. Karolus vero, hoc audito, secessit in regnum Zuendebolchi.

Et per idem tempus iterum Nortmanni cum duce Hundeo nomine (3) et quinque barchis iterum Sequanam ingressi; et dum rex ad alia intendit, magnum sibi et regno malum accrescere facit (4). Rothdulfus vero in ira commotus propter castella perdita (5), dum deprædari non cessat abbatiam sancti Quintini, ab Heriberto in bello occiditur (*b*). Nortmanni vero jam multiplicati, paucis ante nativitatem diebus Hisam ingressi, Cauciaco (*c*) sedem sibi, nullo resistente, firmant.

(1) O inde. — (2) H circumvenitur. — (3) O L Hunc Deo; H hunedeo. — (4) V fecit. — (5) V prodita.

(*a*) En voyant le comte de Cambrai, Raoul, rompre le plaid lorsqu'on propose de donner à Charles les domaines des fidèles de son parti, ne doit-on pas supposer que dans ces domaines étaient compris la partie du Vermandois enlevée à Herbert par Raoul, Saint-Quentin et Péronne? Bientôt en effet l'annaliste nous montrera Eudes attaquant dans ces villes les hommes de Raoul, et plus tard Herbert les défendant contre le même comte de Cambrai.

(*b*) D'après certains auteurs, Raoul aurait péri de la main d'Herbert, dans une sorte de guet-apens que lui aurait dressé le comte de Vermandois. Cf. Meÿerus, *Annales flandrici;* Jacques de Guyse, *Annales,* l. 14.

(*c*) Choisy-au-Bac, arr. de Compiègne (Oise). Cette localité est voisine du confluent de l'Oise et de l'Aisne.

897.

Anno Domini 897. Post hæc usque Mosam in præda exierunt nullo sibi resistente. A præda vero illis revertentibus occurrit regis exercitus; sed nil profecerunt. Verum Nortmanni ad naves reversi, timentes multitudinem exercitus ne obsiderentur, in Sequanam redierunt; ibique tota demorantes æstate prædas agebant, nullo sibi resistente. Karolus vero, Hundeum ad se deductum(*a*), Cluninio(1) monasterio(*b*) in Pascha (2) eum de sacro fonte suscepit.

Verum post hæc hi qui cum Karolo erant videntes suam paucitatem et nullum tutum habere (3) locum refugii, iterum ad Odonem regem dirigunt, quatenus ad memoriam reduceret quod senior eorum filius esset sui quondam senioris, et partem aliquam (4) ei ex paterno regno concederet (*c*). Ad (5) hæc vero rex

(1) V Dunino; *en marge d'une main assez récente* Clunino. — (2) O *omet* in Pascha. — (3) O haberent. — (4) L partem ob quam ei ex paterno regno expulisset concederet. — (5) O L at.

(*a*) Pour bien comprendre cette phrase, il faut se rappeler que l'annaliste met souvent à l'accusatif les membres de phrase que les grammairiens désignent sous le nom d'ablatif absolu.

(*b*) Ainsi que le fait observer l'abbé Lebeuf (ouv. cit. p. 733), ce monastère doit être, non Cluny, qui n'était peut-être pas encore fondé, mais *Clingen*, du diocèse de Spire. Charles-le-Simple se trouvait alors dans le royaume de Zuentibold.

(*c*) M. Henri Martin se trompe en mettant cette parole dans la bouche du roi Eudes; elle a été prononcée par les partisans de Charles-le-Simple. D'autres historiens se trompent aussi lorsqu'ils invoquent le texte de nos annales pour montrer Eudes doutant de son droit, et consentant à partager le royaume avec Charles-le-

cum consilio suorum respondit se illi velle misereri si sibi liceret. Et intercurrentibus nuntiis, Karolus venit ad eum; quem ille benigne suscepit, deditque ei tantum e (1) regno quantum sibi visum fuit, promisitque ei majora; et remisit eum ad locum suum, pacificato Heriberto cum eo. Baldwinus etiam, Rothberto faciente, venit ad regem; quem rex honorifice suscepit, et de omnibus quæ jusserat illi rex, satis ei fecit; et ita remisit eum rex ad sua. Nortmanni(*a*) vero, jam in multitudine fidentes(2), omnes reliquias regni ferro et igne devastant. Unde rex misit ad eos, regnum redimere volens; et, facto placito, super Ligerem hiemandi gratia pergunt. Odo vero rex venit ad quoddam castrum super fluvium Hisam quod Fera (*b*) (3) dicitur; ibique graviter infirmari cœpit. Qui dum languor per dies singulos incresceret, omnes (4) rogare cœpit ut Karolo servarent fidem (*c*).

898.

Anno Domini 898 (5). Obiit ipse in eodem loco

(1) O L de. — (2) O L *omettent* fidentes. — (3) H Ferra. — (4) V O omnibus. — (5) L 897.

Simple comme avec un égal. Il résulte du récit qu'Eudes *eut pitié* du descendant de Charlemagne et qu'il ne lui concéda que ce qu'il jugea à propos de lui donner. Cette concession aurait été faite vers le milieu de l'année 897, et non vers le milieu de l'an 896, comme le disent les auteurs de *l'Art de vérifier les dates*.

(*a*) Cf. *Chronicon de gestis Normannorum*.
(*b*) La Fère, arr. de Laon (Aisne).
(*c*) Le manuscrit de Saint-Bertin place au commencement de l'année 898 la phrase qui commence à *Odo*.

kalendis januarii (*a*); corpusque ejus apud sanctum Dionysium delatum ibique honorifice humatum. Franci vero, rege mortuo, die statuto (1) Remis conveniunt, Karolumque in sedem paternam restituunt. Baldwinus vero propter Heribertum venire distulit; attamen missos dirigit qui regi innotescerent se illi fidelem esse sicut dignum erat.

Nortmanni vero verno tempore rediere ad naves, vastata (2) Aquitaniæ parte atque Neustria, insuper plurimis eversis castris, interfectisque habitatoribus. Post hæc Rothbertus comes, frater regis Odonis, venit ad regem; quem rex honorifice suscepit, ejusque fidelis effectus rediit ad sua. Similiter fecit et Rikardus, insuper et Wilhelmus (3). Post hæc rex Karolus cum exercitu parvo Nortmannis a præda revertentibus in pago Witmau (4) juxta quandam insecutus est villam (5), aliquibus suorum interfectis, plurimisque prædonibus (6) vulneratis (*b*). Nortmanni tenentes more solito loca inoportuna (7), timentes (8) rediere ad

---

(1) V O *omettent* statuto. — (2) V O vastatam *et les autres mots à l'accusatif au lieu de l'ablatif.* — (3) V *omet* insuper et Wilhelmus. — (4) V Withmau. — (5) V O *omettent* villam. — (6) O L *omettent* prædonibus; V prædonis. — (7) O inoporna *pour* inopportuna; H *avait ajouté* devia. — (8) O L *omettent* timentes; V tenente. *A ce dernier mot qui n'a aucun sens, nous avons substitué* timentes, *mot qui se trouve dans le* Chronicon de gestis Normannorum.

(*a*) *L'Art de vérifier les dates*, suivi en cela par la plupart des historiens, a adopté, comme date de la mort du roi Eudes, le 3 janvier, jour indiqué par la Chronique de Réginon. Nos annales, récit plus ancien et en général beaucoup plus exact, donnent le 1er janvier.

(*b*) Le texte étant incomplet dans les manuscrits autres que celui

naves, castrum quod dicitur Mosterio vel Inguerobs dicitur (*a*). Nortmanni Britanniam petierunt, ut ibi hiberno tempore immorarent(1). Sed Britanni adunati contra eos in prælium; terga verterunt Nortmanni, cecideruntque ibi ex eis quatuordecim millia, atque ita rediere ad naves in Sequana(2)(*b*). Hiemis vero tempore

---

(1) V nemorarent *pour* immorarent, *qui est lui-même pour* immorarentur. — (2) *Le passage commençant à* castrum *et finissant à* in Sequana *ne se trouve que dans* V.

---

de Saint-Vaast, l'abbé Lebeuf et les autres historiens avaient cru que Charles-le-Simple avait perdu un grand nombre des siens; cette perte fut au contraire éprouvée par les Normands.

(*a*) Ce passage, qui n'existe que dans le codex de St-Vaast, nous fait connaitre une station des Normands en 898, qui n'avait point encore été signalée. Le contexte indique suffisamment que c'était une station navale sur les bords de la Seine; et le mot *mosterio*, employé pour *monasterio*, nous fait savoir qu'il y avait en cet endroit un monastère. En étudiant avec soin et le texte et les noms des monastères qui avaient été fondés avant le xe siècle sur les bords de la Seine, nous sommes porté à croire qu'il s'agit ici de Jumièges. L'expression *castrum* s'applique très-bien à cette abbaye, puisqu'on lit dans la Vie de S. Filbert que les anciens y avaient établi un *castrum;* le copiste, au lieu d'écrire *in gemetico* ou *gemelico*, aura peut-être écrit *gue* pour *ge*, à cause de la manière dont l'on prononçait alors le *g;* la syllabe *ro* a pu être placée, par vice de lecture, pour la lettre *m* à deux boucles telle qu'on la formait alors; *bs* remplaceraient la dernière syllabe *lic*, que l'on trouve à la fin du mot si l'on supprime l'*o* final. Au premier abord il parait étonnant de croire qu'un copiste a pu écrire *inguerobs* pour *in gemelic;* l'étonnement diminuera si l'on se rappelle que dans les manuscrits des Annales de Saint-Bertin et de Saint-Vaast nous avons rencontré *commentestabant* pour *comitatus testrabant*, *stamphin* et *stapni* pour *sancti Stephani*, *justiniani* pour *Lustenam*, *Baviam, hurmarias* pour *Batuam, Hattuarias.* — Nous ferons encore remarquer que l'abbaye de Jumièges avait déjà été occupée par les Normands en 862.

(*b*) Les autres auteurs ne nous parlent point de cette défaite des

Burgundiam petierunt, ibique sedem statuunt ad hiemandum. Sed Rikardus comes noctu in natale Sanctorum Innocentium(1) commisit cum eis prælium, et victor existens compulit eos redire in Sequanam(*a*). Ragnerus vero comes(*b*) venit(2) regem Karolum, et fidem ei promittens suasit illi atque suis fidelibus invadere regnum Zuendebolchi. Sed ille, suis fidelibus adunatis, venit contra Karolum; nuntiisque inter eos discurrentibus, Karolus, nullo peracto negotio, rediit in regnum suum.

899.

Anno Domini 899. Baldwinus vero contra regis voluntatem Peronam invasit; sed sub celeritate amisit. Post hæc mense novembrio Nortmanni, quasi sedem sibi firmandam super Hisam(3), iter arripientes, omnem

(1) O L *omettent* Innocentium. — (2) H *ajoute* ad. — (3) O Iseram; L Isam.

Normands par les Bretons. La chronique de Nantes y fait peut-être allusion lorsqu'elle dit en parlant d'Alain I : « Normannos sæpe forti manu expugnaverat et ab omni regione Britannica omnino expulsos fugaverat, nunquam diebus vitæ suæ appropinquare audentes. »

(*a*) La chronique d'Hugues de Fleury dit à l'année 898 : « Obeunte vero Odone rege kalendis januarii recepit regnum Karolus simplex. Sub ipso tempore venerunt Normanni in Burgundiam ad S. Florentinum. Occurrit autem illis Ricardus dux Burgundiæ cum suo exercitu in territorio Tornodorense (Tonnerre); irruensque in eos percussit multitudinem ex eis in ore gladii : et reliqui fugerunt v nonas junii. » *Junii* est sans doute une faute de copiste pour *januarii*. La chronique de S. Pierre le Vif (S. Petri Vivi), comme l'annaliste de S. Vaast, place la fuite des Normands au *V nonas januarias*. La chronique d'Angers et celle de S. Bénigne de Dijon indiquent Argenteuil comme le lieu où fut remportée cette victoire.

(*b*) Regnier, comte de Hainaut.

terram pervagati sunt usque Mosam ; insecutusque est eos Zuendebolchus rex, sed non comprehendit eos. Karolus rex obsedit castrum sancti Vedasti, et, habitatoribus excommunicatis omnibus, hi qui castrum ipsum tenebant missos dirigunt ad Baldwinum ; et quamvis non voluntarie obsides regi dederunt, dato spatio ad sua exportanda. Ad dictum vero placitum rediit rex ; venitque ad eum Baldwinus in pago Cameracense, et primitus pacificati sunt Karolus rex atque Zuendebolchus, et reddidit Baldwinus regi castrum, et suos exinde fecit exire ; quem rex dedit Althmaro comiti. In ipso etiam placito debuerunt se pacificare Heribertus et Baldwinus ; atque redierunt unusquisque ad sua loca.

900.

Anno Domini 900 (1). Karolus vero rex æstivo tempore super Hisam (2), adunato exercitu, resedit, tractaturus quid agerent de suis inimicis. Baldwinus vero perrexit ad ipsum placitum, volens sibi regem reblandiri, ut terram quam ei tulerat redderet. Cumque hoc contradiceret (3) Fulcho (*a*) atque Heribertus, Winehmarus improvise superveniens Fulchoni archiepiscopo (4) cum suis complicibus, quod dictu nefas est, multis perfossum

---

(1) V O L *omettent* anno domini 900. — (2) H Hiseram. — (3) H *substitue* contradicerent.— (4) L supervenientes, Fulchonem episcopum.

(*a*) Irrité d'avoir perdu les deux riches abbayes de S. Bertin et de S. Vaast, le comte Bauduin était encore excité contre Charles-le-Simple et l'archevêque Foulques, son conseiller, par Robert, frère du roi Eudes. Cf. *Balderici chronicon, Sithiense chronicon, Richerii historia,* ann. 898 et sqq.

vulneribus interfecerunt (*a*) xvi kal. julii (*b*). Corpusque ejus Remis delatum, atque in ecclesia beati Remigii positum. Post hæc ordinato episcopo Hereveo (1), synodoque facto (2), omnes interfectores episcopi damnaverunt et a liminibus Sanctæ Matris ecclesiæ extorres reddiderunt (*c*). Rex vero cum Rothberto et Rikardo atque Heriberto cœpit sermocinari de Nortmannis quid agerent. Unde contigit quodam die ut Manasses (3), quidam ex fidelibus Rikardi, cum (4) rege loquens, quæ illi non conveniebat de Rothberto locutus est. Quod ubi Rothberto nuntiatum est, ascenso equo, rediit in sua; atque ita omnes discordantes sine ullo effectu reversi sunt unusquisque in sua (5).

(1) O L Hervoo. — (2) H *substitue* facta. — (3) L Manases. — (4) O *omet* cum. — (5) V *omet* unusquisque in sua.

(*a*) L'instigateur de ce meurtre est le comte Bauduin. Winemar de Lillers était vassal de ce comte, ainsi que ses complices Evrard et Rathfried. Le crime fut commis dans la forêt de Compiègne, près du palais, vers lequel Foulques se dirigeait, selon certains chroniqueurs, d'où il venait, selon d'autres. Voy. à ce sujet Flodoard, *Hist. eccles. Rem.*; Richer, *Histor. libr*.

(*b*) 16 juin. Flodoard et Iperius placent la mort de l'archevêque au 17 juin. L'on peut croire, comme le dit Dom Bouquet, qu'il expira le 17 des blessures reçues la veille.

(*c*) Le *Gallia Christiana* donne le texte de cette sentence d'excommunication, t. X. *Instrum*, p. 10.

EX CHRONICO

SANCTI VEDASTI ATREBATENSIS

FRAGMENTA NONDUM EDITA.

Ortodoxi patres(*a*)divinis disciplinis veteris et novæ legis eruditi, omne tempus istius seculi in sex ætatibus secundum vi primorum dierum opera distinctis principibus et annis diviserunt, sequentes, in quantum sequi optimum duxerunt, veteres hystoriographos, qui a primordio mundi ad sua usque tempora, accidentia temporum descripserunt. Horum primus Julius Africanus sub imperatore Marco Antonino, qui post Octavianum x^{us} m^{us} successit, simplici stilo hystoriæ operam dedit. Dehinc Eusebius Cæsariensis Palestinæ episcopus, a mundi fabrica usque ad Constantinum qui Bizantium Constantinopolim nominari jussit, græco prosecutus stilo; quæ a sanctæ memoriæ Jheronimo

---

(*a*) V, f. 1. Ce premier extrait offre la préface du manuscrit de Saint-Vaast. Bien que cette préface ne présente aucun intérêt historique et qu'elle soit en grande partie imitée de celle qu'Isidore de Séville a placée en tête de sa chronique, nous avons cru devoir la reproduire : elle montre comment le moine anonyme de Saint-Vaast a composé ses annales.

in latinum translata in Valentis usque Cæsaris tempora, ordinata regnis et temporibus hystoria est. Post hos Victor Ionnomensis (a) ecclesiæ episcopus, recensitis succincte prædictorum hystoriis virorum, gesta sequentium ætatum ad consulatum usque Justiniani minoris explevit, cujus imperii anno sexto domnus et interventor noster Vedastus (b), jubente misericordiarum præsule, cœlo receptus, ubi placida compositus pace quiescit. Orosius autem, Augustini egregii doctoris discipulus, usque ad octavum Honorii et junioris Theodosii Archadii filii annum; Isidorus vero ad tempora usque Eraclii Augusti; Beda nichilominus veterum relatorum ultimus ad XI usque Dyonisii, corpore quidem minimi sed prudentia disertissimi, circulum, qui fuit annus Leonis imperatoris nonus, gestarum continentiam rerum denotaverunt. Quorum optabilem retexentes lineam, subnexuimus ea quæ a modernis post illorum tempora notata sunt.

261 (c).

Syxto papæ Dyonisius ex monacho succedit, cui curæ fuit cunctas nosse sedes dyocesis suæ, et editiores quasque metropolitanas, inferiores vero suffragarias esse instituit (d). Post victrices Julii Cesaris

(a) Faute de copiste pour *Tunnensis*.

(b) L'emploi du pronom *noster* indique que ce manuscrit a été écrit par un moine de Saint-Vaast d'Arras. Nous le retrouvons fréquemment employé pour désigner le même saint ou le monastère qu'il a fondé.

(c) V. f. 23.

(d) L'annaliste parle ici des *Descriptions* du pape Denis, ouvrage qui n'a pas été retrouvé. Le chroniqueur Baldéric dit dans le

aquilas, per quas ante adventum Salvatoris gentium totus pene subactus est mundus, hoc tempore generalis Christianitatis titulus sensit excidium, cum particularis sanctorum numerus antea et postea perferre pro Christo domino non timuerit corporis exterminium. Nam Chrocus quidam rex Alemannorum, qui dura dedit discrimina terris, junctis secum quos potuit populis, universis prope vastatis Galliis, ecclesiis Christi a fundamento eversis, tandem justo Dei judicio Gallorum impetu comprehensus Arelato, post diversa verbera, suis amissis illarum gentium copiis, gladio capite truncatur. Quod sub solius Gallieni imperio pervenisse claret, quum Valerianus, emensis annis IIII imperii, a rege Persarum captus est; solus Galienus annis decem post rexit imperium (*a*).

Chronicon Cameracense et Atrebatense, en parlant des deux diocèses de Cambrai et d'Arras : « Porro has duas fuisse matres ecclesiæ sedes certa res est, quæ nunc unius pastoris moderamine reguntur, quod facile ex descriptionibus Dionysii papæ perpenditur, qui universis provinciis singulas sedes propriis terminis discrevit : sicut etiam Hincmarus in suis libris diffinit (Hincm. epist. 6, c. 18) *Balderici Chronicon Cameracense et Atrebatense*, l. I, c. V. Edit. Leglay, p. 12. Le *Pontificale* du pape saint Damase mentionne aussi ces descriptions en disant: «His presbyteris ecclesias divisit et cœmiteria, parochiasque et diœceses constituit. »

(*a*) Grégoire de Tours a parlé de Chrocus et de sa défaite à Arles. *Histor. Franc.*, l. I, n° 30, 31. 32 (*Historiens des Gaules et de France*, t. II, p. 148 et 149). Frédegaire place l'invasion de Chrocus au commencement du ve siècle (*Histor. des Gaules et de France*, t. II, p. 464).

451 (a).

Attila cum Hunis et Wandalis vel cæteris collectivis nationibus quarum summa, ut *Johannes* (b) Ravennatæ urbis episcopus scribit, fuere quingenta milia, a Mettensi urbe recedens innumera christiancrum oppida humo coæquavit. Remis campestrem civitatem velut immanis lues invadit quam forti obsidione vallatam diruit, ubi.......... martyr Nichasius gladiis furentum cum populo occubuit. Hunc *Gesta Remensium pontificum* (c) referunt ejus sedis archiepiscopum decimum præfuisse post venerabilem Sixtum, qui, ut scribitur, jubente Petro apostolo ordinatus atque in Galliam ab eo directus, Dei dispositione primus apicem Remensis sedis obtinuit. Quæ urbs populi numerositate desolata, castra civitatesque cunctæ quæ Mosa atque Scalz fluvii necnon Summa atque Sequana confovent usque in sinibus maris occidentalis, gravissimo sed justissimo Dei judicio, persequentium manus cessere. Inter quæ Camaracus et Atrebas, quæ gemino gubernabantur pastore, præpedientibus peccatis ruere, et neque su-

---

(a) V. fol. 30. L'extrait suivant vient à la suite d'un fragment de Grégoire de Tours sur Attila.

(b) Bien que le mot ait été presque complètement effacé dans le codex, on peut lire *Johannes*. Ce mot est une erreur de copiste pour *Jornandes*. On lit en effet dans cet historien qu'Attila avait une armée de 500,000 hommes. Ce passage favorise l'opinion de ceux qui soutiennent que Jornandès fut évêque de Ravenne.

(c) Par les *Gesta Remensium pontificum* dont il est ici question, faut-il entendre l'*Historia Remensis ecclesiæ* de Flodoard? Nous le croyons, bien que Flodoard ne dise pas que S. Nichaise ait été le dixième évêque de Reims.

perstes præter ruinarum inditia evasit, qui futuris nontiare monumentis aliquibus potuisset. Murorum fracturæ terra dejectæ dant inditia quid cum his duabus civitatibus perpessæ sint Treveris, Tungris, Tornacus, Morina, Bolonia, Ambianis, Belvacus, Parisius, circumjacentiaque castella, quorum nomina ob legentium fastidium omissa sunt. Interea tamen dum sanguis taliter christianorum in peccatorum remissionem sufferentium atque in repropitiationem divinæ misericordiæ succedentium igni ferroque hauriebantur, Anianus, vitæ merito Deo dignus, Aurelianensis civitatis erat episcopus, quem deterrebat mens præsaga mali (a), ne parilis hostium congressio offenderet illi, Romam ivit, auxilium Etii tunc temporis patricii juris consultus clarissime expetiit. Accepta securitate succurrendi, vir sanctus regreditur, cives ad domini spem precesque erigere hortatur, dein collecto milite et disposita statione custodiæ ad resistendum paratur. Supersedendum est nunc quum temporis est meminisse quis fuerit iste Attila Hunnorum, quæ ejus regio, quæ gens gentium manus tot Germanorum et Galliarum nobiles attentaverit ausa regiones.

Is namque (b) Attila, Scytarum atque Hunnorum dominus, calicem iræ furorisque justi judicii propinaturus populis tantis secum sociatis gentibus, quo via contulit vivifica, Christi ecclesiarum mysteria dissipa-

(a) *Mens præsaga mali*, imitation du vers de Virgile, *præsaga mali mens*, qui indique chez l'auteur une connaissance des auteurs latins.

(b) V. f. 35. A la suite de longs extraits empruntés à Jornandès, on lit le passage suivant qui ne se trouve pas dans cet auteur.

vit, castra et civitates christianitate viduavit. Et ubi post lamentabiles christianorum cædes, Parisius gravi barbarorum labore oppressa succubuit, circumquaque vastatis Aurelianis tenditur, ipsaque agminibus hostium circumvallata perturbatur. Sed inter agendum precibus beati Aniani, ejusdem urbis episcopi, ab Etio Romanorum patricio, affabilitate prudentiæ et belli fortitudine optimo, qui erat ex Italia patre natus Gaudentio, occurritur (*a*).

Convenitur itaque ab utroque populo in campos Maurianos qui Catalaunici dicuntur, centum leugas, ut Galli vocant, in longum tenentes et septuaginta in latum; leuga autem gallica una mille et quingentorum passuum spatio metitur. Erat in eisdem campis positio loci declivi tumore in editum collis erecta et lata. Hunc locum, quum habilis erat ad repugnandum, uterque exercitus ambiebat. Attila suos dirigit qui cacumen montis invaderent; sed ab Etio prævenitur. Ubi isdem patritius Gothis et cæteris populis talem adorsus est orationem : « Prudentiæ vestræ est, fortissimi gentium, adversus orbis conspirare tyrannum, qui optat mundi generale habere servitium, qui causas prælii non requirit, sed quicquid commiserit hoc putat esse legitimum. Ambitum mundi sua spe brachio metitur, superbiam licentia satiat, qui jus fasque contempnens, hostem exhibet et naturæ cunctorum. Etenim meretur hic odium, qui in commune omnium se approbat inimicum.

(*a*) Suit l'énumération des peuples qui formaient l'armée d'Aétius. Notre codex offre ensuite quatre lignes, que l'on trouve au commencement et à la fin du chapitre XXXVIII de Jornandès, et après les mots *ab Etio prevenitur*, il présente le discours d'Aétius, qui est inédit. Ce discours se trouve au fol. 35 v°.

Recordamini, quæso, quod certe non potest oblivisci, ab Hunis non per bella, ubi communis casus est, fusum, sed, quod graviter angit, insidiis appetitum. Ut de nobis Romanis taceamus, potestis hanc inulti ferre superbiam? Armorum potentes, favete propriis doloribus et communes jungite manus; auxiliamini etiam reipublicæ cujus membrum tenetis. Quam sit autem nobis expetenda aut amplexanda societas hostis, interrogate consilia. » His accensi milites verbis: « Habetis, ait Theodericus rex, Romani desiderium vestrum. Fecistis Attilam et nobis hostem, sequimur illum quocumque vocaverit. Et quamvis infletur de diversis gentium victoriis, norunt tamen Gothi confligere cum superbis. Hinc nullum bellum dixerim grave, nisi quod causa debilitat, quando nil triste pavit, cui majestas arriserit. » Adclamant responso milites ducis; lætus sequitur vulgus, fit omnibus ambitus pugnæ, hostes jam Huni desiderantur, armis præstolantur (a).

Gallia comata (b) tanto hoste adeo, ut primo paucis prætitulavimus, tempore sed pauco remansit deleta, ut vix, ut ita dicam, in initio respirationis defuit qui perpauca auditoribus nuntiare potuerit. Etenim cum hystoria Marcelli consulis referat dicens : provintia Belgica secunda metropolis civitas Remorum una, civitas Camaracensium una, civitas Atrebatum una, civitas Vermandorum una, civitas Tornacensium, civitas Morinum (id est) Pontum(c)una, civitas Bononiensium una; cumque Dionisius, a beato Petro apostolo XX^{us} IIII^{us}

(a) Suit le récit de Jornandès.
(b) V. f. 37. Le passage suivant sur l'état de la chrétienté dans les Gaules se trouve après le récit de l'invasion d'Attila.
(c) Pontium.

papa, qui fuit temporibus Valeriani et Galieni, ante hoc christianorum excidium scire cupiens parrochias dyocesis suæ, easdem prætitulatas sedes acceperit numero signatas pastore proprio, ex collecto senario episcoporum numero redditur ternario.

Legitur (a) quum Servatius meritis à domino datis servavit Tolosam, Anianus urbem Aurelianum, Briccius, immo antecessor ejus memorandæ humilitatis, Martinus Turonicam, nos urbibus flammatis patribusque cæsis accipimus Galliam comatam deletam cum clero et pontificibus. Quinam vero fuerint ignoratur, cum e multis sanctorum locis super id requisitum sit, solius Dei cuncta noscentis id ascribitur notitiæ, cui est suorum nomina scire. Sed proh pudor! cum antiquæ edificationis recordatio teneatur Camaracum, Tornacum, Ambianis Taruntiacum, Gallos ad munimentum sui ante adventum Christi ædificasse, Cneum Pompeium Atrebatum et Suessionis construxisse, sed utrum ignoro, illum senserim qui ex Hispania nobiles triumphos egit et Gallos vicit, postquam consul Marcellus Mediolanum expugnavit, an illum qui ex industria animi ante præscriptam ætatem consul a consulibus, interpellante Cornelio Sylla, electus sit, tum in Sycilia nobiliter militavit, tum in Hyspania, tum contra Mitridatem regem Ponti, ad postremum capta Hierosulima et Aristobulo vincto secum Romam adducit, Hirtano in pontificium Judæorum stabilito; demirandum quomodo contigerit, cur vel sola pontificum nomina ipsa deleta antiquitas non repræsentaverit. Verum non sola Germania atque Gallia a tanto hoste passa est discrimina; eadem

---

(a) V. f. 37 v°, à la suite d'un passage de saint Jérôme.

451.

namque coacta sustinuit Italia, milite et rerum copia opulentissima. Nam post tantæ cædis exterminum, Torismundus ad paternum solum reversus est, Tolosamque ingreditur (*a*).

Preterea (*b*) sedato pulvere capisuda (*c*) redit facies cœli, ablutaque feculentiis emundata squaloribus, pulchriora quia fecundiora atque sanctiora Saturni exurgunt tempora, et novis luminaribus cœlitus effusis expergiscens renovatur prædicando, illuminatur tota occidentalis Europa. Sed in tam vasto terrarum spatio apparent rari laborantes, rariores (*d*) secundum contingens in defensione patriæ equites. Interea si quis scire contenderit quoto temporis spatio hæ sedes pontificatus Camaracus atque Atrabas pastoribus remanserint viduatæ, recurrat tempora ab anno imperatorum primo Honorii et junioris Theodosii qui fuit salutiferæ incarnationis CCCCX, dum septem reliquis Gallia sanguine exorbitatur, usque ad tempus quo, Christo disponente, pontifex ordinatus Atrebato dirigitur domnus Vedastus, sunt anni CXXII, infra quæ tempora a domino Galliæ dantur remedia, dum Remigius nascitur matre Cilinia.

456 (*e*).

Anno V^m DCLVI, Merovechus, ex stirpe Clodionis, regnat in Franciam, sedem regni habens Camaracum.

(*a*) Suit le récit de Jornandès, fin du chap. XLI.
(*b*) V. f. 39. A la suite d'un nouveau passage de Jornandès.
(*c*) *Capisuda,* sereine.
(*d*) Le codex porte *ratiores*.
(*e*) F. 39 v° à la suite d'un passage du V. Bède. Ce fragment nous fait connaître que Mérovée avait fait de Cambrai sa capitale : aucun autre chroniqueur ne mentionne ce fait.

496 et ss. (*a*).

Idem (Chlodoveus) anno regni sui xv°, commota gente Francorum, Alemannis bellum intulit; sed adversariorum audacia suorumque strage territus, compulsus fortissimum Dominum Christianorum invocavit: mox victoriam optinuit. Patrata victoria, regnum cum populo sibi subdidit; memorque sponsionis ad baptismum properavit, iter agens regressionis ad comatam Galliam per Tullum oppidum, quod nobilitabat tunc temporis verax fama sanctæ conversationis beati Vedasti. Quem accersitum, ut salutiferam Christianorum religionem ab eo audiret, secum duxit; sed inter eundum, cujus esset vir sanctus meriti Deus omnipotens declaravit illuminatione cæci. Hunc domnum Vedastum Aquitanici usque ad hæc moderna tempora à Petragorica regione (*b*) profitentur nativam originem habuisse,

(*a*) V. f. 41 v°. Les premières phrases de ce fragment se rapprochent de la *Vita brevior* de S. Vaast, publiée par les Bollandistes (*Acta SS*. t. I febr. p. 792).

(*b*) Ce passage est important au point de vue du lieu de naissance de saint Vaast, apôtre du nord de la France et fondateur de l'abbaye qui porta son nom. Cette question n'était pas encore élucidée; et les derniers auteurs de l'Histoire de l'abbaye de Saint-Vaast, MM. de Cardevacque et Terninck (l'*abbaye de Saint-Vaast*, 3 v. in-4°, 1865-1869, t. I, p. 7), disent qu'on ignore la patrie du saint évêque. La *Vita Brevior*, envoyée d'Arras aux Bollandistes en 1658 et publiée par Ghesquière (*Acta SS. Belgii*, t. II, p. 42), dit que saint Vaast est né dans un château qui sépare le Périgord du Limousin et qui porte le nom de *Leucus*, comme les peuples voisins portent le nom de *Leuci*. Cette dernière remarque, résultat d'une confusion entre le lieu de naissance de S. Vaast et la ville où il prêcha, Toul (*Leucorum urbs*), faisait douter de la vérité de cette indication. Le récit de notre codex dit clairement, sans y ajouter l'erreur de la *Vita brevior*,

maxime quia sepulchrum patris atque ejus matris inibi esset ; et exemplo Abrahæ, patriarchæ egressum a suæ gentis natione, pro Christi nomine peregrinando, pervenisse Tullo oppido, quod, cum cæteris Germaniæ et Galliæ civitatibus, post crudele exterminium Attilæ, reparabatur Christianitatis titulo. Perventum est Remi, quo rex a regina et sanctissimo Remigio., interrumpentibus nuntiis, operiebatur. Baptizatus cum multa gente Francorum, ibi (a) beatum VEDASTUM prædicto commendavit archiepiscopo sublimioribus gradibus sublimandum; sub quo annis xxxv in eadem urbe mansit. Infra quæ tempora in civitate Viennensi maximus fuit terræ motus, ubi multæ ecclesiæ et domus

---

que saint Vaast est né dans le Périgord; il appuie cette affirmation sur la tradition conservée chez les peuples de l'Aquitaine et sur l'existence du tombeau du père et de la mère de saint Vaast en ce pays. L'auteur de notre codex, étant moine de l'abbaye de Saint-Vaast d'Arras, devait être bien renseigné au sujet du fondateur de cette abbaye. Nous ajouterons qu'ayant pris des renseignements à ce sujet à l'évêché de Limoges, nous avons su qu'en ce pays une tradition séculaire place le lieu de naissance de Saint-Vaast à Combéfis, château situé sur une montagne qui sépare les anciennes provinces du Limousin et du Périgord. Aujourd'hui encore cette tradition est regardée comme tout-à-fait certaine dans le diocèse de Limoges.

(a) En tête du cartulaire de Saint-Vaast, qui a pour auteur Guiman, moine de ce monastère vivant au xiie siècle, se trouve une notice historique sur l'abbaye, composée de fragments empruntés à notre codex. Ces fragments étant incomplets et réunis dans un ordre qui diffère de celui de notre ms., nous reproduisons *in extenso* le texte de notre codex. Le texte de Guiman a été publié par M. Tailliar parmi les pièces justificatives de ses *Recherches pour servir à l'histoire de l'abbaye de Saint-Vaast d'Arras (Mémoires de l'Académie d'Arras*, t. XXXI). — C'est à *ibi beatum Vedastum* que commence un premier fragment reproduit par Guiman, et publié par M. Tailliar, p. 172.

concussæ atque subversæ fuerunt(*a*); sed et cervorum atque luporum feritas per portas ingressa, per totam urbem, anno integro, nihil metuens oberrabat. Advenientibus quoque diebus Pascalis sollempnitatis, sanctus Mamertus, qui in ea urbe erat episcopus, dum missarum sacra in ipsa vigilia celebraret, regale palatium intra murum divino igne succensum est. Pavore omnibus perterritis et ecclesiam egressis, credentibus ne hoc incendio aut urbs tota consumeretur, aut, disrupta tellure, dehisceretur, sanctus sacerdos, prostratus in terra, cum lacrimis domini misericordiam precabatur. Penetravit cœlos munda oratio episcopi, et mox divinitus ignis extinctus est. Peractis VIII diebus pascalibus, fraterna vocatione quamplurimos convocat Galliarum episcopos, inter quos sanctissimum metropolitanum Remigium, ut eorum tractaret consilio qualiter iram domini imminentem mitigaret a populo. Et, ut legitur in Remensium gestis pontificum, vir sanctus senio oppressus, cum corporis premeretur imbecillitate, beatum VEDASTUM illuc direxit vicariæ sollicitudinis cooperarium. Quorum communi consilio decretum est servari jejunium, quod triduo ante ascensionem Domini usque nunc per Christianorum ecclesias celebratur; sicque terrorum portenta quieverunt.

(*a*) Ce passage relatif à l'établissement des *Rogations* a été imité par Balderic dans sa *Chronique d'Arras et de Cambrai*, l. I, c. 8. — Ce chroniqueur dit que le synode dans lequel furent établies ces processions a été tenu à Vienne. Notre codex ne dit rien au sujet de la localité dans laquelle il fut célébré. Le P. Ghesquière a prouvé que ce n'est pas à Vienne, mais peut-être à Orléans, en 508 ou 511. (*Acta SS. Belgii*, t. II, p. 11 et 13).

507-509 (a).

Clodoveus, post baptisterium in quo nomen accepit Ludwicus, Alaricum regem Gothorum qui a Pictavis usque ad flumen Rodani superioribus et optimis Burgundiæ partibus principatur, facta congressione in campo Vogladinse, decimo ab eadem urbe Pictava miliario, interfecit, dein usque ad Alpes Pennatas regnum suum dilatavit. Regressus ad occidentales regni Francorum partes, Ragnacharium quendam regem Camaraco manentem impureque viventem, qui ex stirpe illius Clodionis descenderat, qui ab eadem urbe, post Wandalorum debacchationem, Romanos extruderat, bello trucidat.

Sanctissimus (b) igitur Remigius Remorum, quæ est secunda Belgica, archiepiscopus, Francorum doctor præstantissimus, vir ingenuitate eloquentiæ facundissimus, ætate et meritis jam maturus, jam patronum nostrum VEDASTUM, quem in eadem urbe educatum a se sancta conversatione cerneret virtutum culmina scandere et totum sese in miracula cœlestium rerum transformare, sublimatum gradu pontificali Atrebatæ illum direxit evangelizaturum. Ordinatus est anno Justiniani imperatoris v°, Lotharii Francorum regis, filii Clodovei, qui et Ludovicus anno vigesimo, consulati Dedicii sexies et Paulini quater, anno incarnati Verbi DXXXI, indic-

(a) V. f. 42. Le passage commençant à *Clodoveus* et finissant à *trucidat* ne se trouve point dans Guiman. Il offre sur Ragnacaire un texte qui diffère de celui des autres annalistes.

(b) V. f. 44. Ce fragment a été reproduit par Guiman en deux endroits différents de sa préface. Cf. Cartulaire d'Arras, et M. Tailliar, commencement du n° I et n° II, p. 171 et 173.

tione IX, epacta XVIII, concurrente II° cyclo lunari XVI, anno ab urbe condita MCCLXXXIII, regiæ autem urbis CCIIII (*a*). Qui perveniens ad dirutæ urbis introitum, duos offendit egentes et debiles, terrenarum rerum stipem poscentes, sed credo Christi Domini voluntate affuisse præsentes. Nam vir sanctus auro argentoque privatus, pauperis in Christo quod vitæ est tuta facultas, oratione mundi cordis præmissa et sospitate debilibus data non reddita, uterque, gratioris voti spem adeptus, recessit ad propria. Quod factum huic civitati per beatissimum Remigium fuit grande remedium, qui divina dispositione talem istis regionibus providens direxit antistitem, cujus prædicatione palantes (*b*) in meridie radium veri solis cœperunt inspicere, ablutique unda salutaris baptismi ad fontes aquarum, non ut claudi, sed virga Dei correcti baculoque sustentati, salierunt ut cervi; visitaverat enim eos oriens ex alto, qui respexit miserando filios Israel in Ægypto (*c*). O propitiatorii divini vultus oculi! O misericors respectus et incomprehensibilis! O effluens pietas et inenarrabilis! Claret ubique terrarum tui operis perfectio, patet in omnibus gentibus tuæ miserationis dignatio. Est coram munificentia, tuorum donorum largitio; unde a cunctis sæculis, omnibus horis, tibi soli domino vivo et vero

---

(*a*) Dans une savante étude, le P. Ghesquière s'efforce de prouver que S. Vaast fut ordonné évêque vers 500, et qu'il fut nommé évêque d'Arras vers 514. Voy. aussi à ce sujet Marlot, *Histoire de Reims*, t. II, p. 66 et 67, et Gilles Boucher (Bucherius) *Belgium Romanum*, p. 534.

(*b*) Le ms. de S. Vaast et les deux textes du cartulaire de Guiman offrent *palpantes*. A ce mot qui n'a aucun sens, nous avons cru devoir substituer *palantes*.

(*c*) Le passage commençant à *O propitiatorii* et finissant à *in vitam æternam* ne se trouve pas dans Guiman.

debetur laus et jubilatio. Renovantur itaque sæcula per novarum frugum semina post tot mortifera discrimina; reparantur ecclesiarum mœnia non interrupta, sed funditus diruta; reædificantur Christi altaria, in quæ non modo peccata multorum exhausta, verum eorum omnium qui Christiano protitulantur nomine, quos fides insignit in opere, sunt exinanita, per eum qui semel introivit in sancta redemptione inventa, ex eo quod suscepta est veri et incontaminati hominis forma, per quam recepta spe accepimus ad patrem ingenitum accessum, per unigenitum eumdem mediatorem et redemptorem nostrum Jesum Christum. Cernimus impletum illud apostolicum : Ubi erat delictum superhabundavit gratia; ubique regnavit peccatum in mortem, cœpit regnare gratia per justiciam in vitam æternam. Remigius (*a*) præterea venerabilis memoriæ præsul, plenus ætate, plenus etiam virtutum munere, nonagesimum septimum pene complens annum, percepturus laborum præmia, migravit ad Dominum. Remenses, usi consilio prudenti, domnum nostrum pontificem Vedastum adsciscunt ut pote familiarem unaque cum eis sub sancta archipræsulis doctrina imbutum, quatenus ejus tractatu et providentia pastor tantæ sedi Deo dignus reponeretur. Qui cleri et populi favori assentiens, electione sua electum in sede archiepiscopali Romanum intromittit. Ipse vero pastor regressus ad filios novarum olivarum uti oliva uberrima cujus a Domino sic nomen insignitum est (*b*)

(*a*) Au mot *Remigius* recommencent les fragments empruntés par Guiman et reproduits par M. Tailliar, p. 174.

(*b*) G *est inditum*.

vere dans thus uberrimum sacrificiumque ex se probatissimum fructificans in deserto, vineam educens ex Ægypto, quorum nomina is jam notaverat vitæ libro, qui providentia in æterno præsciverat in vitæ verbo(*a*).

> Lassus tango melos, Phrigiique per enneachordum (*b*)
> Pulso modum gravis allevians fastidia mentis;
> Lux pia, cœlestis via, pax et vita perhennis,
> Christe Deus, sanctam lapsis tu porrige dextram,
> Mentibus inspirans divini luminis auram.
> Te, vitæ fontem, da posse videre fluentem
> Unde fluat nobis virtus et causa salutis.
> In te vita sumus, per te vim mentis habemus.
> Pectoris ergo gradus firma, rege corporis artus,
> Ut tibi totus homo deserviat ordine certo.

Civitates igitur Atrebata atque Cameracum renovatæ gratia in Christo sorores fuere, tali antistite decoratæ atque desponsatæ. Sed ut sanctus sanctificaretur adhuc, clariorque fieret lucerna supra montem posita, utque, quod excellentius his est, veneranda atque gloriosissima Trinitas esset operatrix in patroni nostri operatione quam dilatabat prædicatione, eodem tempore civitas Belvacorum (*c*) se subjecit nostri pastoris (*d*) regimini. Nam et ipsa nostri calicis bibitione vidua per longum tempus sacramentis Christi episcopique consolatione carebat (*e*) : quæ miraculis et doctrinis

---

(*a*) Les vers qui suivent ne se trouvent pas dans Guiman.

(*b*) *Enneachordos*. Tous les autres vers étant léonins, c'est-à-dire offrant une rime, nous croyons que l'auteur avait primitivement écrit *enneachordos*, mot qui rime avec *melos*.

(*c*) G. Bellovacorum.

(*d*) G. omet *pastoris*.

(*e*) Le ms. de S. V. porte *episcopique desolatione*, sans le mot *carebat*.

illius quantum fuerit augmentata, infra ipsius episcopii limina circaque ejus vicinia usque hodie declarant ecclesiarum monumenta (*a*) in Christi nomine et patris nostri veneratione prætitulata.

537 à 544 (*b*).

Est oppidum in territorio Vilcassini quod interjacet in confinio comitatus Neustriæ atque episcopatus Belvacensis, quod olim vocabatur Wardara (*c*) nunc mutato nomine dicitur Davidvilla, quod certissime scimus fuisse patris VEDASTI, nunc beneficialis cedit Nortmannis (*d*); ubi dum prædictus vir Domini xenodochium construeret, nuntium accepit quod Parisius a

---

(*a*) S. V. *monimenta*.

(*b*) L'extrait qui suit se trouve au fol. 47 du codex de S: Vaast, à la suite d'un abrégé du récit de Grégoire de Tours, l. III, n° XXVII.

(*c*) *Wardara* est aujourd'hui *Lawarde-Mauger* (Somme), arr. de Montdidier. Dans cette commune deux lieux dits portent encore aujourd'hui les noms de Butte-David et de Champ-Saint-Vaast. Il est aussi parlé de Wardara, village du Vexin, dans le récit de la Translation des reliques de S. Vaast. (*Acta SS.*, t. I, febr., p. 811). Nous devons ces indications à M. Peigné-Delacourt, à qui nous avons donné communication de ce passage et de celui où l'on trouve le lieu de naissance de Frédégonde.

(*d*) Faut-il entendre par ces mots que la contrée où se trouvent Lawarde et Angicourt appartient maintenant aux Normands? les Normands avaient en effet obtenu l'ancienne Neustrie en 911. Nous l'avions pensé d'abord; mais nous croyons qu'il est ici question d'un échange opéré avant 1024, entre l'abbaye de Jumiéges, située en Normandie, et l'abbaye de Saint-Vaast; cette dernière céda aux religieux normands son domaine d'Angicourt, et reçut en retour les prévôtés d'Haspres et de Berclau. Cette interprétation reculerait jusqu'après 1024 la date de notre codex qui, d'après l'écriture, nous paraissait être de la fin du xe siècle.

rege Lothario et venerabili ejus matre Rothilde operiretur. Quo perveniens, post locutionum spiritualium genera, post de gubernando regno consilia, favente regina, a prædicto rege indeptus est pagum qui appellatur antiquitus Vungiscurt, nunc Angilcurz (*a*) nuncupatur, necnon Balioli vallem cum vineis et familiis. Quæ post obitum patris ecclesia Belvacensis tenuit ad tempora usque Teodorici regis filii Clodovei secundi et beatæ memoriæ Autberti episcopi, dum Christo disponente prædictus Domini sacerdos allatus est ubi nunc ejus fulget memoria. Anno igitur incarnati verbi DXLIIII, qui etiam fuit XIIII episcopatus ejusdem senioris et intercessoris nostri Domni VEDASTI, transiit ad claritatem immortalitatis sanctissimus pater Benedictus, XV kalendarum aprilis, cum XII apostolis sedem possessurus perhennitatis.

567 (*b*).

Qua (Audovera) amissa, (Chilpericus) Fredegundem

(*a*) Il est question de domaines possédés par l'abbaye de Saint-Vaast d'Arras à Angicourt, etc., dans plusieurs chartes publiées par Aubert le Mire (Miræus, *Opera Diplomatica*, t. I, p. 126, t. II, p. 932). — *Baliolivallis*, Bailleval, cant. de Liancourt (Oise).

(*b*) Ce passage se trouve au bas du fol. 49, à la suite du récit de la ruse employée par Frédégonde, tel que le rapportent les *Gesta regum Francorum* au chap. XXXI (Dom Bouquet, *Hist.* t. II, p. 561). — L'on ignorait jusqu'aujourd'hui le lieu de naissance de Frédégonde; il paraissait certain qu'elle était née de parents pauvres, dans un village de la Picardie. Notre codex nous dit qu'elle naquit de serfs dépendant de Saint-Vaast, dans un village appelé autrefois Vungiscurth, et plus tard Angilcurth : c'est aujourd'hui Angicourt, petite commune de deux à trois cents habitants, cant. de Liancourt, arr. de Beauvais (Oise).

duxit uxorem, elegantem ac male callidam. Hæc ex territorio Belvacensi nata est de familia atque sancti VEDASTI villa Vungiscurht, quam, ut prætulimus, Lotharius rex dederat nostro patrono.

586 (a)

Eidem regi Hildeberto filius natus est, qui a Magnerico Treverorum episcopo baptizatus Theodebertus vocatus est. Is est Magnericus, conversatione laudabilis vitæ sanctus, qui beatum pontificem nostrum Gaugericum litteris erudivit, ecclesiis gradibus decoravit, vigesimus quintus episcopus post sanctissimum Eucharium Petri apostolorum principis discipulum.

591 (b).

Votiva oratio regis (Gunthramni) effectum optinuit in propagine regalis successionis, cum ad nostra usque tempora ex hujus Lotharii filia regum novorum processerit prosapia.

609.

Hoc tempore monasterium S. Petri in Ganda a sancto Amando ædificatur.

617.

Anno imperii sui (Lotharii) xxx, Geretrudis obiit,

(a) Le passage sur S. Magnericus se trouve au fol. 52, à la suite d'un fragment de Grégoire de Tours, l. VIII, n° XXXVII (D. Bouquet, *Hist.*, t. II, p. 329).

(b) Le passage sur l'origine de la race des Carlovingiens, se trouve

ex qua idem Lotharius Dagobertum et sororem ejus Blithildem genuerat, ex qua Karlensium regia pullulavit prosapia.

625 ou 629 (a).

Anno imperii Lotharii XLII prædicatione sanctissimi et amantissimi Amandi, Bavo postmodum et ipse confessor ex pagano convertitur ad fidem christianam atque ab eodem sacro sacerdote baptizatur.

641 (b).

Amandus interea nomine et meritis amantissimus post multiplices atque felices cursus certaminis, anno Domini DCXLI ætatis suæ nonagesimo primo obiit, ad remunerationem suum percipiens munus perpetuum.

au fol. 53, à la suite des paroles de Gontran qui se lisent dans Grégoire de Tours, l. X, n° XXVIII (D. Bouquet, *Hist.*, t. II, p. 382). La même idée se retrouve au fol. 58, ann. 617. — D. Bouquet cite deux généalogies qui donnent aussi Blithilde, la sœur de Dagobert, comme la tige des Carlovingiens; il dit en note : « Hæc Blitildis, quam alii filiam Clotharii primi faciunt, fictitia est atque veteribus incognita. » En étudiant les deux textes de 591 et 617, on peut conclure que l'auteur de notre chronique a vécu à l'époque où régnaient encore les Carlovingiens; il dit d'abord: « cum ad nostra usque tempora regum novorum processerit prosapia; » il a donc connu la race carlovingienne sur le trône; en 617 il dit : « ex qua Karlensium regia pullulavit prosapia. »

(a) Ce passage se trouve au fol. 59 du codex. — Sur l'époque de la conversion de S. Bavon, Voy. Ghesquière, *Acta SS. Belgii*, t. II, p. 458.

(b) F. 62.

659 (a).

Defuncto Erchinoaldo palatii comite, viro strenuo et sapiente, Franci Ebroino, jussu regis, curam palatii committunt. Hic Erchinoaldus cum fratre Adalbaldo, patre sancti Mauronti, reedificaverunt Duacum castrum et infra castrum Dei genitricis Mariæ templum. Hic enim locus antiquitus fuerat consecratus.

670.

Lotharius, cum quatuor annis Francorum rexisset imperium, febre correptus obiit (b). Dissensio protinus inter Francos exorta de imperio, quibusdam Hildericum, quibusdam fratrem ejus Theodericum sublimare cupientibus. Sed Ebroinus, contra voluntatem palatinorum et principum regni, Theodericum in regio solio sublimavit. Consulens itaque propriis utilitatibus, ob id illum regem constituit, ut præventum beneficiis illum

---

(a) F. 62 v°. Des auteurs ont nié que le château de Douai ait été fondé ou reconstruit par Erchinoald et Adalbald. A l'appui du texte de notre codex, nous pouvons citer le *Liber argenteus*, de S. Amé, et le ms. n° 15 de la bibliothèque de Douai, où l'on trouve la mention du même fait en des termes presque identiques. Nous ajouterons qu'il faudrait placer cette construction ou reconstruction du château de Douai vers l'an 633.

(b) Les trois premières lignes de ce passage, qui se trouve au fol. 63, rappellent le premier continuateur de Frédégaire. Ce qui suit est notablement plus étendu que le récit de ce premier continuateur (D. Bouquet, t. II, p. 449), que les *Gesta regum Francorum* (id., t. II, p. 569), que la Chronique de Moissac (id., t. II, p. 653). Ce passage diffère aussi de la Vie de S. Léger (id., t. II, p. 613).

sibi amicum faceret, et contra inimicos omnes firmum sibi adjutorem præpararet. Igitur Theodericus regiæ dignitatis culmen adeptus est, qui lateri suo nequissimum Ebroinum adaptans, ejusdem grassantis ingenio stimulante, in tantam exarsit insaniam, ut non solum plebem injurians, verum etiam primates non minime affligens, alios trucidaret, alios a regno exterminaret. Franci enim his diutissime adacti injuriis, nec tamen ferocitatis quam semper habuerunt obliti, unanimiter insurrexerunt in eum; et quibus insequentibus, ad tantum miseriæ redactus est, ut non solum principatus palatii dignitate adepta (*a*) de regno pulsus aufugerit, verum etiam totius veniæ decidens spe, precisa capitis coma in Lusovio monasterio sub regula se victurum spopondit. Suscepit igitur habitum monachi, de monacho nichil habens; sed fictionem cordis vestimenti religione palliabat. Hoc autem quam digna religione factum est, operum exhibitione postmodum evidentissime claruit. Eodem tempore in sententiam unam pari consensu optimates palatii ac totius regni Franciæ proceres convenerunt, quatinus Theodericus regno privaretur, ac frater ejus Hildericus qui eo tempore monarchiam Austrasiorum tenebat, patris regno potiretur. Quod factum est. Eo itaque ejecto, Hildericus frater ejus revocatus sublimatur in regnum, qui diu fratrem suum cum eisdem insecutus tandem captum tenuit, et violentum (?) injuriis et fecit tonsoratum coma capitis in quodam monasterio sub regula vivere coegit. .

(*a*) Sans doute pour *adempta*. Il est inutile de faire remarquer l'importance de ces passages sur Ebroin.

673 à 680 (a).

Rege Hildrico interfecto, Theodericus frater ejus in Francorum regno sublimatur. Quod audiens Ebroinus, à cœnobio Luxovii, ubi sub falso nomine monachi morabatur, egressus, assecutus secum quos olim habuit amicos, tirannidem arripuit, Austrasios sibi verbis blandis allexit, muneribus corrupit, sicque ad regem ire contendit. Sed inter eundum Abacivo villa perveniens Leudisium principem palatii cum thesauris defuncti regis Hildrici obvium habuit; sub specie falsæ pacis promissa dataque fide amicitiæ, inibi eum occidit; dein citissime confugium ad regem Theodericum fecit, a quo ei principatus palatii redditus est.

Augustidunenses(b)a Luxovio cœnobio beatum Leodegarium sanctitate vitæ egregium educunt, atque in sede episcopali cum maximo laudum tripudio restituunt. Enimvero, Gallia, pretiosis sanctorum corporum irradiata, vernabas etiam tum temporis, præclarisque Christi luminaribus, dum volvebantur in te lapides vivi in ædificio Christi patientia atque fortitudine optimi quadrati : Genesius videlicet archiepiscopus erat Ludonorum, Austregisilus archiepiscopus Bituricorum, Audoenus episcopus Rotomagum, Amatus episcopus Senonensium (c)..... Leodegarius episcopus Augustudunorum, Faro episcopus Meldensium, Drausius episcopus Suessorum, Lantbertus episcopus Tungrorum, Autbertus episcopus Cameracensium, Audo-

---

(a) V. f. 64. Ce passage, inscrit sous la date 676, offre des détails omis par les autres annalistes.
(b) V. f. 65.
(c) Passage laissé en blanc par le copiste.

marus episcopus Morinorum, Bertinus abbas in Sithiu, Wlmarus in Bolonia, Richarius in Centula. Horum temporibus Maurontus in palatio praedicti regis Lotharii necnon Theoderici gloriosus princeps habebatur. Qui Maurontus filius fuit Adalbaldi, incliti principis, et sanctae Rictrudis, quae post obitum ejusdem sui mariti Adalbaldi coenobium Martianense aedificiis et reditibus exaltavit. Horum, quamvis terrarum regionibus abjunctis, unicuique ensis circa femur propter timores nocturnos; omnes hi tenentes gladios et ad bella doctissimi, perfectione operum robustissimi, quorum oculi sicut columbarum super rivos aquarum, pectora lacte lota residentia juxta fluenta plenissima, labia myrram primam erant distillantia. Tempore eodem Coloniensi ecclesiae praeerat Raginfredus, Remensi Angelbertus, Treverensi Numerianus, Noviomensi Mummolinus venerandi successor pontificis Eligii, Belvacensi Deodatus.

Ebroinus (a) praeterea auctor et amator dissensionum, sponsionis dominicae exorationis immemor, sed avitae recordationis odii memor, statuit persequendos quos olim meminit habuisse contrarios, qui eum a principatu palatii deposuerant. Et, ut alter apostata Julianus(b), Detianas renovans persecutiones, Francorum multos paterna haereditate privavit, alios pecuniis spoliavit, quosdam gladio extinxit; inter quos venerabilem

---

(a) V. f. 65 v°. Le récit est plus étendu que celui du deuxième continuateur de Frédégaire (D. Bouquet, t. II, p. 451), que les *Gesta regum Francorum* (ib., p. 570), et que la Chronique de Moissac (ib., p. 653).

(b) Dans la Vie de S. Léger, *Hebroinus, Juliano similis* (Dom Bouquet, t. II, p. 616).

Leodegarium, Heduæ urbis episcopum, persequens gravi ira, multis primo afflictum suppliciis, deinde oculis a capite erutis, lingua præcisa, ad ultimum interemit, quem martyrem dignum sancta virtus fecit patientia. Urbem Hedua accepi, temporibus Octaviani Augusti a duobus ejus nepotibus fuisse constructam, quam cum illis Augustus jure perpetuo habendam concessisset, vocaverunt eum Augustidonum.

Prædicti Ebroini rabiem quamplurimi Francorum declinantes, confugium ad domnum Pipinum, Austrasiorum ducem, fecerunt cum colonia. Verum cum Dei vera dispositio tam injusti persecutoris munus reddere decrevisset actionis, Ermenfrido, in discrimine mortis involuto, se in veritate invocanti velox præbuit auxilium (*a*). Is natione Francigena, vita et moribus catholicus, dum sæpenumero, ut dives et nobilis, optime se ab inimico Christianorum Ebroino defensaret, quadam die, incautus cum paucis suorum, hostem cum multis percautum, sed sine adjutorio Dei perventum, offendit. Qui, amissa spe effugiendi, misericordem et omnipotentissimum Deum invocans, armorum copiam irrupit, uno ictu infelicis Ebroini animam excutiens, ad sibi digna inferna direxit, neque ulterius Christianum læderet interdixit. Post hæc timens regem Theodericum, confugium fecit ad gloriosum ducem Pipinum.

Hic Pipinus regio stemate (*b*) exortus fuit, patre Ansigiso rege, avo Arnulfo, qui, deposito militari cin-

---

(*a*) V. f. 66. Ce passage offre des détails inédits sur la mort d'Ebroïn. Cf. les annalistes cités dans la note précédente.

(*b*) La première partie de cette généalogie de Pépin d'Héristal a été reproduite presque dans les mêmes termes par Dom Bouquet, d'après un manuscrit du ixe siècle (D. Bouquet, t. II, p. 697).

gulo, ecclesiastica sanctione decenter ornatus, Mediomatricum, quæ est Mettis, sanctificatione vitæ adeptus est sedem, proavo Arnoldo, abavo Ansberto ex genere senatorum, qui uxorem duxit Blithildem, filiam Lotharii regis Francorum, sororem primi Dagoberti regis. Genitrix vero ejus est Begga, filia Pipini principis, qui ab silva quæ vocatur Carbonaria ad fines usque Fresonum, justo moderamine cunctum infra regebat populum; huic quia masculini sexus proles defuit, domnum Pipinum nominis sui æquivocum filiæ suæ filium, hæredem sui regni statuit.

687 (*a*).

Anno incarnati verbi DCLXXXVII. Corpus sancti VEDASTI, Deo disponente, transfertur angelica revelatione a sede pontificali a duobus pontificibus Autberto et Audomaro sanctis, post annos episcopatus sui CXVIII. Qua translatione peracta, vir sanctæ et dignæ memoriæ Autbertus episcopus migravit ad dominum; cui successit Vinditianus meritis et operibus et ipse magnificus.

688 (*b*).

Anno sequenti Pipinus successibus prosperis orientalium Francorum, quos illi propria lingua Ostrolendos vocant, tenebat principatum. Hinc Suavos et Noricos, Turingos et Saxones, qui ab imperio Francorum post obitum incliti Dagoberti regis desciverant, fre-

---

(*a*) V. f. 67. Guiman offre le même récit avec des développements.
(*b*) V. f. 67.

quenti super eos inruptione devicerat, et suæ ditioni subegerat.

690 (a).

Anno incarnati verbi DCXC. Celeber habetur transitus sacratissimi AMATI Senonensis episcopi.

691 (b).

Anno incarnati verbi DC XCI. Sergii papæ nono, Justiniani Constantinopolitani imperatoris quinto, Theoderici regis Francorum XII, Atta venerabilis monachus a rege Theoderico eligitur (c), a prædicto episcopo Vinditiano benedicitur; monasteriique sancti Vedasti cura ei committitur, quod annis xx et dimidio optime rexit. Prædictus vero rex Theodericus super donativa quæ nuperrime contulerat loco ad usus fratrum inibi Deo militantium, tale privilegium publica audientia fieri jussit (d).

(a) V. f. 67 v°.
(b) V. f. 67 v°.
(c) Colveneere et le bollandiste Henschenius placent l'élection de l'abbé Hatta en 690 ou 691, comme notre codex; il en est de même de Ferry de Locres. Comme l'ont établi le P. Lecointe et les auteurs du *Gallia Christiana*, c'est l'année 685 qu'il faut adopter. En effet cette année est la douzième du règne de Thierry, indiquée par notre codex comme étant celle de l'élection de Hatta.
(d) A la suite de ce fragment se trouve une charte de saint Vindicien, évêque d'Arras et de Cambrai, en faveur de l'abbaye de Saint-Vaast. Le texte de cette charte a été publié par Aubert le Mire (Miræus, *Opera diplomatica*, t. IV, p. 124), et par Bréquigny et Pardessus (*Diplomata*, t. II, p. 180). Nous n'indiquerons pas ici les nombreuses variantes qu'offre le texte de notre manus-

686 et 687 (a).

Profugi igitur Francorum, qui in secutione prædicti Ebroini ad domnum Pipinum confugerant, audita interfectione prædicti Ebroini, domnum Pipinum adeunt, postulantes legationem dirigi ad Theodericum, regem Francorum, quatinus ipsius adjutorio parentibus adjunctis (b) terrisque amissis reddi mererentur. Præfatus dux, prudenti legatione directa, non quæ pacis fuere repererunt(c), verum, suadente Bertario, Theoderici regis consiliario, bellum indicitur, profugos quosque Francorum vi recepturos minatur. Legatio coram duce Pipino et optimatibus ejus quod acceperat refert; in commune placuit arma corripi, profugis et viduis subveniri; plebiscitum acclamatur. Ab utrisque partibus Carbonarias convenitur; bellum initur; sed non æquo proventu finitur. Nam multi Francorum partium Theoderici regis bello se subtrahentes, causa parentum quaquaversum delituerunt : certaminis erat ab utroque velle vinci et a neutro horum nolle superari. Anno 691 (d) Theodericus bello fugatur, Parisius

crit; nous ferons seulement remarquer qu'à la fin de ce document sont omises les signatures des évêques Audomarus, Eligius, Faro, Austregesilus et Lambertus. C'est la présence de ces noms sur la charte telle qu'elle a été publiée jusqu'à ce jour, qui a surtout porté le P. Lecointe à douter de l'authenticité de ce diplôme.

(a) V. f. 69 v°. Nous reproduisons ce passage, qui confirme le récit des Annales de Metz (ann. 686 et 687, D. Bouquet, t. II, p. 678), et présente un caractère plus marqué d'authenticité. — Notre codex fait une erreur de date en plaçant ces événements à l'année 691.

(b) abjunctis.

(c) reperit.

(d) La date vraie est 687.

usque a Pipino profugisque Francorum insequitur; sed Sequana fluvius imminens malum determinavit.

691.

Anno DC XCIIII. Theodericus rex, imperii sui anno XVII, finem vivendi fecit, atque in monasterio sancti Vedasti sepelitur (*a*).

695.

Anno DC XCV..... Pipinus Drogonem primogenitum suum ducem posuit Burgundionum, tradens illi uxorem Anstrudem, filiam Waratonis quondam majoris domus regis Hildrici, ex qua idem Drogo filium suscepit Hugonem (*b*).

698 (*c*).

Anno tertio Leonis imperatoris. Audomarus, Morinorum episcopus, vir eximiæ sanctitatis, obiit. Anno incarnati verbi DC XCVIII, Tiberius imperat annis VII, cujus primo anno imperii sanctus Bertinus, vita et miraculis insignis, migravit ad dominum in nonis septembris : finem faciunt dies caniculares, fine ultimi diei mutati sunt viri sancti invicti labores, quum dum

---

(*a*) V. f. 71 v°. Thierry est mort en 691. (Sur le nombre des années du règne de ce prince, Voy. D. Bouquet, t. II, p. 452, note g).

(*b*) V. f. 72. Notre récit confirme encore ici celui des Annales de Metz; il diffère de celui du deuxième continuateur de Frédégaire et des *Gesta regum Francorum* (D. Bouquet, t. II, p. 452, 570 et 681). Sur le nom d'Anstrude, voy. Pertz, ouv. cit., *Scriptores*, t. VI, p. 321, note.

(*c*) V. fol. 72.

termino vitæ diem clausit ultimum, in regeneratione viva diem accepit perpetuum Jesum Christum dominum nostrum.

Clodoveus, Theoderici regis filius, obiit. Hildebertus, frater ejus, succedit (*a*), cui Grimoaldus, ducis Pipini secundus filius, major domus extitit, vir mitissimus et mansuetudine plenus (*b*), bello strenuus; hic, ut a patre didicerat, Francos cum summa diligentia sub rege regebat. Rursus Frisiones, duce Rabodone rebellantes, usque ad Renum devastant, ecclesias subvertunt; quibus domnus Pipinus, hostiliter occurrens, gravi strage proterit; et, ut solitus, victor exstitit et suæ dicioni subegit.

701 (*c*).

Annus post transitum præclari confessoris Amati undecimus, fuit annus incarnati verbi DCCI; quo anno obiit sanctus Maurontus, domino dignus levita. Qui licet sanctæ matri fuerit superstes annis XIII, post expleta piæ amministrationis munia, IIII nonas maii functione libere (?) reddita, ut cum digna laborum suorum perciperet præmia, ad cœli subvectus palatia, perhenni vivens cum Christo vita, jugi cum eo lætatur gloria.

(*a*) C'est en 695, et non en 698, qu'est mort Clovis.

(*b*) Après le mot *plenus*, notre codex offre un texte qui ne se trouve pas dans les autres annalistes. Les annales de S. Amand et celles de Fulde disent aussi que Ratbode était venu jusqu'au Rhin (Pertz, *Script.*, t. VI, p. 343).

(*c*) V. f. 72 v°.

709 (a).

Anno DCC VIIII. Atta venerabilis abba monasterii sancti Vedasti, necnon sancti Petri in Ganda, xv kalend. februarii obiit. Hadulfus, præpositus, abba ejusdem loci efficitur, et isdem a Vinditiano episcopo benedicitur.

712.

Anno 712. ..... Hildebertus etiam rex anno regni sui XVII obiit (b).

Beatus Vinditianus, Cameracensis sedis episcopus, sub hoc tempore migravit ad dominum; cui successit Hildebertus, Hildeberto Hunaldus.

714 (c).

Anno Domini DCC XIIII. Egrotante Pipino in Jopilla villa, quæ sita est super fluvium Mosa, cum ad visitandum eum Grimoaldus, filius ejus, properasset, in basilica beati Lamberti martyris, dum jacens oraret, per-

---

(a) V. f. 73. Ferry de Locres donne 700 pour la mort d'Atta, et le *Gallia Christiana* 710. Notre texte place l'événement au 17 janvier 709; l'année commençant à la Noël dans notre codex, c'est bien 709, et non 710, qu'il faut lire.

(b) V. f. 73. D'autres auteurs donnent 711 pour date de la mort de Childebert, et lui attribuent 16 années de règne. Voy. une note de D. Bouquet, t. II, p. 453.

(c) V. f. 73 v°. Les annales de Metz offrent un récit presque identique; celui du codex de Douai présente toutefois quelques variantes qui ont leur importance, *Ragenfridus, favore Francorum*, et le choix de Theodalde par Dagobert.

fossus gladio a quodam Ragnario occubuit. Dagobertus rex Teodaldum puerum, filium Grimoaldi, majorem domus constituit. Et hic brevi spatio temporis vivens finivit vitam. Cujus in loco Ragenfridum, favore Francorum, majorem domus constituit rex Dagobertus. Domnus Pipinus de infirmitate non firme convalescens, omnes filii interfectores peremit; sed eodem anno iterum molestia corporis oppressus, XVII kal. januarii obiit, relinquens filium elegantem parvulum, nomine Karolum. Orta est maxima conturbatio tunc temporis in gente Francorum : nam idem Karlez insidiis novercæ suæ detinebatur.

716.

Dagobertus rex anno Leonis imperatoris tertio obiit. Lotharius, filius ejus, VII ætate mensium apud villam regiam quæ Kala dicitur ad nutriendum committitur; et majores domus Ragenfridus et Hilpericus Francorum regnum invadunt. Duces et principes domini Pipini defuncti Karolum filium jam annis novennem solio patris statuunt. Quod veraci nuntio dum comperissent, Hilpericus solo nomine rex et Ragenfridus major domus terrore permoti, exercitum rursus congregantes Arduennam silvam permeant, Coloniam obsident.....(*a*).

(*a*) V. f. 74. Ce passage est important, parce qu'il donne Clotaire comme fils de Dagobert (Voy. à ce sujet D. Bouquet, t. II, p. 454, note b). Daniel ou Chilpéric est d'abord désigné comme maire du palais, et non comme roi. — La suite est à peu près identique au récit du continuateur de Frédégaire et des Annales de Metz.

717 (a).

Anno ab incarnatione Domini DCC XVII. Hadulfus, abbas monasterii sancti Vedasti, defuncto Hunaldo Cameracensis sedis episcopo, favore cleri et populi acclamatione, jussu Hilperici regis, episcopus efficitur. Qui ideo in *Artensibus libris* potius abba quam episcopus describitur, quum annis ferme duodecim præsidens a monachis quibus ut abba fuit se abbatem, a clero et populo se episcopum nominari voluit.

Karolus dux(b), non immemor injuriarum Hilperici, exercitum ab oriente commovit, Carbonariam silvam transiit, Hilperici regnum depopulans gravi strage attrivit. Quo comperto, Hilpericus cum Ragenfrido ad tuendam patriam in occursum properant. Castrametatus est uterque exercitus haud procul a se distans in pago Cameracensi, juxta villam quæ dicitur Vintiacus. Commissa est pugna anno dominicæ incarnationis DCC(X)VII, ut alia refert cronica DCC XX, primo die dominica in XL (quadragesima), duodecimo kalendarum aprilium; quæ diu sub incerta sorte militavit, sed tandem, victore Karolo, Hilpericus et Ragenfridus fugam arripiunt, exercitum cruenta cæde exterminandos relinquunt. Karolus princeps, divino auxilio victoria patrata, spoliis innumerabilibus suis distributis, cum validioribus Hilpericum et Ragenfridum Parisius usque civitatem secutus est. Inde, cuncta regione sub-

---

(a) V. f. 74 v°.
(b) Ce passage rappelle le récit des Annales de Metz. Le jour de la bataille de Vinci n'est point, comme dans les autres récits, le dimanche de la Passion, mais le premier dimanche de carême.

acta, Coloniam urbem regressus, in solio paterno resedit. Hilpericus et Ragenfridus Eodoni Aquitanorum duci missos destinant, et ut secum Karolo resistent pretio invitant.

718-720(a).

Anno incarnati verbi DCC XVIII. Eudo, Aquitaniorum princeps, cum Ragenfrido et Chilperico arma in Karolum assumit. Sed præfatus Aquitaniorum dux ut nuntiis Karolum sibi occurrere seque sui regni fines tueri accepit, timore exsanguis animo fugam maturavit, Hilpericum cum suis parvipendens thesauris. Quem Karolus insequens interfecit, illiusque universa depopulans, domum ingenti cum gaudio rediit, triumpho potitus nobili. Eodem vero anno isdem Burgundiæ urbes invadens cum castris Lugdunum urbem Galliæ nobilissimam suæ subegit dicioni, Massiliensem Arelatensemque urbes penetrans. Suis cuncta in manu admissa, principatus ad sui sedem remeavit. Sed cum globatis legionibus Saxoniam abiit et eam acri afficiens bello sibi tributariam facit. Quo anno Dagoberto rege morte amittente regnum, Karolus, regni sui decus, regem esse consensit Lotharium, ejus filium, ut liberius posset debellare partes orientalium. Chilpericus et Ragenfridus qui tunc temporis majores domus, regnum Francorum invadunt; et subsequente DCC XVIIII anno hisdem et Rabbodoni, Frisionum duci, quem adsciverant sibi in contubernio, affuit pugna cum invicto Karolo,

---

(a) V. f. 75. Ce passage n'offre point les mêmes dates que le troisième continuateur de Frédégaire et les autres chroniqueurs. (Cf. D. Bouquet, t: II, fol. 455, 574, 645, 674 et 684).

sed victoria ut semper cessit duci inclito. Anno ab incarnationis Domini DCCXX Wlfranus, vere abbas et Neustrorum gloria, Christo cui militavit sorte non sub incerta reddens animam, ex hujus vita sæculi migravit caduca.

721.

Anno ab incarnatione Domini DCC XXI(*a*). Karolus, Francorum commovens exercitum, Hilperici Ragenfredique desiderans extinguere contumatiam, bellum adversus eos iterat. Sed auspice Christo, stragem occisorum permaximam eis reddidit Karoli ducis strenui industria. Unde Chilpericus suo cum compari fugatus eodem se tuitus est anno; sed sequenti anno Domini DCC XXII capitur ab invicto duce Karolo. Ragenfredus vero timore perterritus, cupiens se liberare a Karoli manibus, fugam arripuit quam potuit citius et relinquens arvorum plana et sui globum exercitus per loca aquosa et saltus pervenire tetendit munitionis gratia ad quendam vicum qui dicitur Theodorici mansus(*b*), quod beatæ ac gloriosæ Rictrudis est fundus: namque ipso vel dinoscitur loco per prata et uberrimos saltus quondam rex degisse Theodericus. Verum fugæ dum intenderet, mortis timore perculsus haud procul milia-

---

(*a*) V. f. 76. Cette nouvelle prise d'armes de Chilpéric et de Ragenfried, leur défaite et la mort de Ragenfried, n'ont pas été rapportées par les autres chroniqueurs. La chronique de Moissac fait mourir Ragenfried en 731. André de Marchiennes reproduit ce fragment de notre codex en disant : *In quibusdam chronicis scriptum invenimus*.

(*b*) *Theoderici mansus* est un lieu-dit de Beuvry (Nord), arr. de Douai. On lit en marge le mot *Court au Bois*, qui est aussi un lieu-dit de la même commune. Ce domaine appartenait à l'abbaye de Marchiennes, qui avait pour patronne sainte Rictrude.

rium unum a villa quæ Martianas dicitur, aquis est involutus. Verum ignoratur utrum ab aliquo eum fugante ibidem loci fuerit confossus, aut equo malo omine lapsus.

723.

Anno DCC XXIII (*a*). Præter causas interiores regni, nil actum est a Karlo et Lothario, Francorum rectoribus nobilissimis. Ingruenti vero anno DCCXXIIII ipse rex Lotharius, Dagoberti filius, vitam finivit.

725 (*b*).

Anno DCC XXV. Francorum regnum Karolus, defunctis regibus, more regis regere cœpit; sed anno ipso nullam in partem exercitum duxit.

Ab anno Domini DCC XXI rex Germaniæ victoriosus usque ad DCC XXVII, mitigans regni interiora, et ut sapiens in pace sua muniens mœnia, nusquam belli abiit causa.

728 et 729 (*c*).

Anno DCC XXVIII. Hadulfus episcopus et abba beati Vedasti ex cœnobio de quo superius tractatum est, recessit ab hoc sæculo, procul dubio felicem reddens animam Christo. Sequenti vero DCC XXVIIII, Madelbertus et ipse abba animam commisit cœlo et, ut tradi-

---

(*a*) V. f. 76.
(*b*) V. f. 76 v°.
(*c*) V. f. 76 v°.

tur (*a*), dies die superveniente altero, annus et anno sic prætereunte, ipso tertio a septingentesimo.

737 (*b*).

S. Erminus, abba et episcopus, vita et miraculis obiit gloriosus.

743 (*c*).

Inter Goisleum, Ragenfridum et Widonem abbatiam patris Vedasti annis rexerunt II.

745 (*d*).

Anno DCC XLV. Dominica curtis traditur beato VEDASTO a Karlomanno. Romanus abba monasterii patris VEDASTI efficitur, II (duobus) post vivens annis (*e*).

(*a*) Le texte porte *truditur*. — Ferry de Locres place la mort de Madelbert ou Madelbalde en 730; le *Gallia Christiana* en 729, comme notre codex.
(*b*) F. 77. Ermin fut abbé de Lobbes.
(*c*) Fol. 79. Le *Gallia Christiana*, Ferry de Locres et les autres chroniques s'accordent à donner dix ans à l'administration de ces trois abbés.
(*d*) V. f. 79 v°.
(*e*) On lit en marge : cartula inserenda Karlomanni, ex .... is quæ dedit beato .... Vedasto, id est *Dominica curtis, Vallis*, ... er sumnam. — Le *Gallia Christiana* donne Romain comme abbé de 739 à 742, et Ferry de Locres de 744 à 747. Notre codex de 745 à 747.

747 (a).

Eodem anno Adalricus, arte medecinali probatissimus, Atrebatensium abbas efficitur.

763 (b).

Sigebertus Atrebatensium abbas efficitur, post vivens annis quatuordecim.

776 (c).

Rotfridus Atrebatensium efficitur abbas.

783 (d).

Anno DCC LXXXIII. Hoc anno fit incendium monasterii S. VEDASTI, post ejus obitum CC XII annis.

788 (e).

Eodem anno DCC LXXXVIII. Pugna Francorum atque Baioariorum contra Avaros; ubi Karolus rex Graman-

---

(a) V. f. 80. Le *Gallia Christiana* donne pour cet abbé 742-768, Ferry de Locres 747-773, et notre texte 747-763.

(b) V. f. 80. Le *Gallia Christiana* donne pour l'abbé Sigebert 768-783, Ferry de Locres 773-777, notre codex 763-776.

(c) V. f. 83 v°. Le *Gallia Christiana* et Ferry de Locres placent ici un interrègne de 6 ans, et font ensuite Radfried ou Rothfrid, abbé de 783 à 795. Notre texte offre 776 à 790.

(d) F. 84.

(e) F. 85. Les annales de Lorsch s'arrêtent au mot *Audacrum* (Pertz, t. I, p. 174).

num atque Odacrum patrem Balduini comitis Flandrensium.....

790 (a).

Anno DCC XC. Rado abbas monasterii sancti Vedasti efficitur.

807 (b).

Anno Domini 807. Rado, abba venerabilis et rector patris VEDASTI cœnobii, vitam finivit. Is bonæ famæ et sancti meriti fuit, atque quam plurimum in restaurandis rebus ecclesiæ insudavit. Qui, concremato templo beati VEDASTI, aliud in melius reædificavit, ut diligens lector in versibus repperiet subscriptis, qui sic dant initium legenti (c).

808 (d).

Adalongus, Atrebatensium abbas efficitur.

839 (e).

Adalongus monasterii S. VEDASTI abbas humanis

(a) V. f. 85 v°. Le *Gallia Christiana* et Ferry de Locres offrent pour Radon la date 795-815; notre codex 790-807.

(b) V. f. 87 v°.

(c) Au-dessus du mot *legenti* une main postérieure a placé *legendi*. — Suivent des vers d'Alcuin publiés dans ses Lettres et aussi dans les *Acta SS.* (t. I de février, p. 789).

(d) V. f. 88. Le *Gallia Christiana* et Ferry de Locres offrent pour Adalung 815-850; notre codex 808-839.

(e) V. f. 111 v°. Le *Gallia Christiana* et Ferry de Locres n'offrent point le nom de cet abbé Foulques. MM. de Cardevacque et

exemptus est..... Fulcho abbas monasterii sancti Vedasti statuitur.

842 (a).

Ratholdus abbas.fit monasterii S. Vedasti.

843 (b).

Defuncto Ratholdo abbate, Matfrido laico abbatia committitur.

870 (c).

Anno dominicæ incarnationis DCCC LXX. Imminente Danorum persecutione, fratres Deo et sancto AMATO, apud villam ab antiquis Broilum a modernis autem Menrivillam vocatam, servientes, corpus sui patroni Duacum(d) propter sævitiam Danorum munitum depor-

---

Terninck, dans leur nouvelle histoire de l'*Abbaye Saint-Vaast*, donnent son nom et lui assignent comme date 851.

(a) Ces derniers auteurs désignent cet abbé sous le nom de Rathalde, et, comme Ferry de Locres, ils le font administrer l'abbaye après Madfried, de 853 à 855.

(b) F. 118 v°. Le *Gallia Christiana* et Ferry de Locres donnent Madfried de 852 à 853; notre codex en 843.

(c) F. 119.

(d) L'historien Gramaye, et après lui M. Guilmot, ancien archiviste de Douai, et M. F. Brassart, disent que le corps de saint Amé ne fut pas d'abord transporté de Merville à Douai, mais à Soissons; ils appuient cette opinion sur deux diplômes de 1076, qui mentionnent la translation à Soissons sans parler d'un séjour antérieur à Douai. Nous ferons d'abord remarquer que cette première translation à Douai est rapportée dans un autre diplôme de 1076, donné par Philippe Ier, roi de France, et aussi dans le *Liber argenteus* de saint Amé, sorte de chronique de cette collégiale, dans les Annales d'Arras que nous éditons, dans la chronique d'An-

taverunt, et in sui juris ecclesia in honore sanctæ Dei genitricis Mariæ, in fundo sancti Mauronti ab antecessoribus constructa posuerunt.

Placatis vero prædictæ persecutionis fluctuationibus(a), prædicti fratres Karolum, regem Francorum, et Arnulfum, comitem Flandrensium(b), adeunt, et quid

---

dreas Sylvius (André du Bos) grand-prieur de Marchiennes qui vivait en 1194, dans la chronique de saint Bavon de Gand. Nous ajouterons qu'il n'y a pas contradiction entre ces deux opinions; car de même que vers 870, les ravages des Normands dans la Morinie et le pays où se trouvait Merville, forcèrent les religieux de S. Bertin, de Wormhoudt et de Merville, à s'éloigner en emportant ce qu'ils avaient de précieux, de même en 880 les ravages de ces pirates sur la Scarpe forcèrent les religieux d'Arras, de Douai, de Marchiennes et de Saint-Amand, à transporter leurs reliques à Beauvais, à Soissons et à Paris. Vers 870 aurait eu lieu une première translation à Douai, mentionnée par plusieurs auteurs et oubliée dans deux diplômes; vers 880 une seconde translation rappelée dans toutes les chroniques et tous les diplômes.

(a) L'on a dit avec Gramaye que les mots *placatis*, etc., ne peuvent s'appliquer à l'année 874. L'étude des chroniques prouve que les expéditions des Normands dans le nord de la France cessèrent de 874 à 877. C'est ce que M. Henri Martin fait remarquer lorsqu'il dit qu'en 875 et 876, il y eut un *moment de relâche* pour la France romane. Au lieu de 874 Gramaye donne 884.

(b) Des objections ont été soulevées à l'occasion du roi Charles et du comte Arnould. L'on a dit que Charles-le-Chauve ne devait point être venu à Douai en 874, année où, d'après le *Liber argenteus*, aurait eu lieu l'événement dont il est ici question. Les Annales de Saint-Bertin disent précisément qu'en cette année 874, Charles-le-Chauve vint passer les fêtes de Noël à Arras, et chassa à Orville, dans l'Artois. L'on sait que Douai n'est qu'à quelques lieues d'Arras. Le roi de France put donc s'y transporter facilement pour la cérémonie.

Quant à Arnould, il fut comte de Flandre de 918 à 958; c'est son nom qui a porté Gramaye et d'autres auteurs à reporter au xe siècle la translation des reliques de S. Amé à Douai. L'introduction de ce nom dans le récit peut s'expliquer par une

super hoc agendum sit pariter consulunt. Karolus autem, rex Francorum, et Arnulfus, consul Flandrensium, convocatis episcopis et principibus suis, eorum consilio ordinatione divina præeunte, hoc statuerunt : quod in Duaco gratia exaltandi remaneret in perpetuum corpus sanctissimum, in ecclesia beatæ Mariæ in qua superius memoravimus esse translatum.

Eo igitur tempore Johannes, agnonime bellus (a),

erreur d'un annaliste, qui aura écrit Arnould au lieu de Bauduin. Des fautes analogues se retrouvent dans les anciennes chroniques; et nous allons établir en parlant de l'évêque Jean-le-Bel qu'une erreur de cette nature a été commise dans le passage en question.

(a) Entre le ixe et le xiiie siècle, il n'y a qu'un seul évêque de Cambrai et d'Arras appelé Jean; c'est Jean-le-Bel, qui administra ces diocèses de 866 à 879. C'est donc entre ces deux millésimes qu'il faut placer la translation des reliques de S. Amé à Douai, si l'on peut établir que cette cérémonie a été présidée par Jean-le-Bel. Or le récit de notre chronique et le passage du *Liber argenteus* de S. Amé qui le disent, sont confirmés par deux autres faits consignés dans le même *Liber argenteus*. A la date de 1078, en parlant du transfert des reliques dans une nouvelle châsse, le *Liber* constate qu'elles y furent placées avec le sceau de Gérard, alors évêque d'Arras et de Cambrai, et avec celui de Jean-le-Bel: la présence de ce dernier sceau, qui provenait d'une ancienne châsse, prouve que la déposition des reliques en cette ancienne châsse avait eu lieu en 874 et à Douai, ville qui était du diocèse de Jean-le-Bel, tandis que Merville et Soissons dépendaient d'autres évêques. En 1206, nouvelle translation; le même *Liber argenteus*, dans un passage qui est une sorte de procès-verbal, dit qu'à cette date, devant un nombre considérable d'assistants, l'on retrouva le sceau de Jean-le-Bel et celui de l'évêque Gérard, et qu'on les replaça dans la châsse qui fut exposée sur un autel nouveau. Il fut écrit sur une plaque de plomb : « Jean, évêque de Cambrai, déposa autrefois le corps de saint Amé dans une châsse d'argent où il plaça son sceau; plus tard, en 1078, Gérard, évêque de la même ville, les déposa dans une nouvelle châsse avec le sceau de Jean et le sien; Raoul, évêque d'Arras, les a transférés en ce lieu. » Viennent ensuite les

Cameracensis ecclesiæ episcopali cathedræ præsidebat, qui probitate morum sanctitatisque fama præclarus longe lateque radiabat, radiorumque suorum lumine multos circumquaque perlustrans illuminabat. Hunc itaque beatissimum præsulem tam prædictus rex quam

noms de tous les prélats et personnages qui assistèrent à la cérémonie en 1206. Pour nier les preuves qui ressortent de l'analogie de ces faits avec le récit du *Liber argenteus* et de la chronique de Saint-Vaast, il faudrait supposer, chez les auteurs qui ont écrit le *Liber argenteus*, une résolution systématique de tromper, persévérant durant des siècles, ou du moins se produisant avec habileté dans les récits les plus divers : s'il en était ainsi, ces auteurs n'auraient pas confondu l'époque d'Arnould avec celle de Bauduin Bras-de-Fer. De tout cela, nous croyons pouvoir conclure que la translation à Douai s'est faite du temps de Jean-le-Bel et par conséquent sous Bauduin, qui fut comte de Flandre de 864 à 878, et non sous Arnould-le-Vieux. D'ailleurs, une autre preuve établit que les reliques de S. Amé ne sont point restées longtemps à Soissons, et ont été ramenées à Douai bien avant le règne de ce dernier comte. En effet, à une époque qui n'est point précisée, mais qui est certainement antérieure à 902, la ville de Soissons fut attaquée par les Normands, et le monastère de S. Médard fut ravagé. Les historiens de la ville et du monastère rapportent qu'avant l'arrivée des pirates, les reliques de saint Médard furent transportées à Dijon, celles de saint Crépin et de saint Crépinien à Mons en Hainaut, et celles de saint Onésyme et de saint Gurdinelle à Douai; la collégiale S. Amé de Douai a possédé en effet les reliques de ces derniers saints avec celles de son patron jusqu'à la révolution. Évidemment le corps de S. Amé dut être rapporté à Douai en même temps que ceux de saint Onésyme et de saint Gurdinelle qui y ont été transférés avant 902. En Flandre, l'on avait moins à craindre des Normands que sur les bords de l'Oise, de l'Aisne et de la Seine, puisque les reliques de saint Vaast furent ramenées de Beauvais à Arras en 893, celles de saint Winnoc à Bergues en 900, et celles de saint Amand de Paris à Saint-Amand vers la même époque; les reliques de saint Maurand furent aussi apportées à Douai en 900. C'est vers le même temps qu'il faut placer le retour des reliques de saint Amé à Douai : les historiens de la Collégiale l'ont placé, les uns en l'an 896, et les autres en 901.

comes, ut ad collocandum sanctissimum corpus veniret, familiariter petierunt. Quorum petitioni præsul benignissime adquiescens veniensque Duacum, talis officii diligentissimus executor, sanctum, ut decuerat, honorifice collocavit. Præterea, edicto dominationis suæ statuerunt et privilegiis suis firmaverunt, ut quicquid beatus Amatus et fratres Deo et sibi famulantes habebant, donec in Menrivilla erant vel deinceps habituri erant, hoc etiam in Duaco morantes firmiter haberent et sine contradictione possiderent; libertatem etiam ipsius ecclesiæ firmam statuerunt.

Voyez sur cette question les trois diplômes de 1076 aux archives de Lille, les Annales de S. Vaast, de S. Bertin, de S. Amand, de Marchiennes et de S. Bavon; les vies de S. Amé, de S. Onésyme et de S. Gurdinelle dans les *Acta SS.*; le *Gallo-Flandria* de Buzelin, les *Antiquitates Belgicæ* de Gramaye, l'*Histoire des Antiquités de Soissons* par Lemoine. etc.

EX CODICE

SANCTI BERTINI

FRAGMENTA QUÆDAM NONDUM EDITA (*a*).

788.

Ann. Egin. Et in monasterio tonsuratur : *Cod. S. Bert.* Tonsuratur et in monasterio mittitur, omniaque fraudulenta ejus consilia quieverunt.

791.

Ann. Egin. Karlus Avarorum gentem subegit armis : *Cod. S. Bert.* et ubicumque se verteret, superabat sapientia et prudentia; ultra omnes Francorum reges pollens, omne concilium adversum se malignantium præveniens destruebat.

792.

Ann. Egin. Quo comperto, Rex Pippinum jussit ton-

(*a*) Ce manuscrit est aujourd'hui conservé à Bruxelles. Comme nous l'avons dit dans l'introduction, il offre dans la première partie les annales d'Eginhard; c'est entre ces annales et ce codex qu'existent les différences de texte notées dans ces courts fragments.

sorari, et cæteros ejus consentaneos diversis mortibus interfici : *Cod. S. Bert.* Qui convictus et omnes consentanei ejus capitali sententia dampnantur. Qua sententia rex pietate permotus, Pippinum tonsorari jubet et in monasterium mitti. Alii, ut digni erant, morte plectuntur.

793.

Ann. Egin. Famis valida : *Cod. S. Bert.* super populum terræ et super exercitum.

804.

Ann. Egin. Leo papa iterum in Franciam venit : *Cod. S. Bert.* Leo papa in Franciam ad imperatorem venit; quem imperator donis magnificis honorans remisit ad sedem suam.

806 et ss.

Ann. Egin. Imperator Karlus inter filios, id est Karlum, Pippinum, Hluduwicum, dividit regnum : *Cod. S. Bert.* Carlus imperator regnum Francorum inter filios suos tres reges dividit. Cobolo (Karolo) regi, filio suo, regnum Austriæ, Saxones, Fresones, et partem Alamanniæ, partemque Galliæ maximam usque in occidentale Oceanum dedit; Hludowico regi Aquitaniam et partem maximam Burgundiæ, Pippino Baioariam, et totum Italiæ regnum, et partem Alamanniæ partemque Burgundiæ contulit.

Eodem anno, post verba Ann. Lambecianorum : Grimoldus dux Beneventanorum moritur, *legitur in codice Sancti Bertini:* Post quem alius Grimoaldus successit. Pippinus rex Italiæ obiit, sepultusque est Mediolanum. Carlus, filius Karli magni imperatoris, moritur. Bernhardus, filius Pippini, constituitur rex pro patre suo super regnum Italiæ. Carlus magnus imperator nomen imperatoris imposuit filio suo Hludowico, regi Aquitaniorum, coronamque imperialem et sceptrum, sicut mos est imperatoribus dare. Carlus bonæ memoriæ obiit v kal. februarii, sepultusque est in villa regia Aquisgrani, in basilica quam ipse ædificavit cultu regio, anno regni sui XLVII, indictione VII. Hludowicus imperator successit in imperium Francorum et constituit filios suos duces Pippinum in Aquitania, Hlotarium autem in Baioaria. Post obitum Leonis papæ successit Stephanus; post cujus discessum Pascalis successit. Imperator Hludowicus Hlotarium filium suum in imperio cum consilio Francorum constituit.

TABLE DES MATIÈRES

ET

DES NOMS DE PERSONNE.

A.

Abdérame, *Abdirhaman*, calife de Cordoue, envoie des ambassadeurs à Charles-le-Chauve, 65. — Sa mort, 80.

Abotrides, *Abodriti*, tribus slaves. Louis-le-Débonnaire leur envoie des députés, 28. — Ils attaquent les Allemands et sont poursuivis par les Austrasiens et les Thuringiens, 40. — Ils sont attaqués par Louis, fils de Louis le Germanique, 166. — Voy. Slaves, Sorabes.

Acfride, abbé de Saint-Hilaire de Poitiers, ne peut prendre possession du comté de Bourges qu'il a reçu de Charles-le-Chauve, 171. — Il est brûlé vif par les hommes de Gérard, comte de Bourges, 172.

Actard, évêque de Nantes, est chargé par Charles-le-Chauve de porter une lettre au pape Nicolas, 168. — Il rapporte une lettre du pape Adrien à Charles-le-Chauve et obtient de transférer le siège de son évêché dans une autre ville, 173 et 174. — Il est envoyé à Rome par le synode de Douzy. 223.

Adalard, *Adalardus, Adelardus, Adhelardus*, oncle de l'épouse de Charles-le-Chauve Ermentrude, 52. — Il est chargé de veiller sur Louis-le-Bègue pendant l'absence de Charles-le-Chauve, 108.

Adalard est privé de ses dignités pour n'avoir pas agi contre les Normands, 152.

Adalard (le comte) est envoyé par Louis-le-Germanique auprès de Charles-le-Chauve, 246.

Adalard (le comte) est fait prisonnier à la bataille d'Andernach, 252.

Adalard (le fils d') est fait prisonnier par les Normands, 246.

Adalard (la fille d') épouse Louis fils de Louis-le-Germanique, 151.

Adalbald (S.), chef franc, fonde la ville de Douai, 381.

Adalbert (le comte) est excommunié par le pape Jean VIII, 265 et ss.

Adalboldus, voy. Edelbold.

Adalgaire (le comte), envoyé par Louis-le-Débonnaire à Lothaire, 27 ; — aux Abotrides et aux Wiltzes, 28.

ADALGAIRE, évêque d'Autun, envoyé par Charles-le-Chauve au pape, 249, 256.

ADALGISE (le comte), envoyé par Louis-le-Débonnaire à Lothaire, 20.

ADALGISE, prince de Bénévent, se révolte contre l'empereur Louis, 225. — Il se réconcilie avec le même empereur, 234.

Adalongus, abbé de St-Vaast ; son élection et sa mort, 29, 399.

Adalongus, (le comte), est tué par les vassaux du roi Eudes, 349.

Adalricus, abbé de Saint-Vaast, 398.

ADHÉMAR, *Hadamarus*, comte de Poitou, marche contre le roi Eudes, 346.

ADON, archevêque de Vienne, assiste au serment que prêtent les hommes de Lothaire, 147. — Il est envoyé à Rome par Lothaire au sujet de l'affaire de Theutberge, 158.

ADRIEN II (le pape) est élu par les clercs, 170. — Sa fermeté dans l'affaire du divorce de Lothaire, 171. — Il écrit à Charles-le-Chauve au sujet des royaumes des fils de Lothaire et pour l'affaire de Waldrade, 173. — Il excommunie les ravisseurs de sa fille et le cardinal Anastase, 174, 175. — Il couronne Lothaire qui lui a promis d'abandonner Waldrade, 186. — Il défend à Charles-le-Chauve d'envahir le royaume de Lothaire, 200, 217. — Il réunit le 8e concile œcuménique à Constantinople, 228. — Sa mort, 230.

Adventius, évêque de Metz, assiste au serment que prêtent les hommes de Lothaire, 147. —Il remet à Charles-le-Chauve une lettre du pape Adrien, 172. — Il déclare Charles-le-Chauve souverain du royaume de Lothaire, 191.

Aétius, patrice romain, défait Attila, 365-367.

Agius, évêque d'Orléans, repousse les Normands de sa ville épiscopale, 85.

AIGNAN (S.), *Anianus*, évêque d'Orléans, implore le secours d'Aétius contre Attila, 365.

ALBIN (S.) ; ses reliques à Angers, 237.

Albuinus blesse par accident Charles, fils de Charles-le-Chauve, 128.

Albuinus (le comte), porte la couronne à Louis, fils de Louis-le-Bègue, 276.

Aldo, évêque de Limoges, consacre Vulfade, archevêque de Bourges, 147, 158.

Aldricus, évêque du Mans ; date de sa consécration, 9, 11.

Aldricus, abbé de Saint-Amand et plus tard archevêque de Sens, reste fidèle à Louis-le-Débonnaire, 11.

Aledramnus (le comte), pris par Guillaume, fils de Bernard, dans la Marche d'Espagne, 72.

Aledramnus (le comte), fait prisonnier à la bataille d'Andernach, 252.

ALETRAMNE défend Pontoise contre les Normands et se retire à Beauvais, 322.

ALETRAMNE reçoit de Charles-le-Simple l'abbaye de Saint-Vaast, 359.

Altfridus, évêque d'Hildesheim, envoyé par Charles-le-Chauve et Louis-le-Germanique à leur neveu Lothaire, 141.

Altmarus, breton, se révolte contre Erispoë et le met à mort, 92.

AMAND (S.), fonde l'abbaye de Saint-Pierre à Gand, 379. — Sa mort, 380.

AMÉ (S.), évêque de Sens, 383.

— Sa mort, 387. — Ses reliques transférées de Merville à Douai et à Soissons, 400 et ss.
Amiralmunimin, roi des Perses, demande la paix à Louis-le-Débonnaire, 5.
ANASTASE le Bibliothécaire, fils d'Arsène, cardinal, est excommunié par le pape Adrien, 174-181.
ANASTASE le Bibliothécaire est envoyé par le pape à Constantinople, 228.
Anianus, voy. Aignan.
Anscherus (le comte), est envoyé par les grands du royaume de France à Louis-le-Germanique, 281.
ANSEGISE, abbé de Saint-Michel, archevêque de Sens, est envoyé par Charles-le-Chauve au pape Adrien, 219. — Il est proclamé primat des Gaules au synode de Pontyon, 244-248. — Charles-le-Chauve l'envoie auprès du pape, 249. — Son serment au couronnement de Louis-le-Bègue, 262.
Aquitains (les), voy. Aquitaine, Table des noms de lieu.
Arcisterium pour asceterium, monastère, 289.
Armées dans les airs, 32, 99. — Armées de loups, 23.
ARNOULD, évêque de Toul, 191.
ARNOULD le Vieux, comte de Flandre, a-t-il assisté à la translation des reliques de saint Amé? 401.
ARNULF, fils de Carloman, est élu roi par les Allemands, 329. — Les ennemis d'Eudes veulent le nommer roi de France, 331. — Il accueille Eudes favorablement, 332, 349.
Arnustus, beau-père de Carloman, est privé de ses dignités par Louis-le-Germanique, 106.
Arnustus, vassal, prête serment pour le roi Lothaire, 146.
ARSÈNE, évêque d'Orta, envoyé par le pape Nicolas à l'empereur Louis, 140, — à Louis-le-Germanique et à Charles-le-Chauve, 143, — à Lothaire, 144. — Ceux qui lui ont ravi une somme d'argent sont excommuniés, 148. — Il engage Theutgaud et Gonthaire à se rendre à Rome, 170. — Excommunié comme complice de son fils Eleuthère, il se réfugie auprès de l'empereur et meurt misérablement, 174.
Askricus succède à Gozlin comme évêque de Paris, 327. — Il est député auprès de l'empereur, 329.
Association d'hommes du peuple contre les Normands, 97 et 98.
ATTA est élu abbé de St-Vaast, 387. — Sa mort, 391.
ATTILA, roi des Huns, ravage la Gaule et perd la bataille de Châlons, 364-366.
ATTO, évêque de Verdun, assiste au serment prêté par les hommes de Lothaire, 147.
Avares (les) sont défaits par Charlemagne, 398.
AUBERT (S.), évêque de Cambrai, 383.
Audomarus, voy. Omer.
Aurelius (S.), martyr; ses reliques sont rapportées d'Espagne, 97.
AZENAR, comte de Gascogne, se révolte contre Pépin et meurt tristement, 22.

B.

Baltfridus, évêque de Bayeux, tué par les Normands, 100.
Barcha, barga, barque, navire, 250, 353.
BASILE, empereur de Constantinople. Son avénement à la couronne, 197. — Le pape Adrien lui envoie des ambassadeurs, 228.
BAUDUIN Bras-de-fer, comte de

TABLE DES MATIÈRES

Flandre, est excommunié pour avoir ravi Judith, fille de Charles-le-Chauve, 109 et 116. — A la prière du pape, Charles-le-Chauve lui pardonne, 120. — Il obtient la main de Judith et le comté de Flandre, 126. — Il est envoyé par Charles-le-Chauve auprès de Carloman, 221. — Sa mort, 298. — Il a pour père Odoacre, 399. — Assiste-t-il à la translation des reliques de saint Amé à Douai? 401.

BAUDUIN le Chauve, fils de Bauduin Bras-de-fer, comte de Flandre, se déclare adversaire du roi Eudes et ensuite lui promet fidélité, 332. — Il s'empare injustement de l'abbaye de St-Vaast, 342. — Il défend la Flandre contre Eudes, 343. — Eudes s'empare de l'abbaye de St-Vaast sur ses hommes et la lui rend ensuite, 351. — Bauduin devient l'ennemi des partisans de Charles-le-Simple, 352. — Il se réconcilie avec Eudes, 355. — Son inimitié avec Herbert, comte de Vermandois, 356. — Il prend et perd la ville de Péronne, 358. — Il perd l'abbaye d'Arras et se réconcilie avec Herbert, 359. — Il est l'instigateur de l'assassinat de Foulques, archev. de Reims, 360.

Behim, habitants de la Bohême; leurs députés à Louis-le-Germanique, 136.

BENOÎT (le pape), son élection, 86. — Sa mort, 95.

Berardus attaque Boson, 313.

BERENGER est privé de ses dignités pour n'avoir pas agi contre les Normands, 152.

BERENGER, duc de Frioul, prend le titre de roi d'Italie, 329. — Il est vaincu par Gui, 331.

BERNARD, fils de Guillaume et duc de Septimanie, engage Louis-le-Débonnaire à marcher contre les Bretons, 1. — Il se réfugie à Barcelone, 2. — Il se justifie devant Louis-le-Débonnaire, 5. — Il est mis à mort par ordre de Charles-le-Chauve, 56 et 57.

BERNARD, fils de Bernard et de Blitilde, marquis de Gothie, est privé de ses dignités pour avoir conspiré contre Charles-le-Chauve, 138. — Charles-le-Chauve lui confie la Gothie, 142 et 143. — Il est privé du comté d'Autun, 155. — Il est admis par Charles-le-Chauve au plaid de Pistres, 182. — Il ne se rend pas à Cosne auprès de Charles-le-Chauve, 185. — Il s'attache au parti de ce prince, 201. — Il est envoyé en Aquitaine, 217. — Les dignités de Bernard Vitellus lui sont accordées, 230. — Il conspire contre Charles-le-Chauve, 258. — Il est privé de ses biens, 272. — Louis-le-Bègue l'attaque, 277.

BERNARD, fils de Raimond, duc de Toulouse, est reçu par Charles-le-Chauve au plaid de Pistres, 182. — Il ne se rend pas à Cosne auprès de ce prince, 185. — Il reçoit de Charles-le-Chauve Carcassonne et Razès, 227. — Il conspire contre ce prince, 258. — Il reçoit les biens de Bernard, duc de Gothie, 272. — Il est chargé du fils de Louis-le-Bègue, 278.

BERNARD (un autre) est reçu par Charles-le-Chauve au plaid de Pistres, 182. — Il ne se rend pas à Cosne auprès de ce prince, 185.

BERNARD (le comte), envoyé de l'empereur Louis, 211.

BERNARD Vitellus est assassiné, 230.

BERNARD (le comte) est fait prisonnier à la bataille d'Andernach, 252.

BERNARD, surnommé *Plantapilosa*, reçoit le comté de Mâcon, 285.
Berno, voy. Bioern.
BERTHE, épouse de Gérard comte de Provence, 219 et 220.
BERTIN (S.), abbé de Sithiu, 384. — Sa mort, 389.
Bertnandus, vassal, prête serment au nom du roi Lothaire, 146.
Bertoldus tue le roi Carloman par accident, 320.
BIOERN, *Berno*, chef normand, jure fidélité à Charles-le-Chauve, 93 et 94.
BLITGAIRE, envoyé de Louis-le-Germanique à Charles-le-Chauve, 119.
Boderodus, envoyé du pape Adrien II à Charles-le-Chauve, 201.
Bodo (le diacre) se fait juif, 30 et 31. — Il excite une persécution contre les chrétiens en Espagne, 65.
BOGAR, roi des Bulgares, se convertit au christianisme, échappe miraculeusement à une révolte, 162 et 163.
BONIFACE (le comte), fidèle de Louis-le-Débonnaire, ramène Judith d'Italie, 15.
BOSON, fils du comte Buvin, reçoit de Charles-le-Chauve l'abbaye de Saint-Maurice, 200. — Il reçoit du même roi la ville de Vienne, 220. — Il est nommé camérier de Louis roi d'Aquitaine et reçoit le comté de Bourges, 227. — Chargé de gouverner l'Italie, il épouse Hermengarde, fille de l'empereur, 242 et 243. — Il conspire contre Charles-le-Chauve, 258. — Il fait épouser sa fille à Carloman, fils de Louis-le-Bègue, 272. — Il est chargé de veiller sur Louis, fils de Louis-le-Bègue, 278. — Il reçoit le comté d'Autun de Thierry le camérier et lui donne des abbayes en échange, 270. — Il se fait couronner roi, 282. — Il est vaincu à Mâcon par Louis III et Carloman, 285 et 304. — Son épouse et son frère sont obligés de capituler dans Vienne, 288.
Bretons (les), voy. Bretagne, *table des noms de lieu*.
Broilus, lieu marécageux et inculte, 139.
Bulgares (les) sont attaqués par Louis-le-Germanique, 136. — Leur roi Bogar se fait chrétien, 162 et 163.
BURCHARD, évêque de Chartres, chasse les Normands d'Orléans, 85.

C.

Caballus, cheval, 139.
Caganus, roi des Bulgares, est attaqué par Louis-le-Germanique après avoir promis de se faire chrétien, 136.
Camisium, chemise, 114.
Campaniens (les) défont les Sarrazins, 65.
Capisuda, sereine, 369.
Captivitas pour *omnes captivi*, 62.
CARLOMAN, fils de Lothaire et de la concubine Doda, 83.
CARLOMAN, fils de Charles-le-Chauve, abbé de Saint-Amand et de Saint-Médard, est confié aux soins de Vulfade, 158 et 159. — Il est envoyé contre les Normands, 183. — Il est privé de ses abbayes et renfermé à Senlis, 204. — Les envoyés du pape obtiennent sa délivrance, 218. — Il commet des brigandages en Belgique, 219 et 222. — Il est excommunié par les évêques de l'archevêché de Sens, 222. — Il feint de se soumettre à son père, 224. — Il est renfermé à Senlis, 226. — Un concile le condamne à être

privé de la vue, 231 et 232. — Il s'enfuit du monastère de Corbie et se réfugie auprès de Louis-le-Germanique, 234 et 235.

CARLOMAN, fils de Louis-le-Bègue, est couronné roi avec son frère Louis III, 281 et 282. — Il défait les Normands de la Loire, 283. — Il partage le royaume avec son frère, 284. — Il défait le rebelle Teutbalde et poursuit Boson jusqu'à Vienne, 284 et 285. — Dans le royaume de Lothaire il ne peut arrêter les Normands, 290. — Il les défait près de l'Aisne, 291. — Il revient en France après la mort de son frère, 313. — Il triomphe des Normands à Avaux et à Vicogne, 314 et 315. — Il est défait par eux à Miannay et Laviers, 317. — Il achète leur départ, 319. — Il est tué par accident à la chasse, 320.

Chacanus, chef des Russes, 34.

CHARLEMAGNE (l'empereur) défait les Avares et les Bavarois, 398 et 405. — Il partage son empire entre ses fils, 406. — Sa mort, 407.

CHARLES-MARTEL, fils de Pepin d'Héristal. Ses succès, son administration, 392-396.

CHARLES-LE-CHAUVE, fils de Louis-le-Débonnaire. Son royaume est envahi par Louis-le-Germanique, 6. — Il reçoit un nouveau royaume en 837, 24. — Il est revêtu du baudrier et de la dignité royale à Quiersy, 27. — Il reçoit un nouveau royaume au partage de 839, 38. — Les Aquitains lui prêtent serment, 40. — Il séjourne à Poitiers avec sa mère, 41 et 43. — Il s'allie avec son frère Louis-le-Germanique pour résister à Lothaire, 43 à 46. — Il rétablit l'ordre en Aquitaine et soumet la Hesbaye, 48. — Il résiste à Lothaire sur les bords de la Seine, 48. — Il s'unit à son frère Louis-le-Germanique par le serment de Strasbourg, 49. — Il parcourt l'Aquitaine, 52 et 54. — Il épouse Ermentrude à Quierzy, 51. — Il partage l'empire avec ses frères, 51, 53, 55. — Il fait mettre à mort Bernard, duc de Septimanie, 56 et 57. — Ses armées sont défaites à Mayenne et à Angoulême, 58. — Il achète la paix aux Normands en 845, 61. — Il est défait par les Bretons et fait la paix avec Noménoé, 63 et 64. — Il reçoit une ambassade de l'émir de Cordoue, 65. — Il triomphe des Normands à Bordeaux, 67. — Il se réconcilie avec Lothaire, 68. — Il fait convoquer un concile contre Gottschalk, 69 et 70. — Il fait la paix avec Louis-le-Germanique, 70. — Il soumet l'Aquitaine avec le fils de Pépin et la Marche d'Espagne, 70-72. — Il fait avec ses frères la convention de Mersen, 73. — Il reçoit le serment d'Erispoé, 77. — Son entrevue avec Lothaire à Saint-Quentin, 78 et 79. — Il combat contre les Normands et les éloigne à prix d'argent, 80. — Il s'unit à Lothaire en 854, 84. — Il ravage l'Aquitaine, force Louis fils de Louis-le-Germanique à quitter ce pays et lui donne pour roi son fils Charles, 84, 85, 86. — Il s'unit à Louis-le-Germanique, 86. — Révolte des grands du royaume qui reviennent ensuite à lui, 89. — Les Aquitains et d'autres grands du royaume se révoltent aussi, 89-92. — Il fait lever une rançon énorme pour délivrer l'abbé de St-Denis, 94. — Les comtes s'unissent aux Bretons et chassent son fils Louis, 94. — Il attaque les Normands à Oissel, 95 et 96. — Abandonné des grands qui appellent Louis-le-Germanique, il se réfugie en Bourgogne, 96. — Il force Louis-le-Germanique à quitter la France et s'allie à Lothaire, 98. — Il met en accusation l'archevêque de Sens, 98. — Il promet 3,000 livres aux Normands, 102. — Il fait la paix avec Louis-le-Germanique et Lothaire, 103. — Il force son fils Lothaire à entrer en religion, 104. — Il accueille ceux qui se sont révoltés contre Louis-le-Germanique, 106. — Il se réconcilie avec Robert-le-Fort, 106. — Il tente en vain la conquête de la Provence, 108. — Il fait condamdans un concile Judith sa fille et le comte Bauduin, 109. — Il défait les Normands sur les rives de la Marne en 862, 109 et 110. — Ses fils se marient malgré lui, 111 et 112. — Il convoque un plaid à Pistres pour résister aux Normands, 112. — Il reçoit le serment du chef des Bretons et lui fait des concessions territoriales, 118. — Il accorde, à la demande du pape, le pardon à Bauduin, 119 et 120. — Il s'empare de l'abbaye de St-Calais, 126. — Il pardonne à sa fille Judith, 126. — Il soumet les Aquitains et son fils Charles, 127. — Il envoie les Aquitains contre les Normands, 127. — Il reprend Toulouse et la Gothie, 136. — Avec Louis-le-Germanique, il mande à Lothaire de se soumettre au pape, 141. — Il s'allie à Lothaire en 865, 148. — Il défait les Normands, 149-151. — Il donne à son fils Louis le comté d'Anjou et à Robert-le-Fort ceux d'Auxerre et du Nivernais, 151. — Il achète la paix aux Normands, 153. — Il donne l'abbaye de Saint-Martin à Robert-le-Fort et le comté d'Autun à son fils Louis, 155. — Il fait la paix avec Lothaire, qui lui donne l'abbaye de Saint-Vaast, 156. — Il favorise les clercs ordonnés par Ebbon, 156 et 157. — Il fait mettre à mort son cousin Guillaume, 159. — Il envabit le royaume de Louis-le-Germanique, 160 et 161. — Il s'empare de l'abbaye de Saint-Denis, 164. — Il donne à son fils Louis le titre de roi d'Aquitaine, 165. — Il attaque Salomon, roi des Bretons, et lui donne Coutances, 166 et 167. — Il enlève une lettre écrite par Hincmar au pape et en substitue une autre, 168. — Il fait réunir les évêques à Auxerre pour s'occuper du divorce de Lothaire, 171. — Il ravage le comté de Bourges, 172. — Le pape Adrien lui défend de s'emparer du royaume de Lothaire, 173. — Il assigne Hincmar le jeune à comparaitre devant lui et convoque un plaid à Pistres, 181 et 182. — Il envoie le diacre Carloman, son fils, contre les Normands, 183. — Il veut faire saisir Hincmar le jeune dans son église, 184. — Il établit des impôts pour élever des forteresses contre les Normands, 185. — Il fait des dons aux églises, 189. — Il tente de s'emparer du royaume de Lothaire, 190-197. — Il fait fortifier Tours et Le Mans contre les Normands, 199. — Il prend Richilde pour concubine, 200. — Il partage le royaume de Lothaire avec Louis-le-Germanique, 205. — Il donne des présents aux envoyés du pape Adrien, 218 et 219. — Il prend

Vienne sur Gérard et la donne à Boson, 219 et 220. — Son entrevue avec les Normands Roric et Raoul, 226 et 230.— Il confie l'administration de l'Aquitaine à son fils Louis, 227.—Il défait les Normands à Angers et les laisse se retirer, 234, 236, 293. — Il passe en Italie pour prendre la couronne impériale, 240, 241, 293. — Il est couronné empereur à Rome, 242 et 294. — Il revient en France et se fait reconnaitre empereur à Pontyon 243-249. — Il envahit l'Allemagne après la mort de Louis-le-Germanique et perd la bataille d'Andernach, 249, 252, 294, 295. — Il traite à prix d'argent avec les Normands, 295. — Il donne des abbayes aux grands du royaume, 253. — Il passe de nouveau en Italie, 256, 296. — Il meurt à Brios, 258, 259, 296.

CHARLES, fils de Pépin, se révolte en Aquitaine, est fait prisonnier et promet d'entrer en religion, 71. — Il s'enfuit du monastère de Corbie et se réfugie auprès de Louis-le-Germanique, 85.

CHARLES, fils de Charles-le-Chauve, reçoit la tonsure par ordre de son père, 85.—Il est nommé roi d'Aquitaine et sacré à Limoges, 87. — Il est rejeté et repris par les Aquitains, 88 et 89. — Il est de nouveau rejeté par une partie des Aquitains, 90. — Il revient d'Aquitaine auprès de son père, 95.—Les Aquitains le reprennent comme roi, 99. — Il épouse, malgré son père, la veuve du comte Humbert, 111. — Son entrevue à Melun avec son père, 112. — Il est blessé par accident à la chasse, 128.—A la prière des grands, il retourne en Aquitaine avec le titre de roi, 140. — Sa mort, 159.

CHARLES, fils de Lothaire, reçoit la Provence en partage, 87. — Il reçoit en outre le duché de Lyon, 90. — Il s'unit à son frère Lothaire, 94. — Il est réputé incapable de gouverner la Provence, 108. — Il meurt d'épilepsie, 118.

CHARLES-LE-GROS, fils de Louis-le-Germanique, épouse la fille du comte Ercanger, 115. — Il est chargé par son père de s'emparer du Jura, 224. — Il tombe dans la démence, 232 et 233.— Il est envoyé en Italie contre Charles-le-Chauve 241, 294. — Il est nommé roi en Lombardie, 282. — Couronné empereur, il traite avec les Normands, 288, 289, 312. — Il est élu roi de France, 320. — Il achète à prix d'or le départ des Normands qui assiégent Paris, 327. — Il partage le territoire aux grands 329. — Il est déposé par les Allemands, 329. — Sa mort, 330.

CHARLES-LE-SIMPLE, fils de Louis-le-Bègue. Sa naissance, 301. — Il est confié aux soins de Ramnulfe, duc d'Aquitaine, 335.—Les adversaires d'Eudes le proclament roi, 345 et 346. — Il est vaincu par Eudes, 347. — Il s'allie à Zuentibold et met le siége devant Laon, 349. — Ses partisans se rapprochent d'Eudes, 350. — Bauduin comte de Flandre devient son adversaire, 352. — Il se retire auprès de Zuentibold, 353. — Ses partisans implorent pour lui la pitié d'Eudes, 354 et 355.— Après la mort d'Eudes, il est proclamé roi à Reims, 356. — Il s'empare de l'abbaye de Saint-Vaast sur Bauduin et la donne à Aletramne, 359.

Chasse. Les souverains chassent dans les Ardennes, 20, 40, 197, 230; à Compiègne, 28; à Cuise, *Cotia silva*, 217; à Francfort, 22; à Kreuznach, 40; à Orville, 150, 167, 183, 224, 237; à Remiremont, 21; à Ver, 28. —Louis-le-Germanique blessé à la chasse, 139; Louis, empereur d'Italie, id., 140; Charles, fils de Charles-le-Chauve, id., 128; le roi Carloman, id., 320.

Christianisme (le) prêché en Gaule du temps des apôtres? 364. — Les églises de Provence détruites par Chrocus, 365.

Chrocus, chef germain, ravage la Gaule, détruit les chrétientés de cette contrée et meurt à Arles, 363.

Cimusclus, roi des Sorabes, vaincu et tué par les Saxons, 42.

Clercs ordonnés par Ebbon (affaire des), 81, 156, 158, 165, 167.

Clovis se convertit au christianisme, 370. — Il défait Alaric à Vouillé, 373.

Colerica passio, maladie dont meurt Rodolphe, oncle de Charles-le-Chauve, 153.

Colodici, nom des Sorabes vaincus par les Saxons, 42.

Comètes, 32, 87.

Conciles et synodes, à Aix, 22, 101; à Attigny, 203; à Auxerre, 171; à Constantinople, 228; à Douzy, 222, 237; à Langres, en 859; à Metz, 120; à Pistres, en 862; à Pontyon, 243; à Quierzy, 82; à Rome, 120; à Savonnières, 98; à Soissons, 81, 107, 156; à Thionville, 17; à Troyes, 81, 167; à Valence, 87.

Conkingi, Cokingi, peuples de la Frise qui repoussent les Normands, 167.

Conrad, frère de l'impératrice Judith, est renfermé dans un monastère, 2.

Conrad, comte de Paris, fils de Conrad comte d'Auxerre et frère de Hugues l'abbé, conspire avec Gozlin pour faire régner en France Louis roi de Germanie, 279, 280, 299.

Contra pour *obviam*, 346.

Credulus pour *creditus*, 258.

D.

Dani, voy. Normands.

Denis (S.). Ses reliques sont transportées à Nogent-sur-Seine, 100.

Denis (le pape) s'occupe de diviser l'église en diocèses, 362.

Denis le Petit. Son cycle, 20.

Didon, évêque de Laon, se prépare à dresser des embûches à Zwentibold, 350.

Discupiat pour *invideat*, 274.

Doda, concubine de Lothaire, 83.

Dodilon, évêque de Cambrai et d'Arras, 331.

Donat, évêque d'Ostie, envoyé par le pape Adrien au concile de Constantinople, 228.

Drictum, directum, droit, 250.

Drogo (Druon), fils de Charlemagne, évêque de Metz, reste fidèle à Louis-le-Débonnaire, 10. — Il reçoit cet empereur à Metz, 17 et 19. — Il est envoyé à Rome où le pape le nomme son vicaire en Gaule et en Germanie, 57.

Duel judiciaire, voy. *Jugement de Dieu*.

Duni, dunes. La mer s'élève à leur hauteur, 32.

E.

Ebbles, *Ebulus*, abbé de Saint-Germain, frère du comte de Poitiers, est tué en Aquitaine, 315.

Ebbon, Ebbes, *Ebbo*, archevêque de Reims, accuse faussement Louis-le-Débonnaire, 12. — Il s'avoue coupable devant un concile et indigne du ministère épiscopal, 18. — Affaire des clercs qu'il a ordonnés et sa déposition, 81, 156, 158, 165, 167.

EBROIN, maire du palais. Ses violences, ses intrigues, sa mort, 381-385.

EBROIN, évêque de Poitiers, fait prisonnier à la bataille d'Angoulême, 59.

ECKARD (le comte). Sa mort, 58. — Ses deux fils faits prisonniers, 59.

Éclipses, 7, 28, 43, 102, 104, 295, 298.

EDELBOLD, *Adalboldus*, roi des Anglo-Saxons, épouse Judith fille de Charles-le-Chauve, 93.

EDELWULF, *Edelvulfus*, roi des Anglo-Saxons, se rend en pélerinage à Rome, 86. — Il épouse Judith, 89. — Sa mort, 93.

EGFRIDE (le comte) est député par la ville d'Arras auprès du roi Eudes, 342.

EGILON, archevêque de Sens, préside le synode de Soissons, 156. — Il est envoyé à Rome par Charles-le-Chauve au sujet de l'affaire du divorce de Lothaire, 158. — Il apporte à Charles-le-Chauve des lettres du pape Nicolas, 165.

EGILON (le comte), ambassadeur de Louis-le-Débonnaire auprès des Abotrides et des Wiltzes, 28.

Église. Louis-le-Débonnaire réclame en faveur des biens de l'Église de France situés en Italie, 21. — Il est traité de l'état de l'Église au synode d'Aix, 23. — Églises de Provence ravagées par les Sarrasins, 27. — Église d'Espagne persécutée par les Juifs, 65. — Situation de l'Église en 841, 59. — Églises d'Aquitaine ravagées par Charles-le-Chauve, 84. — Charles-le-Chauve donne les monastères à des laïques, 98, 253. — Louis-le-Bègue donne les monastères aux grands du royaume, 259, 261. — Les églises sont ravagées par les Normands, voy. *Normands* et à la table des noms de lieu *les Monastères*.

EIDULF, vassal, prête serment au nom du roi Lothaire, 146.

ELÉAZAR, nom que prit le diacre Bodo quand il eut embrassé le judaïsme, 31.

ELEUTHÈRE (S.). Ses reliques transportées à Nogent-sur-Seine, 100.

ELEUTHÈRE, fils d'Arsène, ravit la fille du pape Adrien et la met à mort avec sa mère, 174.

EMMA, épouse de Louis-le-Germanique. Sa mort, 242.

Emporium, marché de Dorestadt, 15; de Quentowic, 51.

Engelberga, voy. Ingelberge.

Engelramnus, camérier de Charles-le-Chauve, est envoyé par ce prince contre Salomon, roi des Bretons, 183.

ENGELWIN, évêque de Paris. Sa mort, 318.

ENGELWIN, diacre du palais, reçoit de Charles-le-Chauve l'abbaye de Saint-Martin de Tours, 140. — Il en est dépouillé, 155.

ENGELWIN (le comte), est fait prisonnier à la bataille d'Angoulême, 59.

Epelevtica infirmitas, épilepsie, 118.

Épreuves judiciaires, voy. *Jugement de Dieu*.

Ercangarius, chef des Allemands. Sa fille épouse Charles fils de Louis-le-Germanique, 115.

Erchanratus, Erchanraus, évêque de Châlons, est député vers Lothaire par Charles-le-Chauve et Louis-le-Germanique, 141. — Il est chargé de remettre

Theutberge aux mains du légat, 145.

ERCHINOALD, maire du palais, fonde Douai avec Adalbald, 381.

ERISPOÉ, *Erispogius*, *Herispogius*, *Respogius*, chef des Bretons, fils de Noménoé, jure fidélité à Charles-le-Chauve, 77 et 78. —Il fait la paix avec ce prince qui lui donne Le Mans, 88.— Il est mis à mort par des Bretons révoltés, 92.

Erlandus (le comte) prête serment au nom de Lothaire, 146.

Ereboldus, vassal, prête serment au nom de Lothaire, 146.

ERMENFRIDE, évêque de Beauvais, est tué par les Normands, 99.

ERMENFRIDE, noble franc, met à mort Ébroïn, 385.

ERMENGARDE, *Hirmengarda*, épouse de Lothaire. Sa mort, 83.

ERMENGARDE, fille de l'empereur Louis, épouse Boson, 143.

ERMENTRUDE, *Ermendrudis*, *Hirmentrudis*, *Irmentrudis*, nièce du comte Adalard, épouse Charles-le-Chauve, 148. — Elle est sacrée reine à Soissons, 158.

ÉTIENNE, comte d'Auvergne, fils de Hugues, persuade à Charles fils de Charles-le-Chauve d'épouser la sœur du comte Humbert, 111. — Il est tué par les Normands, 128.

ÉTIENNE, évêque de Nepet (Toscane), est envoyé à Constantinople par le pape Adrien, 228.

EUDES, *Odo*, comte d'Orléans, est tué en combattant contre Lantbert et Matfride, 15.

EUDES, fils du comte d'Orléans, est décapité par ordre de Charles-le-Chauve, 157.

EUDES est vaincu avec Robert-le-Fort par les Normands, 153.

EUDES (le comte), fils d'Harduin, est le frère de l'épouse de Louis fils de Charles-le-Chauve, 112. — Il est envoyé par le comte Harduin auprès de Louis-le-Germanique, 204.

EUDES, évêque de Beauvais, est député par Charles-le-Chauve auprès de Louis-le-Germanique, 204.— Il est envoyé vers Louis fils de Louis-le-Bègue, 278. — Il attaque les Normands près de Wallers, 341.

EUDES, fils de Robert-le-Fort, défend Paris contre les Normands, 323-327. — Charles-le-Gros lui donne les domaines de Robert son père, 327. — Il est élu roi de France, 329. — Ses adversaires, 330. — Il défait les Normands à Montfaucon, 332.—Il est reçu avec honneur par le roi Arnulf, 332 et 333.—Il campe devant Paris pour arrêter les Normands, 334. — Il éloigne les Normands à prix d'argent, 335. — Il s'efforce de les repousser de l'Oise et de la Somme, 337. — Il refuse de laisser à Bauduin l'abbaye de Saint-Vaast qu'il a usurpée et attaque la Flandre, 342 et 343. — Il s'empare de Laon, 344. — Durant son séjour en Aquitaine, Charles-le-Simple est proclamé roi, 345. — Il défait son compétiteur, 347.—Il lui accorde par pitié certains domaines, 355. — Sa mort, 355.

Evêques. Plusieurs évêques restent fidèles à Louis-le-Débonnaire, 11. — Ils le réconcilient avec l'Église, 14. — Ils le rétablissent dans ses dignités, 17. — Ils réclament au synode d'Aix contre les simonies de Pépin, roi d'Aquitaine, 23.— Leur pouvoir est méprisé au plaid d'Epernaï, 63. — Voy. *Église* et *Conciles*.

Everwinus (le comte) fait prison-

nier à la bataille d'Andernach, 252.
EVRARD, archevêque de Sens, rachète des Normands sa ville épiscopale, et meurt peu après, 328.
EVREBERT parvient à faire donner à Bauduin l'abbaye de Saint-Vaast, 342.
Excommuniés. Manière d'agir à leur égard d'après l'édit de Mersen, 75.

F.

Famine dans la Gaule, 54, 61.
Fidèles des empereurs et des rois, 15, 21, 26, 27, 28, 29, 35, 40, 50, etc. — Ce que les Fidèles se doivent les uns aux autres d'après l'édit de Mersen, 74 et 75.
Firmitas, forteresse, 150; id. dans le sens de convention, 156.
FORMOSE, envoyé du pape Nicolas en Gaule, 89.
FORMOSE excommunié par le pape Jean, 266.
FOULQUES, *Fulcho*, abbé de Saint-Vaast, 42 et 400.
FOULQUES est élu archevêque de Reims, 316. — Son parti veut nommer Gui roi de France, 330 et 331. — Il fait élire Charles-le-Simple et marche contre Eudes, 346. — Charles-le-Simple se réfugie auprès de lui, 349. — Il est mis en fuite par Eudes, 349. — Il prête serment à Eudes, 353. — Il s'oppose aux demandes de Bauduin comte de Flandre, 359. — Il est assassiné à l'instigation de Bauduin, 359 et 360.
Franco, évêque de Tongres, 191.
Franco, évêque de Liège, assiste au serment prêté par les hommes du roi Lothaire, 149.
FRÉDÉGONDE (la reine) est originaire d'Angicourt (Oise), 378 et 379.
FROTAIRE, archevêque de Bordeaux, reçoit de Charles-le-Chauve l'abbaye de Saint-Hilaire, 172. — Il avait été nommé archevêque par la faveur de Charles-le-Chauve, 245, 270.
FROTBALD, évêque de Chartres, périt dans les eaux de l'Eure, 92.
FULBERT (le comte) est tué en combattant contre Lantbert, 15.
Fulchoaldus se révolte avec les Bretons qui mettent à mort Salomon, 239.
Fulcradus, comte de Provence, se révolte contre Lothaire, 239.
Fulcricus, chapelain, envoyé de l'empereur Louis, assiste au serment prêté par les hommes de Lothaire, 147.

G.

Galindo, nom sous lequel est désigné Prudence. Voy. *Prudence.*
Gaugericus, voy. Géry.
Gauzelinus, voy. Gozlin.
Gebahardus, évêque de Spire, est envoyé par Louis-le-Germanique auprès de Charles-le-Chauve, 119.
GEILON, évêque de Langres, bénit Gui comme roi de France, 331.
Gelée rigoureuse, 41, 60, 63, 88, 99, 237.
GEORGES, évêque de Ravenne, légat du pape, est délivré après la bataille de Fontenoy, 46 et 47.
GÉRARD, comte de Bourges, refuse de céder à Acfride son comté, dont Charles-le-Chauve l'avait dépouillé, 171. — Ses hommes tuent Acfride, 172.
GÉRARD, comte de Provence,

rend Vienne à Charles-le-Chauve, 220.

Gerberge, fille de Guillaume, sœur de Bernard duc de Septimanie, religieuse à Châlon, est jetée dans la Saône par ordre de Lothaire, 16.

Germain (S.). Ses reliques pendant le siége de Paris, 289.

Germund. Le roi Louis III se blesse mortellement en poursuivant sa fille, 313.

Gerulf trahit son chef Godefroi, 321.

Géry (S.), *Gaugericus*, élevé par Magnericus, évêque de Trèves, 379.

Godefroi, *Godefridus, Gotafridus, Gotfridus, Gozfridus*, chef normand, fils d'Hériold, abandonne le christianisme et ravage le nord de la Gaule, 80. — Il retourne en sa patrie, 86. — Il s'établit en Frise, 88.

Godefroi, *Gotafridus*, chef normand, se fait chrétien et reçoit la Frise de l'empereur Charles-le-Gros, 289 et 313. — Il tue à Thun Hugues, fils de Louis roi de Germanie, 303. — Il est assassiné par le duc Henri, 321.

Godefroi, Gozfride, *Gozfridus* (le comte), trahit Charles-le-Chauve pour se joindre au breton Salomon, 106. — Il engage Louis, fils de Charles-le-Chauve, à se révolter contre son père, 108. — Charles-le-Chauve lui pardonne, 118. — Il défait les Normands en Neustrie, 153. — Il est défait par les Normands de la Loire à Brissarthe, 159.

Godefroi, Gozfride, *Gozfridus* (le comte), est défait par les Normands de la Loire, 223.

Goiramnus (le comte), envoyé par Charles-le-Chauve au devant du pape, 257. — Il est envoyé par les grands à Louis-le-Germanique, 281.

Goisleus, abbé de St-Vaast, 397.

Gotbert, Gozbert, frère du duc d'Aquitaine Ramnulfe, est tué en combattant contre le roi Eudes, 345.

Gottschalk, *Gothescalcus*, moine. Ses voyages, ses erreurs, sa condamnation, 69 et 70.

Gozlin, *Gozlinus, Gotlinus, Gauzelinus*, est envoyé par Charles-le-Chauve auprès de Carloman, 221. — Il est fait prisonnier à la bataille d'Andernach, 252. — Il conspire avec Conrad pour faire régner en France Louis-le-Germanique, 279, 280, 299. — Il est défait à Gand par les Normands, 305. — Il est élu évêque de Paris, 318. — Il défend Paris contre les Normands, 322 à 325. — Sa mort, 325.

Grecs. Leurs ambassades à l'empereur d'Occident, 34, 35, 52. — Des pirates de cette nation ravagent Marseille, 68. — Ils attaquent Louis fils de Lothaire, 83. — Leur opposition à l'Église romaine, 168 et 169.

Grégoire IV (le pape) vient en France avec Lothaire, 10. — Il retourne à Rome, 11. — Il envoie un légat pour rétablir la paix entre les fils de Louis-le-Débonnaire, 46. — Sa mort, 57.

Grégoire est excommunié par le pape Jean, 266.

Grimland, *Grimlandus, Grimblandus*, chancelier de Lothaire, apporte à Charles-le-Chauve une lettre du pape Adrien, 173.

Guarnarius, chef breton, frère de Lantbert. Sa mort, 79.

Gui, *Guido, Wido*, est élu roi par quelques Francs opposés à Eudes, 329 et 330. — Il est sacré à Langres, 331. — Il quitte la France et se fait couronner empereur à Rome, 331.

Guillaume, *Wilhelmus, Guilelmus*, comte de Blois, frère du

comte d'Orléans Eudes, est tué en combattant contre Lantbert, 15.

GUILLAUME, fils de Bernard duc de Septimanie, s'empare d'Ampurias et de Barcelone. 68. — Il prend deux comtes par ruse et périt peu après à Barcelone, 72.

GUILLAUME, fils du comte d'Orléans Eudes, est décapité par ordre de Charles-le-Chauve, 159

GUILLAUME, duc d'Aquitaine, marche contre le roi Eudes, 346. — Il reconnaît Charles-le-Simple après la mort d'Eudes, 356.

Guenedes, voy. Wénèdes.

Guntardus (le comte), est fait prisonnier à la bataille d'Angoulême, 59.

GUNTHAIRE, *Guntharius,* archevêque de Cologne, favorise le divorce de Lothaire, 155. — Il est condamné par le pape et déposé, 120 et ss. — Il pille le trésor de son église et se rend à Rome, 134 et 135. — Il est déposé par le pape et se rend de nouveau à Rome, 139 et 140. — Il administre son archevêché par son frère qui en est titulaire, 157. — Il va à Rome où il échappe avec peine à la mort, 170 et 171. — Il feint de se soumettre au pape, 187.

GUNTFRIDE (le comte) trahit Charles-le-Chauve pour s'unir à Salomon, duc des Bretons, 106. — Il persuade Louis fils de Charles-le-Chauve de se révolter contre son père, 108. — Il défait les Normands de la Loire, 199. — Il se soumet à Louis-le-Bègue avec ses fils, et conserve ses domaines après avoir reconnu qu'il les tient du roi, 264 et 265.

H.

Hadamarus, voy. Adhémar.

HADULFE, abbé de Saint-Vaast, évêque d'Arras et de Cambrai, 391, 393, 396.

Haganus, évêque de Bergame, décide les évêques du royaume de Lothaire à se prononcer en faveur du divorce de ce prince, 120.

Haistaldi, cultivateurs qui possédaient des terres allodiales, 185.

HALITGAIRE, évêque de Cambrai et d'Arras. Sa mort, 4.

Harduicus, évêque de Besançon, est présent au serment prêté par les hommes de Lothaire, 147.

HARDUIN (le comte) est envoyé par Charles-le-Chauve à Louis-le-Germanique, 204.

HASTING, *Alstingus,* chef normand, est reçu en amitié par le roi Louis III, 313. — Il fuit devant le roi Carloman, 288. — Il s'établit à Argœuves, 337. — Il essaie en vain de s'emparer d'Arras, 338 et 339.

Hatta, voy. *Atta.*

HATTO, évêque de Verdun, 190.

HEDENULFE, évêque de Laon, est approuvé par le pape Jean VIII, 271.

Heinricus, duc d'Allemagne, défait Theutbalde fils d'Hubert, 304. — Il vient au secours de Paris, 324 et 326. — Il est tué par les Normands, 326.

Hekfridus se rend auprès d'Eudes, 351.

HÉRÉVÉE est nommé archevêque de Reims, 360.

Heribanni, impôts levés par le roi sur tous les Francs, 154.

HÉRIBERT, frère de Bernard d'Aquitaine, est privé de la vue au plaid de Compiègne, 2.

HÉRIBERT, fils de Pépin, est envoyé au-devant du pape, 257.

HÉRIBERT, comte de Vermandois, soutient Charles-le-Simple et marche contre Eudes, 346. — Il abandonne Charles-le-Simple et s'attache à Eudes, 351 et 353. — Il défait et met à mort Raoul de Cambrai, 353. —Il se réconcilie avec Charles-le-Simple, 355.—Son inimitié contre Bauduin, 356. — Il est forcé de se réconcilier avec Bauduin, 359.

Hériold, chef normand, reçoit de Lothaire l'île de Walcheren, 47.

Herispogius, voy. Erispoé.

Hérivée, chef breton. Charles-le-Chauve lui pardonne, 118. — Il chasse les Normands de la Neustrie, 153.—Il est blessé en combattant à Brissarthe, 159.

Herkinger (le comte) demande du secours contre les Normands, 324. — Il abandonne Charles-le-Simple pour Eudes, 351, 353.

Hieronymus (le comte) est tué dans la bataille d'Andernach, 251.

Hilduin, évêque de Verdun, est envoyé en ambassade à Lothaire, 26.

Hilduin, frère de Gunthaire, jette sur le tombeau de saint Pierre les lettres de son frère refusées par le pape, 130, 134. — Lothaire lui donne l'évêché de Cologne qu'il laisse administrer par son frère, 154.

Hincmar, *Hincmarus*, *Ingmarus*, archevêque de Reims, assiste au synode où Gottschalk est condamné, 69 et 70. — Il dépose les clercs ordonnés par Ebbon, 81. — Il fait décréter quatre propositions au sujet de la prédestination, 82. — Il couronne Judith comme reine d'Angleterre, 89.—Il est l'auteur de la troisième partie des Annales de Saint-Bertin, 105. — Il attaque injustement Prudence, 105. — Il préside le concile dans lequel est déposé Rothade, 107. — Il consacre l'église Notre-Dame à Reims, 115. — Sa conduite dans l'affaire de Rothade, 126. — Il reproche au pape Nicolas d'avoir écrit une lettre hautaine, 143. — Sa conduite dans l'affaire des clercs ordonnés par Ebbon, 157, 158, 165. — Ses démêlés avec le roi Charles-le-Chauve, 168, 173. — Il proclame Charles-le-Chauve souverain du royaume de Lothaire, 193-196.—Il reste fidèle à Charles-le-Chauve, 242. — Il s'oppose à la nomination de l'archevêque de Sens comme primat des Gaules, 244 et 248. — Il couronne Louis-le-Bègue, 261.—Il traite avec bonté son neveu Hincmar de Laon, 272. — Malade, il fuit devant les Normands, 291.— Sa mort, 315.

Hincmar, évêque de Laon, refuse de comparaître devant Charles-le-Chauve, 181.— Son oncle, Hincmar de Reims, le conduit au plaid de Pistres, 182. — Il en appelle à Rome contre Charles-le-Chauve et retourne malgré lui à Laon, 184. — Il promet fidélité à Charles-le-Chauve dans le synode d'Attigny, 203 et 204.—Il est condamné à perdre la vue au concile de Douzy, 222-224. — Le pape Jean VIII lui permet de célébrer la messe, 271, 297.

Hirmengarda, voy. Ermengarde.
Hirmentrudis, voy. Ermentrude.
Hiver rigoureux, 41, 60, 63, 88, 99, 237; très-doux, 56.
Hlotarius, voy. Lothaire.
Hludowicus, voy. Louis.

Honoré, évêque de Beauvais, 316.

Honores, bénéfices, fiefs, 36, 154.

Hongrois, *Ungri*. Ils ravagent l'Allemagne, 115.

Horich, *Orichus*, *Orich*, chef danois, fait la paix avec Louis-le-Débonnaire, 21 et 22. — Il réclame inutilement auprès de ce prince, 28. — Il lui envoie des ambassadeurs, 40. — Il fait de nouveau la paix avec lui, 42.—Ses 600 navires sont défaits dans l'Elbe par les Saxons, 61. — Il envoie des ambassadeurs à Louis-le-Germanique, 162. — Les fils de Louis-le-Débonnaire lui ordonnent de cesser ses ravages, 67. — Il est tué dans une guerre intestine, 86.

Hospitium, maisons où habitaient des tenanciers, 154.

Hostis, armée, *hostiliter*, en armes, 1, 8, 9, 161.

Hroderadus, voy. Rothade.

HUCBERT, frère de Theutberge, est accusé d'un crime infâme, 101. — Il reçoit de Charles-le-Chauve l'abbaye de Saint-Martin, 109. — Il est tué par les hommes de l'empereur Louis, 140.

HUGUES, fils de Charlemagne, abbé de Saint-Quentin et de Saint-Bertin, est envoyé par Louis-le-Débonnaire à Lothaire, 21. — Il reçoit Louis-le-Débonnaire à Saint-Quentin, 28. — Sa mort, 58.

HUGUES, comte de Tours, beau-frère de Lothaire. Sa mort, 24.

HUGUES l'Abbé, fils de Conrad et de la fille d'Hugues de Tours, quelque temps évêque de Cologne, reçoit de Lothaire l'archevêché de Cologne, 134. — Il est privé de ses bénéfices pour n'avoir pas agi contre les Normands, 152. — Il est dépouillé de l'évêché de Cologne, 154. — Il reçoit de Charles-le-Chauve les comtés de Tours et d'Anjou avec l'abbaye de Saint-Martin et d'autres abbayes, 160 et 161. — Il défait les Normands de la Loire, 199. — Il est défait par ces mêmes Normands, 223. — Il conspire contre Charles-le-Chauve, 258.—Il décide Louis-le-Bègue à marcher contre les Normands, 264. — Louis-le-Bègue lui confie son fils Louis, 278.—Il fait couronner Louis III et Carloman, 281 et 282.— Il demande à Charles-le-Gros pour Carloman une partie du royaume de Lothaire, 290. — Il défait les Normands à Vicogne, 315. — Sa mort, 325.

HUGUES, père d'Étienne comte d'Auvergne, 128.

HUGUES, fils de Liutfride, s'attache à Charles-le-Chauve, 201.

HUGUES, fils de Lothaire et de Waldrade, prend le duché d'Alsace, 166. — Il est excommunié par le pape Jean VIII, 271. — Il ravage avec des brigands le royaume de son père, 282.—Défaite de Theutbalde son complice, 284.—Charles-le-Gros lui donne les biens de l'évêque de Metz, 289. — Il attaque en vain les Normands et ne peut obtenir le royaume de son père, 300.—Il est privé de la vue par ordre de Charles-le-Gros, 321.

HUGUES, fils de Louis roi de Germanie, est tué à Thun par les Normands, 303.

Hundeus, chef normand, ravage les bords de la Seine, 353.— Il se convertit au christianisme, 354.

HUNFROI, *Hunfridus*, évêque de Térouane, 114.

HUNFROI, marquis de Gothie, se réconcilie avec Warengaud, 114. — Il enlève Toulouse au comte Raimond, 119. — Il se rend en Italie et abandonne Toulouse et la Gothie, 136.

I.

IGNACE, patriarche de Constantinople, est dépossédé par

Photius, 139. — Il est rétabli par le huitième concile, 229.
Imino, frère du marquis Bernard, ravage Évreux, 264.
Imino est excommunié par le pape Jean VIII, 271.
Immo, évêque de Noyon, est égorgé par les Normands, 99 et 100.
Impossibilitas, impossibilité, 181.
Imbreviare, faire le dénombrement, 185.
Incardinare, investir d'une charge, 174.
INGELBERGE, épouse de Louis II empereur, marche contre les Sarrasins, 154. — Eleuthère lui confie ses trésors, 174. — Elle accompagne Lothaire au mont Cassin, 186. — Elle a une entrevue à Trente avec Louis-le-Germanique, 224, 228. — Délaissée par son mari, elle envoie un ambassadeur à Charles-le-Chauve, 229. — Elle revient d'Allemagne à Rome, 289.
INGELTRUDE, fille du comte Matfride, épouse de Boson, est excommuniée pour crime d'adultère, 116. — Cette sentence est confirmée, 123, 124, 148.
Ingmarus, voy. Hincmar.
Inondation de la Seine et d'autres fleuves, 13; de la mer en Frise, 31 et 32; de l'Yonne à Auxerre, 64; de la Meuse à Liége, 95.
Invenire, juger, 17.
Irmentrudis, voy. Ermentrude.
ISAAC, évêque de Langres, est chargé de remettre Theutberge au légat du pape, 147.
ISEMBARD (le comte) est pris par Guillaume fils de Bernard dans la Marche d'Espagne, 72.

J.

JEAN, évêque de Cervia, légat du pape Nicolas, se laisse corrompre au synode de Metz, 119 et 120.
JEAN, évêque de Ravenne, 177.
JEAN, évêque, légat du pape Adrien, 217.
JEAN, prêtre de l'Eglise de Rome, envoyé du pape Adrien, 217.
JEAN VIII (le pape), succède au pape Adrien II, 230. — Il couronne Charles-le-Chauve empereur, 242, 294. — Il le confirme dans la dignité impériale et se rend avec lui à Pavie, 256, 296. — Il vient en France et préside le concile de Troyes, 265, 297. — Il retourne en Italie, 273. — Il couronne Charles-le-Gros empereur, 312.
JEAN, légat du pape Jean VIII auprès de Charles-le-Chauve, 243.
JEAN, autre légat du même pape auprès du même empereur, 243.
JEAN-LE-BEL, évêque de Cambrai et Arras, préside à la translation des reliques de saint Amé, 407.
JUDITH, épouse de Charles-le-Chauve, est enfermée au monastère de Sainte-Radegonde, 2. — Elle est réhabilitée aux plaids de Nimègue et d'Aix-la-Chapelle, 3, 4 et 5. — Elle est exilée à Tortone, 11. — Elle est délivrée et ramenée à Aix, 15. — Elle se rend à Poitiers avec Charles-le-Chauve, 41 et 42.
JUDITH, fille de Charles-le-Chauve, épouse Edilwulf, roi des Anglo-Saxons, 89. — Elle épouse Edelbold, fils d'Edilwulf, 93. — Elle s'enfuit de Senlis pour suivre Bauduin, comte de Flandre, 108 et 109. — Charles-le-Chauve lui pardonne et lui permet d'épouser Bauduin, 126 et 127.

Jugement de Dieu, duel, épreuves *judiciaires*. Duel de deux chefs normands, 127. Epreuves par l'eau chaude et le fer chaud pour le partage de l'Allemagne, 250.

Juifs, judaïsme. Le diacre Bodo adopte le judaïsme, 80 et 31.
— Les Juifs font persécuter les Chrétiens en Espagne, 65.
— Ils livrent Bordeaux aux Normands, 67. — Ils livrent Barcelone aux Sarrasins, 78.

K.

Karolomannus, voy. Carloman.
Karolus, voy. Charles.

L.

LAMBERT-LE-CHAUVE.— Sa mort, 234.

LANDBERT, LANTBERT, duc de Spolète, se révolte avec les Bénéventins, contre l'empereur Louis, 225. — Il est excommunié par le pape Jean VIII, 265 et 266.

LANTBERT, comte de Nantes, défait Eudes, comte d'Orléans, 15. — Sa mort, 24.

LANTBERT, fils de Lantbert, se révolte contre Charles-le-Chauve avec Noménoé, 54.
— Il défait les partisans de Charles-le-Chauve, à Mayence, 58. — Les fils de Louis-le-Débonnaire lui mandent de se soumettre à Charles-le-Chauve, 60. — Sa mort, 69.

LÉON III (le pape), vient en France en 804, 406.

LÉON IV (le pape).— Son élection, 66. — Il couronne empereur Louis, fils de Lothaire, 72. — Il fait entourer Saint-Pierre de fortifications contre les Sarrasins, 78. — Sa mort, 86. — Sa sentence d'excommunication contre Anastase, 195.

LÉON, évêque, légat du pape Adrien auprès de Charles-le-Chauve, 200.

LÉON, légat du pape Jean auprès de Charles-le-Chauve, 146.

LEUDOARD, évêque de Verceil, ramène Engelberge à Rome, 290.

LICINIUS (S.). Ses reliques à Angers, 237.

LISTA, évêque de Saint-Lô. Sa mort, 336.

LIUTBERT, archevêque, exorcise Charles, fils de Louis-le-Germanique, 233.

LIUTFRIDE, oncle de Lothaire, favorise le divorce de son neveu, 115. — Il est envoyé par Lothaire auprès de Louis III, empereur, 141.

LOKARD (le comte) est fait prisonnier à la bataille d'Angoulême, 59.

LOTHAIRE, *Hlotarius, Lotharius*, fils de Louis-le-Débonnaire, se révolte contre son père, 2.
— Celui-ci lui pardonne, 3.—
— Il assiste au plaid d'Orléans, 8.— Il se révolte encore contre son père, 10. — Il dépouille Louis-le-Débonnaire du pouvoir et l'enferme dans un monastère, 11. — Il traite son père avec dureté, 12. —
Il s'enfuit, à l'approche de ses frères, à Paris et à Vienne, 13 et 14. — Sa lutte contre ses frères et son père, 14-16.
— Louis-le-Débonnaire lui pardonne et lui laisse l'Italie, 16. — Il envoie des ambassadeurs à son père, 21. — Il fait fortifier les passages des Alpes, 24. — Son entrevue avec Louis-le-Germanique, 26.
— Il implore à Worms le pardon de son père, 35 et 36.
— Il reçoit un royaume de Louis-le-Débonnaire, 38. —
Après la mort de son père, il attaque Louis-le-Germanique et Charles-le-Chauve, 43. —

Il est vaincu à Fontenoy, 45 et 46. — Il gagne les Saxons en leur permettant le paganisme, 47. — Il cède l'île de Walcheren aux Normands, 47. — Il attaque inutilement ses frères, 48-51.— Il partage l'empire avec eux, 51, 53, 55. — Il envoie à Rome son fils Louis, 57. — Les comtes de Provence se révoltent contre lui; il recouvre ce pays, 61-63. — Il triomphe des Sarrasins à Bénévent, 68. — Il conclut avec ses frères la convention de Mersen, 73. — Il attaque les Normands, 80. — Il est parrain d'une fille de Charles-le-Chauve, 80. — Il prend deux concubines, 83. — Il s'unit à son frère Charles-le-Chauve en 854, 84. — Il fait la paix avec Louis-le-Germanique, puis s'unit de nouveau à Charles-le-Chauve, 84 et 85. — Il cède la Frise à son fils Lothaire et tombe malade, 86. — Il prend l'habit monastique et meurt au monastère de Prüm, 87.

LOTHAIRE, fils de l'empereur Lothaire, obtient la Frise, 86. — Il obtient le royaume de Lothaire et les grands le couronnent, 87 et 88.—A Arles, il est en désaccord avec ses frères, 90. — Il chasse son épouse Theutberge et la remplace par des concubines, 90. — Il s'unit à Charles-le-Chauve et vient le secourir à Oissel, 94, 96. — Il s'unit à Louis-le-Germanique, 96. — Il donne à son frère Louis la Bourgogne Transjurane, 100. — Il force Theutberge à se déclarer coupable, 100. — Il s'unit aux rois Charles et Louis, 103. — Il ne secourt pas Louis-le-Germanique contre les Wénèdes, 114 et 115. — Charles-le-Chauve et les évêques blâment sa conduite, 116. — Il défait les Normands près du Rhin, 117. — Le pape Nicolas condamne les fauteurs de son divorce, 121. — Il prend à son service le normand Rodolfe, 128. — Il enlève l'évêché de Cologne à Gunthaire et le donne à Hugues, 134. — Il feint la soumission envers le pape, 141. — Il est forcé de reprendre Theutberge, 145-148. — Il fait un traité d'alliance avec Charles-le-Chauve, 148. — Il renouvelle ce traité et donne à ce roi l'abbaye de Saint-Vaast, 156. — Il envoie un message au pape au sujet de son divorce, 158. — Le pape lui écrit à ce sujet, 165. — Il se réconcilie avec Louis-le-Germanique et donne l'Alsace à Hugues son fils, 166. Il se prépare à attaquer les Normands, 167. — Il persiste dans son projet d'union avec Waldrade, 181. — Il trompe le pape qui lui donne la sainte communion, 185-188. — Sa mort, 189.

LOTHAIRE, abbé de Saint-Germain, fils de Charles-le-Chauve, est forcé d'entrer en religion, 104. — Sa mort, 152.

LOTHAIRE, laïc, est envoyé par Charles-le-Chauve auprès du pape, 219.

LOUIS-LE-DÉBONNAIRE, empereur, prépare une expédition contre les Bretons, 1. — Il est dépouillé du pouvoir impérial à Compiègne et réhabilité à Nimègue et à Aix-la-Chapelle, 2-4. — Il tient un plaid à Thionville, 5. — Révolte de ses fils Pépin et Louis, 5 et 6. — Il l'emporte sur Louis et lui pardonne, 7 et 8. — Il mande Pépin à Limoges et l'envoie en France, 8 et 9.— Nouvelle révolte de ses fils; il est abandonné par ses troupes, 9 et 10. — Il est enfermé par Lothaire au monastère de Saint-Médard et déposé à Compiègne, 11 et 12. — Il refuse d'entrer en religion, 13.— Il est réhabilité par les évêques à Saint-Denis et à Thionville, 14, 17. — Il dispose les affaires des marches d'Espagne et fait garder les côtes contre les Normands, 19 et 20. — Il fait surveiller les côtes de la Zélande et de la Frise, 23. —. Plaids de Nimègue et de Thionville, 23 et 24.— Il donne un royaume à son fils Charles, 24. — Il attaque Louis-le-Germanique qui s'est révolté contre lui, 27, 28, 29. — Il convoque ses fidèles à Worms et pardonne à Lothaire, 35. — Il fait un nouveau partage entre Lothaire et Charles-le-Chauve, 36. — Il ordonne à Louis-le-Germanique d'abandonner la Bavière et reçoit son serment, 38 et 39. — Il attaque les Aquitains et prend Carlat, 40 et 41. — Il ne peut prendre Turenne et se retire à Poitiers, 40 et 41. — Il défait son fils Louis de nouveau révolté, 43. — Il meurt à Ingelheim, 43.

Louis - le - Germanique, fils de Louis-le-Débonnaire, assiste au plaid d'Aix, où Louis-le-Débonnaire et Judith sont réhabilités, 4. — Il se révolte contre son père et envahit le royaume de Charles - le - Chauve, 6. — Il se révolte encore contre son père, 10. — Il engage en vain Lothaire à traiter Louis-le-Débonnaire avec moins de dureté et prend les armes contre lui,12 et 13.— Il délivre son père et marche avec lui contre Lothaire, 14, 16. — Il assiste au plaid d'Aix, où Louis-le-Débonnaire donne un royaume à Charles, 24. — Il est dépouillé par son père de ce qu'il a usurpé, 26 et 27. — Il se révolte contre son père qui le défait, 28-30. — Il se révolte de nouveau, 43. — Il s'allie avec Charles-le-Chauve contre Lothaire qui est vaincu. 43-46.— Il soumet les Saxons, les Austrasiens et les Allemands, 47 et 48. — Il s'unit à Charles-le-Chauve par le serment de Strasbourg, 49.— Il défait Lothaire sur les bords de la Moselle, 50. — Il soumet la Saxe et y détruit le paganisme, 52. — Partage de l'empire avec ses frères, 51, 53, 55. — Il défait les Slaves, 59. — Il est vaincu par eux, 65. — Il les défait de nouveau, 67.—Gottschalk est convaincu d'erreurs en sa présence, 69. — Malade, il est vaincu par les Slaves, 72. — Il conclut avec ses frères la convention de Mersen, 73. — Il défait les Slaves, 78. — Les Aquitains l'appellent pour régner sur eux; il entre en guerre avec son frère Charles-le-Chauve, 83. — Il défait les Bulgares et les Slaves, 83. — Il fait la paix avec son frère Charles-le-Chauve, 86. — Les Slaves se révoltent de nouveau, et l'emportent, 88 et 89. — Il attaque son frère Charles-le-Chauve et envahit la France, où un parti le proclame roi, 93-97. — Il est chassé de France par Charles-le-Chauve, 98. — Il s'unit à Charles-le-Chauve et à Lothaire, 103.—Son fils Carloman se révolte contre lui avec les Wénèdes,105.—Il attaque en vain les Wénèdes, 115. — Son entrevue à Toul avec Charles-le-Chauve, 116. — Il reçoit son fils Carloman qu'il tient en captivité, 119. — Il attaque les Bulgares et se dispose à attaquer les Wénèdes, 136. — Il pardonne à son fils rebelle Carloman, 139 et 142. — Il se blesse à la chasse, 139. — Il mande à son neveu Lothaire de se soumettre au pape, 141. — Il défait les Wénèdes, 151, 155. — Il retient son fils rebelle Louis et défait les Wénèdes, 160. — Il force Charles-le-Chauve à abandonner l'Allemagne qu'il a envahie, 160 et 161. — Il fait attaquer les Abotrides par ses fils et se réconcilie avec son neveu Lothaire. — Il envoie des ambassadeurs à Charles-le-Chauve au sujet du partage du royaume de Lothaire, 197, 204, 205. — Il se blesse grièvement en faisant une chute, 205 et 217. — Il fait priver de la vue le roi des Wénèdes, 218. — Ses fils Louis et Charles se révoltent contre lui à cause de sa prédilection pour son autre fils Carloman, 218. — Il tient un plaid à Francfort, 232. — Il combat les Wénèdes, 235 et 236. — Son entrevue avec Charles-le-Chauve, 239. — Il envahit les états de ce prince pendant qu'il est en Italie, 241. — Il réclame à Charles-le-Chauve une partie du royaume d'Italie, 246. — Sa mort, 249.

Louis, fils de Louis-le-Germanique, est appelé par les Aquitains pour régner sur eux, 84. — Il est forcé d'abandonner l'Aquitaine, 85. — Il marche avec son père contre les Wénèdes, 115. — Il épouse la fille d'Adalard, à laquelle il renonce à la demande de son père, 151. — Il se révolte contre son père, et se réconcilie avec lui, 160. — Il attaque les Abotrides, 166. — Il défait les Wénèdes, 198. — Il envahit avec son père le royaume de Charles-le-Chauve, 241. — Il défait Charles-le-Chauve à Andernach, 250-251. — Il fait un traité avec Louis-le-Bègue, 273. — Il attaque les fils de Louis-le-Bègue et ravage la France, 280. — Il obtient une partie du royaume de Lothaire, 281. — Il entre de nouveau en France, prend position à Saint-Quentin et fait la paix avec Louis III et Carloman, 283, 302. — Il défait les Normands à Thun, 283, 302. — Il meurt après une vie inutile, 286, 312.

Louis, fils de Charles-le-Chauve, est fiancé à la fille d'Erispoé, 88. — Il est chassé du Mans par les Bretons et les comtes français, 94. — Il reçoit de son père l'abbaye de Saint-Martin, 103. — Il est confié à Adalard, 108. — Il se réfugie malgré son père auprès des bretons Gozfride et Guntfride, 109. — Il est dépouillé de l'abbaye de Saint-Martin, 110. — Il attaque en vain avec les Bretons Robert-le-Fort, 111. — Il épouse à l'insu de son père la fille du comte Harduin, 112. — Il se réconcilie avec son père, et reçoit le comté de Meaux ainsi que l'abbaye de Saint-Crépin, 114. — Son père lui donne le comté d'Anjou, 151; et le comté d'Autun, 155. — Il est nommé roi d'Aquitaine, 165.

Louis, fils de l'empereur Lothaire, est sacré roi à Rome par le pape Sergius,

57. — Il est sacré empereur par le pape Léon, 72.— Il ne peut s'emparer de Bari, 79. — Il est attaqué par l'empereur de Constantinople, 83. — Il se plaint du partage fait par son père, 89. — Ses dissentiments avec ses frères, 90. — Il fait élever Nicolas au souverain pontificat, 94.— Il reçoit la Bourgogne Transjurane de son frère Lothaire, 100. — Il lutte contre ses sujets révoltés et les Béneventins, 103. — Il veut s'emparer de la Provence, 118.— Ses violences et son iniquité à Rome, 128, 130, 134. — Il est blessé à la chasse, 140.— Il refuse le passage aux légats qui se rendent en France, 140. — Il attaque les Sarrasins, 147, 197. — Bénévent se révolte contre lui, 224, 225. — Il se rend à Rome et marche contre Bénévent, 229, 230. — Il se réconcilie avec Adalgise, 234. — Sa mort, 240, 293.

Louis, abbé de Saint-Denis, neveu de Charlemagne, est fait prisonnier par les Normands, 94. — Sa mort, 164.

Louis-le-Bègue, fils de Charles-le-Chauve, est chargé d'administrer la France pendant le séjour de son père en Italie, 255. — Il est couronné roi par Hincmar, 260-261, 297. — Il marche contre les Normands et contre les fils de Gozfride, 264. — Il est couronné à Troyes par le pape Jean VIII, 270. — Il se montre faible à l'égard des grands, 272. — Il fait un traité avec Louis, roi de Germanie, 273, 274, 298. — Il meurt à Compiègne, 277, 278, 299.

Louis III, fils de Louis-le-Bègue, est confié par son père à Bernard et à Hugues l'abbé, 278. — Hugues l'abbé et les grands le font couronner à Ferrières avec son frère Carloman, 281, 282, 301. — Il défait les Normands de la Loire et s'apprête à attaquer Louis, roi de Germanie, qui fait la paix, 283. — Il partage le royaume avec son frère, 284, 304. -- Il défait le rebelle Theutbalde et poursuit Boson jusqu'à Vienne, 285. — Il défait les Normands à Saucourt et construit le château-fort d'Estrun, 286, 310, 311. — Sa mort, 287, 313.

Loup, *Lupus*, abbé de Ferrières, est fait prisonnier à la bataille d'Angoulême, 59.

Loups (ravages des) en Gaule et en Aquitaine, 63. — Un loup entre dans une église durant la messe, 93.

Luthard, évêque de Pavie, est envoyé par l'empereur Louis III près de Charles-le-Chauve, 119.

M.

Madalbert, abbé de St-Vaast, 396 et 397.

Maelsechlan, roi d'Irlande, défait les Normands, 66.

Mahomet, Mohamet, calife de Cordoue, envoie un ambassadeur à Charles-le-Chauve, 138. — Il donne des présents aux ambassadeurs de Charles-le-Chauve, 152.

Manassès, comte de Dijon, fait crever les yeux à Teutbolde, évêque de Langres, 348. — Ses paroles inconvenantes décident Robert, frère du roi Eudes, à quitter un plaid, 360.

Mansionaticus (locus), lieu où le roi avait l'habitude de séjourner (manere), 238.

Mansus, domaine. — Charles-

le-Chauve met une contribution sur tous les manses, 102, 153, 185. — Lothaire agit de même, 128.
Mansus indominicatus, domaine cultivé par le maître lui-même. — Charles-le-Chauve y met une contribution, 255.
Marca, marches, frontière. — Marche de Bretagne, 38, 58; — id. d'Espagne, 19, 38; — id. de Germanie, Thuringe, etc., 30, 37, 136.
Marin, diacre, est envoyé comme légat à Constantinople par le pape Adrien II, 228.
Matfride, *Madifridus, Matfridus*, comte d'Orléans, est exilé par Louis-le-Débonnaire, contre lequel il s'est révolté, 4 et 5. — Il ne peut soulever les Francs et les Saxons contre cet empereur, 7. — Il défait Eudes, comte d'Orléans, 15.
Matfride, laïc, est nommé abbé de Saint-Vaast, 56, 400.
Maurand (S.) *Maurandus, Maurontus*, fils d'Adalbald. — Sa mort, 384.
Maures, voy. Sarrasins.
Meingaud (le comte), est envoyé en ambassade auprès de Charles-le-Chauve par Louis-le-Germanique, 246.
Mérovée, chef des Francs, réside à Cambrai, 369.
Michel II, empereur de Constantinople. — Sa mort, 4.
Michel III, empereur de Constantinople, gouverne avec sa mère Théodora, 54. — Il est assassiné par Basile, 197.
Milon (le comte), prête serment au nom du roi Lothaire, 146.
Moduin, évêque d'Autun, reste fidèle à Louis-le-Débonnaire, 11.

N

Nanthaire (le comte) est envoyé en ambassade par Lothaire auprès de Charles-le-Chauve, 119.
Natalie (Ste), martyre. Ses reliques sont rapportées d'Espagne par le moine Usuard, 97.
Nicaise (S.), martyr, est mis à mort par les Huns, 364.
Nicolas Ier, pape. Son élection, 95. — Il porte un décret sur la prédestination, 100. — Il condamne les évêques du synode de Metz qui ont été favorables au divorce de Lothaire, 121. — Sa fermeté en cette affaire et dans celle de la déposition de Rothade, 121 et 126. — Il est attaqué par l'empereur Louis, 129. — Il refuse de recevoir la lettre de l'excommunié Gunthaire, 133. — Il condamne Gunthaire et Theutgaud, 139. — Il écrit à Louis-le-Débonnaire et à Charles-le-Chauve en faveur de Lothaire, 141 et 143. — Il ordonne à Lothaire de reprendre Theutberge et rétablit Rothade, 144. — Il réclame les patrimoines de l'Église Saint-Pierre en Allemagne et en Bavière, 149. — Sa conduite dans l'affaire de Vulfade et des clercs ordonnés par Ebbon, 157, 158, 165. — Il réunit le concile de Troyes, 167. — Il réfute les calomnies des Grecs contre l'Église romaine, 168 et 169. — Sa mort, 170.
Nithard, vassal, prête serment au nom du roi Lothaire, 146.
Noménoé, chef breton, se révolte contre Charles-le-Chauve et tue Rainaud, comte de Nantes, 54. — Il ravage le pays du Mans, 59. — Les fils de Louis-le-Débonnaire le somment de rester fidèle à Charles-le-Chauve, 60. — Il fait la paix avec Charles-le-Chauve, 64. — Il est vaincu par les Normands, 66. — Il envahit An-

gers, 72. — Il se révolte contre Charles-le-Chauve, 72. — Sa mort, 73. — Il avait été *missus* de Louis-le-Débonnaire, 73.

NORMANDS, *Northmanni, Dani.* Ils demandent la paix à Louis-le-Débonnaire, 5. — Ils ravagent la Frise, Utrecht et Dorestadt, 15, 19, 21, 23. — Ils abandonnent Dorestadt à l'approche de l'empereur, 24. — Louis-le-Débonnaire réunit contre eux le plaid de Nimègue, 26. — Plusieurs sont engloutis dans les flots, 27. — Ils envahissent la Saxe, 39; la Frise, 40. — Ils ravagent Rouen et les bords de la Seine, 45. — Ils reçoivent l'île de Walcheren, 47. — Ils ravagent Quentowic, 51; Nantes, 54. — Ils pillent l'Aquitaine et s'établissent à Noirmoutiers ou à Ré, 55. — Ils font des invasions en Bretagne et en Angleterre, 59; sur les bords de la Garonne et en Galice, 60; sur les bords de la Seine et à Paris, 60 et 61; en Allemagne, 61. — Ils abandonnent la Seine, ravagent St-Bertin et sont frappés par Dieu en 845, 62. — Ils pillent le pays de Saintes et la Frise, 63. — Ils envahissent la Bretagne et défont Noménoé, 66. — Ils envahissent l'Irlande, 66 et 67; l'Aquitaine et la Frise en 847 et 848, 67. — Ils sont vaincus à Bordeaux par Charles-le-Chauve, 67. — Ils ravagent Melle, 68. — Ils sont vaincus par les Irlandais, 68. — Ils ravagent Périgueux et la contrée voisine, 70-72. — Deux de leurs chefs se font la guerre, 72. — Ils envahissent la Frise et le pays des Ménapiens, et passent en Angleterre où ils sont défaits, 73. — Ils envahissent la Frise et vont jusqu'à Gand, ravagent le pays de Rouen à Beauvais, et sont défaits en 851, 77. — Ils ravagent la Frise, 78, 80. — Ils ravagent les bords de l'Escaut et de la Seine en 852, les bords de la Loire et Nantes en 853, 80. — Ils ravagent Tours, 83; la Loire, Blois et les côtes de la Frise en 854, 85. — Ils se livrent à des guerres intestines, 85 et 86. — Ils s'emparent d'Angers, puis de Bordeaux, 86. — Ils marchent contre Poitiers et sont défaits par les Aquitains, 88. — Ils s'emparent de la Frise en 855 et ravagent Orléans en 856, 89. — Ils ravagent les bords de la Seine et hivernent à Jeufosse, 89. — Ils brûlent des églises à Paris et ravagent Tours en 857, 90, 91 et 92. — Ils pillent la Batavie, ils attaquent Chartres, 92. — Un de leurs chefs jure fidélité à Charles-le-Chauve et d'autres attaquent Saint-Denis, 93 et 94. — Ils sont repoussés de la Saxe, 95. — Ils sont attaqués à Oissel par Charles-le-Chauve, 95 et 96. — Ils ravagent au-delà de l'Escaut et près de la Seine, 97. — Ils sont attaqués par des associations d'hommes du peuple, 97. — Ils ravagent St-Valery, Amiens, le pays de Boulogne et Noyon en 859, 99 et 100. — Ceux de la Seine s'engagent à combattre ceux de la Somme, 102. — Ils envahissent l'Angleterre et sont défaits, 102. — Ils ravagent l'Italie et Pise, 103; Paris, 103; Térouane, 104 et 106. — Ceux de la Somme attaquent ceux de la Seine à Oissel en 861, 106 et 107. — Charles-le-Chauve les défait en 862 près de la Seine et de la Marne, 109 et 110. — Ils se rendent en Bretagne où ils s'unissent à Salomon contre Robert-le-Fort et d'autres à Robert-le-

Fort contre Salomon, 110 et 111. — Ils ravagent l'Allemagne, la Frise, les bords du Rhin et sont vaincus, 117. — Ils ravagent Poitiers et brûlent l'église Saint-Hilaire, 127. — Ils prennent Clermont en Auvergne, 128. — Robert-le-Fort les attaque près de la Loire, 140. — Ils ravagent Saint-Benoît-sur-Loire et Orléans en 865, 142. — Ceux de la Seine sont vaincus en 865 par Charles-le-Chauve, 149-151. — Ceux de la Loire sont en partie vaincus par Robert-le-Fort, 149. — Ils ravagent l'abbaye de Saint-Denis, 149. — Ils prennent le Mans, 151. — Ils sont vaincus par les Aquitains près de la Charente, 152. — Ceux de la Loire sont vaincus en Neustrie, 153. — Ceux de la Seine triomphent de Robert-le-Fort, 155. — Ils ravagent le pays de l'Issel, 155. — Ils tuent Robert-le-Fort à Brissarthe, 159. — Ils sont chassés de la Frise, 167. — Ils ravagent Orléans, 172. — Ils sont défaits par les habitants de Poitiers, 183 et 184. — Ceux de la Loire sont défaits par Hugues l'abbé, 199. — Ils mettent à rançon le pays de Tours, 200. — Ils triomphent de Hugues l'abbé, 223. — Ils sont vaincus à Angers par Charles-le-Chauve, 234 et 286. — Ils entrent dans la Seine en 876, 251. — Charles-le-Chauve se prépare à les combattre, 253. — Tribut qui leur est payé, 256, 295. — Ils ravagent Térouane et le pays des Ménapiens, 299 et 300. — Ils s'établissent à Gand en 879, 301. — Ils triomphent de Gozlin à Gand et ravagent l'Escaut et la Somme en 880, 305. — Ils s'établissent à Courtrai et ravagent le pays des Ménapiens en 880, 306. — Ils sont défaits sur les bords de la Vienne par Louis III et Carloman, 286 et 310. — Ils ravagent le pays entre l'Oise, la Somme et la Meuse, 287 et 288. — Ils ravagent Laon, Noyon, Soissons, Reims et la Marne en 882, 290. — Ils sont vaincus par Carloman, 291. — Ils ravagent Arras, Cambrai et les bords de la Scarpe, 307 et 308. — Ils se retirent à Gand et à Elsloo, 312. — Ils ravagent Trèves, Cologne et reçoivent la Frise de Charles-le-Gros, 312. — Ils s'établissent à Condé et ravagent la Thiérache et les bords de la Somme et de l'Oise, 313, 314, 315. — Ils brûlent Saint-Quentin, Saint-Vaast et ravagent la Flandre, 316. — Ils triomphent de Carloman à Miannay et à Laviers, 317. — Leurs ravages, 318. — Carloman les décide à prix d'argent à quitter le royaume et ils s'établissent à Louvain, 319 et 320. — Charles-le-Gros ne peut les vaincre à Louvain, 321. — Ils ravagent Rouen, 321. — Ils prennent Pontoise, 322. — Ils assiégent Paris, 323 à 327. — Ils s'emparent de Saint-Médard de Soissons et retournent en Frise, 328 et 329. — D'autres ravagent les bords de l'Yonne et de la Saône, 328 et 329. — Ils sont vaincus par le roi Eudes à Montfaucon, 332. — Ils s'emparent de Meaux, 333. — Ils ravagent les bords de la Marne et du Loing, la Bourgogne et une partie de l'Aquitaine, 334 et 335. — Ils s'emparent de Saint-Lô et ne peuvent occuper la Bretagne, 336. — Ils ne peuvent prendre Arras, 337-339. — Ils sont attaqués par Eudes près de Wallers, 340 et 341.

— Ils hivernent à Louvain et à Amiens, 341. — Ils sont attaqués par Arnulfe près d'Arras, 341. — Ils défont Eudes dans le Vermandois, 341. — Ils ravagent les bords de la Seine et de l'Oise, et s'établissent à Choisy-au-Bac, 353. — Ils ravagent jusqu'à la Meuse et sur les bords de la Seine, 354. — Ils ravagent le royaume en 897 et s'établissent sur la Loire, 355. — Ils ravagent l'Aquitaine et la Neustrie, et sont vaincus dans le Vimeu par Charles-le-Simple, 356. — Ils s'établissent à Jumièges, 357. — Ils sont défaits à Argenteuil par Richard, duc de Bourgogne, 358. — Ils ravagent le pays depuis l'Oise jusqu'à la Meuse, 358.

Notting, évêque de Brescia, 177.

O

Obodriti, voy. Abotrides.
Odacrus, notaire, envoyé par Charles-le-Chauve au-devant du pape Jean, 257.
Odelricus, archevêque de Reims, excommunie ceux qui détiennent les biens de l'Église, 291.
Odo, voy. Eudes.
Odoacre, *Audacer*, père de Bauduin, comte de Flandre, 399.
Omer (S.), évêque de Térouane, 383. — Sa mort, 389.
Orichus, voy. Horich.
Otgaire, *Otgarius*, évêque de Mayence, est envoyé comme ambassadeur auprès de Lothaire, 20.
Ottulfe, évêque de Troyes, est fait prisonnier à la bataille d'Andernach, 252.

P

Paganisme (le) est autorisé en Saxe par Lothaire, 47. — Il y est détruit par Louis-le-Germanique, 52.

Pagi, ducatus, comitatus : Alamannia, Albechowa, Alsatia, Alsensis, Altiodorensis, Amaus, Andegavensis, Aquensis, Aquitania, Arduennensis, Augustodunensis, Aurelianensis, Barrensis, Basalchowa, Basiniacum, Batua, Bedagowa, Belvacensis, Bituricensis, Blesensis, Blesitgowa, Bracbantensis, Brionensis, Britannia, Burgundia, Cameracensis, Carnotensis, Castritius, Catalaunensis, Cavallonensis, Coloniensis, Condorusto, Dorestadt, Dulmensis, Ecolesimus, Elischowa, Emaus, Flandria, Frisia, Genevensis, Gallicia, Gasconia, Hainaus, Hammelant, Hasbania, Hattuarii, Helisatia, Hessi, Hurepensis, Kesigesburch, Laudunensis, Leudicus, Lingonensis, Lobadenensis, Lomensis, Lotharingia, Lugdunensis, Maritima, Mauripensis, Meldensis, Mempiscus, Menapii, Milidunensis, Moilla, Mosagao, Mosellicorum, Mosomagensis, Namnetensis, Nitachowa, Neustria, Nitagowa, Nortgowi, Odornensis, Parisiacus, Pertinsis, Pictaviensis, Portensis, Provincia, Ratensis, Remensis, Ribuariorum, Sarachowa, Scarponensis, Scudingium, Selme, Septimania, Solocense, Spirohgowi, Stampensis, Suentisiorum, Sundgaw, Swalafelda, Taruannensis, Tellau, Testerbaut, Texandria, Thoringia, Trectensis, Tricassinorum, Tullensis, Turonicus, Uccericium, Vallissorum, Veromandensis, Viennensis, Virdumensis, Vise, Vivariæ, Warach, Wasconia, Wastinensis, Wavrensis, Wirascorum, Witmau,

Wormalzfelda. Voy. ces mots à la Table des noms de lieu.

Pairs. Ce que les pairs se doivent mutuellement, 74.

Papauté. L'empereur Lothaire fait déclarer que l'envoyé de l'empereur recevra le serment des papes à leur consécration, 57. — Louis, roi d'Italie, fait élire le pape Nicolas Ier, 95. — Charles-le-Chauve protège les domaines de la papauté en France, 148.

Partage de l'empire et des royaumes formés de l'empire, par Louis-le-Débonnaire entre ses fils, 36 ; entre Lothaire, Charles-le-Chauve et Louis-le-Germanique, 51, 53, 55 ; des états de l'empereur Lothaire entre ses fils, 89 ; du royaume de Lothaire entre Charles-le-Chauve et Louis-le-Germanique, 205-217 ; de la France entre Louis III et Carloman, 284.

PASWITHEN, gendre de Salomon duc des Bretons, est envoyé à Compiègne, 166. — Il obtient Coutances et d'autres domaines pour la Bretagne, 167. — Il prend part à l'assassinat de Salomon, 238.

PAUL, évêque, est envoyé par le pape Adrien II à Charles-le-Chauve, 200.

PÉPIN D'HÉRISTAL. Sa généalogie, 386. — Son administration et sa mort, 386-391.

PÉPIN, roi d'Aquitaine, fils de Louis-le-Débonnaire, se révolte contre son père, 2. — Il est reçu froidement par son père, et se retire en Aquitaine, 6. — Il refuse de se rendre en France, 9. — Sa révolte contre son père, 10. — Il lutte pour son père contre Lothaire, 13 et 14. — Les grands de Gascogne se révoltent contre lui, 22. — A la demande des évêques il rend les biens de l'Église, 23. — Il assiste au plaid de Quiersy, 27. — Sa mort, 78.

PÉPIN, fils du roi d'Aquitaine Pépin, se révolte avec les Aquitains contre Louis-le-Débonnaire, 38. — Ses complices sont vaincus à Carlat et vainqueurs à Turenne, 41. — Il s'unit avec Lothaire contre Charles-le-Chauve et Louis-le-Germanique, 45. — Il défait l'armée de Charles-le-Chauve à Angoulême, 58. — Les fils de Louis-le-Débonnaire le somment de se soumettre à Charles-le-Chauve, 60. — Il jure fidélité à ce prince, 61. — Il est livré à Charles-le-Chauve et enfermé à Saint-Médard, 79. — Dégradation des moines qui ont voulu favoriser son évasion, 81. — Il promet de rester en religion, 81. — Il s'enfuit de Saint-Médard et gagne l'Aquitaine où il est proclamé roi, 85, 88. — Il est abandonné par les Aquitains, 89. — Il s'unit aux Normands et ravage Poitiers et l'Aquitaine, 90. — Charles-le-Chauve lui fait don de comtés et de monastères en Aquitaine, 95. — Il s'associe au comte Robert et aux Aquitains, 99. — Il s'unit encore aux Normands, 128. — Il est condamné à mort et relégué à Senlis, 137.

PÉPIN, fils du roi d'Italie Bernard, ramène Judith en France, 15.

PÉPIN, fils de Pépin, petit-fils de Bernard, est envoyé par Charles-le-Chauve au-devant du pape Jean VIII, 257.

Perses. Les ambassadeurs du roi des Perses viennent trouver Louis-le-Débonnaire à Thionville, 5.

Peste, 88.

PHOTIUS s'empare du patriarchat de Constantinople, 139. — Il

est condamné dans le 8ᵉ concile, 229.
Pierre, cardinal, envoyé du pape Adrien II, 217.
Pierre, évêque de Sinigaglia, envoyé du pape Jean VIII, 246, 254.
Pierre, évêque de Fossombrone, envoyé du pape Jean VIII, 254.
Plaids à Aix-la-Chapelle, 1, 3, 14, 24; Attigny, 17; Châlon-sur-Saône, 39; Chartres, 71, 166; Compiègne, 2, 11, 12; Crémieu, 19; Douzy, 237; Epernai, 63; Francfort, 218, 232; Gondreville, 284; Mayence, 7; Metz, 235; Nimègue, 3, 26; Orléans, 6, 8; Pavie, 242; Pistres, 181, 182; Pontyon, 243; Quiersy, 14, 27; Saint-Quentin, 237; Servais, 226; Thionville, 5; Tribur, 240; Verdun, 55; Worms, 21, 53, 290.
Prédestination. Erreurs de Gottschalk sur la prédestination, 69. — Propositions à ce sujet arrêtées dans le concile de Quierzy, 82, 87. — Décret du pape Nicolas Iᵉʳ sur cette question, 100.
Procédures. Ordre suivi dans les procédures mixtes où siégeaient les évêques et les comtes, 3.
Prodiges, 32, 64, 87, 91, 93, 99, 113, 114, 162.
Prudence (S.), *Galindo cognomento Prudentius*, évêque de Troyes est l'auteur de la seconde partie des Annales de S. Berton, 19. — Ses sentiments sur la prédestination, 69. — Il combat Hincmar, 105. — Sa mort, 105.

R

Radon, abbé de Saint-Vaast, 399.
Ragenarius, évêque d'Amiens, est fait prisonnier à la bataille d'Angoulême, 59.
Ragenarius (le comte), est tué à la bataille d'Andernach, 251.
Ragenarius, Régnier comte de Hainaut, retire des mains des Normands le corps du duc Henri, 326. — Il abandonne Charles-le-Simple pour s'unir à Zwentibold, 350. — Il conseille à Charles-le-Simple d'envahir les États de Zwentibold, 358.
Ragenfride, maire du palais, lutte contre Charles Martel, 392. Sa mort à Beuvry, 395.
Ragenfride, abbé de Saint-Vaast, 397.
Ragnacaire, chef franc, règne à Cambrai, 373.
Ragnar Lodbrog, chef normand, ravage les bords de la Seine, 60.
Ragnelmus, évêque de Tournai. Sa mort, 301.
Ragnoldus, duc du Mans, est tué par les Normands, 322.
Raimond, *Remundus*, comte de Toulouse. Son comté lui est enlevé par Hunfroi, 119.
Rainaldus, chef du pays de Nantes, est tué par Noménoé, 54.
Ramnulfe, comte de Poitiers, prend Pépin et le livre à Charles-le-Chauve, 138. — Il est blessé mortellement à Brissarthe, 159. — Ses fils sont privés de ses dignités, 172.
Ramnulfe, duc d'Aquitaine, soigne Charles-le-Simple encore enfant, 335. — Sa mort, 344.
Raoul, *Hrodulfus, Radulfus*, comte de Cambrai, frère de Bauduin-le-Chauve, abandonne Charles-le-Simple pour s'allier à Zwentibold, 349. — Il fait rompre un plaid tenu par Eudes, 352. — Eudes lui reprend Saint-Quentin et Pé-

ronne, 353. — Il ravage Saint-Quentin et périt dans une guerre contre Héribert, 353.

Ratharius (le comte), prête serment au nom du roi Lothaire, 146.

Ratholdus, évêque de Vérone, ramène Judith d'Italie, 15.

Ratholdus, abbé de Saint-Vaast, son élection, 53. — Sa mort, 56, 400.

Ratoldus, évêque de Strasbourg, est député par Lothaire auprès du pape Nicolas, 135. — Il assiste au serment prêté par les hommes de Lothaire, 147.

Ravanus (le comte). Sa mort, 58.

Regnier, voy. *Ragenarius*.

Remi (S.), archevêque de Reims. Ses reliques sont transportées à Epernai par crainte des Normands, 291.

Respogius, voy. Erispoé.

Resticius, roi des Wénèdes, se révolte avec Louis, fils de Louis-le-Germanique, 160. — Il est fait prisonnier par Louis-le-Germanique, 204. — Il est privé de la vue et enfermé dans un monastère, 218. — Son neveu rend l'indépendance aux Wénèdes, 224.

Rhos, voy. Russes.

Richard, *Rikardus*, duc de Bourgogne, marche contre le roi Eudes, 346. — Il donne asile à Charles-le-Simple, 348. — Il reconnait Charles-le-Simple après la mort d'Eudes, 356. — Il défait les Normands à Argenteuil, 358. — Il s'occupe avec le roi d'attaquer les Normands, 360.

Richbotus, abbé de Saint-Ricquier. Sa mort, 58.

Richilde, fille du comte Buvin, sœur de Boson, est d'abord concubine puis épouse de Charles-le-Chauve, 200, 202. — Elle met au monde un enfant qui meurt aussitôt après avoir reçu le baptême, 239.

— Elle est envoyée à Servais pendant le voyage de Charles-le-Chauve en Italie, 241. — Elle se rend au-devant de Charles-le-Chauve à Besançon, 243. — Elle met au monde un enfant durant la déroute qui suit la bataille d'Andernach, 252. — Mort de cet enfant, 254. — Elle est couronnée impératrice à Tortone, 258.

Richwinus (le comte) est fait prisonnier à la bataille d'Angoulême, 59.

Robert, *Rodbertus*, *Rotbertus*, évêque du Mans, est dépouillé par Charles-le-Chauve de l'abbaye de Saint-Calais, 126. — Il est envoyé à Rome par ce prince, 135.

Robert-le-Fort, comte d'Angers, s'associe avec Pépin, fils de Pépin roi d'Aquitaine, 99. — Il est honorablement accueilli par Charles-le-Chauve, 106. — Il achète les secours des Normands pour attaquer les Bretons qui sont vaincus, 111. — Il reçoit les dignités de Bernard, fait prisonnier Egfride et le livre à Charles-le-Chauve, 138. — Il est blessé en combattant contre les Normands, 140. — Il défait les Normands de la Loire, 149. — Il reçoit de Charles-le-Chauve les comtés d'Auxerre et de Nevers, 151. — Il est vaincu par les Normands, 153. — Il reçoit de Charles-le-Chauve l'abbaye de Saint-Martin, 155. — Il est tué à la bataille de Brissarthe, 159. — Son fils est privé de ses dignités, 170.

Robert, frère du roi Eudes, réconcilie Eudes avec ses adversaires, 348, 351, 355. — Il reconnait Charles-le-Simple après la mort d'Eudes, 356. — Il se retire du plaid réuni par Charles-le-Simple, 360.

RODLANDUS, archevêque d'Arles, assiste au serment prêté par les hommes de Lothaire, 147. — Il est pris par les Sarrasins et meurt entre leurs mains, 198 et 199.

RODOALD, évêque de Porta, légat de Nicolas I, se laisse corrompre par Lothaire; et le pape le condamne, 119, 120, et ssq.

RODOLPHE, frère de l'impératrice Judith, est enfermé dans un monastère, 2. — Sa mort, 153.

RODOLPHE, *Rodulfus, Hrodulfus*, archevêque de Bourges. Sa mort, 157.

RODOLPHE, chef normand, fils d'Hériold, se met au service de Lothaire pour une somme d'argent, 128. — Il attaque le royaume de Louis, 235.

RODOLPHE, abbé de Saint-Vaast. Sa mort, 317.

RODOLPHE, abbé de Saint-Vaast et de St-Bertin, est l'adversaire du roi Eudes, 331. — Il défend Arras contre Hasting et les Normands, 337-339. — Sa mort, 342.

RODOLPHE, duc de la Bourgogne Transjurane. Son sacre comme roi par l'évêque de Toul, 331.

ROMAIN, abbé de Saint-Vaast, 397.

RORICH, chef normand, neveu d'Hériold, ravage la Frise, 55. — Il reçoit Dorestadt de l'empereur, 72. — Il retourne dans sa patrie, 86. — Il s'établit en Frise, 88. — Il conseille aux Normands d'abandonner les bords du Rhin, 118. — Il est chassé des bords de ce fleuve, 167. — Il fait la paix à Nimègue avec Charles-le-Chauve, 202. — Son entrevue avec ce prince, 226, 230.

RORICH, fils de Rorich, comte du Mans. Charles-le-Chauve lui pardonne sa révolte, 118.

— Il est tué en combattant contre les Normands, 153.

ROTHADE, évêque de Cambrai et d'Arras. Sa mort, 329.

ROTFRIDE, abbé de Saint-Vaast, 398.

ROTGAIRE, évêque de Beauvais. Sa mort, 316.

Russes (les), *Rhos, Russi*. Leurs ambassadeurs auprès de Louis-le-Débonnaire, 34. — Chacanus leur chef, 34.

Rusticus (S.). Ses reliques sont transportées à Nogent-sur-Seine, 100.

S.

SALOMON, chef des Bretons, neveu de Noménoé, fait la paix avec Charles-le-Chauve et reçoit une partie de la Bretagne, 79. — Il se révolte contre Erispoé et le fait périr, 92. — Il se révolte contre Charles-le-Chauve, 106. — Il achète le secours des Normands contre Robert-le-Fort, 110. — Il prête serment à Charles-le-Chauve et reçoit de lui des concessions territoriales, 118. — Il paie un tribut annuel à Charles-le-Chauve, 136. — Attaqué par ce prince, il envoie son gendre à Compiègne, 166. — Il fait demander des secours pour combattre les Normands, 182. — Il fait la paix avec les Normands et récolte le vin dans le pays d'Angers, 235. — Il est mis à mort par les Bretons, 238, 239.

SANCIO-SANCI, frère d'Azenar, comte de Gascogne, 22. — Il prend Pépin, et le livre à Charles-le-Chauve, 79.

SARRASINS, *Sarraceni*. Ils ravagent Marseille et la Provence, 27; Arles et les environs, 52. — Ils s'emparent de Bénévent, 52. — Ils en sont chassés, 56, 58. — Ils défont les Normands en Espagne, 60.— Ils dévastent les bords du Tibre, 64. — Ils sont défaits en Campanie et triomphent ensuite du roi Louis, 65. — Ils périssent dans les flots, 66. — Leurs attaques contre Bénévent, 67, 68, 78. — Ils ravagent la Provence, 71, 72. — Ils prennent Barcelone, 78.—Le roi Louis les attaque à Bari, 79. — Ils attaquent Rome, 83, 84. — Ils détruisent Naples, 90. — Ils font un traité avec Charles-le-Chauve, 126. — Leurs ambassadeurs retournent en Espagne, 138. — Le calife de Cordoue donne des présents aux envoyés de Charles-le-Chauve, 152. — Ils se maintiennent dans Bari et ravagent le mont Saint-Michel, 197 et 198. — Ils s'emparent de l'île de la Camargue, 198 et 199.

Sauterelles (ravages des), 235, 293.

Saxons, voy. Saxe, à la table des noms de lieu.

Sclavi, voy. Slaves.

Scots (les) d'Irlande, Scotti, sont vaincus par les Normands, 66. — Ils les défont ensuite, 68. — Leur roi se rend à Rome, 68.

Sedecias, médecin juif, empoisonne l'empereur Charles-le-Chauve, 258.

Sergius (le pape). Son élection, 57. — Sa mort, 66.

Serments prêtés par divers personnages, 2, 5, 26, 38, 39, 40, 42, 49, 64, 81, 84, 94, 98, 103, 145, 146, 262, 263.

Sigebert, abbé de Saint-Vaast, 398.

Sigefroi, Sigifridus, Sigefridus, chef des Normands de la Charente, est vaincu par les Aquitains, 152.

Sigefroi, chef normand, reçoit de Charles-le-Chauve une contribution en argent, 289. — Il négocie une paix avec les Normands au nom du roi Carloman, 317, 319.— Gozlin s'entend avec lui pour délivrer Paris, 324.— Il ravage Saint-Médard, 328.

Sigemundus, évêque du Mans, est égorgé par les Normands, 334.

Sigilfridus, évêque de Reggio, 177.

Sixte, premier archevêque de Reims, est envoyé en Gaule par S. Pierre pour y prêcher l'évangile, 364.

Slaves (les) Sclavi, Slavi. Ils se soumettent à Louis-le-Débonnaire, 5.— Ils marchent avec Louis-le-Germanique contre Louis-le-Débonnaire, 6. — Leurs invasions en Allemagne, 39 et 40. — Ils sont vaincus par Louis-le-Germanique, 59. — Ils sont vaincus par les Saxons, 61.— Ils l'emportent sur Louis-le-Germanique, 65, 72. — Ils sont vaincus par ce roi, 69, 78, 83. — Ils se révoltent de nouveau, 88, 89. Voy. Abotrides, Sorabes.

Sorabes, peuples slaves. — Ils font des incursions et sont attaqués par les Saxons, 39 et 40. — Ils sont vaincus par les Saxons, 42. Voy. Abotrides, Slaves.

Sphère d'argent du palais d'Aix-la-Chapelle, détruite par Lothaire, 50.

Stellinga, Stellings, Saxons. — Ils retournent au paganisme, 47. — Leur confédération est détruite. 51. Voy. Saxe à la table des noms de lieu.

Stéphanie, épouse d'Adrien, est tuée par Eleuthère, 174.

Sueones. Leurs espions se rendent auprès de Louis-le-Débonnaire, 35.

Suèves (les) établis en Flandre sont attaqués par les Normands, 306.
Synodes, voy. Conciles.

T.

Tetmarus (le comte), 215.
TEUTBERT, comte de Meaux, défend cette ville contre les Normands, 333.
TEUTBOLDE, évêque de Langres, est privé de la vue par Manassès, 348.
Theodora, mère de l'empereur Michel, gouverne au nom de son fils, 541.
THEODORIC, roi des Wisigoths, attaque Attila à la bataille de Châlons, 367.
Theodoricus, évêque de Cambrai. Son élection, 4.
Theodoricus, camérier de Louis-le-Bègue, reçoit les dignités enlevées à Bernard, marquis de Gothie, 278. — Il est mis à la tête d'une armée contre les Normands, 289. — Il est envoyé en Italie pour offrir le titre de roi de France à l'empereur Charles-le-Gros, 320.
Theodoricus (le comte) est le chef d'un parti qui favorise Eudes, 330. — Il est envoyé par Eudes auprès d'Arnulf, roi d'Allemagne, 332.
Theodoricus, Teutricus, comte de Vermandois. Raoul de Cambrai enlève à son fils le château de Saint-Quentin, 351.
THÉODOSE (le patrice) est envoyé en qualité d'ambassadeur auprès de Louis-le-Débonnaire, 34.
THÉOPHANE est envoyé en qualité d'ambassadeur auprès de Louis-le-Débonnaire, 34.
THÉOPHILE, empereur de Constantinople, 4. — Il envoie des ambassadeurs à Louis-le-Débonnaire, 34-35. — Sa mort, 54.
Theoto ou Theodo, abbé de St-Martin de Tours, est tué en combattant Lantbert et les complices de Lothaire, 14.
THEUTBALDE, fils d'Hubert, et complice de Hugues fils de Lothaire, est défait par Louis III et Carloman, 284, 304.
THEUTBERGE, Theutberga, Teutberga, Teotberga, fille de Boson, épouse du roi Lothaire, est abandonnée par son époux, 90. — Elle est reprise par ce roi qui la tient en captivité, 95. — Elle est forcée de se déclarer coupable d'un crime infâme, et renfermée dans un monastère, 101. — Elle se réfugie dans le royaume de Charles-le-Chauve, 103. — Elle est condamnée dans le concile de Metz, 115. — La décision du concile est désapprouvée par le pape Nicolas I, 118. — Les évêques qui ont condamné Theutberge avouent leur faute, 135. — Elle reçoit de Charles-le-Chauve l'abbaye d'Avenay, 140. — Le pape force Lothaire à la reprendre solennellement pour épouse devant témoins, 145-149. — Elle se dispose à partir pour Rome, 158. — Lothaire s'efforce en vain de l'amener à entrer en religion, 161, 162. — Elle demande elle-même le divorce sans que le pape y consente, 171.
THEUTGAUD, archevêque de Trèves, favorise le divorce de Lothaire, 115. — Il est condamné et déposé par le pape, 120. — Il excite l'empereur à attaquer le pape, 128. — Il écrit au pape une lettre injurieuse, 130, 133. — Il se soumet à l'interdiction qui l'a frappé, 134. — Il se rend à Rome, 138. — Il retourne à Rome et y meurt, 170, 171.

Theutmarus (le comte) prête serment au nom de Lothaire, 146.

THIERRY, roi des Francs, fait une donation à l'abbaye St-Vaast, 387.

THURINGIENS, voy. Thuringe, à la table des noms de lieu.

TURGÈS, chef normand, envahit l'Irlande; où il est tué par les Scots, 66.

U.

Ultrasequanenses. Ils marchent avec Pépin au secours de Louis-le-Débonnaire, 13.

Ungri, voy. Hongrois.

USUARD, moine de St-Germain, rapporte d'Espagne les reliques de S. Georges, de S. Aurelius et de Ste Natalie, 97.

V.

VAAST (S.). Sa naissance et son lieu natal, 370. — Il instruit Clovis et se rend à Reims, 371, 372. — Il est nommé évêque de Cambrai et d'Arras, 373, 374. — Ses reliques sont transportées à Vaux et rapportées à Arras en 879, 301. — Elles sont de nouveau transportées à Vaux, 305. — Elles sont transportées à Beauvais, 306. — Première translation de ses reliques en 687, 386.

Villas, châteaux, palais, résidences royales :
Aix, 2, 4, 5, 6, 9, etc.; Arches (*Arcœ*), 98; Arras, 307, 316, 351; Blois (*Blisium*), 85, 90; Bodoma, 30; Brienne (*Breona*), 96; Busançais (*Bosentiacæ*), 159; Carlat (*Cartilatum*), 41; Coblentz, 50; Esmans (*Acmentum*), 97; Francfort, 22, etc.; Florange (*Floringæ*), 197; Heristal, 51, 205, 239, 251, 298; Ingelheim, 5, 34, 43, 48; Kreuznach, 39; Langbardhein, 7; Melun, 153; Orville, 150, 167, 224, 237, 259, 264; Ponthion, 96, 108, 117, 226, 240, 243, 256, 277, 320; Remi (S.) à Epernai, 63; Rouy (*Rofiacum*), 152; Saltz, 8; Savonnières, 98; Servais, 142, 249; Sinzig (*Sentiacum*), 50; Stenay, 249; Thionville, 5, 17, 23; Thusey, 140; Tribur, 5, Vendeuvre, 148; Ver, 141.

VINDICIEN (S.), évêque de Cambrai et d'Arras, 386. Sa mort, 391.

VULFALDE, archevêque de Bourges, l'un des clercs ordonnés par Ebbon après sa déposition. — Discussion sur la validité de son ordination, 81, 156. — Il est nommé à l'archevêché de Bourges, 157.

VULTAIRE favorise le divorce de Lothaire, 115.

VULTAIRE, évêque d'Orléans, est envoyé par les grands du royaume auprès de Louis, fils de Louis-le-Germanique, 281.

VURHAN, l'un des assassins de Salomon, chef des Bretons, 238.

VURMON, chef normand, reçoit une rançon en argent de Charles-le-Gros, 289.

W.

WALA, frère d'Adelard, abbé de Bobbio et de Corbie, est exilé par Louis-le-Débonnaire, 4, 5. — Lothaire l'envoie en ambassade auprès de Louis-le-Débonnaire, 21. — Sa mort, 22.

WALDRADE parvient à se faire épouser par le roi Lothaire, qui a fait condamner son épouse légitime, 115. — Elle est abandonnée par Lothaire et conduite à Orbe par un légat, 145. — Le pape exige qu'elle soit conduite à Rome, 165. — Le pape Adrien II l'absout, à condition qu'elle abandonnera Lothaire, 173.

WALLA, évêque de Metz, est tué par les Normands, 288, 312.

Waltarius, secrétaire de Lothaire, est envoyé à Rome au sujet du divorce de ce roi, 158.

Waltherus, évêque d'Orléans, se rend auprès de Louis-le-Bègue de la part de Hugues, fils de Lothaire, 300.

Waltherus, archevêque de Sens, 328. — Il préside au sacre d'Eudes, roi de France, 331.

WARENGAUD se réconcilie avec Hunfroi, 114.

WARIN (le comte) est envoyé comme ambassadeur auprès de Lothaire, 20.

Warnarius excite contre son père Louis, fils de Louis-le-Germanique, 16.

WAUCHER, châtelain de Laon, est condamné à mort par le roi Eudes, 344.

WELAND, chef normand, s'empare de l'île d'Oissel sur d'autres Normands et s'établit à Melun, 107. — Il jure fidélité à Charles-le-Chauve et se convertit au Christianisme, 100 et 111. — Il est tué dans un combat singulier, 127.

WELAND (le fils de) s'établit à Saint-Maur-les-Fossés avec les Normands d'Oissel, 107.

WENILON, archevêque de Sens, assiste au concile de Quiezy, 70. — Il est accusé au synode de Savonnières, 98. — Il se réconcilie avec le roi Charles-le-Chauve, 101.

WEREMBOLDE (le comte) prête serment au nom du roi Lothaire, 146.

WIBOLDE (l'évêque), légat du pape Adrien II, 217. — Il est envoyé à Charles-le-Chauve par l'impératrice Ingelberge, 227.

Wido (le comte), avait occupé la villa de Vendeuvre qui appartenait au pape, 148.

Wido, abbé de Saint-Vaast, 397.

WIGON, fils de Salomon, est fait prisonnier par les Bretons révoltés, 238.

WIGON, fils de Rivelin, l'un des assassins de Salomon, duc des Bretons, 228.

Wiliricus, évêque de Brême, reste fidèle à Louis-le-Débonnaire, 11.

WILLEBERT, archevêque de Cologne, est envoyé par Louis-le-Germanique auprès de Charles-le-Chauve, 246.

Willelmus, voy. Guillaume.

WILTZES, *Wiltzi*. Ils envoient des otages à Louis-le-Débonnaire, 28. — Ils envahissent les marches de la Saxe, 40.

WINÉMAR DE LILLERS, vassal de Bauduin-le-Chauve, l'un des assassins de Foulques, archevêque de Reims, 359 et 360.

WINIGISE (sa fille) prend auprès de l'empereur Louis la place de l'impératrice Ingelberge, 229.

WULFRAN (S.). — Sa mort, 395.

Z.

ZWENTIBOLD, *Zuendebolchus*, est sacré roi, 349. — Il s'allie avec Charles-le-Simple et assiége Laon, 349. — Il pense à faire périr Charles-le-Simple et lève le siége de Laon, 350. — Il marche contre Charles-le-Simple, 358. — Il poursuit en vain les Normands, et se réconcilie avec Charles-le-Simple, 359.

TABLE

DES NOMS DE LIEU.

A.

Abacivum, voy. Baisieux.
Acmantus, voy. Esmans.
Agedincum Senonum, voy. Sens.
Aix-la-Chapelle, *Aquisgranum, Aquæ*, ville de la Prusse. Un plaid y est tenu en 830, 1. — Louis-le-Débonnaire et Judith y retrouvent leur pouvoir, 4. — Autre plaid, 14. — Louis-le-Débonnaire y tient un synode, 22.—Autres plaids, 24, 43, 47, 49. — Lothaire pille le palais et la basilique, 50-200, 201. — Cette ville est assignée à Louis-le-Germanique dans le partage de 870, 210. — Elle est ravagée par les Normands, 287.
Aix-la-Chapelle (abbaye de Notre-Dame d'), *Abbatia de Aquis*, assignée à Louis-le-Germanique dans le partage de 870, 209.
Albechowa, voy. Blamont.
Allemagne, *Alamannia, Alemannia, Alemanni*. Le royaume d'Allemagne est donné à Charles-le-Chauve, 6.—Louis-le-Débonnaire y poursuit Louis-le-Germanique, 8. — Cette contrée est reprise à Louis-le-Germanique, 27. — Elle est assignée à Lothaire dans le partage de 839, 37. — Elle est ravagée par les Normands et les Hongrois en 862, 115. —Voy. Louis-le-Germanique, Louis fils de Louis-le-Germanique, Charles-le-Gros, Arnulfe.
Alpes (les). Lothaire fait fortifier les défilés de ces montagnes, 24. — Louis-le-Germanique a une entrevue avec Lothaire dans ces défilés, 26.
Alsace, *Alsatia, Elisatium, Helisacia, Helisaica, Helizaica*, 10. — Cette contrée est enlevée à Louis-le-Germanique, 27. — Elle est assignée à Lothaire dans le partage de 839, 37. — Elle est donnée à Louis-le-Germanique par son neveu Lothaire, 103. — Elle est donnée par Lothaire à Hugues son fils, 201. — Elle est assignée à Louis-le-Germanique dans le partage de 870, 211.
Alsensis pagus, voy. Azois.
Alta Petra, voy. Moûthier Haute-Pierre.
Altiodorensis pagus, comitatus, voy. Auxerre.
Altus mons, voy. Hautmont.
Alvernum, voy. Auvers-sur-Oise.

Amaus, Amans, Amansensis pagus, comitatus, comté voisin de la Saône, assigné en 839 à Lothaire, 37; assigné en 870 à Louis-le-Germanique, 211.

Amiens (Somme), *Ambianorum civitas, Ambianensis pagus, Samarobriva Ambianorum.* — Ragenarius est évêque de cette ville, 59. — Elle est ravagée par les Normands, 99. — Louis III et Carloman y partagent le royaume, 284, 304. — Elle est ravagée par les Normands, 309. — Les Normands y établissent une station, 317, 319, 341. — Elle aurait été détruite par Attila, 364, 368.

Ampurias, Impurias, ville d'Espagne prise par Guillaume, fils de Bernard, 68.

Andegavi, Andegavensis comitatus, voy. Angers.

Andelle, *Andella*, affluent de la Seine, 112.

Andenne, *Andana*, ville de la province de Namur. — Elle est assignée à Charles-le-Chauve dans le partage de 870, 215.

Andernach (cercle de Coblentz), *Antumnacum*, 99. — Charles-le-Chauve y est défait, 250-252.

Andura, voy. Eure.

Angers (Maine-et-Loire), *Andegavi, Andegavensis comitatus*. Cette ville est envahie par les Bretons, 70. — Erispoé y prête serment à Charles-le-Chauve, 77. — Elle est ravagée par les Bretons et défendue par Robert-le-Fort, 111. — Ce comté est donné à Robert-le-Fort, 151. — Il est donné à Hugues, fils de Conrad, 160. — Salomon y récolte le vin, 199. — Les Normands le ravagent et y sont défaits par Charles-le-Chauve, 234, 236, 293. — Les reliques de Saint-Albin et de S. Licinius y sont transportées, 237.

Angicourt (Oise), *Angilcurt, Vungiscurt*, domaine de l'abbaye de Saint-Vaast, où naquit Frédégonde, 377, 378.

Angoulême (Charente), *Ecolesimus, Ecolesimus pagus, Ecolimenses.* — L'armée de Charles-le-Chauve y est défaite, 58. — Charles-le-Chauve se réserve cette ville, 62.

Anthenay (Marne), *Antemnacum*, 252.

Antoing (Belgique, Hainaut). — Assigné à Charles-le-Chauve en 870, 214.

Antumnacum, voy. Andernach.

Aoste (val d'), *Augustana vallis*. Il est assigné à Lothaire en 839, 36.

Aquæ, Aquisgranum, voy. Aix.

Aquitaine, *Aquitania, Aquitani*, 5, 6, 10, 11. — Les Aquitains marchent avec Pépin au secours de Louis-le-Débonnaire, 13. — Ils se révoltent contre Charles-le-Chauve, 38. — Cette contrée est assignée à Charles-le-Chauve dans le partage de 839, 39. — Les Aquitains promettent fidélité à Charles-le-Chauve, 40, 45. — Ils se révoltent contre lui, 48. — Ils sont attaqués par les Normands, 55. — Ils se donnent à Pépin, 61, 62. — Leur pays est ravagé par les loups, 63. — Ils abandonnent Pépin pour Charles-le-Chauve, 68, 70. — Ils sont attaqués par les Normands, 70. — Ils se soumettent à Charles-le-Chauve, 70. — Ils proclament roi Louis, fils de Louis-le-Germanique, et sont attaqués par Charles-le-Chauve, 84. — Ils proclament roi Pépin, 85. — Ils proclament Charles, fils de Charles-le-Chauve, 86 et 87. — Ils défont les Normands et proclament de nouveau Pépin, 88.— Ils sont attaqués par les Normands, 90. — Charles-le-Chauve leur donne pour roi Pépin, 95. — Ils s'unissent à Louis-le-Germanique contre Charles-le-Chauve, 96.— Ils proclament Charles, fils de Charles-le-Chauve, 99.— Ils se soumettent à Charles-le-Chauve, 127. — Ils prennent Pépin et le livrent à Charles-le-Chauve, 135. — Charles-le-Chauve y renvoie son fils comme roi, 143. — Ils défont les Normands de la Charente, 152. — Ils acceptent pour roi Louis, fils de Charles-le-Chauve, 165, 227. — Ils se donnent au roi Eudes et l'abandonnent bientôt, 335.

Araris, voy. Saône.

Arches (Ardennes), *Arcæ*, villa où Charles-le-Chauve reçoit son neveu Lothaire, 98.

Ardennes, *Arduenna, Arduennensium comitatus*. Cette contrée est assignée à Lothaire en 839, 36. — Elle est assignée à Louis-le-Germanique en 870, 211. — Divers rois y chassent, 20, 40, 197, 230.

Arelatum, voy. Arles.

Argenteuil (Yonne). Les Normands y sont défaits par le duc Richard, 358.

Argentoratum, voy. Strasbourg.

Argœuves (Somme), *Argova, Argobium, Argona*. Les Normands y établissent une station sous la conduite d'Hasting, 337. — Ils la quittent pour s'établir à Amiens, 341.

Arles (Bouches-du-Rhône), *Arelatum*. Cette ville est ravagée par les Sarrasins, 52, 72. — Rodland, évêque de cette ville, 147. — Chrocus, chef des Allemands, y est défait, 308.

Arlon (Belgique, prov. du Luxembourg). Ce pays est assigné à Charles-le-Chauve dans le partage de 870, 216.

Arras (Pas-de-Calais), *Atrebatum, Atrebatis, Atrebata, Atrebas, Atrabas, Athrebas, Atrebatensis, Artensis*. La ville est assignée à Lothaire en 843, 56. — Le pays est ravagé par les Normands, 287. — La ville est ravagée par les Normands, 307, 316. — Elle est prise par le roi Eudes, 351.— Elle aurait été ravagée par Attila, 365. — Ville de la Gaule Belgique, 367 et 368. — Saint Vaast, évêque de cette ville, 372, 374, 376. — Livres de l'Artois ou d'Arras, *libri Artenses*, 393. — Voy. St-Vaast et Vaast.

Arvernorum urbs, voy. Clermont.

Atrebatum, etc., voy. Arras.

Attigny (Ardennes), *Attiniacum*, palais, résidence royale où se tient un plaid, 17. — Louis-le-Débonnaire y réside, 28.— Charles-le-Chauve y séjourne, 84, 85, 142, 144, 148, 158, 190, 203, 230. 238. — Louis-le-Germanique y séjourne, 97, 284.

Audriaca villa, voy. Orville.

Augsbourg (Allemagne), *Augustburg*, 8, 38.

Augschirche, assigné à Louis-le-Germanique dans le partage de 870, 209.

Augusta Treverorum, voyez Trèves.

Augusta Tricorum, voy. Troyes.

Augusta Veromandorum, voy. Saint-Quentin.

Augustana vallis, voy. Aoste.

Augustburg, voy. Augsbourg.

Augustodunum, voy. Autun.

Aureliani, voy. Orléans.

Autreville, voy. Orville.

Autun (Saône-et-Loire), *Augustodunum*. Ce comté est enlevé à Bernard et donné à Thierry, camérier de Louis-le-Bègue, 277 et 278. — Saint Léger est nommé évêque de cette ville, 383. — Fondation de la ville sous Auguste, 385.

Auvers-sur-Oise (Seine-et-Oise), *Alvernum*. Charles-le-Chauve y fait reconstruire le pont durant les guerres contre les Normands, 150.

Auxerre (Yonne), *Altisiodorum, Autissiodorum, Altiodorensis comitatus*. — Ce comté est assigné à Charles-le-Chauve en 837, 25. — L'Yonne y déborde, 64. — Charles-le-Chauve y séjourne, 126. — Le comté est donné à Robert-le-Fort, 151. — Charles-le-Chauve y réunit des évêques, 171. — Il y séjourne, 226.

Avaux (Ardennes), *Avalli*. — Les Normands s'y établissent, 231. — Ils y sont défaits, 315.

Avenay (Marne), *Avennacum, Avenniacum*. Abbaye donnée à Theutberge par Charles-le-Chauve, 140. — Les grands du royaume s'y réunissent avec Richilde, 260.

Azois (l'), *Alsensis pagus*, contrée de la Champagne. — Charles-le-Chauve y passe, 49.

B.

Bailleval (Oise), *Balioli vallis*, domaine donné à Saint-Vaast, 378.

Baira, voy. Bari.

Baisieux (Somme), *Bazivum, Basiu, Abacivum*. — Le roi Carloman y est tué à la chasse, 320. — Leudèse y est assassiné par Ebroïn, 383.

Bajoaria Bajoarii, voy. Bavière;

Bajocasses, voy. Bayeux.

Bâle (Suisse), *Basula, Basilia civitas, Basalchowa*. — Louis-le-Germanique et Charles-le-Chauve doivent s'y rencontrer, 99. — Le pays est assigné à Louis-le-Germanique en 870, 205, 211.

Barcelone (Espagne), *Barcinona*. — Bernard s'y réfugie, 2. — Cette ville est prise par Guillaume, fils de Bernard, 68. — Guillaume y périt, 72. — Elle est livrée aux Sarrasins par les Juifs, 78.

Bardunensis, voy. Verdun.

Bari (Italie), *Baira*. — Le roi Louis ne peut prendre cette ville sur les Sarrasins, 79. — Id. 197.

Barleux (Somme), *Barloos, Barlous*. — Carloman s'y établit pour résister aux Normands, 314.

Barrois (le), *Barrensis pagus*. — Ce pays est donné à Charles-le-Chauve en 837, 26. — Il lui est assigné dans le partage de 870, 216.

Basiu, voy. Baisieux.

Bassigny (le), *Basiniacum*, partie de la Champagne, 25. — Ce pays est assigné à Louis-le-Germanique en 870, 211.

Batavia, Batua, Batavorum insula, voy. Bétawe.

Baume (Jura), *Balma*. — Assigné à Louis-le-Germanique dans le partage de 870, 207.

Bavière, *Bajoaria, Baioarii*, 6, 8, 10, 11, 30, 38, 39, 44.

Bazivum, voy. Baisieux.

Beauvais (Oise), *Bellovagi, Belvagi, Belvacum*, 48. — Les Normands brûlent cette ville en 851, 77. — Ils tuent Ermenfride, évêque de cette ville, 100. — Les reliques de Saint-Vaast y sont transportées, 306. — Les Normands ravagent le pays voisin, 310. — Un incendie détruit une partie de la ville, 326. — Elle aurait été ravagée par Attila, 365. — Elle a été soumise à la juridiction des évêques de Cambrai et Arras, 376.

Bedagowa, Bedensis pagus, voy. Bitgawe.

Belley (Ain), *Bilisius*, évêché donné à Lothaire par Charles, roi de Provence, 95.

Bellus-Pauliacus, voy. Pouilly-sur-Loire ou Polignac.

Belvacum, etc., voy. Beauvais.

Bénévent (Italie), *Beneventum, Beneventani*. Les Sarrasins s'emparent de cette ville. 52. — Ils en sont chassés, 56, 58. — Elle lutte contre eux, 62, 67, 68, 78, 154. — Louis, fils de Lothaire, y séjourne, 79, 154, 174. — Elle se révolte contre ce prince,' 225.

Berg, *Berch*, abbaye du Mont-Saint-Pierre à Ruremonde (Limbourg belge), assignée à Louis-le-Germanique en 870, 205.

Besançon (Doubs), *Besintionensis, Vesontiensis civitas, Vesontum, Vesontio*. — L'évêque Rothade s'y arrête en se rendant à Rome, 137. — Harduin, évêque de cette ville, 147. — Elle est assignée à Charles-le-Chauve dans le partage de 870, 212. — Ce prince y séjourne, 224, 226, 243.

Beslang ou Bellain (duché de Luxembourg), *Bislanc*. — Pays formant la limite entre les états de Louis-le-Germanique et ceux de Charles-le-Chauve en 870, 212, 216.

Bétawe (ancien comté de la Hollande), *Batavia, Batavorum insula, Batua*. — Ce comté est donné à Charles-le-Chauve en 837, 25. — Il est assigné à Lothaire en 839, 37. — Il est ravagé par les Normands, 67, 72, 77, 92, 99. — Il est assigné à Louis-le-Germanique dans le partage de 870, 209.

Beuvry (Nord). — Domaine de l'abbaye de Marchiennes, où périt peut-être Ragenfride, 395.

Biennensis, voy. Vienne.

Bipp (comté de) *Pipincensis, Pipinensis comitatus*, pays du Jura appartenant à Lothaire en 859, 100.

Bitgawe, *Bedagowa, Bedensis pagus*, ancien comté de Bidbourg, assigné à Charles-le-Chauve en 837, 25. — Il est assigné à Louis-le-Germanique en 870 et forme la limite de ses états, 210, 212, 216.

Bituricum, voy. Bourges.

Blamont (Meurthe), *Albechowa*, assignée à Louis-le-Germanique en 870, 210.

Blézois (le), *Blesensis pagus*, contrée de la Champagne donnée à Charles-le-Chauve en 837, 25.

Blois (Loir-et-Cher), *Blisum*. — Louis-le-Débonnaire campe dans cette ville, 16. — Elle est ravagée par les Normands, 85, 90.

Bobbio (Italie). — Wala, abbé de ce monastère, 21.

Bodoma, villa royale près de Brégentz, 30.

Bon-Moûtier (Meurthe), *Bodonis monasterium*, abbaye assignée à Louis-le-Germanique en 870, 207.

Bononia, voy. Boulogne.

Bordeaux (Gironde), *Burdegala*. — Cette ville est livrée aux Normands par les Juifs, 67. — Elle est ravagée par les Normands, 86. — Frotaire, archevêque de Bordeaux, 172

Bosentiacæ, voy. Buzançais.

Boulogne (Pas-de-Calais), *Bononia*. — Les Normands y arrivent, 319. — Cette ville aurait été ravagée par Attila, 365. — Cité de la Gaule-Belgique, 367.

Bourges (Cher), *Bituricum*. — Rodolphe et Vulfade, évêques

de cette ville, 157. — Charles, fils de Charles-le-Chauve y est enterré, 159.— Ce comté est enlevé à Gérard par Charles-le-Chauve, 171.— Le nouveau comte Acfride ayant été tué, Charles-le-Chauve ravage le pays, 170 et 172. — Ce comté est donné à Boson, 227.

Bourgogne, *Burgundia*, 25, 36, 37. — Les grands de cette province se réunissent autour de Charles-le-Chauve, 96. — Ce prince la parcourt en 861, 108. — Elle est abandonnée aux Normands en 886, 327. — Elle est ravagée par ces pirates, 335. — Elle est ravagée par les partisans de Charles-le-Chauve, 349. — Les Normands y sont vaincus par le duc Richard, 358.

Brabant (Belgique), *Bracbantensis comitatus:* Ce comté est assigné à Charles-le-Chauve en 870, 215. — Il est ravagé par les Normands, 300.

Breona, voy. Brienne.

Brescia (Italie). — Notting, évêque de cette ville, 177.

Bretagne (Grande-), *Britannia, Anglia.* — Les Normands y font une invasion, 59. — Elle les repousse, 73. — Edilwulf et Edelbolde, rois de ce pays, 89, 90, 93.

Bretagne, province de France, *Britannia, Britanni.*— Louis-le-Débonnaire se prépare à attaquer les Bretons, 1.— Ils sont vaincus par ce prince, 34. — Ils luttent contre Charles-le-Chauve, 54, 58, 59, 63. — Ils font la paix avec ce prince, 64. — Ils sont attaqués par les Normands, 66. — Ils repoussent Louis, fils de Charles-le-Chauve, 54. — Ils soutiennent Louis-le-Germanique, 96.— Ils s'unissent à Pépin, fils de Pépin, et à Robert-le-Fort, 99. — Ils sont défaits par Robert-le-Fort, 111. — Ils s'unissent aux Normands et prennent Le Mans, 151. — Ils s'unissent aux Normands pour attaquer Robert-le-Fort à Brissarthe, 159. — Gozfride les décide à se soumettre à Louis-le-Bègue, 265. — Ils repoussent les Normands de leur contrée, 336, 357.—Voy. Erispoé, Noménoé, Salomon.

Bridoire (la), départ. de la Savoie, peut-être *Brios*, 258, 259.

Brienne (Aube), *Breona, Brionensis pagus*, pays donné à Charles-le-Chauve en 837, 25. — Ce prince y réunit les grands de la Bourgogne, 96.

Brios, peut-être la Bridoire (Savoie), village où mourut Charles-le-Chauve, 258, 259.

Brisach (Haut-Rhin), *Brisacum*, 10.

Brissarthe (Maine-et-Loire), *Brissartha, Brieserta.* — Robert-le-Fort y périt en combattant les Normands, 159.

Bruocia, peut-être le pays de Bruges. — Le roi Eudes essaie en vain d'y surprendre Bauduin-le-Chauve, 343.

Butte-David (Somme), *Davidvilla*, hameau de Lawarde-Mauger, où se trouvait un domaine de Saint-Vaast, 317.

Buzançais (Indre), *Bosentiacæ*. — Charles, fils de Charles-le-Chauve, y meurt, 159.

C.

Cabillo, voy. Châlon-sur-Saône.
Cæsaraugusta, voy. Sarragosse.
Cæsaredunum Turonum, voy. Tours.
Calcedonensis, voy. Chalcédoine.

Caisne (Oise), peut-être *Casnum*, localité où les grands se réunissent après la mort de Charles-le-Chauve, 260, Voy. Chesne.
Calmont (Belgique, prov. du Brabant), *Calmons*, assigné à Charles-le-Chauve en 870, 215.
Calmontensium, Calmontis comitatus. Voy. Chaumontois.
Calmoutier (Haute-Saône), *Gildini, Gillini, Culdini monasterium*, abbaye assignée à Charles-le-Chauve dans le partage de 870, 213.
Camargue (île des Bouches-du-Rhône), *Camaria*. Les Normands la ravagent, 98. — Ils s'y établissent, 103. — Elle est reprise par les Sarrasins sur l'évêque d'Arles, 198.
Cambrai (Nord), *Cameracum, Camaracum, Cameracensis pagus*. — Ce pays est donné à Lothaire en 843, 55. — Il est assigné à Charles-le-Chauve en 870, 212, 215. — Il est ravagé par les Normands, 287, 307. — Attila aurait détruit la ville, 364. — Ville de la Gaule - Belgique, 367, 368, 369. — Mérovée y établit sa résidence, 369. — Ragnacaire y séjourne, 373. — S. Vaast, évêque de cette ville, 373, 376; S. Aubert, id., 386; S. Géry, id., 379; Halitgaire, id., 4; Hadulfe, id., 393; Jean, id., 402; Rothade, id., 329; S. Vindicien, id., 386, 387, 391.
Campi Mauriani, voy. Catalauniques.
Campus mentitus, champ du mensonge (Lugenfeld), plaine de l'Alsace où fut trahi Louis-le-Débonnaire, 10.
Carbonaria silva, voy. Charbonnière.
Carcassone (Aude), *Carcasona*, ville donnée à Bernard comte de Toulouse par Charles-le-Chauve, 227.
Carenta, Carentana, voy. Charente.
Carenton, voy. Charenton.
Carisiacum, voy. Quierzy.
Carlat (Cantal), *Cartilatum*, forteresse dont s'empare Louis-le-Débonnaire, 41.
Carnotum, voy. Chartres.
Casnum, voy. Caisne et Chesne.
Cassel (Allemagne), *Castella*. Louis-le-Germanique s'y établit, 29.
Castella, voy. Cassel.
Castellum, voy. Kessel.
Castellum Carnonis, voy. Château-Châlon.
Castrice, *Castricium, Castritium, Castricensis*, ancien *pagus* des bords de la Meuse aujourd'hui dans les *Ardennes*. — Il est donné à Lothaire en 848, 55. — Il est assigné à Charles-le-Chauve en 870, 216.
Catalauni, voy. Châlons-sur-Marne.
Catalauniques (champs), *Campi Mauriani*, où Attila fut défait, 366.
Cauciacum, voy. Choisy-au-Bac.
Cavallo, Cavillo, Cavallonensis comitatus, voy. Châlon-sur-Saône.
Cenis (le mont), *Cenesius, Cenisius*. Charles-le-Chauve le traverse, 258. — Le pape Jean VIII le traverse, 273.
Cenomanni, voy. Mans.
Centula, voy. Saint-Ricquier.
Chalcedoine, *Calcedonensis*. — Théodose évêque de cette ville, 34.
Châlon-sur-Saône (Saône-et-Loire), *Cavallo, Cavillo, Cabillo, Cavallonensis comitatus*. — Lothaire brûle cette ville, 15 et 16. — Le comté est donné à Lothaire en 839, 37. — Un plaid y est tenu, 38, 40.
Chalons-sur-Marne (Marne), *Catalauni*. — Charles-le-Chauve

y séjourne, 49, 243, 249, 256. — Lothaire y passe, 51. — Louis-le-Germanique y passe en faisant une invasion, 96.

Charbonnière (la forêt), *Carbonaria silva*. — Francs qui habitent en deçà, 13. — Charles-Martel la franchit, 393.

Charente (la), *Carenta*, *Carentana*. Les Normands qui s'y sont établis sont défaits par les Aquitains, 152.

Charenton-le-Pont (Seine). *Carenton*. Charles-le-Chauve y fait reconstruire le pont, 150.

Chartres (Eure-et-Loir), *Carnutum*, *Carnotum regio*. — Louis-le-Débonnaire traverse cette ville, 16. — Le comté est donné à Charles-le-Chauve en 837, 25. — Un plaid est tenu dans cette ville par Charles-le Chauve, 71. — Burchard évêque de cette ville, 85. — Elle est attaquée par les Normands; mort de l'évêque Frotbalt, 92. — Les Normands qui marchent contre cette ville sont vaincus par Charles-le-Chauve, 150. — Plaid dans ses murs en 867, 166.

Château-Châlon (Jura), *Castellum Carnonis*, abbaye assignée à Louis-le-Germanique en 870, 209.

Chaumontois (Vosges et Meuse), ou pays de Chaumont (Haute-Marne). *Calmontensium comitatus*, *Calmontis comitatus*. — Ce pays est assigné à Lothaire en 839, 36; à Louis-le-Germānique en 870, 211.

Chéry (Aisne), *Ercuriacum*; peut être la localité où passa Louis-le-Germanique, 283.

Chesne (le), départ. des Ardennes, peut être *Casnum*, localité où les grands se réunissent après la mort de Charles-le-Chauve, 260. Voy. Caisne.

Chessy (Seine-et-Marne), *Gaziacum*. Les Normands y établissent une station, 329.

Choisy-au-Bac (Oise), *Cauciacum*. — Les Normands y établissent une station, 353.

Clermont-Ferrand (Puy-de-Dôme), *Arvernorum urbs*. — Louis-le-Débonnaire réunit les Aquitains près de cette ville, 40. — Elle est ravagée par les Normands, 128.

Clingen près de Spire, *Cluniacum monasterium*, 354.

Coblentz (Prusse rhénane), *Confluentes*. — Charles-le-Chauve et Louis-le-Germanique ont une entrevue près de cette ville, 99. — La paix y est conclue entre ces deux princes et Lothaire, 103.

Coire (Suisse), *Curia*. — Pays assigné à Lothaire en 839, 37; 135.

Colmar (Haut-Rhin), *Colmaria*, *Columb*, 10.

Cologne (Prusse rhénane), *Colonia Agrippina*. — Des Normands y sont mis à mort par les hommes de Louis-le-Débonnaire, 22. — Louis-le-Germanique y séjourne, 51. — Un prodige y arrive, 91. — La ville est attaquée par les Normands, 117. — L'évêque Gunthaire pille le trésor, 134. — Charles-le-Chauve y a une entrevue avec Louis-le-Germanique, 151. — L'archevêché est donné à Hilduin, 154. — Cette ville est assignée à Louis-le-Germanique dans le partage de 870, 205. — Elle est ravagée par les Normands, 287, 312.

Combéfis, château entre le Limousin et le Périgord, lieu de naissance de Saint-Vaast, 371.

Compiègne (Oise), *Compendium*. — Des plaids y sont tenus, 2, 11, 12. — Louis-le-Débonnaire y chasse, 28. — Charles-le-Chauve y réside et y chasse, 127, 138, 152, 162, 183, 203, 217, 226. — Consécration de l'église, 254. — Louis-le-Bègue y est couronné, 260, 261, 297. — Il y meurt, 278, 299.

Condé (Nord), *Condatum*. — Cette ville est assignée à Charles-le-Chauve dans le partage de 870, 314. — Les Normands y établissent une station navale, 313, 315, 316.

Condroz (le), *Condorusto, Condrusto*, ancien *pagus* des environs de Huy, assigné à Lothaire en 839, 36; et à Charles-le-Chauve en 870, 212, 216.

Constantinople. — Des ambassadeurs sont envoyés de cette ville auprès de Louis-le-Débonnaire, 11, 34, 35. — Un concile y tenu, 228.

Constantinus comitatus, voy. Coutances.

Corbeny (Aisne), *Corbonacum*, villa où Charles-le-Chauve reçoit Hincmar, 170.

Corbie (Somme), *Corbeia, Corbeiense monasterium*. Charles, fils de Pépin, s'enfuit de ce monastère, 85. — Carloman s'en échappe aussi, 235. — Il est ravagé par les Normands, 309. — Le roi Eudes y passe, 351.

Cordoue, *Corduba*. — Le calife de cette ville envoie des ambassadeurs à Charles-le-Chauve, 65. — Abdérame y meurt, 80, 97; 152.

Cormery (Indre-et-Loire), *Cormaricum*, monastère où l'on transporte le corps de saint Martin, 83.

Cotia silva, voy. Cuise.

Courtrai (Belgique), *Curtriacum*. — Les Normands y établissent une station navale, 306.

Coutances (Manche), *Constantinus comitatus*. — Ce comté est donné aux Bretons, 167.

Crémieu (Isère), *Stremiacum*. — Louis-le-Débonnaire y tient un plaid, 19.

Crespin (Nord), *Crispiniensis abbatia, Crispinno*. — Assigné à Charles-le-Chauve dans le partage de 870, 214.

Cuise (Oise), *Cotia silva*. Charles, fils de Charles-le-Chauve y est blessé à la chasse, 128. — Charles-le-Chauve y chasse, 217. — Les grands s'y réunissent, 260.

Cupedenses, voy. Queudes.
Curia, voy. Coire.
Curtriacum, voy. Courtrai.

D.

Dalmatie. — Gottschalk y voyage, 69.
Dania, voy. Normands.
David-villa, voy. Butte-David.
Deomant, voy. Dinant.
Dickelvenne (Belgique), *Tidivinni, Tidivinium*, abbaye assignée à Charles-le-Chauve dans le partage de 870, 215.

Dinant (Belgique), *Sancta Maria in Deomant*, abbaye de Sainte-Marie assignée à Charles-le-Chauve dans le partage de 870, 215.

Donchery (Ardennes), dans le pays de Castrice, 216.

Dorestadum, voy. Duerstede.

Dormois, *Dulmensis pagus*, pays des Ardennes assigné à Charles-le-Chauve en 870, 216.

Douai (Nord), *Duacum*. — Fondation de cette ville, 381. — Les reliques de saint Amé y sont transférées, 400.

Douzy (Ardennes), *Duciacum*. — Le légat y va trouver Lothaire, 145. — Charles-le-Chauve y séjourne, 145, 200. — Un synode y est tenu, 223, 224.

Duerstede (Wyck-te-) en Hollande, *Dorestadum*. — Cette

ville est ravagée par les Normands, 15, 19, 21, 24, 67, 92, 117. — Elle est assignée à Lothaire en 839, 37. — Elle est donnée au normand Rorich, 72. — Les normands Rorich et Sigefride s'y établissent, 88.

Dulmensis, voy. Dormois.

Dunois, *Dunensium regio*, ancienne région de France où se trouve Châteaudun (Eure-et-Loir). — Louis-le-Débonnaire traverse ce pays, 16.

Durocortorum Remorum, voy. Reims.

E.

Ebersmunster (Bas-Rhin), *Eboresheim*, *Eboreshem*, monastère assigné à Louis-le-Germanique dans le partage de 870, 208.

Ebrocense, *Ebroicense oppidum*, voy. Evreux.

Echa, voy. Eyck.

Ecolesimus, *Ecolimensis*, voy. Angoulême.

Elbe, *Albis*, fleuve où pénètrent les Normands, 61.

Elisatia, voy. Alsace.

Elizgaw, *Elischowe*, *Elischowa*, *Alsegaudiæ pagus*, contrée du Haut-Rhin où se trouve Huningue, assignée à Louis-le-Germanique en 870, 211.

Elsloo (Hollande), *Hasloo*. — Station des Normands, 312.

Entramnes (Mayenne), *Interamnes*, abbaye où Salomon jure fidélité à Charles-le-Chauve, 118.

Entredeuxeaux (Mayenne et Sarthe), *Interduasaquas*, territoire donné à Salomon par Charles-le-Chauve, 118.

Epernai (Marne), *Sparnacum*. Un plaid est tenu dans cette ville, 63. — Elle est ravagée par les Normands, 290.

Epternach (duché de Luxembourg), *Ephterniacum*. Assigné à Louis-le-Germanique dans le partage de 870, 206.

Ercuriacum, voy. Chéry.

Erenstein (Bas-Rhin), abbaye assignée à Louis-le-Germanique en 870, 208.

Escaut, *Scaldis*, *Schaldis*, fleuve du nord de la France, 55. — Ses bords sont ravagés par les Normands en 852, 80; en 879, 300; en 880, 302 et 305. — Ravages au delà de l'Escaut, 319; ravages par Attila, 364.

Esmans (Seine-et-Marne), *Acmantum*. — Les reliques des SS. martyrs Georges, Aurèle et Natalie y sont déposées, 97.

Espagne. Les Juifs et les Sarrasins y persécutent les Chrétiens, 65; les califes de Cordoue sont en rapport avec les rois de France, 80, 97, 152.

Estrun (Nord), *Strum*, *Stromus*. — Louis III y construit un château-fort contre les Normands, 286 et 311.

Etampes (Seine-et-Oise), *Stampensis comitatus*. — Ce comté est donné à Charles-le-Chauve en 837, 25.

Etaples (Pas-de-Calais), ville voisine de l'endroit où se trouvait Quentowic, 52.

Etival (Vosges), *Stivagium*, monastère assigné à Louis-le-Germanique dans le partage de 870, 207.

Eure, *Andura*, rivière où se noya Frotbald, évêque de Chartres, 92-112.

Euripus oceanus, voy. Pas-de-Calais.

Evreux (Eure), *Ebroicense*, *Ebrocense oppidum*. — Charles-le-Chauve y passe, 237. — Cette ville est ravagée par Imino, frère du marquis Bernard, 264.

Eyck ou Alden-Eyck (Limbourg), *Echa*, monastère assigné à Charles-le-Chauve en 870, 215.

F.

Faverney (Haute-Saône), *Faverniacum*, abbaye assignée à Louis-le-Germanique dans le partage de 870, 206.

Fère (la), *Fera*, ville du départ. de l'Aisne, où meurt le roi Eudes, 335.

Ferrières (Loiret), *Ferrariæ*, abbaye de bénédictins, dans le Gâtinais, où furent proclamés rois Louis III et Carloman, 282.

Flameresheim (Prusse rhénane), villa dans laquelle le roi Louis-le-Germanique est blessé par accident, 205.

Flandre, *Flandria*, *Flandri*, *Flamingi*. — Les peuples de la Flandre repoussent les Normands, 136. — Ils fuient devant les Normands, 316. — Voy. Bauduin-Bras-de-Fer et Bauduin-le-Chauve.

Fleury-sur-Loire (Loiret), *Floriacum*, voy. Saint-Benoît-sur-Loire.

Florange (Moselle), *Florinkengæ*, villa où séjourne Charles-le-Chauve, 197.

Fontaine (Doubs), peut être *Warnerii Fontana*, où Richilde alla au devant de Charles-le-Chauve, 243.

Fontenelle-sur-Seine ou Saint-Vandrille (Seine-Inférieure), *Fontanellense monasterium*, abbaye ravagée par les Normands, 77.

Fontenoy-en-Puisaye (Yonne), *Fontanidus*, *Fontanetum*. — Bataille que s'y livrent les fils de Louis-le-Débonnaire, 45. — Vers sur cette bataille, 46.

Forêt Charbonnière, voy. Charbonnière.

Forêt de Cuise, *Cotia silva*, voy. Cuise.

Fossa Givaldi, voy. Jeufosse.

Fossati monasterium, voy. Saint-Maur-les-Fossés.

Fosses (province de Namur), *Fossæ*, monastère assigné à Charles-le-Chauve en 870, 214.

Fouron (province de Liége), *Furonis locus*, villa située sur les bords de la Meuse, où Louis-le-Bègue, et Louis fils de Louis-le-Germanique font une convention, 273.

France, francs, *Francia Francorum regnum*, *Franci*. 1, 2, 3, 6, 7, 9, 13, 21, 32, 48, 53, 58, 88, etc. Voy. Louis-le-Débonnaire, Charles-le-Chauve, Louis-le-Bègue, etc.

Francfort (Allemagne), *Franconofurd*. Louis-le-Débonnaire y chasse et y séjourne, 22, 28, 30. — Louis-le-Germanique y séjourne, 115, 160, 204, 218.

Frise (Hollande), *Frisia*, *Fresia*. Cette contrée est ravagée par les Normands, 15, 21, 23, 40, 63, 72, 77, 78, 80, 85, 117. — Louis-le-Débonnaire la fait garder, 23, 24. — Elle est demandée par Horich, 28. — Une inondation la ravage, 31. — Elle est donnée à Lothaire en 837, 37. — Elle est donnée au roi Lothaire par son père l'empereur Lothaire, 86. — Elle est assignée à Charles-le-Chauve dans le partage de 870, 217. — Elle est donnée à Gotafride, par Charles-le-Gros, 289 et 312.

G.

Galice, province d'Espagne, ravagée par les Normands, 60.

Galthera, voy. *Walsterum*.

Gand, *Gandavum*, *Gant* (Belgique). — Cette ville est ravagée par les Normands, 77. — Les Normands y établissent une station navale, 301. — Ils y défont l'armée de Gozlin, 305. — Ils y retournent pour s'y établir de nouveau, 312. — Saint Amand y fonde le mo-

nastère de Saint-Pierre, 379.
Garonne, *Garrunda;* ses bords sont ravagés par les Normands, 60.
Gascogne, *Wasconia.* Azenare et Sanche, comtes de Gascogne, révoltés contre Pépin, 22. — Ce comté est donné à Charles-le-Chauve en 839, 38. Voy. Aquitaine.
Gâtinais, *Wastinensis comitatus,* comté de l'Ile de France et de l'Orléanais, donné à Charles-le-Chauve en 837, 25.
Gaule, *Gallia,* 27. — Ce pays est ravagé par Lothaire, 43, 49; — par un tremblement de terre, 3, 69; — par les loups, 63; — par la famine, 61. Voy. France.
Gaziacum, voy. Chessy.
Genève, *Genevensis comitatus, Genua, Genuva.* — Le comté est assigné à Lothaire en 839, 37. — La ville est donnée par Lothaire à son frère Louis, 99.
Germania, voy. Allemagne.
Gillini monasterium, voy. Calmoutier.
Gondreville (Meurthe), *Gundulphi villa.* Le roi Lothaire y passe, 135. — L'envoyé du pape y va trouver Lothaire, 144, 149.—Charles-le-Chauve y convoque les grands de la Bourgogne et de la Provence, 200. — Il y séjourne, 230. — Louis-le-Bègue et Louis roi de Germanie y ont une entrevue, 273.
Gothie, *Gothia,* 119, 127. — Cette contrée est reprise par Charles-le-Chauve, 136. — Elle est donnée à Bernard, 143.
Grandval ou Granfelt (peut être Grandvaux, Jura), *Grandivallis,* abbaye assignée à Louis-le-Germanique dans le partage de 870, 208.
Gualacria, voy. Walcheren.

Guerbigny (Somme), *Germaniacum,* station des Normands, dans laquelle Eudes ne peut vaincre ces pirates, 337.

H.

Hainaut, *Hainaus, Hainoum,* province de France assignée à Lothaire, 55; assignée à Charles-le-Chauve, 215. Voy. Régnier.
Hambourg, ville d'Allemagne prise par les Saxons, 61.
Hammelant, Hamarlant, ancien *pagus* entre la Meuse et le Rhin, donné à Charles-le-Chauve en 837, 25. — Il est assigné à Lothaire en 839, 37.
Hasbaniensis pagus, voy. Hesbaye.
Hasloo, voy. *Elsloo.*
Hatoariorum comitatus, pays d'Attouar situé non loin de Langres, assigné à Lothaire en 839, 37.
Hattuariæ, comté de Hollande, assigné à Louis-le-Germanique en 870, 209.
Hautmont (Nord), *Altus mons,* abbaye assignée à Charles-le-Chauve dans le partage de 870, 215.
Helisatia, Helisaica. Voy. Alsace.
Heribodesheim, abbaye du diocèse de Metz assignée à Louis-le-Germanique en 870, 209.
Herstal (province de Liége), *Heristallium, Haristallium.*— Charles-le-Chauve y séjourne, 51, 205.—Ce prince et Louis-le-Germanique y ont une entrevue, 239. — Charles-le-Chauve y envoie son épouse Richilde, 251. — Louis-le-Bègue et Louis fils de Louis-le-Germanique y concluent un traité, 298.
Hesbaye, *pagus* s'étendant de la Meuse à la Dyle, *Hasbaniensis pagus.* — Charles-le-

Chauve soumet ce pays, 48.
— Il l'obtient dans le partage de 870, 215.
Hessi, pays des Hessois, donné à Lothaire en 839, 37.
Hin, voy. Inn.
Hiona, voy. Yonne.
Hisentiacum, voy. Sinzig.
Hispania, voy. Espagne.
Hisscar, voy. Scarpe.
Hœnchirche, abbaye assignée à Louis-le-Germanique dans le partage de 870, 209.
Hohenberg (Bas-Rhin), *Hoinborch*, monastère de Sainte-Odile assigné à Louis-le-Germanique en 870, 208.
Honaw ou Hohenhausen (Bas-Rhin), *Hoinowa, Honaugiense monasterium*, abbaye assignée à Louis-le-Germanique en 870, 208.
Honnecourt (Nord), *Hunulficurt*, monastère assigné à Charles-le-Chauve en 870, 214.
Horrea, voy. Oeren.
Hydronte, voy. Otrente.

I.

Icauna, voy. Yonne.
Ill, *Illum*, rivière d'Alsace, 10.
Impurium, voy. Ampurias.
Inden (Prusse rhénane), *Inda*, abbaye assignée à Louis-le-Germanique dans le partage de 870, 206. — Elle est ravagée par les Normands, 287.
Ingelheim (Allemagne), *Inguleheim, Ingulenheim*, villa où Louis-le-Débonnaire reçoit Lothaire en 831, 5; où il séjourne, 34 ; où il meurt, 45.
Ingolstadt, 71.
Inguerobs, voy. Jumièges.
Inn, rivière d'Allemagne, 105.
Interamnes, voy. Entramnes.
Interduasaquas, voy. Entredeux-eaux.
Irlande, Irlandais, *Scotti*. — Les Normands envahissent cette île et en sont ensuite chassés, 66, 68.
Isara, voy. Oise.
Islegaw, *Isalga*, pays de l'Issel ravagé par les Normands, 155.
Italie, 2, 5, 6, 10, 11, 15, 16, 21, 35, 36, 43, 69, 103, etc.

J.

Jeufosse (Seine-et-Oise), *Fossa Givaldi*. — Les Normands y passent l'hiver en 856, 89.
Jouarre (Seine-et-Marne), *Jodrus*. — Louis-le-Bègue y passe, 278.
Joussan (Doubs), *Lustena, Jussanum, Justena*, abbaye assignée à Louis-le-Germanique en 870, 209.
Jovis mons, voy. Saint-Bernard.
Jumièges, *Gemeticum, Gemelicum, Gemeacum, Inguerobs*. — Abbaye où les Normands s'établissent, 110. — Ils y font une autre station, 357.
Jura, *Jurum*, contrée donnée par Lothaire à son frère Louis, 100.
Jutz (près Thionville). — Un conseil y est tenu en 844, 60.

K.

Karisiacum, voy. Quierzy.
Kesigesburch, probablement une contrée de la principauté d'Anhalt, où les Saxons sont défaits, 42.
Kessel (province de Limbourg), *Castellum*, pays assigné à Louis-le-Germanique en 870, 206.
Kreuznach (Allemagne). Louis-le-Débonnaire y chasse, 39.

L.

Lampertheim (Allemagne), *Langbardheim, Landbardheim*, villa voisine de Worms où campe Louis-le-Germanique, 7.

Langres (Haute-Marne), *Lingona, Lingonensis, Lingonicus.* —Louis-le-Débonnaire y tient un plaid, 9. — Ce comté est assigné à Lothaire en 839, 37. — Isaac est évêque de cette ville, 147.—Charles-le-Chauve y passe, 243, 256. — Gui y est sacré roi, 331.

Laon (Aisne), *Laudunensis pagus.* — Louis-le-Germanique y passe en envahissant la France, 97. — Remedius, évêque de cette ville, 147. — Hincmar-le-Jeune, id. 181, 182, 184.—Les Normands la ravagent, 290. — Elle est prise par le roi Eudes, 344. — Zwentibold l'assiége inutilement, 349, 350.

Laubiæ, voy. Lobbes.

Lausanne (Suisse), *Lausannæ.* — Cette ville est donnée par Lothaire à son frère Louis, 99.

Laviers (Somme), *Latuerus.* — Louis III s'y prépare à attaquer les Normands, 310. — Carloman y est défait par les Normands, 317.

Lawarde-Mauger (Somme), *Wardara,* domaine de l'abbaye Saint-Vaast, 377.

Lech, rivière d'Allemagne, 8.

Ledi, voy. Lierre.

Lemovicæ, - Lemovicum, voy. Limoges.

Lestines (Belgique), *Liptinæ.* — Charles-le-Chauve y séjourne, 217, 225.

Leuze (prov. de Hainaut, Belgique), *Lutosa,* abbaye assignée à Charles-le-Chauve en 870, 215.

Liége (Belgique), *Leudicus, Leuticus pagus, Liuga, S. Landberti civitas.* — Charles-le-Chauve et Lothaire y ont une entrevue, 84. — La Meuse inonde cette ville, 95.—Francon évêque de cette ville, 147.— Elle est assignée partie à Louis-le-Germanique et partie à Charles-le-Chauve dans le partage de 870, 209 et 216.

Lierre (prov. d'Anvers), *Ledi, Lira,* chapitre assigné à Charles-le-Chauve en 870, 214.

Lingona, voy. Langres.

Liptinæ, voy. Lestines.

Liudi, voy. Pontliart.

Lobbes (Belgique), *Laubiæ,* abbaye assignée à Charles-le-Chauve en 870, 213.

Loing, *Luvia, Luva,* rivière de France suivie par les Normands, 344.

Loire, *Ligeris,* 27, 38. — Ses bords sont ravagés par les Normands, 80, 85, 97, 142.

Lomme, *Lomensis pagus,* contrée de la Belgique donnée à Lothaire en 848, 55; assignée à Charles-le-Chauve en 870, 215.

Longlier (Luxembourg), *Longlarius.* — Louis-le-Bègue y réside, 277.

Lotharingia. royaume de Lothaire, 87 et 88.

Louvain (Belgique), *Luvanium.* —Les Normands y établissent une station en 884, 320. — L'armée de Charles-le-Chauve y est défaite par les Normands, 321. — Les Normands y établissent une nouvelle station et l'abandonnent ensuite, 344.

Lucques (Italie), *Luca.* — Le roi Lothaire y séjourne, 189.

Lugdunum, voy. Lyon.

Lugenfed, voy. *Campus mentitus.*

Luna, ville d'Italie ravagée par les Normands, 71.

Lure (Haute-Saône), *Lutera,* abbaye assignée à Louis-le-Germanique en 870, 207.

Lustena, voy. Joussan.

Lutetia, voy. Paris.

Lutosa, voy. Leuze.

Luvanium, voy. Louvain.

Luvia, Luva, voy. Loing.

Luxeuil (Haute-Saône), *Luxovium, Luxoium,* abbaye assignée à Louis-le-Germanique en 870, 207. — Ebroïn et S. Léger y sont renfermés, 383.

Lyon (Rhône), *Lugdunum*.—Ce comté est donné à Lothaire en 839, 37; à Charles fils de Lothaire en 856, 90; en partie à Louis-le-Germanique et en partie à Charles-le-Chauve en 870, 212 et 216.

M.

Maalinæ, voy. Malines.
Mâcon (Saône-et-Loire), *Matasco*, *Matisco*, *Matiscensium civitas*. — Les fils de Louis-le-Débonnaire ont une entrevue près de cette ville, 51.— Charles-le-Chauve y séjourne, 108. — Il y passe, 237.
Maesmunster (Haut-Rhin), *Masonis monasterium*,*Massevaux*, abbaye assignée à Louis-le-Germanique en 870, 207.
Maguntia, voy. Mayence.
Malines (Belgique), *Maalinæ*, monastère assigné à Charles-le-Chauve en 870, 214.
Mans (le), chef-lieu de la Sarthe), *Cenomanni*, *Cenomannicus ducatus*. Louis-le-Débonnaire y célèbre la Noël, 9. — Ce duché est donné à Charles-le-Chauve en 836, 37. — Lothaire ravage la contrée, 48. — Noménoé la ravage aussi, 59. — Charles-le-Chauve séjourne en cette ville, 63. — Le duché est donné à la France, 88. — Louis, fils de Charles-le-Chauve, en est chassé par les Bretons, 94.— Charles-le-Chauve y séjourne, 118. — La ville est prise par les Normands, 151, 159, 199.
Mantua, voy. Nantua.
Marbach, voy. Murbach.
Marchiennes (Nord), *Martianæ*. Une partie des biens de cette abbaye est donnée par Charles-le-Chauve aux grands du royaume, 253. — Cette abbaye est ravagée par les Normands, 308.

Mariliæ, voy. Maroilles.
Maritima, voy. Zélande.
Marmoûtier (Indre-et-Loire), *Majoris monasterii abbatia*. Cette abbaye est donnée par Charles-le-Chauve à son fils Louis, 151.
Marne, affluent de la Seine, *Matrona*.—Charles-le-Chauve défait les Normands sur ses bords, 109, 110, 117. — Il fait garder cette rivière contre les Normands, 150. — Ceux-ci ravagent ses bords, 290, 334.
Maroilles (Nord), *Mariliæ*, abbaye assignée à Charles-le-Chauve en 870, 214.
Marseille (Bouches-du-Rhône), *Massilia*. Cette ville est ravagée par les Sarrasins, 27; par les pirates grecs, 68.
Marsna, voy. Mersen.
Masau, voy. Mosagao.
Masonis monasterium ou Massevaux, voy. Maesmunster.
Mastricht(Limbourg Hollandais) *Trajectum*, *Trectis districtum*. Une partie de cette ville est assignée à Louis-le-Germanique en 870, 210; l'une de ses abbayes est assignée à Charles-le-Chauve en 870, 214. — Charles-le-Chauve et Louis-le-Germanique y ont une entrevue, 223 et 224.
Matisco,*Matasco*, voy. Mâcon.
Maubeuge (Nord), *Molburium*, abbaye assignée à Charles-le-Chauve en 870, 213.
Mauriani campi, voy. Catalauniques.
Mauripensis pagus, voy. Morvois.
Maurmunster(Bas-Rhin),*Mauri monasterium*, abbaye assignée à Louis-le-Germanique en 870, 207.
Mayence (Allemagne), *Maguntia*, *Moguntia*. Un plaid y est tenu, 7. — Louis-le-Débonnaire y séjourne, 8. — Lo-

thaire et Louis-le-Germanique y ont une entrevue, 12, 29, 43; 44. — Cette ville est assignée à Louis-le-Germanique, 55; 80; 93.

Mayenne (Mayenne), *Meduanæ pons*. Lantbert y défait les troupes de Charles-le-Chauve, 58. — Les Bretons y attaquent les Normands, 235.

Meaux (Seine-et-Marne), *Meldi, Meldensium civitas*. Les Normands marchent vers cette ville en 862, 109. — Le comté est donné à Louis, fils de Charles-le-Chauve, 114. — Les grands convoquent un plaid dans cette ville après la mort de Louis-le-Bègue, 279 et 280. — Cette ville est prise par les Normands, 333.

Mediomatricorum urbs, voy. Metz.

Meduanæ pons, voy. Mayenne.

Meerbeek (Flandre orientale, Belgique), *Mesrebeechi*, abbaye assignée à Charles-le-Chauve en 870, 215.

Meidunum, voy. Meung.

Meienimonasterium, voy. Moyen-Moûtier.

Mein, rivière d'Allemagne, *Main*, 7.

Meldi. Meldensium civitas, voy. Meaux.

Melle (Deux-Sèvres), *Metullum*, ville ravagée par les Normands, 68.

Melnacum, voy. Miannay.

Melun (Seine-et-Marne), *Milidunensis civitas, comitatus*. — Le comté est donné à Charles-le-Chauve en 837, 25. — Les Normands s'y établissent, 107. — Id. 153.

Menapie, pays des Ménapiens, ancienne contrée de la Flandre, *Menapii, Mempiscus pagus*. Ce pays est ravagé par les Normands, 73, 300, 306.

Metullum, voy. Melle.

Metz (Moselle), *Metti, Mediomatricorum urbs*. Les fils de Louis-le-Débonnaire y décident un partage, 51. — Druon, évêque de cette ville, est nommé vicaire du pape en Gaule et en Germanie, 57. — Charles-le-Chauve ravage le territoire de cette ville, 161. — Elle est assignée à Louis-le-Germanique en 870, 212. Ce roi y convoque un plaid, 345. — Les biens de l'évêché et de ses églises sont donnés aux Normands et à Hugues, fils de Lothaire, 289.

Meung (Loiret), *Meidunum*. Charles-le-Chauve y passe, 106. — Il y reçoit les serments de ses fidèles, 112.

Meuse, fleuve *Mosa*, 25, 36, 37, 38, 95, 216.

Miannay (Somme), *Melnacum*. Le roi Carloman ne peut y résister aux Normands, 317.

Milidunensis civitas, voy. Melun.

Moguntia, voy. Mayence.

Moilla, comté de la Hollande, donné à Charles-le-Chauve en 837, 24.

Molburium, voy. Maubeuge.

Mons Witmari, localité voisine d'Avenay (Marne), où les grands tiennent un plaid après la mort de Charles-le-Chauve, 260.

Montfaucon (Meuse), *Mons Falconis*, abbaye assignée à Charles-le-Chauve en 870, 212. — Le roi Eudes défait les Normands dans cette localité, 332.

Morienna, voy. Saint-Jean de Maurienne.

Morinensis civitas, voy. Térouane.

Morvois, Montois *Mauripensis pagus*, pays situé sur la rive droite de la Seine et de l'Yonne. Lothaire y passe, 48. — Les reliques de S. Denis y sont transportées, 100.

Mosa, voy. Meuse.
Mosagao, Mosanus pagus, Masau, pays de la Meuse, donné à Charles-le-Chauve en 837, 35; partie à Louis-le-Germanique en 870, 209; partie à Charles-le-Chauve en 870, 215 et 216.
Moselle, rivière, 50.
Mosellicorum, Moslensis pagus, pays de la Moselle, donné à Lothaire en 839, 36; à Louis-le-Germanique en 870, 212.
Mousonnois (le), *Mosminsis pagus, Mosomus*, pays des Ardennes assigné à Charles-le-Chauve en 870, 216. — Il est ravagé par Carloman, fils de Charles-le-Chauve, 220.
Mouthier Haute-Pierre (Doubs). *Alta Petra*, abbaye assignée à Louis-le-Germanique en 870, 208.
Moutiers St-Jean (Côte-d'Or), *monasterium Sancti Johannis*. Charles-le-Chauve force son fils Lothaire à entrer en religion dans cette abbaye, 104.
Moyen-Moûtier (Vosges), *Meieni monasterium*, abbaye assignée à Louis-le-Germanique en 870, 207.
Murbach, Marbach (Haut-Rhin), abbaye assignée à Louis-le-Germanique en 870, 207.

N.

Nantes (Loire-Inférieure), *Namnetum*. Rainald, chef du pays de Nantes, est tué par les Bretons, 54. — Cette ville est donnée par Charles-le-Chauve à Erispoé, 78. — Elle est ravagée par les Normands, 54, 80. — Elle est abandonnée par les Normands, 83. — Actard, évêque de cette ville, 173.
Nantua (Ain), *Mantua, Nantoadis*. Le corps de Charles-le-Chauve y est enterré, 259 et 296.
Naples (Italie), *Neapolis*. Cette ville est détruite par les Sarrasins, 90.
Nemetum, voy. Spire.
Neuss (régence de Dusseldorf), *Novisium Castellum*. Les Normands s'établissent dans une île voisine, 117. — *Niu monasterium*, peut-être un monastère de cette ville, est assigné à Louis-le-Germanique en 870, 206.
Neustrie, *Niustria, Neustria*, province de France donnée à Charles-le-Chauve en 838, 27. — Ses habitants soutiennent Louis-le-Germanique durant son invasion, 96. — Ils repoussent les Normands, 153. — Cette province est ravagée par les Normands, 335.
Nevers (Nièvre), *Nivernum*. Charles-le-Chauve y reçoit le serment de son fils Charles, 127. — Il donne ce comté à Robert-le-Fort, 151.
Niella, voy. Nivelles.
Nimègue (Hollande), *Noviomagum*. Un plaid y est tenu, 3, 36. — Louis-le-Débonnaire y séjourne, 24. — Charles-le-Chauve y fait la paix avec Rorich, 202.
Nitois, *Nitachowa*, pays arrosé par la Nied affluent de la Sarre, assigné à Louis-le-Germanique en 870, 210.
Niu-monasterium, peut-être Neuss (régence de Dusseldorf), monastère assigné à Louis-le-Germanique en 870, 206.
Nivelles (province de Brabant, Belgique), *Niella*, abbaye assignée à Charles-le-Chauve en 870, 213.
Nogent-sur-Seine (Aube), *Novientum*. Les reliques de S. Denis y sont transportées, 100.

Noirmoûtier (Vendée), île où s'établissent les Normands, 55.
Noreia, voy. Bavière.
Nortgowi, contrée de l'Allemagne où se trouve Nuremberg, donnée à Lothaire en 839, 37.
Noviomagum, voy. Nimègue ou Noyon.
Novisium, voy. Neuss.
Noyon (Oise), *Noviomum, Noviomagum*. — Cette ville est ravagée par les Normands, qui mettent à mort Immo, son évêque, 99. — Les Normands passent par cette ville en 882, 290. — Ils en font le siége, 336, 337, 339. — Ils l'abandonnent, 341.

O.

Oceanus Euripus, voy. Pas-de-Calais.
Odornensis pagus, voy. Ornois.
Odriaca villa, voy. Orville.
Oeren (régence de Trèves), *Horrea*, abbaye assignée à Louis-le-Germanique en 870, 206.
Offonville, *Offonis villa*, abbaye assignée à Louis-le-Germanique en 870, 207.
Oise, *Isara*, affluent de la Seine. Charles-le-Chauve fait garder cette rivière contre les Normands, 109, 150. — Ses bords sont ravagés par les Normands, 315, 336.
Orbais (Marne), *Orbacense monasterium*, abbaye dans laquelle a résidé Gottschalk, 69.
Orbe (Suisse), *Urba*. Les fils de l'empereur Lothaire y ont une entrevue, 90. — Le roi Lothaire et l'empereur Louis s'y réunissent, 135. — Waldrade y est conduite, 149. — Charles-le-Chauve y séjourne, 256.
Orléans (Loiret), *Aureliani*. Un plaid y est tenu, 6, 8. — Lothaire et Louis-le-Débonnaire y passent, 16. — Charles-le-Chauve y est sacré roi des Aquitains, 68. — Les reliques de saint Martin y sont transportées, 83. — Cette ville repousse les Normands, 85. — Agius, évêque de cette ville, 85. — Elle est ravagée par les Normands, 89. — Louis-le-Germanique y entre, 96. — Elle est brûlée par les Normands, 142. — Eudes est comte d'Orléans, 159. — Cette ville est ravagée par les Normands, 172. — Saint Aignan demande du secours à Aétius pour sauver Orléans, 365.
Ornois, contrée arrosée par l'Orne affluent de la Meuse, *Odornensis pagus, Odornense*. — Elle est assignée à Charles-le-Chauve en 837, 25. — Elle est donnée partie à Louis-le-Germanique et partie à Charles-le-Chauve en 870, 211, 216.
Ortivineæ, villa de l'abbaye de Saint-Quentin, où Charles-le-Chauve reçoit son neveu Lothaire, peut-être *la Vignole*, 156.
Orville (Pas-de-Calais), *Odriaca villa*. Charles-le-Chauve y chasse, 150, 167, 183, 224, 237. — Louis-le-Bègue y séjourne, 259, 264.
Oscellum, Oissel (Seine-Inférieure) ou Oscel (Seine-et-Oise). — Charles-le-Chauve y attaque les Normands, 92, 95 et 96. — Les Normands de la Somme y attaquent ceux d'Oissel, 106 et 107.
Otrente (Italie), *Hydrontus*. Un patrice de Byzance y envoie une armée, 234.
Ourthe (rivière de Belgique), *Urta*. Cette rivière sépare le royaume de Charles-le-Chauve de celui de Louis-le-Germanique, 211, 216.

P.

Paris, *Parisius, Parisii, Parisiacum, Lutetia, Lotitia Parisiorum.* Les Francs s'y réunissent, 2. — Lothaire s'y réfugie, 13. — Le comté de Paris est donné à Charles-le-Chauve en 837, 25. — Charles-le-Chauve revient à Paris pour résister à Lothaire, 48, 49. — Les Normands y parviennent en 845, 61. — Cette ville est brûlée par les Normands en 857, 90, 91, 92. — Elle est brûlée de nouveau par ces pirates en 861, 103. — Elle est assiégée par les Normands en 886, 323. — A-t-elle été ravagée par Attila, 366.
Pas-de-Calais, *Oceanus Euripus*, détroit franchi par les Normands, 45.
Paucherus, peut-être Plélan (Ille-et-Vilaine), peut-être Ploudiry (Finistère), localité où fut assassiné Salomon, chef des Bretons, 238.
Pauliacus (Bellus), voy. Pouilly-sur-Loire et Polignac.
Pavie (Italie), *Ticinum*. Lothaire y réside, 20. — Charles-le-Chauve y tient un plaid, 242. — Le pape Jean et l'empereur Charles-le-Chauve y ont une entrevue, 257.
Périgueux (Dordogne), *Petrocorium*. Cette ville est envahie par les Normands, 70.
Péronne (Somme), *Perona*. Cette ville est prise par le roi Eudes, 353. — Elle est reprise et bientôt perdue par Bauduin-le-Chauve, 358.
Pertois, *Pertensis comitatus*, contrée de la Champagne, donnée à Charles-le-Chauve en 837, 25.
Pipincensis comitatus, voy. Bipp.
Pise (Italie). Cette ville est ravagée par les Normands, 103.
Pistres (Eure), *Pisti*. Charles-le-Chauve y construit une forteresse contre les Normands et y convoque un plaid en 862, 112. — Un autre plaid y est réuni en 864, 134. — Charles-le-Chauve y construit des fortifications contre les Normands, 155. — Un plaid y est de nouveau réuni, 181 et 182. — Charles-le-Chauve y construit un château de pierres et de bois, 185. — Id. 237.
Plaisance (Italie), *Placentia*. Lothaire y meurt, 189.
Poitiers (Vienne), *Pictavi*. Judith y est renfermée, 27. — Louis-le-Débonnaire et Judith y séjournent. 41 et 42. — Charles-le-Chauve se réserve ce pays, 62. — La contrée est occupée par les Normands, 88, 99, 127, 149, 184.
Polignac (Haute-Loire). Cette localité ne serait-elle pas *Bellus Pauliacus*, 164.
Poligny (Jura), *Polemniacum*, abbaye assignée à Louis-le-Germanique en 870, 206.
Pons Liudi ou *Liadi*, Pontliart, localité de la Bourgogne, peut-être Pontaillier (Côte-d'Or), où résida Charles-le-Chauve, 230.
Ponthieu, *Pontium, Pontum*, contrée de la Gaule Belgique, 367.
Ponthion (Marne), *Ponteo, Pontigo, Ponticona*, villa royale où résida Charles-le-Chauve, 108, 117, 205, 226, 277. — Il y reçoit ses conseillers, 240. — Il y convoque un plaid, 243, 256. — Charles-le-Gros y reçoit les Francs, 320.
Pontoise (Seine-et-Oise), *Pons Hiseræ*. Les Normands s'emparent de cette ville, 322.
Portois, *Portisiorum comitatus, Portense*, contrée voisine des sources de la Saône, assignée à Lothaire en 839, 36; à Charles-le-Chauve en 870, 216.
Pouilly-sur-Loire (Nièvre), pro-

bablement *Bellus Pauliacus*, où Charles-le-Chauve réunit les Aquitains, 164.

Promeæ, Promia, voy. Prüm.

Provence, contrée du sud de la France. Elle est ravagée par les Sarrasins, 27, 71. — Elle est donnée à Charles-le-Chauve, 38. — Les comtes de cette contrée se révoltent contre Lothaire, 61, 62, 63.—Elle est donnée à Charles, fils de Lothaire, 87, 90. — Charles-le-Chauve veut la conquérir, 108.

Prüm (régence de Trèves), *Promeæ, Promia*. Lothaire y enferme Charles-le-Chauve, 11. — Il y meurt, 87. — Cette abbaye est assignée à Louis-le-Germanique en 270, 212. — Elle est ravagée par les Normands, 287.

Q.

Quentowic, *Quantovicus, Quentovicus*, port du Pas-de-Calais, ravagé par les Normands, 51 et 52.

Queudes (Marne), *Cupedenses*. Louis-le-Germanique traverse cette localité, 96.

Quierzy-sur-Oise (Aisne), *Carisiacum*. Plaids qui y sont tenus, 14, 27, 70, 255. — Des rois y séjournent, 53, 117, 141, 151, 183.

R.

Ratensis, Ratiatensis pagus, voy. Retz.

Ravenne (Italie). Jean, évêque de cette ville, 177.

Razès (Aude), *Rhedæ, Redæ*, contrée donnée par Charles-le-Chauve à Bernard comte de Toulouse, 227..

Ré (île de). Les Normands s'y établissent, 55.

Redæ, Rhedæ, voy. Razès.

Redones, voy. Rennes.

Regenisburg, Resigesburch. Les Sorabes y sont défaits, 42.— Louis-le-Germanique y tombe malade, 197. — Il y séjourne, 218, 235 et 236. Voy. Kesigesburg.

Reggio (Italie). *Sijilfredus*, évêque de cette ville, 177.

Reims (Marne), *Remi, Remana civitas, Durocortorum Remorum*. Charles-le-Chauve y reçoit les envoyés d'Abdérame, 65.—Gottschalk y est amené, 69. — Louis-le-Germanique y passe durant son invasion, 57. —Hincmar y consacre l'église Notre-Dame, 115. — Charles-le-Chauve y passe, 162. — Il y conduit les envoyés du pape, 218. — La contrée voisine est ravagée par les Normands, 290. — Charles-le-Simple se retire auprès de Foulques archevêque de cette ville, 347. — Il est proclamé roi, 356.— L'archevêque Foulques est assassiné, 360. Voy. Hincmar, évêque de Reims.

Remiremont (Vosges), *Rumerici mons*. Louis-le-Débonnaire y chasse, 21.—Lothaire y passe, 135. — Cette localité est assignée à Louis-le-Germanique en 870, 207.

Rennes (Ille-et-Vilaine), *Redones*. Cette ville est donnée à Erispoé, 78.

Reome, Reomaense monasterium. Voy. Moutiers-Saint-Jean.

Retz, *Ratensis, Ratiatensis pagus*. Contrée de la Bretagne donnée à Erispoé, 78.

Rhin, fleuve, *Rhenus, Hrenus*. 7, 17, 28, 29, 43, 44, 48, 55, 72, 84, 99. — Les Normands ravagent les bords de ce fleuve et sont vaincus, 117.

Rhône, fleuve, *Rhodanus*. Les bords de ce fleuve sont ravagés par les Sarrasins, 52; par les Normands, 102.

Ribemont (Aisne), *Ribodi mons*. Louis-le-Germanique y séjourne, 283.
Ripuaria, Ribuariorum comitatus. Pays des Francs Ripuaires donné à Charles-le-Chauve en 839, 37. — Il est assigné à Louis-le-Germanique en 870, 210.
Rofiacum, voy. Rouy.
Rome, 10, 23, 31, 32, 57, 68, 84, 86, etc.
Rothfed, localité où fut trahi Louis-le-Débonnaire, 10.
Rouen (Seine-Inférieure), *Rotoma, Rotuma, Rotomagum, Rotoma*. Cette ville est attaquée et ravagée par les Normands, 45, 77, 371.
Rouy (Aisne), *Rofiacum*, villa où séjourne Charles-le-Chauve, 152.
Rumerici mons, voy. Remiremont.
Ruremonde (Limbourg belge). Une abbaye de cette ville, *Berch* ou mont Saint-Pierre, est assignée à Louis-le-Germanique dans le partage de 870, 205 et 206.

S.

Saargaw, *Sarachowa*, pays de la Sarre assigné à Louis-le-Germanique en 870, 210 et 211.
Saint-Amand (Nord), monastère dont Aldricus est abbé, 11.
Saint-Amé (Douai, Nord), couvent et plus tard collégiale, où sont transférées les reliques de saint Amé, 400.
Saint-Aubin (Maine-et-Loire), monastère d'Angers donné par Charles-le-Chauve à Salomon duc des Bretons, 118.
S. Augentii monasterium, voy. Saint-Oyan.
Saint-Bavon (Belgique), abbaye de Gand ravagée par les Normands, 77.
Saint-Benoît-sur-Loire ou Saint-Benoit de Fleury (Loiret), *Floriacus ager, monasterium sancti Benedicti*. Abbaye où Charles-le-Chauve reçoit Pépin, 61. — Les Normands la brûlent, 142.
Saint-Bernard (Suisse), *Hospitale in monte Jovis*. Hospice donné à Lothaire en 859, 100. — Charles-le-Chauve traverse la montagne du Saint-Bernard, 241, 242.
Saint-Bertin (Pas-de-Calais), monastère de la ville de Saint-Omer. — L'abbé Hugues est tué à la bataille d'Angoulême, 58. — Les Normands ravagent cette abbaye en 845, 62. — Le comte Bauduin y est enterré, 298. — Les Normands ne l'ont pas ravagée au commencement de 881, 307. — Ils ne peuvent s'emparer de l'abbaye, 338. — Rodulphe est abbé de Saint-Bertin et de Saint-Vaast, 338.
Saint-Calais (Sarthe), *Sancti Carilephi monasterium*. Charles-le-Chauve veut obtenir cette abbaye, 126.
Saint-Césaire (Bouches-du-Rhône), abbaye d'Arles achetée par Rotlandus à l'empereur Louis, 198.
Saint-Claude (Jura), abbaye de Saint-Oyan assignée à Charles-le-Chauve en 870, 213.
Saint-Crépin et Saint-Crépinien, abbaye de Soissons, dans laquelle se tient un synode, 107. — Elle est donnée à Louis, fils de Charles-le-Chauve, 114.
Sainte-Croix (Loiret), église d'Orléans que les Normands ne parviennent pas à brûler, 143.
Saint-Denis (Seine). Son église est rachetée de l'incendie, 92. — L'abbé Louis est racheté des Normands, 94. — Cette abbaye est ravagée par

les Normands, 151, 152. — Mort de l'abbé Louis et usurpation de sa dignité par Charles-le-Chauve, 164. — Ce prince séjourne à S. Denis, 172, 178, 237. — Louis-le-Bègue y célèbre la fête de Pâques, 264. — Louis III y meurt, 287.

Saint-Dié (Vosges), *Sancti Deodati monasterium*, abbaye assignée à Louis-le-Germanique en 870, 207.

Saint-Etienne de Metz, basilique dont les biens sont donnés aux Normands par Charles-le-Chauve, 289.

Saint-Etienne de Paris, église rachetée des Normands, 92.

Saint-Etienne de Strasbourg, monastère assigné à Louis-le-Germanique en 870, 208.

Saint-Florent-le-Vieil (Maine-et-Loire), *Sancti Florentii monasterium*, monastère assigné à Louis-le-Germanique en en 870, 206.

Saint-Gangolfe de Klausthal (Bas-Rhin), *Sancti Gangulfi monasterium*, monastère assigné à Louis-le-Germanique en 870, 206.

Sainte-Geneviève de Paris, église brûlée par les Normands, 91.

Saint-Germain-l'Auxerrois, monastère de Paris dont Lothaire, fils de Charles-le-Chauve, est abbé, 152. — Hugues l'abbé y est enterré, 325.

Saint-Germain-des-Prés, monastère de Paris racheté des Normands, 92. — Des reliques y sont rapportées d'Espagne par le moine Usuard, 97. — Le monastère est brûlé par les Normands, 103.

Saint-Géry, *Sancti Gaugerici monasterium*, monastère de Cambrai (Nord), assigné à Charles-le-Chauve en 870, 213. — Ce monastère est ravagé par les Normands, 308.

Saint-Grégoire d'Alsace, monastère du diocèse de Strasbourg assigné à Louis-le-Germanique en 870, 207.

Saint-Hilaire (Vienne), abbaye de Poitiers ravagée par les Normands, 127. — Elle est donnée à Frotaire, 173. — Les habitants font un vœu et triomphent des Normands, 173.

Saint-Jean de Maurienne (Savoie), *Morienna*. L'impératrice Richilde y passe, 258, 259.

Saint-Josse (Pas-de-Calais), abbaye située près de Quentowic, 52.

Saint-Lambert, église de Liége envahie par l'inondation, 95. — Charles-le-Chauve s'y rend, 226. — Elle est ravagée par les Normands, 287.

Saint-Laurent (dép. de la Nièvre, ou Belgique), *sancti Laurentii Leudensi monasterium*, abbaye assignée à Charles-le-Chauve en 870, 213.

Saint-Lô (Manche), *Sancti Laudi castrum*, ville prise par les Normands, 336.

Saint-Marcel (Saône-et-Loire), monastère voisin de Chalon-sur-Saône assigné à Charles-le-Chauve en 870, 213.

Sainte-Marie de Besançon, *monasterium Sanctæ Mariæ in Bisantione*, monastère assigné à Charles-le-Chauve en 870, 213.

Sainte-Marie de Dinant (Belgique), *Sanctæ Mariæ in Deomant monasterium*, monastère assigné à Charles-le-Chauve en 870, 215.

St-Martin de Besançon (Doubs), *monasterium Sancti Martini in Bisantione*, monastère assigné à Charles-le-Chauve en 870, 213.

Saint-Martin de Metz (Moselle), *Sancti Martini in Mettis abba-*

tis, abbaye assignée à Louis-le-Germanique en 870, 211.
Saint-Martin de Tours (Indre-et-Loire), monastère qui a pour abbé *Theoto*, 15. — Il est ravagé par les Normands, 83. — Les reliques de Saint-Martin sont portées à Cormery et à Orléans, 83. — Ce monastère est donné par Charles-le-Chauve à son fils Louis, 103.— Il est enlevé à Louis et donné à Hucbert, clerc marié, 109. — Il est ensuite donné à Engelwin, 140. — Il est donné à Robert-le-Fort, 151, et ensuite à Hugues, fils de Conrad, 161.
Saint-Maur-les-Fossés (Seine), *Fossatis monasterium*, abbaye dans laquelle s'établissent les Normands, 107, 109.
St-Maurice en Valais (Suisse), abbaye possédée par Hubert malgré l'empereur, 140. — Elle est donnée à Boson par Charles-le-Chauve, 200. — Charles-le-Chauve y séjourne, 226, 241, 243.
Saint-Maximin, monastère de Trèves, assigné à Louis-le-Germanique en 870, 206.
Saint-Médard (Aisne), abbaye de Soissons. Lothaire y fait enfermer Louis-le-Débonnaire, 11. — Pépin y est enfermé par ordre de Charles-le-Chauve, 79. — Un synode y est tenu en 853, 81.— Pépin s'enfuit de cette abbaye, 85, 88. — Charles-le-Chauve y reçoit les envoyés du Saint-Siège, 120. — Ermentrude, épouse de Charles-le-Chauve, y est sacrée, 158.— Cette abbaye est donnée à Carloman, fils de Charles-le-Chauve, 158. —Charles-le-Chauve y célèbre la Noël, 230. — Louis-le-Bègue y célèbre la Noël, 264.
—Charles-le-Gros y distribue des fiefs aux grands vassaux, 327. — Elle est brûlée par les Normands, 328.
Saint-Michel du Mont-Gargan, église d'Italie ravagée par les Sarrasins, 198.
Saint-Michel (monastère de), voy. *Honaw*.
Saint-Michel (Marne), abbaye assignée à Charles-le-Chauve en 870, 212. — Anségise est abbé de ce monastère, 219.
Saint-Nazaire, abbaye de Lorsch (Hesse-Darmstadt) dans laquelle fut enterré Louis-le-Germanique, 249.
Sainte-Odile (monastère de), voy. Hohenberg.
Saint-Omer (Pas-de-Calais), voy. Saint-Bertin.
Saint-Ours de Soleure, *sancti Ursi in Salodoro monasterium*, abbaye assignée à Louis-le-Germanique en 870, 208.
Saint-Oyan, *Sancti Augentii monasterium*, abbaye de St-Claude (Jura), assignée à Charles-le-Chauve en 870, 213.
Saint-Paul, basilique de Rome attaquée par les Sarrasins, 65.
Saint-Pierre, église de Cologne, 91.
Saint-Pierre, monastère de Gand fondé par S. Amand, 379.
Saint-Pierre, abbaye de Metz assignée à Louis-le-Germanique en 870, 212.
Saint-Pierre, église de Paris brûlée par les Normands, 91.
Saint-Pierre, basilique de Rome ravagée par les Sarrasins, 64-66. — Elle est entourée d'un mur par crainte des Sarrasins, 78. — Elle est profanée par Hilduin, frère de Gunthaire, 134.
Sainte-Procaire, église voisine de Pontigny (Yonne), 93.

Saint-Quentin (Aisne), *Viromandorum Augusta, Sancti Quintini monasterium*, ville et monastère. Hugues, abbé de Saint-Quentin, 28, 58. — Louis-le-Débonnaire y célèbre la fête du patron, 28. — Charles-le-Chauve y célèbre la Noël, 53. — Il y a une entrevue avec Lothaire, 79. — Louis-le-Germanique y célèbre la Noël, 97. — Charles-le-Chauve reçoit Lothaire dans une villa de l'abbaye, 156. — Il distribue ses biens à des laïcs, 161. — Il y passe avec son épouse, 217. — Il y tient un plaid, 237. — Il y séjourne, 239. — L'abbaye est brûlée par les Normands, 316. — Le comte Raoul l'enlève au fils de Thierry, 351. — Elle est reprise par le roi Eudes, 353.

Sainte-Radegonde (Vienne), abbaye de Poitiers dans laquelle Judith est renfermée, 2.

Saint-Riquier (Somme). *Sancti Richarii monasterium, Centula.* Cette abbaye est ravagée par les Normands, 309.

Saint-Saulve (Nord), *Sancti Salvii monasterium*, abbaye voisine de Valenciennes assignée à Charles-le-Chauve en 870, 214.

Saint-Servais (duché de Limbourg), abbaye de Mastricht assignée à Charles-le-Chauve en 870, 214.

Saint-Vaast (Pas-de-Calais), *Sancti Vedasti monasterium*, abbaye d'Arras. Abbés : *Adalongus*, 29, 399; Foulques, 42, 400; Rathold, 53, 56, 400; Rodulfe, 317, 342; Atta, 387, 391; Hadulfe, 391, 393; Madelbert, 396, 379; *Goisleus*, Ragenfride et *Wido*, 397; Romain, 397; Sigebert, 397; *Adalricus Rothfridus*, 598; *Rado*, 399. — Cette abbaye est donnée par Lothaire à Charles-le-Chauve, 126. — Charles-le-Chauve distribue ses biens à des laïcs, 161. — Charles-le-Chauve y séjourne, 167, 237. — Les moines transportent les reliques de Saint-Vaast à Vaux, 301. — Elle est ravagée par les Normands, 307, 309, 316. — Les trésors de l'abbaye sont brûlés à Beauvais, 326. — Eudes y célèbre la Noël, 338. — Le comte Bauduin s'en empare, 342, 343. — Un incendie détruit l'abbaye, 343. — Elle ouvre ses portes à Eudes qui la rend à Bauduin, 351. — Le roi Thierry lui donne des privilèges, 387. — Il y est enterré, 389. — Incendie en 783, 398.

Saint-Valéry (Somme), *Sancti Walarici monasterium*, abbaye ravagée par les Normands, 99, 309.

Saint-Vincent, église de Paris rachetée des Normands, 92. Elle est brûlée par les Normands, 103.

Saint-Wandrille (Seine-Inférieure), *Sancti Wandregisili Fontanellense monasterium*, abbaye ravagée par les Normands, 77.

Saintes (Charente-Inférieure), *Sanctonæ*. Charles-le-Chauve se réserve ce pays, 62. — Il est ravagé par les Normands, 63.

Saintois, *Suentisiorum comitatus*, pays voisin de Toul assigné à Lothaire en 839, 36.

Salm (Vosges); *Selmæ*, assigné à Louis-le-Germanique en 870, 210.

Salmoringum, voy. Saulx.

Salmuntiacum, voy. Samoussy.

Salodorum, voy. Soleure.

Salz (Allemagne), villa royale sur la Saale, 8.

Samarobriva, voy. Amiens.
Samoussy (Aisne), *Salmuntiacum*, villa dans laquelle Charles-le-Chauve reçoit Egilon, 165. — Il y tient un plaid, 252, 253.
Sanctonæ, voy. Saintes.
Saône, *Araris, Segona*, rivière de France dans une île de laquelle les fils de Louis-le-Débonnaire ont une entrevue, 51, 56. — Ses bords sont ravagés par les Normands, 328.
Saponariæ, voy. Savonnières.
Sarachowa, voy. Saargaw.
Saragosse (Espagne), *Cæsarangusta*, 31. 37.
Saucourt (Somme), *Sathulcurtis*, Louis III y défait les Normands, 286, 310, 311.
Saulx (Meuse), *Salmoringum*, pays assigné à Charles-le-Chauve en 870, 216.
Savonnières (Meurthe), *Saponariæ*, résidence royale dans laquelle Charles-le-Chauve tient un synode, 98.
Saxonia, pays des Saxons. Cette contrée est reprise à Louis-le-Germanique, 27. — Elle est donnée à Lothaire, 37. — Elle est soumise et domptée, 52. — Les Normands l'envahissent et sont repoussés, 98. — Les Saxons se déclarent en faveur de Louis-le-Débonnaire, 6, 7, 13, 29. — Ils triomphent des Sorabes, 42. — Ils retournent au paganisme, 47. — Ils triomphent des Normands et des Slaves, 61. — Ils défont les Normands, 118. — Ils défont les Wénèdes, 198.
Scaldis, voy. Escaut.
Scarpe, *Scarpa, Yscarp, Hisscar*, rivière du nord de la France dont les bords sont ravagés par les Normands, 108.
Scarponne ou Charpeigne (Meurthe), *Scarponnensis pagus*, pays assigné à Charles-le-Chauve en 870, 216.
Scudingius comitatus, pays de la Franche-Comté assigné à Lothaire en 839, 36; à Louis-le-Germanique en 870, 211.
Sedunum civitas, voy. Sion.
Segona, Segonna, voy. Saône.
Seine, *Sequana*. Débordements de ce fleuve, 13, 25, 27, 38, 44. — Ses bords sont ravagés par les Normands, 45, 60, 62, 80, 89, 97, 102, 103, 107. — Lothaire le traverse, 48 et 49. — Charles-le-Chauve le fait garder contre les Normands, 109, 136, 150.
Selmæ, voy. Salm.
Senlis (Oise). *Sylvanecti*. Judith y réside, 108, 109. — Les ambassadeurs du calife de Cordoue y séjournent, 126. Pépin y est renfermé, 138. — Charles-le-Chauve y séjourne, 152, 159, 172, 185, 189. — Carloman y est détenu, 218, 226. — Un concile s'y réunit, 231, 232.
Senones (Vosges), *Sennonis monasterium*, abbaye assignée à Charles-le-Chauve en 870, 213.
Sens (Yonne), *Senones, Senonicus comitatus, Agedincum Senonum*. Cette contrée est donnée à Charles-le-Chauve, 25. — Lothaire la traverse, 48. — Louis-le-Germanique passe dans cette ville, 96. — Elle a pour archevêque Wenilon, 98; Egilon, 156, 158. — Elle est attaquée par les Normands et rachetée par son archevêque Evrard, 328.
Sentiacum, voy. Sinzig.
Servais (Aisne), *Silvacum, Silviacum, Sylvagium*, résidence royale où séjourne Charles-le-Chauve, 142, 172, 173, 217. — Ce prince y tient un plaid, 226. — L'impératrice Richilde

y séjourne, 241, 243. — Gozlin et Conrad y passent, 280.
Sinzig (Allemagne), palais où Lothaire se dispose à résister à ses frères, 50.
Sithiu, Sithdiu, voy. Saint-Bertin.
Soignies (Hainaut, Belgique), *Sunniacum*, assigné à Charles-le-Chauve en 870, 214.
Soissons (Aisne), *Suessionis civitas, Suessiones*. Lothaire y fait conduire Louis-le-Débonnaire, 11. — Pépin y est enfermé, 79. — Un synode y est tenu, 81; id., 107, 156.— Charles-le-Chauve y séjourne, 108, 119. — Les Normands passent par cette ville, 290. Voy. Saint-Médard.
Soleure (Suisse), *Salodorum*, église de cette ville assignée à Louis-le-Germanique en 870, 208.
Somme, *Summa*, rivière de la Picardie. Ses bords sont ravagés ou occupés par les Normands, 102, 305, 309, 310, 314, 317; par Attila, 364.
Soulossois, *Solocense*, pays des Vosges assigné à Louis-le-Germanique en 870, 211.
Sparnacum, voy. Epernai.
Spire (Allemagne), *Sperogowhi, Nemetum*, ville et pays assignés à Lothaire en 839, 37; à Louis-le-Germanique en 843, 55.
Stampensis, voy. Etampes.
Stavelot (prov. de Liége, Belgique), *Stabolau*, assigné à Louis-le-Germanique en 870, 212.
Stivagium, voy. Etival.
Strasbourg (Bas-Rhin), *Argentoratum, Strasburch, Strastiburgensis civitas*. Charles-le-Chauve et Louis-le-Germanique s'y unissent par serment, 49. — Rotalde, évêque de cette ville, 137. — Elle est assignée à Louis-le-Germanique en 870, 205.
Stremiacum, voy. Crémieu.
Stroms, Strums, voy. Estrun.
Sundgaw, *Suentisium*, contrée du Haut-Rhin assignée à Louis-le-Germanique en 870, 210.
Suentisiorum comitatus, voyez Saintois.
Suessiones, voy. Soissons.
Sunniacum, voy. Soignies.
Susteren (Limbourg belge), *Suestre*, abbaye assignée à Louis-le-Germanique en 870, 205.
Swalafelda, contrée d'Allemagne assignée à Lothaire en 839, 37.

T.

Talou, *Tellæ*, pays et rivière de Normandie, 107.
Tarantasia, évêché de Moûtiers en Tarentaise, donné à Charles, roi de France, par son frère Lothaire, 95.
Taxandrie, *Taxandrus comitatus*, contrée de la Belgique où se trouve la Campine, assignée à Charles-le-Chauve en 870, 215.
Teisterbant, *Testrabant Testrabenticum*, comté de la Hollande assigné à Lothaire en 839, 37; à Louis-le-Germanique en 870, 209.
Terascia, voy. Thiérache.
Térouane (Pas-de-Calais), *Taruenna, Tarvisii, Morinensis civitas*, ville et pays de l'Artois. Les Normands le ravagent, 73, 104, 299, 309. — Huntfride est évêque de cette ville, 106. — Un miracle s'y produit, 113, 114. — Attila l'aurait ravagée, 365, 367, 368.
Thérain *Thara*, affluent de l'Oise, 280.
Theodorici mansus, hameau de

Beuvry (Nord). où aurait péri Ragenfride, 395.

Thiérache, *Terascia*, contrée du Nord et de l'Aisne ravagée par les Normands, 314.

Thionville (Moselle), *Theodonis villa*. Louis-le-Débonnaire y séjourne et y tient des plaids, 17, 20, 23. — Lothaire y réside, 52. — Les fils de Louis-le-Débonnaire s'y réunissent, 59.

Thun (Nord), *Tumiomum, Tuniomum, Timonum*. Les Normands y sont défaits par Louis, roi de Germanie, 283, 302, 303.

Thuringe, *Thoringia*, contrée de l'Allemagne reprise à Louis-le-Germanique, 27, 30. —Elle est assignée à Lothaire en 839, 37.

Thusey (Meuse), *Tusiacum*, résidence royale où Charles-le-Chauve reçoit son frère Louis-le-Germanique, 141.

Tibre, *Tiberis*; les bords de ce fleuve sont ravagés par les Normands, 64.

Ticinum. voy. Pavie.

Ticlivinus , Tidivinni , voy. Dickelvenne.

Tommen (grand - duché de Luxembourg), *Tumbæ*, limite des états de Charles - le - Chauve et de Louis-le-Germanique. 212, 215.

Tongres (prov. de Limbourg), *Tungri*, ville ravagée par les Normands, 287; par Attila, 365.

Torenna, voy. Turenne.

Tortone (Italie), *Tartona. Cartona*, ville où Judith est envoyée en exil, 11. — Le pape Jean y couronne Richilde, épouse de Charles-le-Chauve, 258.

Toul (Meurthe), *Tullum Leucorum, Tullensis comitatus*. Ce comté est donné à Charles-le-Chauve en 839, 38. —

Charles-le-Chauve y passe, 49. — Ce prince et Louis-le-Germanique y ont une entrevue,116.—Arnulfe est évêque de cette ville, 190. — Elle est assignée à Charles-le-Chauve en 870. 212, 215. — Saint-Vaast y rencontre Clovis, 370, 371.

Toulouse (Haute-Garonne), *Tolosa, Tholosa*. Cette ville est assiégée par Charles-le-Chauve, 58. — Les Normands l'attaquent, 60. — Hunfride l'enlève au comte Raimond, 119. — Elle est reprise par Charles-le-Chauve, 136.

Tournai (prov. de Hainaut, (Belgique). Cette ville est ravagée par les Normands, 302; par Attila, 365. — Elle était de la Gaule Belgique, 367, 368.

Tours (Indre-et-Loire), *Turonensis civitas, Cæsaredunum Turonum*. Cette ville est ravagée par les Normands, 88, 90. — Elle est donnée à Hugues, fils de Conrad, 160. — Louis-le-Bègue y tombe malade, 265.

Trajectum ad Mosam, Trectis, voy. Maestricht.

Trajectum , Trejectum vetus, voy. Utrecht.

Trecæ, voy. Troyes.

Trejectum Baldulfi, voy. Tribaldou.

Trente (Tyrol), *Trientum*. L'impératrice Eugelberge y a une entrevue avec Louis-le-Germanique, 226, 228.

Trèves (Prusse rhénane), *Treveri, Augusta Trevirorum*. Lothaire y reçoit les ambassadeurs des Grecs, 52. — Un prodige y arrive, 91. — Theutgaud est évêque de cette ville, 91. — Lothaire y tient une réunion contre Theutberge, 161. — Cette ville est assignée à Louis-le-

Germanique en 870, 205. — Elle est ravagée par les Normands, 287, 312 ; par Attila, 365.
Tribaldou (Seine-et-Marne), *Trejectum Baldulfi.* Charles-le-Chauve ferme le passage aux Normands dans une île voisine de cette localité, 110.
Tribur (Hesse Darmstadt), *Triburis*, villa où campe Louis-le-Germanique, 7, — Louis-le-Germanique y tient un plaid, 249,
Troyes (Aube), *Trecæ, Threcæ, Tricassinorum regio, Augusta Tricorum.* Louis-le-Débonnaire traverse cette ville, 16. — Elle est donnée à Charles-le-Chauve, 25. — Ce prince y passe, 49, 71. — Lothaire y passe, 51. — Louis-le-Germanique y pénètre, 96. — Charle-Chauve y convoque un synode, 467. — Un concile y est tenu par le pape Jean VIII, 265, 297.
Tullum, Tullensis, voy. Toul.
Tumbæ, voy. Tommen.
Tumiomum, voy. Thun.
Tungri, voy. Tongres.
Turenne (Corrèze), *Torenna*, château-fort qui résiste à Louis-le-Débonnaire, 41.
Turonum , Turonensis , voy. Tours.
Tusiacum, voy. Thusey.

U.

Ucetia, Uccericium, voy. Uzès.
Urba, voy. Orbe.
Urta, voy. Ourthe.
Utrecht (Hollande), *Trajectum, Trejectum vetus*, ville ravagée par les Normands, 15. — Elle est assignée à Louis-le-Germanique en 870, 205.
Uzès (Gard), *Ucetia, Uccericium*, assigné à Charles-le-Chauve en 870, 212, 217.

V.

Vabres (Aveyron), *Vabrense monasterium*, abbaye ravagée par les Normands, 70.
Vahalis, voy. Wahal.
Valais (Suisse), *Vallisiorum comitatus*, contrée assignée à Lothaire en 899, 36.
Valence (Drôme), *Valentia*, ville ravagée par les Normands, 102.
Vangio, Vangionum urbs, voy. Worms.
Vaucluse (Doubs), *Vallis Clusæ*, abbaye assignée à Louis-le-Germanique en 870, 209.
Vaud (Suisse), *Waldensis comitatus*, contrée assignée à Lothaire en 839, 36.
Vaux-sur-Corbie (Somme), *Vallis.* Les reliques de Saint-Vaast y sont transférées, 301. — Elles y sont portées de nouveau, 307.
Vencenna, voy. Vienne.
Vendœuvre (Aube), *Vindopera*, villa que Charles-le-Chauve prend sous sa protection, 148.
Vendresse (Ardennes), *Vindonissa.* Le légat y reçoit le serment des hommes de Lothaire, 146.
Veosatum, voy. Visé.
Ver (Oise), *Vernum*, villa où séjournent Louis-le-Débonnaire, 28 ; Charles-le-Chauve, 14, 143 ; Louis-le-Bègue, 269.
Verberie (Oise), *Vermeria*; résidence royale où Judith épouse le roi des Anglo-Saxons, 89. — Charles-le-Chauve y séjourne, 94, 126. — Il y réunit un synode, 184.
Verceil (Italie), *Vercelli.* Le pape Jean VIII et le roi Charles-le-Chauve s'y rencontrent, 257.
Verdun (Meuse), *Virodunum*,

Virdunensis, Bardunensis pagus, ville et pays donnés à Charles-le-Chauve en 837, 25. — Les fils de Louis-le-Débonnaire s'y partagent l'empire, 55 et 56. — Atto est évêque de cette ville, 147.— Charles-le-Chauve ravage cette contrée, 161. — Il séjourne en cette ville, 190. — Le pays est assigné en 870 en partie à Louis-le-Germanique, 212; en partie à Charles-le-Chauve, 216.
Vermeria, voy. Verberie.
Vernum, voy. Ver.
Versigny (Oise), *Virzinniacum*, villa où séjourne Charles-le-Chauve, 254.
Vesontio, voy. Besançon.
Vicogne (Nord), *Viconia, Vitconia*, hameau et forêt où les Normands sont défaits par Carloman, 315.
Vienne, (Isère), *Vienna, Bienniensis comitatus*. Lothaire ravage cette contrée, 14. — Adon est évêque de cette ville, 147, 158. — Cette contrée est en partie assignée à Louis-le-Germanique, 212, et en partie à Charles-le-Chauve, 215. — Charles-le-Chauve reprend cette ville et la donne à Boson, 219. — Elle est prise par Carloman, 285-288.
Vienne, *Vincenna*, affluent de la Loire sur les bords duquel les Normands sont défaits par Louis III et Carloman, 283.
Vignole (la), départ. de l'Aisne, peut-être *Orti Vineæ*, 156.
Vimeux, *Withmau pagus*, contrée de la Picardie où les Normands sont défaits, 296, 310; id. 356.
Vindonissa, voy. Vendresse.
Vindopera, voy. Vendeuvre.
Virodunum, voy. Verdun.
Viromandorum Augusta, voy. Saint-Quentin.

Virzimiacum, voy. Versigny.
Visé (prov. de Liége. Belgique), *Veosatum*, assigné à Charles-le-Chauve en 870, 216.
Viviers (Ardèche), *Vivariæ*, assigné en 870 en partie à Louis-le-Germanique, 212; en partie à Charles-le-Chauve, 216.
Vosges (les), *Vosegi saltus*. Charles-le-Chauve y chasse, 49.
Vouziers (Ardennes), *Vonzensis pagus*, 117.
Vungiscurt, voy. Angicourt.

W.

Wahal, *Vahalis*, fleuve de Hollande, 72.
Walcheren (Zélande), *Walacria*, île ravagée par les Normands, 23. — Elle est donnée par Lothaire à Hériold, 47.
Waldensis pagus, voy. Vaud.
Wallers (Nord), *Wasloi, Wasterum*, abbaye assignée à Charles-le-Chauve en 870, 215. — Les Normands y sont défaits par Eudes, 340.
Wallsterum ou *Wasterum, Galthera*, rivière de Wallers près de laquelle furent défaits les Normands, 340.
Warasch, *Wirascorum comitatus*, contrée de la Franche-Comté, peut-être Varesque, assignée à Lothaire en 839, 36; à Louis-le-Germanique en 870, 211.
Wardara, voyez La Warde-Mauger.
Warnarii-Fontana, peut-être Fontaine (Doubs), localité où Richilde rencontre Charles-le-Chauve, 243.
Wastinensis pagus, voy. Gâtinais.
Wirascorum comitatus, voyez Warasch.

Woëvre (Meuse), *Wabrense* pays assigné à Charles-le-Chauve en 870, 216.

Worms (Bavière rhénane), *Wormatia, Vangium, Vangionum urbs, Wormazfelda*, ville et pays où campe Louis-le-Débonnaire, 7, 9. — Cet empereur y convoque un plaid, 21, 35. — Cette contrée est donnée à Lothaire en 839, 37. — Charles-le-Chauve s'y réunit à Louis-le-Germanique pour le partage de l'empire, 53. — Assigné à Louis-le-Germanique, 55. — Un plaid y est tenu par Charles-le-Gros, 290.

Y.

Yères, *Tellæ*, petit fleuve du pays de Talou remonté par les Normands, 107. Voyez Talou.

Yonne *Icauna, Hiona*. Débordement de cette rivière, 64. — Ses bords sont ravagés par les Normands, 328.

Z.

Zélande, *Frisia maritima*, province de Hollande dont Louis-le-Débonnaire fait garder les côtes contre les Normands, 23.

www.ingramcontent.com/pod-product-compliance
Lightning Source LLC
Chambersburg PA
CBHW071621230426
43669CB00012B/2023